JN425458

L·O·C·A·L · E·C·O·N·O·M·Y

지역경제 정책론

전정판

모성은

傳英社

머리말(전정판)

지역경제정책론이 처음 출간된 지 8년이라는 세월이 흘렀다. 그 동안 많은 분들의 과분한 격려가 있었다. 더욱이 전정판의 출간이 필요하다는 견해가 지배적이었다. 이에 제5기 민선자치시대를 맞이하면서 지역경제정책론 전정판을 내기로 하고 수개월 동안 자료수집 후, 원고집필을 하게 되었다.

우선, 전체 목차를 재구성하였다. 기존의 6편으로 되어 있던 것을 4편으로 단순화했다. 즉, 제1편 경제행정과 성장기반, 제2편 지역특성화와 산업, 제3편 이미지 마케팅과 문화관광, 제4편 고용확대와 투자촉진 등으로 하고 기존의 내용을 가급적 포함시켜 재구성하였다.

둘째, 전체 내용을 업데이트하였다. 우리는 그 동안 지방자치의 15년이라는 엄청난 변화를 경험하였다. 그만큼 지역경제분야의 변화도 무상하였다. 이러한 변화를 통계와 자료로 업데이트하는 데 게을리하지 않았다.

셋째, 기존에 없었던 새로운 내용을 추가하였다. 최근 들어 관심의 대상이 되고 있는 '일자리 창출'과 '커뮤니티 비즈니스'는 물론 '성장동력산업', '향토산업', '특화발전특구'에 대한 장을 추가하였고, 더욱이 '관광기념품'과 지방행정에서 빼놓을 수 없는 '물가관리'에 대한 장을 추가로 포함시켰다.

평소에 지방자치의 성공은 지역경제의 발전에 있다고 주장해 왔다. 그 때문인지 대부분의 지방자치단체에서 지역경제를 제1의적 시정방침으로 설정하고 있는 것을 확인할 수 있다. 너무나 고마운 일이 아닐 수 없다. 하지만, 지방자치의 한 모퉁이에서는 지역경제의 사각지대가 존재한다. 이는 지금이 민선5기 시대를 맞고 있지만, 지방자치라는 뿌리가 착근되지 못해 아직은 불완전한 지방자치시대라는 것을 반증하는 것이 된다.

지방자치의 성패는 지역경제에 달려 있다. 따라서 지방자치의 실천을 위해서는 경제의 이념을 도외시할 수 없다. 이러한 측면에서 지역경제정책론은 지방자치를 운영하는 민선단체장이나 지방공무원에게 큰 도움이 될 것이다.

본 전정판이 나오기까지 도움을 주신 박영사 안종만 회장님, 이구만 이사님, 마찬옥 이사님께 감사의 말씀을 드린다. 매일 기도로 격려하시는 사랑하는 어머니와 가족에게 고마움을 전하며, 이 책으로 인한 모든 영광은 나의 길과 생명이 되신 하나님께 바친다.

2010년 6월

광교산 기슭에서 저자

머 리 말

우리 나라에 지방자치제도가 도입된 지도 벌써 10년이 넘었다.

그 동안 지방자치와 관련이 있는 대다수의 사람들은 기회 있을 때마다 지방자치발전의 당위성을 강조하였다. 그리고 지방자치의 성패를 판가름하는 것은 '지역경제발전'이라고 입을 모았다.

하지만 그들의 주장대로 지역경제발전은 이루어지지 못했고, 오히려 일부에서는 중앙집권시대보다 더 어려운 상황이라는 목소리도 들린다.

지방자치제도의 궁극적인 목적은 '지역주민의 삶의 질 제고'가 분명하다. 지역주민을 보다 잘 살게 하는 것이 바로 지방자치의 목적인 것이다. 그러나 어떤 때는 지역의 민생문제보다 지방의원 유급제 여부나, 부단체장의 소속직위가 더 중요하게 비춰질 때도 있었다. 또 말로는 지역경제를 활성화시키고자 하면서 정작, 지역경제의 현안문제는 뒷전으로 미루어 놓을 때가 한두 번이 아니었다. 지역주민과 지역경제의 중요성과는 무관하게 지방자치단체의 행정조직이 구성되고, 대민행정의 주안점도 지역주민을 위하기보다는 행정편의를 우선시해왔다. 뿐만 아니다. 민선단체장과 지방의원들도 지역경제 활성화를 위해 무엇을 어떻게 해야 하는지를 알지 못하고 있다. 이것이 바로 한국 지방자치의 현실이라 할 수 있다. 지방자치가 진정 지역주민을 위해 도입된 것이 아니라, 몇몇 특정인의 개인적 영욕을 달성하기 위한 수단으로 이용된다는 시민단체의 지적도 있다.

이제 우리 나라는 세 번째 민선단체장시대를 맞이하였다. 더 이상 지역주민을 지방자치제도의 실험대상으로 여겨서는 안 된다. 본격적인 지방자치시대에는 무엇보다 지역경제발전이 뒷받침되어야 한다. 지역경제의 발전이 없이 지역주민의 '삶의 질' 제고가 이루어질 수 없기 때문이다. 그러기 위해서는 지방자치를 선도하는 지방행정부문이 지역경제를 발전시킬 수 있는 역량을 가져야 할 것이다.

지역경제행정의 역량제고는 저자가 14년 전 내무부 지역경제부서와 인연을 맺은 후 끊임없이 하는 똑같은 고민이다. 분명한 사실은, 행정권한과 행정수단과 근거법률이 없어 지역경제를 활성화시키지 못한 것이 아니었다. 지역경제를 활성화시켜야 한다는 굳은 의지와 지역경제에 대한 다양한 대안제시가 부족했기 때문이라는 것을 깨달았다.

따라서 저자는 21세기 한국 지역경제의 활로가 무엇인지 그 방향을 제시하기 위하여 이 책을 쓰게 되었다.

이 책은 저자가 내무부 및 행자부 지역경제부서에 근무하면서 느꼈던 지역경제 실무경험을 토대로 하였다. 그리고 국가전문행정연수원과 각급 지방공무원교육원에서 강의한 지역경제론 강의노트를 정리하였다. 또, 다양한 지역경제 관련 사례를 통해 지역경제담당 공무원이 평소에 느끼는 문제에 대한 해결책을 제시하고자 노력하였다. 따라서 이 책은 무엇보다 지역경제행정업무를 담당하는 공직자가 실무지침서로 활용할 수 있을 것이다.

또 이 책은 지방고등고시를 준비하는 수험생들이나, 학부나 대학원에서 지역경제를 공부하는 학생들에게 도움이 되도록 작성하였다. 지방자치단체 지역경제행정에 있어 이슈화되고 있는 32개의 주제를 엄선하여 경제적 의의를 살펴보고, 현황과 문제점을 분석한 후 그 개선방안을 제시하였다. 그리고 32개의 장을 크게 6개의 편으로 구분하여 묶어 놓았다. 이 책에는 다양한 경제행정 사례와 가능한 많은 국내외 학자들의 견해와 논문들을 인용하고자 하였다. 또 각종 국내외 통계자료들에 대하여 가급적 최신자료를 사용코자 하였다.

그러나, 이 책을 내면서 또 다르게 느끼는 점도 있다. 그것은 이 책에도 부족한 점이 있다는 사실이다. 따라서 내용상 부족한 부분은 추후에 계속적으로 보완해 나갈 계획이다.

이 책이 나오기까지는 많은 분들의 도움이 있었다. 우선, '89년부터 지금까지 공직생활을 하는 동안 친동생 대하듯이 도와주시는 행정자치부와 국가전문행정연수원의 선배 공직자분들, 그리고 지난 5년간 연수원을 다녀가신 전국의 지방자치단체 공직자 여러분께 감사의 마음을 전하고 싶다. 또 지역경제정책론을 쓰도록 격려를 아끼지 않으신 은사님과 동학 그리고 한국지역경제학회 회장님과 이사님들께 감사를 드린다.

그리고, 이 책이 발간되도록 힘써주신 박영사 안종만 회장님, 이구만 부장님과 편집을 맡아 준 김희경 선생에게 감사의 뜻을 전한다. 팔순 고령에도 불구하고 매일새벽 아들을 위해 기도하시는 어머니의 은혜와, 늘 묵묵히 지켜보아 주는 사랑하는 가족들에게도 고마운 마음을 전한다.

2002년 8월

광교산 기슭에서 저자

차　　례

제 1 편　경제행정과 성장기반

제 1 장　지역경제정책의 기본 방향 ··· 3

1. 패러다임의 변화 ··· 4
2. 한국 지역경제의 현실 ··· 5
3. 지역경제의 개념과 특징 ··· 7
4. 지역경제에 대한 인식전환 ··· 8
5. 새로운 지역경제 전략의 구성 ··· 9

제 2 장　지방자치와 지역경제 리더십 ··· 12

1. 지방자치제도와 지역경제 ··· 12
2. 지역경제의 환경변화와 실태 ··· 13
3. 지역경제정책 방향 ··· 15
4. 경제행정기능 제고를 통한 경제적 리더십 확보 ··· 17

제 3 장　경제행정기능 ··· 22

1. 지방자치와 지역경제의 자립 ··· 22
2. 지역경제행정의 현실 ··· 23
3. 지역경제행정기능 제고 방안 ··· 25

제 4 장　경제의 자율성과 규제 ··· 31

1. 행정규제의 개념과 유형 ··· 31
2. 규제완화의 필요성 ··· 34
3. 정부의 규제개혁 실태 ··· 36
4. 지방의 규제개혁 전략 ··· 39

제 5 장　소비자보호 ··· 42

1. 소비자시대의 도래 ... 42
2. 지방소비자행정의 현황 ... 44
3. 지방소비자행정의 문제점 ... 45
4. 지방소비자보호 활성화 방안 ... 47

제 6 장 지역통계 ... 52

1. 지방자치와 통계 ... 52
2. 지역통계의 의의와 현황 ... 53
3. 지역통계의 문제점 ... 54
4. 지역통계의 발전방안 ... 58

제 7 장 지역의 지식 메커니즘 ... 62

1. 지식의 창출기반 강화 ... 64
2. 지식의 공유기반 확충 ... 65
3. 지식의 활용기반 구축 ... 67
4. 지식 메커니즘의 작동 여건 조성 ... 69

제 8 장 지역정보화 ... 73

1. 디지털 혁명과 정보화 사회 ... 73
2. 지역정보화의 의의 ... 74
3. 지역정보화 추진실태 ... 76
4. 지역정보화의 발전방안 ... 80

제 9 장 지역 네트워크 ... 85

1. 지역 네트워크 구축 의의 ... 85
2. 유연적 생산체제와 지역 네트워킹 ... 87
3. 지역 네트워크의 실태 ... 90
4. 협력적 지역 네트워크 구축방안 ... 91

제10장 지역 NGO ... 96

1. NGO 시대의 도래 ... 96
2. 지방자치단체와 지역 NGO간의 협력 ... 98
3. 지역 NGO의 실태 ... 100
4. 지역 NGO와의 협력방안 ... 103

제 2 편 지역특성화와 산업

제11장 성장동력산업 ········· 109

1. 성장동력산업의 필요성 ········· 110
2. 차세대 성장동력산업 ········· 111
3. 지역 전략산업 현황 ········· 117
4. 지역 성장동력산업 선정방법 ········· 119

제12장 특화산업 ········· 123

1. 지역특화산업의 의의 ········· 123
2. 지역특화산업의 선정 ········· 125
3. 지역특화산업시책 현황 ········· 127
4. 지역특화산업 육성방향 ········· 130

제13장 특화발전특구 ········· 134

1. 지역특화발전특구제도의 개요 ········· 134
2. 지역특화발전특구제도의 현황 ········· 136
3. 지역특화발전특구제도의 문제점 ········· 141
4. 지역특화발전특구제도 개선방향 ········· 142

제14장 향토산업 ········· 146

1. 향토산업의 정의 및 유형 ········· 147
2. 향토산업의 현황 및 문제점 ········· 150
3. 향토산업 육성방안 ········· 156

제15장 재래시장 ········· 160

1. 재래시장의 의의 ········· 160
2. 재래시장의 실태 ········· 163
3. 재래시장의 현대화 방안 ········· 166

제16장 산업 클러스터 ········· 170

1. 클러스터의 이론적 배경 ········· 170

2. 외국 클러스터의 사례(지역특산형) ········· 177
3. 이천 도자클러스터 ········· 181
4. 발전방안 ········· 189

제17장 지식산업 ········· 191

1. 지식산업의 의의 ········· 191
2. 지식산업의 현황 ········· 194
3. 지방의 지식산업 발전방안 ········· 196

제18장 과학기술정책 ········· 200

1. 지방과학기술정책의 의의 ········· 200
2. 지방과학기술진흥종합계획의 개관 ········· 203
3. 지방의 과학기술 여건과 실태 ········· 206
4. 지방의 과학기술 진흥방안 ········· 208

제19장 첨단기술산업 ········· 212

1. 첨단기술산업의 의의 ········· 212
2. 첨단기술산업의 실태 ········· 216
3. 지방의 첨단기술산업 육성방안 ········· 220

제20장 중소기업 IT化 ········· 225

1. IT化의 의의 ········· 225
2. 중소기업의 IT化 실태 ········· 228
3. 지방중소기업의 IT化 촉진방안 ········· 231

제21장 벤처기업 ········· 237

1. 벤처기업의 의의 ········· 238
2. 벤처기업의 현황과 육성시책 ········· 242
3. 지방 벤처비즈니스 지원 전략 ········· 246
4. 지방 벤처기업 자금지원 전략 ········· 249

제 3 편 이미지 마케팅과 문화관광

제22장 지역이미지 ········· 255

1. 지역이미지 전략의 의의 ········· 255
2. 지자체의 이미지 전략 실태 ········· 258
3. 지역이미지 전략방향 ········· 262

제23장 공동브랜드 ········· 264

1. 공동브랜드의 의의 ········· 264
2. 지역공동브랜드의 실태 ········· 268
3. 지역공동브랜드 사업의 발전방안 ········· 273

제24장 지역축제 ········· 278

1. 지역축제의 의의 ········· 279
2. 지역축제의 현황 ········· 282
3. 지역축제의 문제점 ········· 285
4. 지역축제의 활성화 방안 ········· 287

제25장 스포츠마케팅 ········· 292

1. 스포츠마케팅의 개념과 의의 ········· 293
2. 지역스포츠마케팅 사례분석 ········· 296
3. 지역스포츠마케팅 발전방안 ········· 304

제26장 문화산업 ········· 307

1. 문화산업의 의의 ········· 307
2. 지역문화산업의 현황 및 문제점 ········· 310
3. 지역문화산업의 발전여건 조성 ········· 313
4. 지역문화산업의 발전 전략 ········· 315

제27장 관광산업 ········· 318

1. 관광산업의 의의 ········· 318
2. 지역관광산업의 실태 ········· 320

3. 지역관광산업의 발전방향 324

제28장 관광기념품 330

1. 지역특화 관광기념품의 개념 331
2. 관광기념품 관련 정책 332
3. 관광기념품 국내·외 사례 337
4. 지역특화 관광기념품의 육성방안 342

제 4 편 고용확대와 투자촉진

제29장 실업관리 347

1. 실업에 대한 이해 347
2. 정부의 실업대책 351
3. 최근 노동시장의 실태 353
4. 지방의 실업해소·관리 전략 355

제30장 일자리 창출 359

1. 일자리 창출 시책 360
2. 일자리 실태 365
3. 지방정부의 일자리 창출방안 371

제31장 커뮤니티 비즈니스(CB) 381

1. 커뮤니티 비즈니스의 개념 381
2. 커뮤니티 비즈니스의 해외 사례 384
3. 국내 현황 및 문제점 388
4. 커뮤니티 비즈니스의 발전방향 391

제32장 민자유치 393

1. 민자유치의 의의 393
2. 민자유치제도의 개관 395
3. 민자유치사업의 실태 398

4. 민자유치사업의 활성화 방안 ······ 400

제33장 외자유치 ······ 404

1. 외자유치의 의의 ······ 404
2. 외자유치 관리 체제 및 지역별 실적 ······ 407
3. 지자체 외자유치의 애로사항 ······ 410
4. 지방의 외자유치 활성화 방안 ······ 412

제34장 통상진흥 ······ 416

1. 통상진흥의 의의 ······ 416
2. 지방의 통상진흥시책 ······ 418
3. 지방 통상진흥시책의 문제점 ······ 420
4. 지방의 통상진흥시책 발전방안 ······ 422

제35장 경영수익 ······ 426

1. 지방경영수익사업의 의의 ······ 426
2. 지방경영수익사업의 실태 ······ 432
3. 경영수입사업의 효율적 운용방안 ······ 434

제36장 지방재정 ······ 438

1. 지방재정의 경제적 의의 ······ 438
2. 지방재정과 지역경제와의 관계 ······ 441
3. 지역경제 활성화를 위한 지방재정 발전방안 ······ 443

제37장 지역금융 ······ 448

1. 지역금융의 개념과 의의 ······ 448
2. 금융환경의 변화 ······ 450
3. 지역금융의 현황과 실태 ······ 452
4. 지역금융의 활성화 방안 ······ 454

참고문헌 ······ 459

찾아보기 ······ 467

제 1 편

경제행정과 성장기반

제 1 장 지역경제정책의 기본 방향
제 2 장 지방자치와 지역경제 리더십
제 3 장 경제행정기능
제 4 장 경제의 자율성과 규제
제 5 장 소비자보호
제 6 장 지역통계
제 7 장 지역의 지식 메커니즘
제 8 장 지역정보화
제 9 장 지역 네트워크
제10장 지역 NGO

제 1 장

지역경제정책의 기본 방향

세상은 바뀌어 21세기라는 새로운 밀레니엄(millennium)이 시작되었다.

20세기말 우리나라도 지방화와 세계화라는 거스를 수 없는 조류와 지식기반경제라는 새로운 패러다임(paradigm)을 맞았다. 그리고 이에 적절히 대응하지 못한 질책으로 IMF 외환위기라는 경제적 고통을 겪게 되었다. 다행히 이러한 어려움을 지혜롭게 극복하고 우리는 21세기를 맞이한 것이다. 기대와 두려움으로 새 천년을 시작한 것이다. 하지만 과거의 남루한 옷을 그대로 입은 채 방향설정도 없이 21세기의 열차에 몸을 실을 수는 없는 것이다. 지금이라도 새 천년에 적합한 새 전략을 모색해야 한다.

지난 40년간 우리의 경제발전이 진전됨에 따라, 산업생산 시설과 사회간접자본 그리고 인적자본의 축적이 획기적으로 이루어져 왔다. 아울러 산업 기술의 축적도 동시에 진행되었다. 그런데 종래의 지역발전은 지방의 다양성과 잠재력을 무시하고 획일적인 정책결정만을 강조하는 중앙정부 위주로 이루어졌다. 또한 시장기능을 경시하고 계획기능을 중시하는 관 주도로, 손으로 만질 수 있는 물질적인 제조업 위주로, 세계의 주목을 덜 받는 지역 내부 위주로 진전되어 왔다.

그러나 앞으로 세계의 중심국가로 발전하기 위해서는, 종래의 관행에서 벗어나 새로운 시각에서 지역경제발전이 추진되어야 한다.

1. 패러다임의 변화

그러면 왜 새로운 각도에서 지역발전이 추진되어야 하는가? 그것은 향후 지역경제를 둘러싼 국제 여건과 사회 구조가 지난 세기의 그것과는 판이하게 다르기 때문이다. 그 중 예상되는 주요 경제여건 변화를 살펴보면,

첫째, 세계화가 가속화될 것이다. 국가경제나 지역경제가 참여하는 시장의 세계화가 점점 가속되어 세계 각국이 단일 시장으로 하나가 되는 지구촌 경제의 시대가 될 것이다. 산업국가 내의 어느 지역도 자기의 시장을 보호하지 못하고 국제적으로 경쟁해야 한다. 이는, 세계무역기구(WTO)의 역할 확대로 인하여 개별국가 단위로 FTA(자유무역협정)가 체결되거나, Block경제 단위로 상호 협력해야 하는 등 자신의 빗장을 완전히 풀어야 한다. 더욱이 환경, 경쟁, 노동, 부패 분야에 있어서도 국제간 규율이 정해지는 것은 물론 국제상거래의 디지털화로 국제간·지역간의 재화 및 용역의 거래는 자유로워질 것이다.

둘째, 지식기반경제의 조류가 만연해질 것이다. 자본과 노동이라는 종래의 대표적인 생산요소가 이제는 그 의미를 잃게 되고 그 자리를 지식이라는 새로운 생산요소가 차지하게 된 것이다. 기업과 근로자는 물론 정부와 국가까지도 지식으로 거듭나고자 하는 노력을 기울이고 있다. 미래학자 피터 드러커(Peter Drucker)는 "21세기 지식이 없는 국가는 지구상에서 사라질 것"이라고 말했다.

셋째, 디지털 경제로의 이행이 더욱 심화될 것이다. 과거의 인쇄매체, 전화 그리고 텔레비전을 능가하는 새로운 커뮤니케이션 미디어가 인간의 삶에 막대한 영향을 미치면서 새롭게 부각되었다. 단순히 정보를 관리하기 위한 도구로 사용되었던 컴퓨터가 커뮤니케이션을 촉진하기 위한 정보 인프라로 새롭게 자리매김을 한 것이 바로 디지털 경제인 것이다. 즉, 컴퓨터와 모바일이 합쳐져서 '호모모빌리쿠스'를 등장시켰듯이, 컴퓨터와 네트워킹이 합쳐져서 디지털 경제를 만들어 낸 것이다. 이러한 디지털 경제에서 개인과 기업은 지식·네트워크를 이용한 인적정보, 제조업, 서비스업으로 부를 창출하고 있다. 디지털 경제의 시스템에서는 기존의 역할과 규칙 그리고 생존이나 성공을 위한 필요사항들 모두가 변화할 것이다.

넷째, 환경과 문화에 대한 관심이 더욱 증대될 것이다. 경제발전에 의해 환

경관련 새 기술이 나타나기도 하지만, 동시에 환경의 질을 관리하라는 정치적 압력이 증가해 왔다. 환경에 대한 압력은 경제계획, 유치할 산업의 종류, 산업의 부지선정, 도심지역의 재개발 가능성 등에 중요한 영향을 미친다. 즉, 환경을 떠나서는 아무것도 이룰 수 없는 시대가 온 것이다.

다섯째, 산업조직과 경제구조가 더욱 유연화될 것이다. 종래의 소품종 대량생산 방식은 짧아진 제품수명 사이클, 다양해진 제품, 세분화된 시장 등에 적응할 수 있는 다품종 소량생산체제(Post Fordism)로 변화하게 되었다. 이것은 산업의 다기화를 초래했고, 산업조직의 다양화는 소기업의 창업을 더욱 촉진시킬 것이다. 즉, 산업과 기업들은 군살을 빼는 유연화 노력에 박차를 가할 것이다.

2. 한국 지역경제의 현실

우리의 지역경제는 어떠한가. 그 실태를 보면 다음과 같다.

첫째, 지역산업기반이 취약하다. 우리나라의 전반적인 산업구조는 아직도 전통적 산업인 농업 등의 비중이 상대적으로 높다. 또한 공업화의 과실도 수도권 지역에 집중되어 있어 지방공업의 활동수준이 낙후되어 있는 것이다. 특히 첨단산업의 수도권 집중으로 인해 지방에서는 재래적 산업의 비중이 상대적으로 높다. 이들 재래업종들은 업종의 사양화에 따른 구조적 불황의 소지가 높을 뿐만 아니라 임금상승에 따른 경쟁력의 급격한 저하 때문에 지역경제의 불안정은 물론 장기적 측면에서 볼 때 성장기반이 잠식당할 우려가 많다. 이러한 우려는 기업의 규모가 영세하고 기술개발이나 경영방식에 있어 매우 낙후되어 있는 지방 기업을 감안할 때 더욱 커진다.

둘째, 지방재정 · 금융 기반이 취약하다. 우선, 지방금융은 지역의 실물경제를 뒷받침하는 혈액과도 같다. 그러나 지금까지의 지역금융은 지방의 영세상공인을 비롯한 지역 실물경제의 금융수요를 제대로 충족시키지 못하였고 지역경제의 발전프로그램을 효과적으로 지원하지 못했다. 현재 지방금융이 당면하고 있는 가장 큰 문제점은 금융규모가 지나치게 영세하고 자금의 공급능력이 취약하다는 것이다. 일반적으로 지방은 경제력이 취약하고 저축수준이 낮아 자금조성능력에 한계가 있을 뿐만 아니라 설사 자금이 조성된다 하더라도 역내에 재투자되지 못하고 서울지역으로 유출되고 있는 실정이다. 따라서 지방의 금융사정은 지속적으로 악화될 수밖에 없고 결국 높은 부도율을 보이고 있는 것이다. 한편, 지방정부가 지역 인프라 기반을 강화하기 위해서는 일정수준의 지방재정력 확보가 필수적이다. 그러나 현재 우리나라 지방자치단체들의 재정여건은 매우 취약하다. 2009년 당초 예산 기준으로 230개 지방자치단체 중에서 지방세로 인건비를 충당하지 못하는 단체가 114개에 이르고, 지방세와 세외수입을 합친 자체수입으로도 인건비를 충당하지 못하는 단체가 11개에 이른다. 그리고 재정자립도는 전국평균 53.6%에 이른다. 따라서 지방정부의 독자적인 사업추진은 어렵게 되는 것이다.

셋째, 지역 인프라 즉 사회간접자본이 미흡하다. 사회간접자본(SOC)은 도로·항만·통신 등 재화와 서비스의 생산에 직접 사용되기보다는 생산활동을 간접적으로 지원하고 촉진하는 자본을 의미한다. 특히, 21세기 무한경쟁시대에 사회간접자본 시설은 국가경제는 물론 지역경제발전의 초석이 된다. 즉, 사회간접자본은 물류비와 생산비를 절감시킴으로써 생산성 향상, 도시화 촉진 등을 달성할 수 있다. 그리고 사회간접자본에 대한 투자는 고용창출효과가 높으며 건설산업 발전에 직접적 영향을 미친다. 일반적으로 이러한 지역의 사회간접자본은 해당 지역의 입지경쟁력을 가늠하는 가장 주요한 요인이다. 이러한 사회간접자본이 일부 대도시를 제외하고는 취약한 형편이다.

넷째, 지역의 지식·기술기반이 취약하다. 지식·기술기반은 지역의 인재확보 및 지식·정보관리 시스템과 직접적 연관이 있다. 지식과 기술은 지역경제의 발전에 직접적인 영향을 주어 지역단위의 경제적 자립능력을 향상시키며, 지속적인 지역경제발전을 이끌어 가는 핵심적인 원동력이다. 지식과 기술은 해당 지역의 잠재력을 개발, 활용함으로써 지역의 부가가치를 높인다. 동시에 지역산업의 혁신능력 함양을 통해 산업의 경쟁력을 제고할 수 있는 가장 확실한 수단이다. 그러나 한국 지역의 지식·기술기반은 연구관련 기관들의 지역편중으로 인해 매우 취약하다. 뿐만 아니라 과학기술 행정체계의 중앙 집중화와 이에 따른 지방의 기술행정 취약이 지식·기술기반을 약화시키는 또 하나의 요인이 된다.

다섯째, 지역경제행정의 여건이 미흡하다. 지방자치의 실시로 중앙권한이 지방으로 많이 이양되었다. 그런데 농업 등 1차 산업에 대한 행정권한은 강화되었으나 통상산업 분야에서는 여전히 중앙사무의 비중이 높은 실정이다. 뿐만 아니라 핵심사무의 대부분이 통제기능이고 실질적인 정책수단인 재정 및 지원기능의 성격을 가진 사무의 비중은 매우 낮아지고 있다. 즉, 경제관련 권한의 지방이양이 예산과 업무가 동시에 이양되는 것이 아니라 업무만 이양되었기 때문이다. 더욱이 지방자치단체에는 경제에 대한 전문 인력이 부족하다. 경제에 대한 전문적 지식을 전혀 갖추지 못한 행정공무원이 지역경제를 운영하고 있는 것이다. 또한 지역경제를 낱낱이 분석하고 파악할 수 있는 경제관련 통계가 매우 부족하기 때문에 과학적인 지역경제 행정을 수행하는 것이 불가능한 실정이다.

우리의 지역경제가 이러한 문제점을 안은 채 새로운 시대를 맞이하였다. 이제 지방화·세계화·지식기반경제가 3대 축을 이루고 나아갈 새 시대, 지역경제를 위한 새로운 전략을 수립해야 한다. 여기서는 새로운 지역경제 전략을 모색하기에 앞서 지역경제의 개념과 특징 그리고 우리의 인식에 대하여 살펴보고 본서에서 다루어질 지역경제 전략의 구성내용을 정리하고자 한다.

3. 지역경제의 개념과 특징

지역경제란, 일반적인 경제의 개념에 공간적 의미를 추가한 것이라 할 수 있다. 즉, "무엇을(what to), 어떻게(how to), 누구를 위하여(for whom to) 경제할 것인가?"라는 3대 경제문제에 "어디서(where to)"라는 공간적 문제를 추가한 것이다. 여기서 '지역'이라는 개념을 규정할 필요가 있다. 지역의 개념으로 동질지역, 결절지역, 계획지역 등 다양하게 정의할 수 있으나, 우리에게 통용되는 '지역'의 개념은 지방자치단체의 행정구역을 의미한다고 할 수 있다. 이를 종합하면, 지역경제란 지방자치단체의 행정구역의 범위 내에서 지방정부와 지역기업 그리고 지역주민(가계)이 주체가 되어 생산, 교환, 분배, 소비하는 인간행위와 사회구조 그리고 제도를 의미한다.

지역경제는 크게 세 가지 특징을 갖는다.

첫째, '개방성'을 들 수 있다. 국가경제에 있어서 개방성이란 상품과 자본이동의 자유화를 의미한다. 국가간에 상품과 자본이 이동하는 데 아무런 장애가 되지 않음을 말하는 것이다. 그러나 상품의 이동에는 통관절차가 있고 노동의 이동에는 출입국관리소가 있어 어느 정도 그 흐름을 파악할 수는 있는 것이다. 하지만, 지역경제는 국가경제보다 훨씬 개방적이다. 즉, 광주지역에서 전남지역으로 또는 서울·수도권지역으로 상품과 노동이 이동하더라도 전혀 포착이 불가능한 것이다. 이러한 지역경제의 완전한 개방성이 지역경제의 물동량 관련문제를 분석하는 데 어려움을 주고 있다.

둘째, '지역성'을 들 수 있다. 국가는 획일적 기준에 의해 국가경제를 운영해 간다. 그러나 지역경제는 그럴 수 없다. 나름대로의 고유한 지역성(지역적 특성)을 가지고 있기 때문이다. 지역별로는 고유한 문화와 역사 그리고 전통산업이 있다. 따라서 경제여건과 생활여건 그리고 정치·사회여건도 지역적 특색을 가지는 것이다. 이러한 지역의 고유한 특성을 무시하고 획일적으로 지역정책을 수립하고 추진할 수는 없는 것이다.

셋째, '다양성'을 들 수 있다. 다양성은 지역경제의 '지역성'으로부터 발생된다. 지역성을 국가전체의 시각으로 보았을 경우 다양성으로 설명되는 것이다. 이러한 지역의 다양성은 국가경제의 잠재력을 확산시키는 역할만 하는 것이 아니라 국가경제의 위험으로부터 벗어날 수 있게 하는 완충기능을 수행한다. 즉, 대구지역의 섬유산업이 불황을 맞고 있다고 해서 울산지역의 자동차산업과 제주지역의 관광산업이 어려움을 겪을 필요는 없는 것이다. 이 같은 '지역경제의 다양성'이 국가(중앙정부)와 지방정부가 지역경제를 떠받쳐야 하는 이유가 되는 것이다.

이상과 같은 지역경제의 세 가지 특징은 지역경제의 특징이기에 앞서 국가경제력 확보 전략으로 손꼽히고 있다. 즉, 무한경쟁시대 국가생존 전략으로서 개방화, 지역화, 다양화가 요구되고 있는 것이다.

지구촌·세계화 시대를 선도하는 '개방성', 가장 지역적인 것만이 살아남는다는 특성화시대에 부응하는 '지역성', 그리고 포스트포디즘(Post Fordism)의 유연화시대에 적응하는 '다양성'이 바로 지역경제의 특징인 것이다.

4. 지역경제에 대한 인식전환

지역경제는 두 가지 시각에서 볼 수 있다. 하나는 지역경제를 단순히 국가

경제의 한 부분집합으로 보는 것이고, 또 다른 하나는 국가경제를 구성하는 공간적 단위로서 독립된 개별 경제단위로 보는 시각이다. 첫 번째 관점에서는 지역경제 발전, 즉 지역의 산업발전과 복지의 향상이 역외의 자본에 달려있게 된다. 따라서 이른바 외부 의존적 개발이 지역경제 활성화의 핵심적인 전략이 되는 것이다. 제 1 차 및 제 2 차 국토종합개발계획에서 채택했던 거점개발방식이 그 대표적인 예이다. 과거 수십 년 동안 국가주도에 의한 경제발전을 추구해 온 우리의 경우 아직도 많은 사람들이 지역경제를 이 같은 관점에서 인식하고 있다.

그러나 지역경제학적 입장에서 접근한다면 지역경제의 의미는 전혀 다르다. 즉, 두 번째 관점에서 지역경제를 보아야 한다는 것이다. 지역은 단순히 국가의 일부분만은 아니다. 자연, 경제, 문화가 복합된 인간 공동체이고 주민의 공동사회인 것이다. 지역은 독립된 주체이기 때문에 스스로의 경제적 운명을 결정할 수 있다. 어떤 의미에서 국가는 이 같은 지역경제를 보다 적극적으로 지원하기 위한 연합체적 성격에 불과한 것이다.

지역경제는 국민경제보다 공간적 범위가 작은 독자적인 경제단위이다. 즉, 지역경제는 독자적인 작동원리와 구조를 갖추고 있으며 지방에 소재하였기 때문에 고유의 역사와 배경을 가지고 있다. 이러한 관점에서 지역경제의 발전은 중앙정부가 베푸는 시혜의 결과로 얻어지는 것이 아니라 지역주민의 관심과 노력의 결과로 얻어지는 과실이다.[1)]

그러나 지역경제에 관련된 많은 정책과 제도는 아직도 기존의 인식에 근거하고 있음을 부인할 수 없다. 따라서 시대변화에 걸맞은 지역경제의 발전을 위해서는 지역경제를 보는 시각도 달라져야 하는 것이다.

5. 새로운 지역경제 전략의 구성

지방화·세계화가 현장에서 바로 연결되는 상황에서, 전통적인 국가의 보호적 테두리는 더 이상 존재하지 않을 것이다. 지역(지방)은 바로 세계로 연결되

1) 허재완 외, 『한국지역경제론』, 법문사, 1998, pp. 3~5 참조.

고 스스로의 생존과 발전은 스스로 책임져야 한다. 지역이 실제로 경제의 주체가 될 수밖에 없는 상황이 전개되고 있다. 국가 혼자서 모든 것을 해결하던 '규모의 경제시대'가 지나가고 다양한 개별 부문들이 서로 엮어져 하나의 거대한 경제단위가 형성되는 '범위의 경제시대'가 전개되고 있다. 범위의 경제시대에서는 기업 혹은 지역들간의 전략적 연대가 활발히 추진되어야 한다. 그리고 범위의 경제시대에는 지역 내에 다양한 발전요소들을 스스로 만들어 가야 한다.

새로운 패러다임 속에서의 지역경제 발전전략은 보다 입체적인 전략이 되어야 한다.

우선, 지역경제의 구조화 전략이 필요하다. 지역경제의 구조화란 지역경제가 발전할 수 있는 제반여건과 경제적 인프라를 구축한다는 의미이다. 경제적 인프라에는 도로와 시설물과 같은 유형적이고 물적인 인프라가 있지만 우리가 간과하기 쉬운 무형적 인프라도 있다. 어쩌면 유형적 인프라보다 눈에는 보이지 않지만 분명히 존재하는 무형적 인프라가 더욱 중요할지도 모른다. 지역경제가 발전할 수 있는 여건을 마련해야 하는 것이다.

다음으로, 지역경제의 발전을 위해서는 무엇보다 지역산업 그 자체가 중요

〈그림 1-1〉 21C 지역경제 발전전략 설계

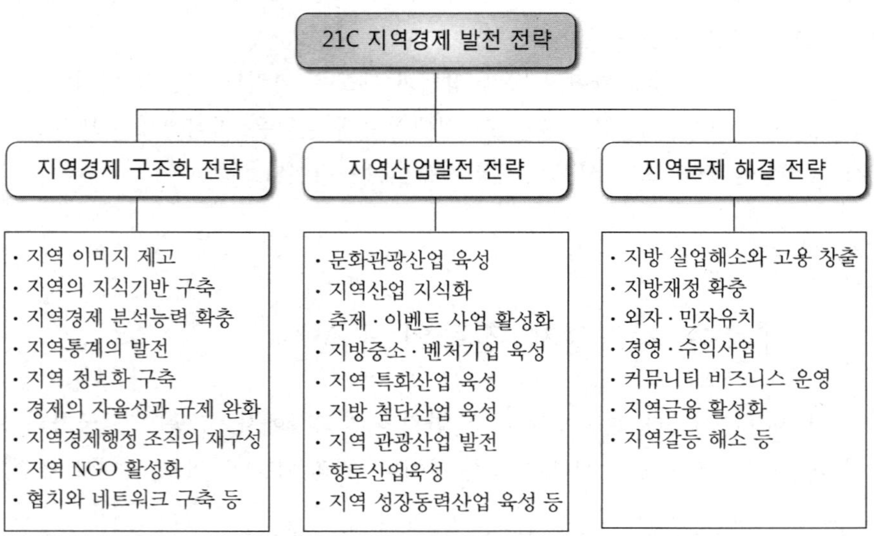

하다. 지역에 기반을 두고 있는 산업이 다양해지고 경기가 좋아져야만 지역경제가 발전하고 성장할 수 있는 것이다. 이는 지역의 생산을 담당하는 일차적 주체이기 때문이다.

마지막으로, 지역경제에 상존하는 고질적 문제를 하나하나 해결할 수 있는 구체적 대안을 필요로 한다. 즉, 도시지역에서의 교통난, 주택난, 공해문제 등과 일반지역의 실업, 재정문제 등 지역경제의 제반 문제를 해결하는 노력이 필요한 것이다.

제 2 장

지방자치와 지역경제 리더십

우리나라에 지방자치제도가 도입된 지 20여년의 세월이 흘렀다. '91년 지방의회가 처음으로 구성되었고, '95년 제1기 민선단체장을 출범하게 됨으로써 민선자치시대를 맞이하였다.

민선단체장들은 지역경제에 지대한 관심을 가지고 지역경제 활성화를 위한 다양한 정책을 추진해 왔다. 그 결과 괄목할 만한 성장을 보인 자치단체가 나타났다. 반면에 사전준비 없는 무리한 투자로 낭패를 본 자치단체도 많았다.

1. 지방자치제도와 지역경제

지방자치제도는 제도의 정착을 위한 공고화(consolidation)단계에 접어들고 있다. 또한 국가경제전략도 중앙중심의 발전전략으로부터 '지방 중심의 경제 활성화 전략'으로 전환하고 있다. 이러한 '지방중심의 국가발전 전략'이 정당성을 획득하기 위해서는 '지역경제 활성화'라는 요건이 필요하다.

우선, 지방자치단체의 자주재정권 확보를 위한 '지역경제 활성화'가 필요하다. 즉, 지역주민의 공공수요에 대응하기 위해서는 그에 상응하는 재정규모가 유지되어야 하고, 자치단체 스스로가 재원을 조달할 수 있는 일정수준의 경제발전이 이루어져 있어야 하기 때문이다.

다음으로, '지역경제 활성화'는 소득증대를 통해 궁극적으로 주민의 삶의 질(Quality of life)을 높이고 국민 전체의 후생수준을 증대시킨다는 점에서 중요하다. 특히 우리나라의 경우는 지역간 균형발전이라는 측면에서 지역경제 활성화가 검토되어야 한다.

또한, '지역경제 활성화'는 국민경제의 안정적 성장을 위한 내수시장의 지속적인 확대를 위해서도 필요하다.

지역경제 정책은, 지역경제 환경의 변화라는 현실인식과 지역경제의 활성화라는 정책목표, 그리고 이 둘 사이의 격차를 줄이기 위한 수단을 모색하는 것이다. 따라서 지역경제 활성화 정책은 최근 지역경제 환경의 변화와 여건에 대응하기 위한 지역경제 활성화의 방안을 제시해야 한다. 이 장에서는 민선자치 지역경제의 가장 큰 문제점을 지방의 '경제적 리더십 부재'로 보고, 새로운 지역경제발전정책의 4대 기본 방향을 제시하는 한편, 세부적으로는 경제행정 기능제고를 통한 경제적 리더십 확보방안을 제시하고자 한다.

2. 지역경제의 환경변화와 실태

가. 새로운 지역경제 환경

21세기의 국내외적 경제여건 변화는 다음과 같은 뉴패러다임의 도래를 의미한다. 첫째, 산업자본(산업기술)에서 인적·지식자본(정보통신기술)으로 생산요소(생산기술)의 핵심이 바뀐다. 둘째, 품질경쟁에서 지식경쟁으로 경쟁의 내용이 달라진다. 셋째, 국가경제 중심에서 지역경제로 변한다. 넷째, 경제운영시스템이 국가와 기업 중심, 수직적 경영체제(대립적 경쟁관계)에서 개인과 소비자 중심, 공동체 경영체제(협조적 경쟁관계)로 변한다.

구 분	20세기	21세기
핵심생산요소	산업자본(산업기술)	인적·지식자본(정보통신기술)
경쟁내용	품질	지식
경제주체	국가	지역, 세계
경제공간	실물공간	가상공간
경제운영 체제	국가와 기업 중심, 수직적 경영 체제(대립적 경쟁관계)	개인과 소비자 중심, 공동체 경영체제(협조적 경쟁관계)

민선자치는 뉴밀레니엄 시대의 개막과 호흡을 같이한다. 지역경제를 둘러싼 환경조건은 급격하고 커다란 변화양상을 보여주고 있다. 이러한 변화양상은 정치, 경제, 사회, 문화 모든 방면에 있어 다양하고 근본적인 차원의 구조변화를 수반하고 있다. 이와 같은 변화가 지방정부의 통치 방향과 내용을 변화시키는 환경변수로 작용하고 있는 것이다.

나. 새로운 통치체제… '로컬 거버넌스(local governance)'

최근 지방통치의 양식으로 로컬 거버넌스(local governance)개념이 제시되고 있다. 이것은 단순한 시민참여개념보다 급진적이고 적극적인 개념으로서 행정기관, 기업, 시민집단간의 '관계'에 근거하여 공사간의 구분 없이 협력과 참여라는 파트너십(partnership)을 통하여 도시의 공공문제를 해결해나가는 방식을 지칭한다. 로컬 거버넌스(local governance)의 특징은 지방자치단체를 중심으로 한 제도적이고 공식적인 관계보다는 행정기관, 기업, 시민집단간에 있어 각자의 전략적 목표와 이해관계를 비공식적인 네트워킹을 통해 조정, 통합해나가는 데 있다. 따라서 지방정치나 지방자치를 지방자치단체가 주도하고 일방적으로 운영해 가는 방식과는 차별성을 보인다.

로컬 거버넌스(local governance)를 地方共治, 地方統治, 同伴者的 統治, 地方共同經營 등으로 번역할 수 있으며, 최근 일본에서는 地方協治라는 개념을 사용하기도 한다. 여기에서도 잠정적으로 地方協治體制로 표현하고자 한다.

이미 90년대 이후 미국과 영국의 지방정부운영에서 이러한 지방협치체제의 현상이 일반화되어지고 있다. 따라서 정부(government)란 개념보다는 거버넌스(governance)로 개념화하는 것은 반드시 국가의 공식적인 주체만 아니라 정책집행에 영향력을 줄 수 있는 행위자 전체를 포함하는 광범위한 제도적 범위에 초점을 두고 있다. 요컨대, 거버넌스(governance)개념은 정부(government)의 변화된 의미로 이해될 수 있으며, 이는 통치(governing)의 새로운 과정으로 볼 수 있다.

다. 지역경제의 실태… 지방의 경제적 리더십 부재

이러한 환경변화 속에서 우리의 지역경제는 어떠한 실정인가? 한마디로 표현하면, 지방에서는 살기 힘들다고 아우성이다. 그리고 기회만 있으면 지방을 떠나려고 계획하고 있다.

한국경제의 활로를 찾아야 할 곳이 어째서 이렇게 된 것일까? 그것은 다양한 곳에서 원인을 찾아 볼 수 있으나, 여기서는 민선단체장의 경제적 리더십 부재를 그 이유로 들고 싶다.

많은 민선단체장은 자신의 지역경제가 어떻게 돌아가는지 모르고 있다. 알고 있어도 주먹구구식으로 단편적으로만 인식하고 있는 실정이다. 그리고 주민들의 생활이 어렵다고 해도 도대체 무엇을 어떻게 해야 할지 모른다. 그러면서도 지방에서는 도무지 할 수 있는 일이 없다고들 한다. 재원도 부족하고, 인재도 없고, 제도적 뒷받침도 부족하다 한다.

그러나 사실은 그렇지 않다. 경제적 지도력이 부족하기 때문이다. 무엇이 잘못되었는지, 얼마나 어려운지, 그리고 무엇을 해야 하는지를 파악하고 분석할 도구가 부재하기 때문이다. 더욱 암담한 것은 무엇이 잘못되었는지 얼마나 어려운지 알려고 하지도 않는다는 것이다.

민선단체장의 경제적 리더십 부재는 물론 단체장에게만 해당되는 문제가 아니다. 좀 더 확대한다면, 오히려 지방자치단체의 경제적 리더십 부재가 더 큰 문제이다. 단체장의 부족한 경제 마인드를 공직자들이 보완할 수 있어야 함에도 불구하고 오히려 단체장의 요구에도 미치지 못하는 경우가 많기 때문이다. 경제적 리더십은 고사하고 잘 나가는 기업을 못살게 구는 경제의 걸림돌이 되기도 한다.

3. 지역경제정책 방향

지역경제 정책을 꾸려나가기 위해서는 기본 방향의 설정이 필요하다. 이는 각종 지역경제 시책을 기획, 입안하고 추진하는데 필요한 이념 제시적 성격을 가진다.

가. 시장경제 논리의 적용

민선시대 지역경제정책 방향 중 가장 먼저 '시장경제의 논리'를 제안한다. 시장경제의 논리는 한마디로 '경쟁의 논리'이다. 시장에서 공정한 경쟁이 이루어지도록 하고 진입과 퇴출이 자유롭게 되도록 여건을 마련하는 것이다. 지역경제행정 부문 모든 것에 경쟁의 논리가 적용되어야 한다. 일각에서는 경제행정 공무원에게조차 신분보장을 없애야 할 필요가 있다는 주장도 있다.

나. 개방적 지역경제정책 추진

우리 민족은 오랫동안 폐쇄적 문화를 꾸려 왔다. 이를 통해 다양한 이익도 향유할 수 있었으나, 근대사회에 접어들면서 상대적으로 손실이 컸던 것이 사실이다. 특히 개방성이 국제경쟁력의 관건으로 작용하는 세계화시대에는 폐쇄적 소지를 더 이상 간과할 수 없다.

지역경제정책에도 개방성 이념이 도입되어야 한다. 지역경제정책도 국제적 요구에 부응해야 한다. 그리고 지역경제계획의 수립과 행정, 평가 등에 개방성의 논리를 적용해야 한다.

다. 자발성에 근거한 지역경제정책 추진

2002년 월드컵 4강 진출의 수훈으로 빼놓을 수 없는 요인은 '붉은악마' 서포터스이다. 전국 방방곡곡에서 물밀듯 밀려나오는 700만에 이르는 '붉은악마', 그들의 역할을 잊을 수 없다. 그러나 엄청난 인파가 어떻게 질서정연하게 행동할 수 있었는지 알 수 없다. "700만에 달하는 '붉은악마' 프로그램을 정부가 기획했다면 어떻게 되었을까?" 하는 의문이 자주 제시된다. 그것은 철저하게 자발적으로 이루어졌기 때문에 가능했던 것이다. 비가 오는데도 남들이 젖을까봐 우산을 펴지 않고, 무더운 날씨에 6시간씩 경기를 기다릴 수 있었던 것은 자발적 형태였기 때문이다. 지역경제정책은 자발성에 근거하여야 한다. 지역기업과 주민들이 자발적으로 마음껏 경제활동을 할 수 있도록 '경제의 광장과 전광판'을 만들어 주어야 한다.

라. 민간부문의 잠재력을 최대한 발굴

미국, 일본, 유럽 등에서는 민간부문이 지역의 산업정책 입안·집행·평가의 전 과정에 활발하게 참여하고 있다. 또 영국에서는 교도소를 민간에 위탁하는 사례도 있다. 이제 지방자치단체는 민간이 원하면 무엇이든 내놓을 수 있어야 한다. 그리고 오로지 민간의 역할과 잠재력을 최대한 활용하는데 지역경제정책의 초점을 맞추어야 한다. 즉, 중앙정부나 지방자치단체는 경제의 주체인 기업과 주민의 경제활동이 원활하게 될 수 있도록 도와주는 역할을 주로 해야 한다.

4. 경제행정기능 제고를 통한 경제적 리더십 확보

지난 민선자치 기간 동안, 지역경제 활성화를 위한 다양한 노력에도 불구하고 그 성과는 그다지 크지 않은 실정이다. 이는 지역경제정책 자체에도 문제 있다 할 수 있지만, 그러한 정책을 이끄는 지방자치단체장의 경제적 리더십에도 원인이 있다.

지역경제에 있어 경제적 리더십은 크게 두 가지로 나눌 수 있다. 그 하나는 단체장이 경제적 리더십을 갖춘 경우이고, 다른 하나는 경제행정조직이 제 기능을 다함으로써 기관 스스로가 경제적 리더십을 갖는 경우이다. 즉, 지방자치단체장의 경제적 리더십은 지역경제행정의 조직과 체제에 의해 보완될 수도 있고, 악화될 수 있는 것이다. 여기서는 지역경제행정기능 제고를 통한 리더십 확보방안을 제안하고자 한다.

가. 지역경제행정의 조직과 기능의 개편

경제적 리더십은 지역경제행정의 기능 제고를 통해서도 얻을 수 있다. 지역경제행정기능 제고를 위해서는 먼저, 자율적이고 실질적인 지역경제운용을 지방에서 담당할 수 있도록 지방의 경제행정체계 및 조직을 개편해야 한다. 이때 중심이 되는 것은 의사결정과 관련된 기획기능과 집행기능을 조화롭게 배치하는 것이며, 기획과 집행에 관련된 각종 기능을 시스템적으로 연계시키는 것이다. 예를 들어 지역경제의 현황을 분석할 수 있는 기획·분석 전담부서가 부재하므로 통계담당부서와 경제정책 총괄부서를 연계한 지역경제의 기획·분석을 전담하는 부서를 신설할 필요가 있다.

집행에 관련된 행정조직은 기존의 내무행정 중심의 조직을 경제관련 중심으로 전환시키고 인사배치, 인력증원 등을 통해 여건을 마련해야 한다. 예를 들어 기업경영에 있어 행정부서가 영업부서보다 우위에 있으면 어떻게 되겠는가? 이들은 단지 영업부서를 지원하는 역할만 충실히 할 뿐이다. 이제는 지방자치단체도 기존의 조직형태에서 벗어나 경제경영 논리를 접목시켜야 한다.

세계화 및 지방화 추세에 효과적으로 대응하고 지방기업이 안고 있는 문제를 해소하기 위해서도 지방의 경제행정조직을 산업구조의 변화추세에 맞게 정비하여야 한다. 특히 광역, 기초자치단체별 기능과 행정수요와 지역의 특수성을 반영한 행정조직의 재편이 절실히 요구된다. 이러한 조직개편의 중점은 업무의 전문화에 주어져야 하며 민간위탁이 가능한 기능은 민간에게 이양해야 한다.

나. 경제·경영 논리의 접목과 전문인력의 확보

자치단체가 경제적 리더십을 갖추기 위해서는 지방행정 부문에 경제·경영 논리를 접목하고 또, 이를 보충하기 위해 해당분야의 전문인력을 확보하는 것이다.

먼저, 지방자치단체에 경제경영 논리의 접목이 필요하다. 경제·경영 논리의 접목은 경제·경영 마인드로부터 비롯된다. 지방자치제도하에서는 본질적으로 해당 지역과 관련된 사항은 지자체의 권한과 책임하에 수행된다. 이는 기업경영과 마찬가지 논리이다. 기업가가 기업을 경영함에 있어서 치열한 경쟁 속에서 살아남기 위해서 경영의 효율화와 경쟁력의 강화에 노력하듯이, 지방자치단체도 세계화의 경쟁체제에서 살아남고 성공적인 자치단체를 이끌기 위해서는 효율적인 지방의 경영이 요구되는 것이다.

다음으로, 지역경제행정부문에 전문성을 갖춘 인력 확보가 필요하다. 지방자치단체가 자율적인 정책을 기획하고 효과적으로 추진해 나가기 위해서는 전문적인 분야를 책임지고 담당할 수 있는 유능한 인재를 확보하는 일이 선행되어야 한다. 이를 위해서는 중앙경제부처 공무원의 지방으로의 순환보직과 함께 사계 전문가를 외부로부터 특채하는 등 전문가 확보에 적극적으로 나서야 한다. 여기서 주의할 사항은 고급인력을 영입하기 위해서는 행정 공무원의 시각이 아닌 경영인의 시각에서 충분한 조건을 제시해야 한다는 점이다.

다. 민간부문과의 협력체제 구축

디지털·정보화시대에 전제군주 시절의 제왕적 리더십은 제 기능을 할 수 없다. 21세기에는 협력적·디지털적 리더십이 요구될 뿐이다. 지역경제의 주체로서 지방자치단체와 지역민의 협력강화는 지역경제정책의 성패를 좌우하는 관건이 된다. 계획수립부터 실행계획의 집행에 이르기까지 지역상공인을 비롯한 지역민의 적극적인 참여가 활성화될 때 내생적 지역발전이라는 정책목표에 접근할 수 있기 때문이다. 또한 지방자치단체는 부족한 재정여건을 극복하고 지역개발사업을 원활히 추진하기 위해서는 민간의 기술 · 경험 · 자본을 활용해야 한다. 즉, 민관공동투자, 공영개발 사업의 전개, 제3섹터 개발 등의 방법으로 민간부문의 기능을 활용하는 것이 중요한데 효과적인 민관 협력체제 구축을 위해서는 업종별 · 분야별 생산자협동조합과 같은 단체를 조직, 활용할 필요가 있다.

라. 지역경제 지원 · 기획기능의 강화

지방자치제 실시 이후에도 대부분의 지방자치단체는 여러 부문에 있어 단순히 통제중심의 지역경제 행정업무에 머물러 있다. 지역경제의 발전을 위해서 시급히 개선해야 할 것 중의 하나가 지역경제 행정의 양태를 통제중심에서 지원중심으로 바꾸는 것이다.

첫째, 경제기반시설 지원을 강화해야 한다. 지역경제 활성화를 위해서는 기업입지를 촉진할 수 있는 기반시설의 확충이 선행되어야 한다. 지역산업의 경쟁력은 결국 해당지역의 기반시설의 수준에 의해서 결정되기 때문이다. 이러한 기반시설은 사회간접자본시설은 물론 공장입지, 정주환경의 개선 등을 포괄한다.

둘째, 소프트웨어적인 지원으로 경제규제의 완화가 필요하다. 지방자치제의 실질적 보장과 지역경제 활성화를 위해서는 산업경제 행정권한의 과감한 자율화가 이루어져야 한다. 이를 위해 지방의 특수성 · 창의성 · 자율성을 제약하는 권한을 자치단체 및 민간에 위임 · 위탁하고, 주민경제활동을 제한하는 규제조항은 대폭 완화 또는 폐지해야 한다. 동시에 불필요 · 불합리한 절차나 구비서류 등을 간소화하고 법령정비, 제도개선 작업을 적극 추진해 나가야 한다.

한편, 지원중심의 행정기능 외에도 지역경제 기획기능의 강화가 필요하다. 지방자치단체가 지역경제에 대한 리더십을 가지기 위해서는 지역경제에 관한 정확한 분석과 특색을 살리는 독자적인 중장기 지역경제계획의 수립이 중요하다. 특히 추상적 형식적 계획이 아닌 구체적인 실행계획을 수립해야 한다. 아울러 지역경제정책의 합리적 관리를 위해서 경제정책의 효율성을 평가할 수 있는 평가시스템 구축이 요구된다 하겠다. 이를 위해서는 관련학회나 연구원 등 민간전문기관을 적극 활용할 수 있을 것이다.

마. 중앙과 지방간의 기능 재조정

WTO 내지 DDA 체제하에서는 지역산업 경제와 관련된 보조금 중에서 연구개발, 환경보존, 지역개발에 관한 것을 제외하고는 모든 중앙정부 지원을 감축 또는 철폐해야 한다. 이에 따라, 종래의 유망산업에 대한 육성이나 사양산업에 대한 중앙정부 차원에서의 직접적인 지원이 어려워져, 지방자치단체 또는 지방의 기업들도 새로운 경제 환경에 적응하도록 종전과는 다른 전략을 강구하지 않을 수 없다.

따라서 종전과 같이 국가적인 계획에 기초한 하향적 지역개발체제에 중앙과 지방간의 적절한 역할 조정이 요구되고 있다. 그 기본 방향으로서 지방자치의 근본정신에 맞도록 자치단체가 지역경제 정책결정과 집행에 주도적 역할을 하되, 중앙정부는 지방자치단체와 주민들이 수행하는 자발적 지역개발사업에 대한 보조적, 조정자적 역할만 해야 할 것이다. 특히 그동안 중앙정부가 쥐고 있던 다양한 경제권한의 지방분권과 지방이양은 물론, 지방중소기업청 등 지방특별행정관서의 지자체 이관이 우선적으로 이루어져야 할 것이다.

바. 각종 지역경제 시책의 효율적 추진을 위한 기반강화

지역경제 시책의 추진은 일반행정 시책과는 현격한 차이를 둔다. 보다 실증적이고 과학적인 실태분석과 대안제시가 필요하기 때문이다. 지역경제 현황을 분야별로 주기적으로 분석할 수 있어야 한다. 그리고 계량적 · 시계열적 자료가 필요하다. 또 분석결과로 나온 대안과 지역여건을 따져 시책과 사업의 타당성을 면밀히 분석하여야 한다. 따라서 지역경제 시책의 효율적 추진을 위해서는 각종 지역단위의 통계자료와 지표가 필요하다. 그러나 우리의 현실은 필수적인 통계조차 구비하지 못하는 실정이다. 예를 들자면 지역경제를 운용함에 있어 지역주민의 소득수준과 지역경제규모 그리고 지역경제성장률조차 알지 못하는 실정이다. 이것이 지방자치단체가 지닌 '경제적 리더십'의 수준이다. 해당지역 주민의 소득수준도 모르는 상태에서 경제적 리더십이 발휘될 수는 없으며, 효과적인 지역경제 시책을 펴나갈 수는 더욱 불가능한 것이다.

따라서 지역경제행정에 필요한 각종 지역통계를 시급히 확보하여야 한다. 이를 위해서는 일정의 예산과 인력이 소요되고 많은 기간을 필요로 한다. 그리고 시행 초기에는 기대했던 좋은 통계자료가 나오지 않을 수도 있다. 그러나 분명한 것은 그 어떠한 비용을 지불해서라도 지역통계의 확보가 필요하다는 사실이다.

지방자치의 궁극적인 목표는 지역주민의 '삶의 질'을 제고하는 것이다. 주민의 '삶의 질'을 높이는 것은 일차적으로 지역경제의 활성화로부터 시작된다. 그럼에도 불구하고 지방자치의 깃발을 들고 일선에 선 단체장들이 '경제적 리더십'을 가지지 못한다면 지방자치의 종국은 불을 보듯 뻔한 일이 된다. 경제적 리더십을 갖추지 못한 지역에서는 그 누구도 정주하기를 꺼려할 것이기 때문이다. 지방자치정책의 주안점은 무엇보다 지역경제에 최우선을 두어야 한다.

제 3 장

경제행정기능

민선단체장들은 지역경제발전이 지방자치단체의 일의적 책무라고 강조하고 있다. 그러나 지방공무원들의 말에 의하면 정작 지역경제행정을 수행하고자 할 때 이를 운영할 수단과 권한이 없어 어려움을 겪고 있다는 것이다. 뿐만 아니라 중앙부처의 공무원들은 지방을 움직일 손발이 없어 지역경제를 지원할 수 없다는 말을 한다.

1. 지방자치와 지역경제의 자립

짧은 지방자치의 역사에도 불구하고 지방에서는 스스로 자립하려는 욕구와 함께 지역경제 활성화를 위한 끊임없는 노력들을 경주하고 있다.

하지만 사실상 지방화시대를 실감할 수 있는 조직과 제도가 개선되고 있기는 하나 아직도 매우 미흡한 실정이며, 지방자치단체에 필요한 기구와 권한이 중앙에 편중되어 지방자치에 걸맞은 사업추진에 어려움을 겪고 있다.

지방자치제도의 정착은 지방에 배분된 정부기능의 범위 내에서 자율적으로 문제를 처리하는 기술과 능력을 지방자치단체가 확립하는 것을 의미한다. 지방분권체제하에서는 지방자치단체도 배분된 정부기능의 범위 내에서 제기되는 지역사회의 문제를 정책으로 전환시켜 주민들에게 제공할 수 있어야 한다. 이를 위하여 지방자치단체는 지역사회에서 제기되는 문제를 정책으로 전환시켜 해결할 수 있는 정책결정능력과 집행능력을 가지고 있어야 할 것이다. 이 장에서는 지방자치단체가 스스로 지역의 경제문제를 해결할 수 있는 권한과 능력을 갖출 수 있도록 지방자치단체의 효율적인 기능 제고 방안을 모색하고자 한다.

2. 지역경제행정의 현실

가. 지역경제행정권한의 미흡

본격적인 지방자치제와 민선단체장의 시대가 진행되고 있지만 과거 중앙집권제하에서 집중되었던 권한의 이양이 제대로 이루어지지 않고 있다.

이는 지방자치단체가 수행하는 사무 건수 가운데 국가사무가 여전히 많은 비중을 차지하고 있음에 반해 기관위임사무와 지방사무는 매우 취약하다는 점에서 알 수 있다. 특히 지역경제개발과 밀접한 관련이 있는 지역경제 기획부문의 경우 지방사무는 더욱 취약하며 그 중에서도 재정·금융 등의 분야나 과학기술·지식·정보 분야에 관한 지방사무는 거의 전무하다.

그리고 지방자치단체에서 추진할 수 있는 각종 지역경제관련업무가 아직도 중앙부처의 지방특별행정관서(지방중소기업청, 통계사무소, 노동사무소 등)를 통해 이루어지고 있다. 뿐만 아니라 지역의 개발과 투자여건 조성에 있어서 필수적인 SOC확충 및 토지이용·개발 등은 관련된 규제가 너무 많고 행정절차가 복잡하며 개발수단은 대부분 중앙정부에 의해 독점되고 있는 실정이다. 최근 지방으로 위임된 사무들도 사무의 위임만 있고 권한의 이양은 없거나, 권한이 이양되는 경우에도 최종적으로 중앙정부의 감독을 받게 되어 있는 것이 많은 실정이다.

나. 경제 전문인력의 부족

우리나라는 특히 수도권을 중심으로 한 중앙지역에 사회의 전반적인 중추기능이 편중되어 있다. 따라서 지방으로부터의 인재유출과 수도권으로의 인재유입이라는 악순환이 되풀이됨으로써 지역경제와 관련된 전문인력 부족현상이 지방에서 심각하게 나타나고 있다.

전문인력의 부족은 크게 두 가지 양상으로 나타난다.

첫째, 인력의 양적 부족이다. 지방화·국제화로 인한 행정환경의 급격한 변화와 행정수요의 증대로 인하여 지역경제행정업무는 현저하게 증가하였다. 이러한 증대된 지역경제행정업무를 수행하기 위해서는 최소의 필요인력이 요구되지만 지방자치단체의 경우 인력의 양적공급이 부족한 실정이다.

둘째, 인력의 질적인 부족이다. 각 지방자치단체의 지역경제행정업무를 담당하고 있는 공무원은 대부분이 일반직 공무원으로 구성되어 있어 전문지식과 경험을 요구하는 국제통상과 외자유치 등의 분야와 문화예술 및 첨단기술관련 업무에 대한 고급 전문인력이 절대적으로 부족하다.

지역경제를 담당하는 공무원의 전문성 저하는 경제행정의 효율적 수행을 어렵게 하는 주요인이 된다. 이는 또한 기업의 신속한 업무처리를 어렵게 함으로써 기업활동의 애로요인이 되고 결국 지역경제 활성화를 저해하는 요인이 되는 것이다.

다. 중앙으로부터의 재원이전 미흡

세계 각국에서는 지역간 재정력 격차 완화와 취약한 지방재정의 확충을 위해 중앙정부가 지방에 이전지출 등을 통하여 보충해 주고 있다.

우리나라의 경우도 국세수입의 일부를 일정한 기준에 따라 지방자치단체에게 재배분하는 지방재정조정제도를 도입하고 있으나, 중앙으로부터의 지방이전재원의 액수는 지방자치제 실시 이전과 거의 차이가 없다. 또한 중앙정부가 이전해 주어야 할 재원규모가 지방이 자체적으로 조성하는 재원을 초과하는 것(재정자립도 50%미만)은 조세구조가 과도하게 국세중심으로 편중되어 있다는 점을 의미하는 것이다.

그 결과 중앙정부의 지방에 대한 재원 배분과정에서 여러 가지 비합리성과 정치적 요소가 내포되어 있다. 뿐만 아니라 대규모의 사업 실시에 소요되는 재원의 대부분을 중앙정부의 지원에 의존하고 있기 때문에 지방자치단체는 지역의 투자여건을 조성하고 기업에 대한 인센티브를 제공하려고 하지만 현실적으로 불가능한 실정이다.

라. 지역경제행정능력의 부족

완전한 지방자치는 지방자치단체의 스스로의 힘과 능력으로 각 지역에서 발생하는 다양한 경제문제를 원활히 해결해 나가는 것이다. 그러나 경제행정을 추진할 권한이 중앙에 집중되어 있기 때문에 지방에는 행정수행에 필요한 권한이 부족하고, 양적 · 질적 측면에서 지역경제를 담당할 경제 전문인력이 부족하며, 또한 지역경제정책을 효율적으로 수행할 재정적 뒷받침이 부족한 현실이므로 지방자치단체는 지역경제행정을 수행할 총체적인 능력이 부족하다 할 수 있다. 다시 말해 지방에서는 지역경제행정을 수행할 수단과 역량이 갖추어져 있지 않은 실정이다.

3. 지역경제행정기능 제고 방안

과거에는 중앙정부 주도로 국가의 총체적 성장정책에 중점을 두었기 때문에 지역별 경제발전과 지방의 자립기반조성에는 관심이 부족하였다. 그러나 지방자치시대의 도래와 함께 지방주민의 자립의식이 높아지고 지역간의 경쟁분위기가 확대됨에 따라 자주적으로 지역발전을 도모하려는 지방의 요구가 증대하고 있다. 따라서 종전과 같이 국가적인 계획에 기초한 하향적 지역개발체제에 중앙과 지방간의 적절한 역할 조정이 요구되고 있다.

그 기본 방향으로서 지방자치의 근본정신에 맞도록 자치단체가 지역경제 정책결정과 집행에 주도적 역할을 하되, 중앙정부는 지방자치단체와 주민들이 수행하는 자발적 지역개발사업에 대한 보조적 · 조정자적 역할만 해야 할 것이

〈표 3-1〉 중앙정부와 지자체간의 경제행정 기능별 책임분담 방향

항 목	중앙정부	광역단체	기초단체
기획기능	• 국가경제계획 수립 • 낙후지역계획 • 국책사업	• 지역별 경제계획 수립 • 대 · 중규모 프로젝트	• 실행계획 수립 • 중 · 소규모 프로젝트
통제기능	• 승인, 지도 • 주요 인 · 허가 사무	• 계획규제 • 각종인허가 지도, 감독	• 토지이용규제, 인허가
조정기능	• 지역계획의 조정 • 광역적 재원배분 조정 • 광역단체간 갈등조정	• 이익집단간 갈등조정 • 하위정부 실행계획조정 • 기초단체간 갈등조정	• 주민참여장치, 공청회
지원기능	• 사회간접자본시설지원 • 기술지원	• 서비스 및 하부구조제공 • 자문, 정보 제공	• 일반서비스 및 하부 구조

자료: 박희정(1994), 「내생적 지역경제발전을 위한 정부간 책임분담」, 『지방재정연구』에서 재작성.

다. 그러나 여기서는 지면관계상 중앙정부부문은 생략하고 지방자치단체의 기능조정을 중심으로 살펴보고자 한다.

가. 지역경제행정의 조직과 기능의 개편

지역경제행정기능의 제고를 위한 방안으로 먼저, 자율적이고 실질적인 지역경제운용을 지방에서 담당할 수 있도록 지방자치단체의 경제행정체계 및 조직을 개편해야 한다. 이때 중심이 되는 것은 의사결정과 관련된 기획기능과 집행기능을 조화롭게 배치하는 것이며, 기획과 집행에 관련된 각종 기능을 시스템적으로 연계시키는 것이다. 예를 들어 지역경제의 현황을 분석할 수 있는 기획·분석 전담부서가 부재하므로 통계담당부서와 경제정책 총괄부서를 연계한 지역경제의 기획·분석을 전담하는 부서를 신설할 필요가 있다.

집행에 관련된 행정기능에 있어서는 기존의 행정 중심의 조직을 경제관련 조직 중심으로 전환시키고 인사배치, 인력증원 등을 통해 여건을 마련해야 한다.

또 지방기업이 안고 있는 문제를 해소하기 위해서도 지방의 경제행정조직을 산업구조의 변화추세에 맞게 정비하여야 한다. 특히 광역, 기초자치단체별 기능과 행정수요와 지역의 특수성을 반영한 행정조직의 재편이 절실히 요구된다.

나. 경제 전문인력의 확보

지역경제 활성화를 도모하기 위해서는 실질적인 능력과 전문성을 갖춘 전문인력의 확보가 필요하다. 지방정부가 자율적인 정책을 기획하고 효과적으로 추진해 나가기 위해서는 전문적인 분야의 지방행정을 책임지고 담당할 수 있는 유능한 인재를 확보하고 육성하는 일이 선행되어야 한다. 특히 지역개발 및 지역산업경제분야를 담당할 전문인력이 필요하며 국제관련 전문인력의 확보 육성도 필요하다.

이를 위해서는 중앙부처 경제관련 부처인원의 지방으로의 순환보직과 함께 지방자치단체에서도 전문성을 요하는 부서에 대해서는 민간전문가를 외부로부터 특채하는 등 전문가 확보에 적극적으로 나서야 한다. 여기서 주의할 사항은 외부전문가를 특채해서 지속적으로 활용할 수 있도록 여건을 마련해 주어야 한다는 점이다. 즉, 외부전문가가 기존의 내부 공직자들에게 소외를 당하거나 비현실적인 보수수준으로 직장을 그만두는 일이 없도록 해야 할 것이다. 또한 자체공무원에 대해서는 기계적인 순환보직을 제한하고 특정분야를 중심으로 지속적으로 근무하거나 교육훈련이나 공무원 연수 등을 강화하여 일반 공무원이 그 분야에 대한 전문성을 확보하게 하는 것이 중요하다.

다. 경영 마인드 제고

지방자치단체에도 기업가적 경영 마인드가 필요하다. 지역의 살림살이에 관련된 사항은 지방자치단체의 권한과 책임하에 수행되어야 한다. 그것은 기업의 경영에 관한 모든 일들이 기업가의 권한과 책임하에 수행되는 것과 마찬가지이다.

따라서 재선을 염두에 둔 인기위주의 행정이나 선심행정 및 명분만 가진 행정은 더 이상 곤란하다. 지방정부들은 지역의 경영에 관한 모든 책임을 지역 스스로 져야 할 것이다.

특히, 지방자치의 진정한 정착을 위해서는 중앙정부로부터 재정적인 독립이 무엇보다 필요한데 이를 위해서도 공공행정에도 기업가적 경영 마인드의 도입이 필수적이다. 기업가적 마인드는 무엇보다 단체장에서부터 갖추어져야 한다. 그리고 경제·경영 마인드를 지닌 간부공무원을 지방조직 요소요소에 포진시켜야 한다. 기업가가 기업을 경영함에 있어서 치열한 경쟁 속에서 살아남기 위해 경영의 효율화와 경쟁력의 강화에 노력하듯이 지방자치단체도 세계화의 경쟁체제에서 살아남고 성공적인 자치단체를 이끌기 위해서는 효율적인 지방경영이 요구된다.

라. 민간부문과의 협력체제 구축

지역경제 활성화를 위한 경제행정의 협력체계는 세 분야로 나눌 수 있다. 중앙과 지방간의 협력, 자치단체간 협력, 민간부문과의 협력으로 정리할 수 있다. 여기서는 민간부문과의 협력방안에 대해서 언급하고자 한다.

지역경제의 주체로서 지방자치단체와 지역민의 협력강화는 지역경제정책의 성패를 좌우하는 관건이 된다. 계획수립부터 실행계획의 집행에 이르기까지 지역상공인을 비롯한 지역민의 적극적인 참여가 활성화될 때 내생적 지역발전이라는 정책목표에 접근할 수 있기 때문이다. 또한 지방자치단체는 부족한 재정 여건을 극복하고 지역개발사업을 원활히 추진하기 위해서는 민간의 기술과 경험과 자본을 활용해야 한다. 즉, 민관공동투자, 공영개발 사업의 전개, 제3섹터의 개발 등의 방법으로 민간부문의 기능을 활용하는 것이 중요한데 효과적인 민관 협력체제의 구축을 위해서는 업종별·분야별 생산자협동조합과 같은 단체를 조직·활용할 필요가 있다.

마. 지역경제 기획기능의 강화

과거와는 달리 이제는 지역의 경제정책을 수립하는 데 있어 중앙정부의 획일적인 계획에서 탈피해야 한다. 그리고 지역산업의 특수성과 지역주민의 수요를 제대로 고려하고, 세계화의 추세에 적응할 수 있는 지역경제정책의 방향설정이 필요하다. 이를 위해서는 해당 자치단체가 정책결정의 주체가 되어야 한다.

지방자치단체가 지역경제 정책결정의 주체가 되기 위해서는 지역경제에 관한 정확한 분석과 특색을 살리는 독자적인 지역 내의 중장기 경제계획의 수립이 중요하다. 특히 추상적·형식적 계획이 아닌 구체적인 실행계획을 수립해야 한다.

그리고 공무원의 일방적인 기획·집행보다는 관련 학회·연구기관의 전문지식을 최대한 활용하되, 관련 단체와 주민들을 지역경제 활성화정책수립과 집행과정에 적극 참여시켜 공감대를 형성함으로써 정책에 대한 신뢰와 집행상의 후원으로 정책의 본래 목표를 쉽게 달성할 수 있을 것이다.

바. 지역경제 지원기능의 강화

지자체 실시 이후에도 대부분의 지방자치단체는 여러 부문에 있어 단순히 통제중심의 지역경제행정업무에 머물러 있다. 지역경제의 발전을 위해서 시급히 개선해야 할 것 중의 중요한 요소가 지역경제행정의 양태를 통제중심에서 지원중심으로 바꾸는 것이다.

경제행정의 지원기능 강화 방안으로 첫째, 경제기반의 확충을 들 수 있다. 지역경제 활성화를 위해서는 기업입지를 촉진할 수 있는 기반시설의 확충이 선행되어야 한다. 지역산업의 경쟁력은 결국 해당지역의 기반시설의 수준에 의해서 결정되기 때문이다.

이러한 기반시설은 사회간접자본시설은 물론 공장입지, 정주환경의 개선 등을 포괄한다. 도로, 항만, 철도, 전기, 용수 등 사회간접자본의 이용가능성은 기업입지 결정에 중대한 영향을 미칠 뿐 아니라 공장입지 후 생산원가에도 영향을 미치게 된다. 따라서 지자체는 지역산업의 경쟁력을 강화하여 지역의 발전 잠재력을 극대화하기 위해 경제기반시설의 확충에 관심을 기울여야 한다. 또한 물리적 기반시설 외에 양질의 노동력과 인재확보를 위해 교육, 의료, 쾌적한 주거환경 등 생활기반시설과 정주여건 그리고 기술기반시설 등도 중요하다.

둘째, 경제규제의 철폐를 들 수 있다. 지방자치의 실시로 중앙의 경제행정 권한이 지방으로 이양되면서 인·허가 등 각종 규제수단도 지방화되고 있으며 이러한 규제가 지방기업의 생산활동을 위축시킬 가능성이 높다. 따라서 각종 인·허가 등을 통한 진입장벽을 완화하고 업무처리절차를 간소화하는 동시에 관련 행정서비스를 신속하게 제공하고 불필요한 지도단속업무를 대폭 축소·폐지하는 등의 경제적 규제완화노력을 전개해야 한다. 규제완화와 관련한 기본방향은 지방기업에 대한 특혜적 성격의 규제완화는 배제되어야 하며 국제경쟁력 강화를 기본목표로 해야 한다.

셋째, 재정·금융지원의 강화를 들 수 있다. 현재 대부분의 지방자치단체는 낮은 재정자립도와 함께 심각한 채무난에 시달려 지역경제 활성화를 위한 자금지원 기능이 거의 불가능한 실정이다. 따라서 지자체는 먼저 채무구조의 건전화 작업과 투자 우선순위의 조절 등과 같은 노력을 통하여 재정지출의 효율화를 꾀하는 것이 시급하다. 그리고 지방단위에서 활용할 수 있는 기금을 확대 조성하고 그 운영에 있어서 지방자치단체의 자율성을 최대한 보장하는 것이 필요하다. 현행 시도 단위로 설치되어 있는 지역개발기금을 중앙정부차원에서의 출연을 확대해 지역개발 금융기금으로 발전시켜 지방의 각종 개발사업에 대한 융자를 활성화시키고, 시도별로 지원하고 있는 중소기업육성자금도 지방금융기관 및 시군의 출연을 확대하여 지방자치단체의 산업지원 가용재원 규모를 늘리도록 해야 할 것이다. 또한 지방세의 탄력적 조세감면제도를 확대 도입하여 지방자치단체의 정책적 판단에 따라 당해 지역 내의 기업에 대해서 조세감면 혜택을 차등적으로 부여하는 방안도 검토될 수 있을 것이다. 이에 필요한 세수부족 및 재원확보 문제는 지역특성에 맞는 세목의 발굴 등 조세 자율권의 보장으로 충당할 수 있을 것이다. 한편, 지역금융의 활성화는 지역 내 직접금융시장으로부터의 자금조달이 원활하게 됨으로써 저렴한 자금조달이 가능해지기 때문에 지역기업의 경영개선과 발전에 크게 기여하게 된다. 이를 위해서는 중앙집권적인 금융정책을 지역중심으로 지방화 및 분권화하고 지방은행의 영업구역 제한과 같은 지방소재 금융기관의 기능을 제한하는 각종 규제의 완화가 필요하다. 또한 금융기관 본사의 유치와 함께 신용대출의 정착을 위한 지역신용기술 보증기관 및 기능의 확대를 통한 지방금융산업의 기반조성과 중소 벤처기업의 자금지원 원활화를 꾀하는 것이 필요하다.

지방화시대에 있어서 지방자치단체는 경제분야에 있어서도 나름대로의 독자적인 기능과 역할이 요구되고 있다. 이들 기능과 역할을 성공적으로 수행하기 위해서는 그 수준에 걸맞은 능력의 배양이 선행되어야 한다. 이러한 능력배양의 범주 속에 중앙부처의 행·재정적 권한을 지방으로 과감히 이양하되, 그것이 실질적일 수 있도록 중앙부처의 지방특별행정관서도 지방자치단체로 이양할 필요가 있다는 것을 강조하고 싶다.

지역경제의 발전은 지방자치단체의 주도적인 노력으로 지방의 활력을 모아갈 때 비로소 정착될 수 있다. 지역경제의 활성화는 지방자치단체 스스로의 경제행정 능력배양이 관건이다. 즉, 내생적 지역발전정책의 함의처럼 지역경제의 발전이 외부로부터 주어지는 것이 아니라, 지역주민 및 지방자치단체에 의한 직접적인 개발에 의해서만 참다운 지역경제의 발전을 향유할 수 있기 때문이다.

제 4 장

경제의 자율성과 규제

지역경제의 자율성은 지방의 경쟁력을 확보하는 데 관건이 된다. 다시 말해, 지방의 경쟁력 제고를 위해서는 다양한 분야에 걸쳐 있는 경제 규제를 철폐하거나 완화시켜야 한다. 지방자치의 실시로 중앙의 경제행정권한이 지방으로 이양되면서 인·허가 등 각종 규제수단이 지방화되고 있다. 반면에 지도감독의 명목하에 행해지는 각종 규제가 지방기업의 생산활동을 위축시킬 가능성이 높다. 즉, 지역경제의 효율적 운용을 위해 최소한의 통제 메커니즘도 필요하지만 이로 인해 불필요한 경제행정규제를 양산하는 것은 더욱 경계해야 한다.

1. 행정규제의 개념과 유형

가. 행정규제의 개념

국가정책의 실현 수단으로서 행정규제는 사회의 변화에 따라 그 대상 영역이 점차 확대되었다. 우리나라에서도 과거 정부주도하의 경제발전과정에서 한정된 자원의 효율적인 이용을 위하여 민간활동에 대한 행정규제가 광범위하게 확산되어 왔다.

행정규제기본법에 의하면, 행정규제란 '국가 또는 지방자치단체가 특정한 행정목적을 실현하기 위하여 국민의 권리를 제한하거나 의무를 부과하는 것으로서 법령 또는 조례·규칙에 규정하는 사항'이라고 정의하고 있다.

최근에 들어서는, 법령 등에 규정하고 있지는 않지만 일상적이고 사소한 행정행위를 통하여 국민의 권리를 제한하는 것도 행정규제영역에 포함시키자는 분위기이다. 정부의 행정규제는 현대행정의 범위와 특성이 암시하듯이 여러 분야에서 다양하게 이루어질 수 있다. 즉, 행정규제란 용어의 의미는 '경제주체의 자유로운 활동에 간섭하는 정부의 모든 행위로 해석되며 사회에 존재하는 모든 제도와 법률뿐만 아니라 국가기능의 대부분을 망라한 넓은 개념'이라 할 수 있다.[1)]

나. 자치단체 경제행정규제의 유형

경제행정규제를 성질별로 경제적 규제와 사회적 규제로 구분할 수 있다.

1) 경제적 규제

경제적 규제는 가격규제, 진입규제, 품질규제, 생산량규제 등으로 구분된다.

첫째, 가격규제는 가격의 앙등 및 하락이 공익에 위배된다고 간주되는 경우에 제품이나 서비스의 가격을 직접적으로 규제하는 것을 말한다. 자치단체는 물가지도 등을 통해 가격규제를 실시하고 있다.

둘째, 진입규제는 어떤 산업 또는 직종에 참여하는 것을 제약하는 규제를 말한다. 대표적인 진입규제의 유형으로는 각종 산업에 대한 인·허가를 들 수 있다. 특히, 지방분권화가 가속화되면서 상당한 인·허가 업무가 지방으로 이양

〈그림 4-1〉 경제행정규제의 유형

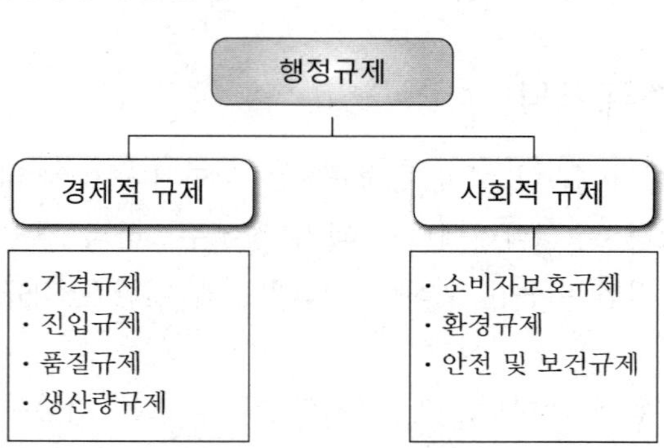

1) 최병선, 『정부규제론』, 법문사, 1998, pp. 18~23 참조.

되면서 자치단체가 수행하는 경제행정규제 중 가장 많은 비중을 차지하는 것이 진입규제이다.

셋째, 품질규제란 시장에 유통되는 재화와 용역의 품질로 인한 피해를 예방하기 위하여 실시하는 규제이다. 자치단체에서는 승강기제조업 등 여러 업종의 제품에 대해 공인기관의 검사필증을 직접 교부하거나 부착여부를 확인함으로써 중앙정부와 공동으로 품질규제를 담당하고 있다.

넷째, 생산량규제는 가격인상 억제, 국민복지수준 감소 방지 그리고 지하자원의 고갈 방지를 위하여 시행되고 있다. 자치단체 차원에서 생산량 규제를 행하는 것은 흔하지 않은데 이는 생산량 규제가 전국적 차원에서 의미를 가지는 경우가 대부분이기 때문이다.

2) 사회적 규제

사회적 규제는 경제적 규제를 제외한 모든 규제를 의미하며 소비자보호규제, 환경규제, 안전 및 보건규제 등을 들 수 있다.

첫째, 소비자보호규제는 소비자들이 소비하는 생산물의 안정성과 질을 제고하고, 소비자의 물질적·경제적 손실을 방지함으로써 기업의 부당행위와 기만행위로부터 소비자를 보호하기 위한 것이다. 자치단체에서의 소비자 보호규제는 아직까지 주로 소비자보호 단체를 통하여 간접적으로 행하고 있지만, 앞으로 점차 그 업무영역이 확대될 것으로 예상된다.

둘째, 환경규제는 자유방임정책에 내재된 위험성을 인식하고 환경악화 행위를 제한하거나 금지하기 위해 도입된 규제이다. 자치단체는 현장행정을 담당하는 기관인 만큼 지역 내 기업의 대기, 수질, 소음 및 분진 등 각종 환경오염행위를 규제하기에 유리한 위치에 있다. 따라서 환경기준의 설정은 중앙정부차원에서 이루어지더라도 실제적인 집행은 자치단체 차원에서 이루어지는 것이 대부분이다.

셋째, 안전 및 보건규제는 모든 근로자를 가능하면 안전하고 쾌적한 작업조건하에서 작업을 할 수 있도록 함으로써 근로자의 생명과 건강을 보호하기 위해 이루어지는 규제이다. 산업안전 및 보건규제는 고도의 기술적 문제를 가지므로 우리나라의 경우 대부분이 국가의 특별지방행정기관에 의해 수행되고 있지만 부분적으로 자치단체가 안전 및 보건규제에 관여하고 있다.

2. 규제완화의 필요성

규제완화는 민주주의의 발전을 의미한다. 이는 관료적 권위주의 정부하의 정부개입적 정책수행방식으로부터 다원적 민주주의적 민간주도방식으로의 전환을 의미하기 때문이다. 특히, 선진 민주주의의 달성과 시장경제의 완성을 위해서는 정부규제의 완화가 필수적인 과제이다.

규제완화의 필요성은 다음의 몇 가지 각도에서 보다 세부적으로 접근해 볼 수 있다.

가. 국민의 기본적 권리보호 측면

헌법 제119조 1항은 '대한민국의 경제질서는 개인과 기업의 경제상의 자유와 창의를 존중함을 기본으로 한다'고 규정하여 자유경제주의를 강조하고 있다. 그리고 행동의 자유권(제10조), 기회균등 및 차별금지(제11조), 직업선택의 자유(제15조), 사유재산권(제23조)등의 시장원리들을 제시하고 있다. 국민의 자유와 권리는 국가안전보장 · 질서유지 또는 공공복리를 위하여 필요한 경우에 한하여 법률로써 제한할 수 있으며, 제한하는 경우에도 자유와 권리의 본질적인 내용을 침해해서는 안 된다(헌법 제37조 2항).

그러나 우리나라는 그간 고속 경제성장 과정에서 경제정의보다는 효율을 중시하는 정책을 펴왔다. 이 과정에서 헌법에 위배되더라도 당면정책의 성취도와 편익을 증진시킨다고 판단되면 위헌적 입법을 주저하지 않은 것이다.[2)]

규제완화의 핵심은 개인의 재산권에 대한 정부의 간섭을 최소한으로 축소함으로써 개인간의 자율적이며 공정한 거래에 의하여 자원이 배분될 수 있도록 하는 것이다. 헌법이 보장하고 있는 개인의 경제적 자유와 권리를 개인에게 되돌려 줌으로써 개인의 창의와 잠재력을 극대화하는 것이다.

나. 규제의 비용편익 측면

규제완화의 필요성에 접근하는 다른 방법은 규제로 인하여 발생하는 효과

---

2) 최병선, 「국제화와 정부역할의 재조정: 정부패러다임의 전환을 중심으로」, 『행정논총(제33권 제 2 호)』, 1995, pp. 235~238 참조.

와 규제순응에 따르는 총비용(규제행정비용＋민간의 규제순응 비용＋규제의 비합리성으로 인한 경제적 효율의 상실분 등)을 비교하여 보는 것이다. 만일 규제의 비용이 효과를 초과하고 있다면 이런 규제들은 개선되어야 한다. 정부규제는 다양한 형태의 사회·경제적 비용을 수반한다. 그리고 이런 비용은 개별규제의 비용－편익 분석으로는 감지하기 어려운 부분이면서도 사회 전체적으로는 막대한 비용을 야기하고 있다.

정부규제가 확산될수록 경제성장의 원천인 기업가적 자원은 비생산적으로 사용되거나 고갈되게 될 것이다.[3)]보조금 등 정부로부터의 이전이 없을 때 로비활동을 벌일 인센티브는 영(0)이 되고 모든 시간이 기술개발에 투자된다고 한다. 이것은 규제와 같이 정치체제에 의하여 이전되는 자원의 총량이 가능한 한 최소화되어야 함을 암시하고 있다.

다. 지하경제의 축소 측면

규제는 지하경제의 성장과 확산을 부추기기도 한다. 예를 들어 금리규제는 제도권 금융의 배분과 수혜를 둘러싸고 부정부패를 유발하는 한편 필연적으로 사채시장을 번성하게 한다. 은행예금으로 적당한 이자를 보장받지 못하는 전주들에 의해 사채시장으로 돈이 몰린다. 저금리 자금에 대한 초과수요로 돈을 빌리기 어렵게 된 기업 역시 사채시장으로 몰리면서 거대한 사채시장이 형성되게 되는 것이다. 우리나라 지하경제의 규모에 대해서는 연구자마다 다른 추정치를 제시하고 있다. 적게는 GNP의 6.9%, 많게는 GNP의 57%에까지 이른다는 보고들이 나와 있다. 현대경제연구원은 보고서를 통해 한국의 지하경제 규모는 1993년 이후 지속적으로 감소하여 1999년 GDP대비 16%대에 이르렀으나 이후 상승세로 재반전되어 2003년 GDP의 약 21%(약150조원)까지 확대된 것으로 나타나고 있다고 밝혔다. 또한 우리나라는 OECD 주요국 지하경제 비중 비교에서 GDP 대비 27.3%로 4위(2004~2005년 기준)를 차지한 것으로 나타났다.[4)]

---

3) Lal, Deepak, "Why Growth Rates Differ: The Political Economy of Social Capability in 21 Developing Countries", UCLA Working Paper No. 642, 1991.

4) 2009년 국회예산처 자료 참고함.

라. 규제완화로 인한 효과 측면

한편 규제완화의 필요성을 규제완화로부터 얻을 수 있는 효과에서 찾을 수 있다. 이 경우 선진국들의 예를 참고로 할 수 있다. Winston에 의하면 미국의 경우 규제완화의 대상이 되었던 주요산업에 대하여 규제완화의 결과로 미국의 소비자는 약 326억 달러에서 430억 달러에 달하는 추가적 이윤을 얻어 미국경제는 전체적으로 약 358억 달러에서 462억 달러의 추가적 경제잉여를 창출한 것으로 나타나고 있다.[5] 이는 1990년 기준으로 미국 GNP의 7~9%에 달하는 금액이다. 다시 말해, 미국은 규제완화정책을 통하여 매년 약 7~9%의 실질적 경제성장을 추가적으로 이룬 셈이라고 할 수 있다.

3. 정부의 규제개혁 실태

가. 정부의 규제개혁 노력

정부는 1998년 2월 국가적인 차원에서 규제영향평가나 규제의 존속기간 도입 등을 내용으로 하는 행정규제기본법을 제정하였다. 그리고 국무총리를 위원장으로 하는 규제개혁위원회를 설치하여 상시적인 규제개혁을 위한 기반을 마련하였다.

또한 피규제자의 청원이나 제안에 의해 규제완화를 시행하는 수동적인 방식에서 탈피하여 자체규제정비계획을 마련하는 등 정부 스스로 적극적인 규제개혁을 시행하고 있다.

규제개혁위원회는 2009년 규제개혁의 방향으로 경제위기의 조기극복과 미래산업대비를 위한 규제개혁에 중점을 두고 일자리 창출과 투자촉진을 위한 주택·토지·기업·서비스업·환경·노동 관련 규제를 개혁하였다. 그 결과 2009년에는 총 1,327개 규제개혁과제를 발굴하였고 그 중 963건의 규제를 정비하였다.

또한 경기 회복 시까지 일정기간 규제를 유예·완화하는 '한시적 규제유예제도'를 도입('09. 5.)하였고 신성장동력 분야 투자·창업 활성화 기반을 조성하

---

5) Winston, C., "Economic Deregulation: Days of Reckoning for Microeconomists", *Journal of Economic Literature*, Sep., 1993.

〈표 4-1〉 정부의 규제개혁조치 내용

구 분	규제개혁 내용
창업 및 투자활성화	• 산업단지 인·허가 절차를 간소화(24~48개월→6개월) • 원활한 공장설립을 위해 소규모공장에 대한 특정업종 입지규제를 폐지하고, 사전환경성·사전재해영향성 검토대상 완화 －1만m^2 미만 공장설립 시 특정업종(79개) 입지규제 및 사전재해영향성 검토 폐지 －계획관리지역 내 5,000m^2 미만 공장설립 시 사전환경성검토 협의 폐지 • 창업절차 간소화를 위해 사업자등록증 발급기간 단축, 법인설립 시 채권매입 폐지, 벤처집적시설 입주대상 및 등록면적 확대, 창업투자조합 투자의무비율 완화 등 규제개혁 추진 －벤처기업집적시설 입주대상에 지식산업·정보통신산업 중소기업을 추가하고, 집적시설 내 공장 등록 가능면적을 현행 1,000m^2에서 2,000m^2로 확대 －창업투자조합이 등록 후 3년간 창업·벤처기업의 신규발행 주식, CB, BW 등에 투자하는 의무비율을 납입자본금의 50%에서 40%로 완화
환경규제 합리화	• 상수원 상류지역의 공장입지 규제를 개선하여 폐수를 배출하지 않는 공장에 한하여 상수원 상류 입지규제를 완화('08. 12.) －광역상수원 20km, 취수장 15km 이내 입지제한 → 취수장 7km 이내 입지제한 • 산업단지 조성촉진을 위해 사업규모별로 사전환경성 검토(15만m^2 미만)와 환경영향평가(15만m^2 이상) 중 하나만 실시하고 절차를 간소화
토지이용 효율화	• 토지이용 효율화 및 지역경제 활성화를 위해 산지전용 허가기준과 행위제한을 완화하고 보안림 해제요건 완화 및 보전산지 해제 절차를 간소화 • 농업진흥지역 해제절차를 간소화하고, 농업진흥지역 내 소득관련시설의 규모 제한을 완화
문화재조사 제도 개선	• 개발사업자의 문화재 조사·발굴요청에 신속히 대응할 수 있도록 조사기관의 설립요건 및 인력자격요건 완화, 활동지역 제한 폐지 －문화재조사 대기기간: ('08. 3.)178.6일 → ('09. 8.)92.7일 • 불합리하고 복잡한 문화재조사 행정처리 절차를 간소화 －지표조사 실시 및 처리기간 단축(50일 → 30일) －발굴허가 및 유적 미확인 시 행정 처리기간 단축(62일 → 10일) －문화재위원회 심의절차 개선(월1회 → 수시)
영세자영업자 영업활동 지원	• 영세자영업자의 창업 및 영업활동 지원을 위한 특례보증제도와 관련하여 보증서 발급심사 기준을 완화하고, 취급 금융기관을 확대 • 재래시장 내 영세자영업자 영업활동 활성화를 위해 시설현대화사업의 국비지원확대와 민간자부담 면제, 시·도 예산편성 자율권 확대 • 소규모 영세자영업소 건물에 대한 소방검사 유예 및 검사 통합시행

자료: 규제개혁위원회, 『2009 규제개혁백서』, pp. 597~603 참조.

는 등 미래성장기반구축을 위한 신 성장동력 규제개혁을 추진('09. 11.)하였다.

미등록 규제정비와 일몰제 확대 적용 등 규제 전반에 대한 재검토를 실시하여 실효성 있는 규제개혁의 기반을 구축하였다. 전 부처 '미등록 규제'를 일제조사 · 등록하고, 불필요한 미등록 규제는 정비함으로써 규제의 투명성과 개혁의 체감도를 제고하였고, 모든 등록 규제를 대상으로 일정주기로 규제내용을 재검토하는 일몰제를 확대 도입하여 규제의 현실적합성을 높였다.

나. 규제개혁의 실상

1) 규제개혁에 대한 체감도 미흡

규제개혁위원회가 규제개혁백서를 통해 발표한 규제개혁 만족도 여론조사 결과에 의하면, 2009년 규제개혁 만족도는 64.1점으로 2008년 조사결과(61.9점) 대비 2.2점 상승하였으며 특히 일반국민의 만족도가 다른 조사 집단에 비해 상대적으로 더 상승(3.4점 상승)하였다. 대상별로는 전문가의 만족도가 66.5점으로 일반국민(62.9점), 내부고객(63.6점)에 비해 상대적으로 높게 나타났다.

그러나 규제개혁 성과에 대한 정부 발표내용과는 달리, 실질적인 규제완화의 체감도는 아직 미흡한 실정이다.

2) 중복규제, 핵심규제의 잔존

대대적인 규제정비에도 불구하고 규제개혁의 성과를 체감하지 못하는 이유는 현장중심의 규제개혁과 핵심규제개혁이 이루어지지 못하고 있기 때문이다.

다수의 부처 법령이 복잡하게 얽혀 있는 핵심덩어리 규제를 정비하지 못한 채 사소하고 기업에 별 도움이 되지 않는 것으로 규제개혁이 이루어져 왔다는 지적을 할 수 있다. 즉, 각 부처의 안전관련 점검과 보고가 중복되어 있으나 일원화가 이루어지지 못하는 점을 들 수 있다.

3) 행정규제의 개념 설정 미흡

행정규제기본법에서는 행정규제의 개념을 '국민의 권리를 제한하거나 의무를 부과하는 것으로서 법령 또는 조례 · 규칙에 규정하는 사항'이라 정의하고 있다.

그러나 우리 주변에는 법령 등으로 규정되어 있지는 않지만 국민의 자유로운 경제활동을 제한하는 것들이 많이 존재한다. 즉, 행정기관이 아닌 행정공무원이 법령에 근거도 없이 수행하는 다양한 행정행위를 행정규제의 개념범위에 포함시켜야 한다는 분위기이다. 예를 들면 불친절도 행정규제의 하나이며 시간 지연도 행정규제의 하나라는 것이다.

4) 지방의 규제개혁 권한과 전문성 부재

현재 중앙부처에서는 경제행정 권한과 규제행정의 일부를 지방으로 이양하고 있다. 그러나 아직 지방에서는 행정규제를 자율적으로 완화할 수 있는 제도적 뒷받침이 되어 있지 못한 실정이다.

한편 공무원의 전문성 미흡은 행정규제의 강도와 범위를 넓히는 꼴이 된다. 즉, 공무원의 전문성이 뒷받침될 때 행정행위의 절차는 자동적으로 간소화되며, 행정규제는 저절로 줄어들게 된다. 즉, 규제개혁에 있어 공무원의 전문성 제고는 필수적인 사항이 된다. 그러나 정부의 규제개혁 노력 중에는 행정공무원의 전문성 제고노력이 전혀 포함되어 있지 못한 실정이다.

5) 규제개혁과 지역경제와의 관계 미정립

무분별한 규제철폐가 오히려 우리 경제의 어려움을 가중시킬 수도 있다는 주장이 제기되고 있다. 규제개혁은 무조건 좋다는 의식에서 출발한 규제철폐가, 오히려 국가경제에서 역기능을 할 수도 있다는 것이다. 즉, 건설업체 진입장벽의 폐쇄로 건설업체의 과당경쟁을 낳게 되었고, 건설경기하락과 함께 건설업체 연쇄부도사태를 초래했다는 논리이다. 특히 지역경제에 있어서는 규제개혁과 지역경제와의 관계분석이 중요하다 할 것이다. 지역의 국지적인 규제개혁이, 간혹 보호가 필요한 지방 특정업체의 보호막을 걷게 되는 경우가 될 수 있기 때문이다.

4. 지방의 규제개혁 전략

가. 자율적 규제방식의 채택

디지털·지식기반경제에서는 그 어떤 형태의 규제도, 자율적 장치보다 비효율적인 것으로 회자되고 있다. 시장실패를 교정하기 위한 규제가 오히려 시장 메커니즘을 왜곡시켜 자원의 비효율적 배분을 초래한다. 또 규제로 얻는 이익보다 더 많은 사회적 비용을 발생시키기도 한다. 아울러 규제기관은 공익보호라는 설립 목적과는 달리 규제 대항집단의 이익을 증진시키는 수단이 되거나 오히려 경쟁을 제한하므로 소비자 후생을 저감시키기도 한다. 더욱이 일각에서는 공익의 보호도 정부가 아닌 시장에 맡겨야 한다고 주장하고 있다. 한 예로 환경관련 규제가 사회적 비용만 높일 수도 있다는 것이다. 오히려 규제가 아닌 자발적 의사결정을 통한 제도적 장치가 더욱 바람직할 수도 있다. 즉 환경자원을 개인의 소유권이나 경제적 보상책과 연계시키면 규제적 장치가 없어도 환경보호가 가능하다. 그러나 그렇다고 시장에 모두를 맡길 수는 없다. 따라서 꼭 필요한 규제의 경우에도 협회 등 사업자단체를 이용한 자율적 규제방식의 도입을 제안하고자 한다. 자율적 규제방식의 도입은 분명히 행정기관에 의한 인위적 규제방식보다 그 성과가 훨씬 효율적일 것이다.

나. 사후규제방식 및 간접적 규제방식의 도입

자치단체가 지역경제활동에 규제할 필요가 있을 때에도 사전규제방식에서 사후규제방식으로 바꾸어야 한다. 사전규제방식은 대부분이 행정편의주의에서 비롯된 것이다. 즉 인·허가 시 사전에 필요서류를 징구할 것이 아니라 인·허가 후 필요조건을 징구하는 것이다. 이는 기업이 물건을 판매할 때 선불과 후불의 차이와 유사한 것이다.

한편, 권력적 규제에서 비권력적 규제방식으로 개선하되, 통상적으로는 자율에 맡기고 예외적인 경우에만 관여하는 자세를 견지하여야 한다. 아울러 자치단체의 관여방식 즉, 규제방식도 직접규제에서 유인적·지원적·간접적 규제형태로 전환시켜야 할 것이다.

다. 중앙·지방간 공동생산적 규제개혁 추진

자치단체의 규제완화는 중앙정부와 자치단체가 긴밀한 협조체제의 구축을 통하여 체계적이면서 공동생산적 차원에서 접근되어야 할 것이다. 즉, 중앙정부가 규제완화를 위해 규제권한 및 수단의 지방화를 위시한 제도적 개선은 물론, 조직문화적·행태적 개선까지도 도모해야 한다. 동시에 자치단체도 법령 미근거 규제를 정비하는 등 절차적 규제집행의 폐해를 과감하게 척결하는데 노력하는 이른바 공동생산적 접근을 통하여 규제완화의 시너지 효과를 확보해야 한다.

라. 지속적인 규제개혁 확인제도 도입

정부가 규제를 단순히 완화시키거나 철폐하는 것만으로 경제적 자유를 신장시킬 수 있다고 생각하는 것은 잘못된 것이다. 규제개혁의 성과가 제대로 결실을 맺기까지는 지속적인 규제개혁에 대한 확인제도가 도입되어야 하고 일정의 원칙이 지켜져야 한다. 그 결과 규제가 지속적이고 시장친화적으로 개혁되어야 경제적 자유가 진정으로 신장될 수 있는 것이다. 시장경제에 있어서 경제적 자유란 시장참여자들이 외부의 강압에 의해서가 아니라, 합의된 시장 및 도덕규칙에 따라 자기 이익을 추구하는 것이라고 정의할 수 있다. 따라서 시장 참여자가 자발적으로 만들어내는 시장규율 위에서만 시장경제는 그 효과를 달성할 수 있는 것이다. 이를 위해 규제를 행하는 부서가 단편적이고 형식적인 액션이 아닌 완화·철폐된 규제에 대해서도 지속적으로 확인하는 제도를 도입할 필요가 있을 것이다.

마. 규제의 전문성·현지성·투명성 확보

규제집행자로서의 자치단체는 규제업무에 대한 전문성을 확보하고 전담 조직 등을 확보해야 한다. 이를 통하여 전문적 식견과 소양, 조직적 하드웨어를 강화하여 단순한 규제집행기능에 국한되지 말고 입체적인 규제완화를 추진하고 규제업무의 현지성과 효율성을 확보하여야 한다.

한편 자치단체의 규제정책과정에서 규제정보의 공개, 규제집행의 객관적 영향평가, 그리고 주민참여 등을 통하여 합리성과 투명성을 확보함으로써 경제주체들의 합의와 설득을 기초로 규제정책의 순기능을 최대화할 수 있도록 해야 한다.

제 5 장

소비자보호

미국 연방법원은 얼마 전 마이크로소프트(MS)사에 '독점판정'이라는 철퇴를 내렸다. 세계 최대 컴퓨터회사인 마이크로소프트(MS)사의 독점판정은 우리에게 몇 가지 충격을 주었다. MS가 갖고 있는 미국사회의 신화적 상징성을 미국 스스로가 주저 없이 깨뜨렸다는 점이다. MS의 신화는 미국뿐 아니라 세계의 산업계와 젊은이들의 신화이기도 했다. 미국은 거대한 현대판의 신화를 '소비자들의 이익'을 위해 과감하게 깨버린 것이다. MS가 막강한 지배력으로 경쟁자를 누르고 "소비자에게 해를 끼쳤다"는 판정은 사이버 세계의 황제를 하루아침에 일반기업가로 전락시켜 버릴 수도 있는 일이다. 그럼에도 불구하고 소비자의 이익 앞에는 어떤 성역도 없다는 미국식의 경제정의는 초일류 선진국의 전략이 돋보이는 사례로 비쳐지고 있다.

1. 소비자시대의 도래

21세기는 소비자의 시대이다. 생산자 위주의 사회에서 소비자 위주의 사회로 탈바꿈했다는 것은 단순히 소비자만을 위함이 아니다. 소비자시대로의 이행은 궁극적으로 생산자의 경쟁력을 제고시킴으로써 국가경쟁력을 높이는 첩경이기 때문이다. 지역의 경쟁력을 제고하고 보다 선진화된 지역을 가꾸기 위해서도 소비자의 시대를 열어야 한다. 과거 개발 위주의 산업사회에서처럼 생산자만을 위한 지역경제시책이 되어서는 안 된다. 그것은 오히려 지역기업의 경쟁력을 억제하는 요인이 될 뿐이다. 지방소비자보호 활성화가 지역경제발전 전략에 포함되어야 하는 이유도 이 같은 맥락이다.

가. 행정여건의 변화

오늘날 세계 각국은 세계화의 진전에 따라 이른바 무한경쟁이라고 할 정도의 극심한 경쟁상황에 직면하게 되었다. 소비자의 선호에 부응해서 새로운 제품생산, 신기술개발, 디자인과 품질의 개선에 성공을 거둔 기업만이 생존할 수 있는 기업환경이 된 것이다. 이러한 환경변화에 따라 정부의 역할에 대해서도 근본적 성찰이 요구되고 있다. 즉 과거와 같이 개별 산업의 지원·육성 혹은 규제보다는 유무형의 인프라 스트럭처를 제공하고, 시장질서를 형성·유지하는 것이 기본적인 정부역할이라고 할 수 있다.

소비자행정은 지방행정의 중심이 될 것이다. 지방행정에 있어 지역주민과 단체장들은 앞으로는 공공성보다 효율성을 더욱 따지게 될 것이다. 그리고 지역주민을 고객으로 대접을 해야 할 것이다. 지방자치단체는 공공서비스도 하나의 상품으로 간주하고 소비자만족과 애프터서비스 그리고 소비자보호에 신경을 곤두세워야 할 것이다.

나. 소비자행정의 의의

산업사회가 발전의 속도를 더해가면서 소비자의 피해도 늘고 있다. 오늘날 소비자피해의 특성은 보편적 발생, 피해의 광범위한 파급, 피해 원인의 규명곤란, 사업자와 소비자의 불평등한 역학관계, 피해의 심각성 등으로 나타나고 있다.

이러한 양상은 소비자 운동의 확대와 함께 정부에 의한 소비자행정이라는 새로운 분야를 형성케 한다. 현대산업사회의 구조화된 소비자문제에 대하여 행정중립이라는 소극적인 자세는 모든 면에서 종속적일 수밖에 없는 소비자를 무권리 상태에 두게 된다. 따라서 소비자행정을 통하여 소비자의 권리확보에 적극적으로 대응해야 할 필요가 생기게 된 것이다.

소비자행정은 지역민의 생명과 재산 그리고 기본적 권리를 보호하고 주민생활의 질을 높이기 위한 수단이다. 그리고 지방소비자행정은 소비자와 관련된 정책을 형성·집행하기 위해 지역의 모든 인적·물적 자원을 동원하고 배분하여 관리하는 강제성을 갖는다.

2. 지방소비자행정의 현황

가. 추진 체계 및 기구

지방소비자보호업무는 소비자기본법 등에 의해서 추진되며, 소비자 지원업무와 소비자 보호를 위한 규제업무로 구성되어 있다. 소비자기본법에 따라 지방자치단체는 소비자 정보제공 및 교육, 피해구제, 소비자단체 활동지원 · 육성 등 지원사무를 현재 각 시도의 경제 관련과 소비자보호담당 부서에서 수행하고 있다. 또 전기용품 안전 관리법, 식품위생법 등에서는 불량제품 유통단속 등과 같은 소비자보호 규제업무의 집행을 지방자치단체에 위임하고 있는데 품목별 소관 부서(예, 산업정책과, 위생과)에서 이 업무를 주관하고 있다.

한편, 소비자보호업무에 관한 정부의 총괄적 기능은 기획재정부를 정점으로 이루어지고 있다. 그러므로 자치단체의 소비자보호업무도 기획재정부(간혹, 행정안전부도 포함)의 지휘를 받는 수직적 계층구조 형태를 띠고 있다. 조직구조가 비교적 세분화되어 있는 시 · 도의 경우는 '소비자담당'이라는 전담부서(소비자담당=과거 係단위, 일부 道단위는 소비자담당도 없음, 단 서울시의 경우는 소비자보호課가 있음)가 있으나, 시 · 군의 경우에는 소비자 전담부서도 없으며, 유사업무 부서에서 전반적인 사항을 중복해서 맡아야 하는 불합리성이 존재하고 있다.

나. 업무내용

1) 규제업무

각 자치단체는 법령에 규정 및 위임된 사항을 중심으로 지도단속 · 안전점검 · 시설검사 등의 업무를 맡게 된다. 특히 이 경우 그 대상으로 공산품, 의약품 및 식품, 농약 및 농기자재, 연탄 · 가스 등의 연료, 농 · 축산물뿐만 아니라, 자동차(차량 및 가스 배출), 생활오수 및 폐기물 관리 등 환경보전에 관한 광범위한 영역을 포함하고 있다.

이러한 단속은 주로 상품의 품질에 대한 단속과 유통과정에서 제기되는 가격표시 · 할인특매 · 경품류 등을 대상으로 단속하는 것, 제조 · 판매업소에 대한 자격 · 시설 등을 단속하는 경우 등으로 나누어진다. 그리고 단속의 결과는 강제성을 띤 조치와 비강제성을 띤 조치로 구별되며 법적 구속력을 행사하게 된다.

2) **지원업무**

소비자를 위한 지원행정으로는 소비자불만처리업무와 정보지원 및 교육실시업무를 들 수 있다.

먼저, 소비자불만처리는 소비자들이 직접 찾아오거나, 전화 통화로 불만을 전달하거나 그리고 문서로 접수하면서부터 시작된다. 이때 소비자불만에 대한 상담 및 처리는 시·도 및 시·군·구, 경찰서 등 해당 부서에서 이를 주관하여 처리하고 있다.

불만처리는 관련사업자와 소비자간의 이견을 합리적으로 조정하되 소비자피해 보상규정, 유사한 유형의 처리사례, 소비자 과실 유무의 정도, 관련법규 등을 참고하여 객관적으로 처리한 후 처리내용을 신속하게 소비자에게 전화 또는 서면으로 통지한다. 이러한 처리과정에서 자치단체는 소비자와 사업자간의 이견조정 불가능 시 사법적인 피해구제 절차 전에 한국소비자보호원에 분쟁조정을 의뢰한다.

다음으로, 자치단체의 소비자에 대한 정보제공과 교육실시는 소비자의식의 제고와 소비생활의 합리화를 추구하려는 목적을 가지고 있다. 이때, 소비자 정보제공의 내용은 위해·불량상품의 방지, 허위·과장광고 소비자피해 고발요령, 상담처리 사례, 물가동향, 상품비교 테스트 등 광범위한 분야를 포함한다. 그리고 소비자교육은 소비자고발센터의 이용요령, 소비자피해 구제절차, 위해·불량상품 선별 요령 등의 교육을 실시하고 있다.

3. 지방소비자행정의 문제점

가. 소비자 마인드 및 업무체계 미흡

이상과 같이 추진되고 있는 지방소비자행정은 몇 가지 문제점을 내포하고 있다. 그 중 가장 큰 문제점으로 들 수 있는 것이 자치단체장의 '소비자 마인드' 부재와 자치단체의 소비자행정체계 미흡이다. 이는 소비자업무가 지방자치단체의 고유업무로 정착된 지 얼마 되지 않아서이기도 하지만 경제 마인드가 부족한 자치단체장과 지방공무원들이 소비자보호업무의 중요성을 아직 인식하지 못하는 데 기인한다. 즉, 자치단체장과 지방공무원들이 과거 산업개발시대 생산자 위주의 사고에서 벗어나지 못하다 보니, 소비자의 중요성을 인지하지 못하게 되고 이는 또다시 소비자 관련업무와 행정을 등한시하는 결과를 초래한 것이다.

한편 광역단체, 기초단체의 경우 소비자 관련 부서에선 주로 물가지도 등을 주 업무로 하고 있어 순수한 소비자 업무영역이 어디까지인지 구분 짓지 못하고 있는 실정이다. 뿐만 아니라 지방자치단체에서는 소비자보호업무를 지역 소비자단체의 업무영역으로만 인식한 나머지 관련 통계나 자료조차 보유하지 못하고 있는 형편이다.

나. 예산·인력의 부족

소비자를 위한 지원기능을 제외하더라도 지도·단속 및 시정·처벌을 요하는 규제기능은 행정청의 고유기능이라 할 수 있다. 따라서 지역주민의 권익보호를 위해서는 지방자치단체에서 주된 역할수행이 요구된다.

그러나 이러한 역할수행 요구에도 불구하고 현재 자치단체의 소비자보호 관련 예산은 매우 소규모이며 예산 배정의 우선순위에서도 낮은 위치를 점하고 있다. 다시 말해 소비자보호를 위한 다양한 업무수행 활동을 위해서는 우선 재원확보가 선결되어야 하나 특히 도지역과 군 단위 지방자치단체에서는 취약한 지방재정 형편상 난점이 따르고 있다.

또한 인력운영상의 문제를 들 수 있다. 소비자보호업무는 성격상 교육, 정

〈표 5-1〉 지역별 소비자 상담 건수 현황 (단위: 건, %)

구 분	2006년	2007년	2008년
서울	180,508 (58.3)	147,345 (55.9)	151,171 (54.3)
경기 · 인천	65,485 (21.2)	57,546 (21.8)	62,800 (22.6)
지방	63,552 (20.5)	58,924 (22.3)	64,212 (23.1)
전국	309,545 (100.0)	263,815 (100.0)	278,183 (100.0)

자료: 한국소비자원 내부자료.

보제공, 피해구제 등 소비자지원활동이 중심이 될 것이므로 다수의 전문인력이 필요하다. 현재 자치단체의 소비자보호업무 담당자는 평균 1명(타 업무 겸임, 시 · 도는 6~7급, 시 · 군은 7~8급)으로 매우 부족한 실정이며 또한 소비자보호 담당자의 보직연한(평균 1년 정도)이 짧아서 효과적으로 대응하기 위해 필요한 전문성 측면에서 문제를 들 수 있다.

다. 피해구제기능의 편중

지방단위에서는 소비자 피해구제 등 소비자업무를 전문적으로 담당하는 한국소비자원과 같은 기구가 없는 관계로 소비자보호활동의 편중 문제가 나타나고 있다. 2010년 현재 서울, 부산 등 7개 시청과 경기도, 제주도 등 9개 도청에서 소비자보호정보센터 및 소비생활센터를 개설 운영 중에 있다. 이들은 소비자 피해구제 등의 업무를 수행하고 있다. 그러나 대부분의 지방소비자보호활동 중 직접적인 지원기능인 피해구제 업무는 서울 등 수도권 편중현상이 두드러지며, 기타 정보제공 등 간접적 소비자지원업무도 지방에서는 효과적으로 추진되지 못하고 있는 실정이다.

4. 지방소비자보호 활성화 방안

가. 기본 방향

1) 소비자 지향적 지방행정체계 정비

선진국에서는 정부부문의 경쟁력 제고를 위하여 최근 행정조직 전반을 혁신하고 있다. 이들 국가의 행정개혁 기본 방향은 중앙정부가 되었건 아니면 지방정부가 되었건 정부를 근본적으로 소비자 지향적으로 탈바꿈시키려는 것이다. 60년대 일본의 경우처럼, 기존의 조직에 소비자 관련과를 한두 개 설치하는 차원이 아니라 행정조직 전체가 기본적으로 소비자의 후생증진을 위해 일하도록 하는 것이다. 공공서비스의 민영화, 상업화 도입 등도 행정조직 전체를 소비자 지향적으로 만들려는 시도라고 할 수 있다. 즉, 우리나라도 행정조직을 소비자 지향적으로 개혁할 필요가 있는 것이다. 즉, 지방행정에 있어서도 공공서비스를 경영의 차원에서 인식하고 모든 행정조직을 소비자차원에서 개편할 필요가 있는 것이다.

2) 민간소비자단체의 역할 유지

우리나라의 소비자행정 특성 가운데 하나가 민간소비자단체의 활동이다. 얼마 전까지만 해도 불모지나 다름없었던 지방소비자행정의 공백을 민간소비자단체들이 메워 주었다. 비록 전국의 모든 시 · 군에서 활동하고 있지는 않지만 이들 민간소비자단체들은 열악한 재정상황과 정부지원 속에서도 지역의 소비자를 대상으로 피해구제와 정보제공, 소비자교육 등과 같은 지원서비스를 제공해 왔다. 사실상 지방소비자행정을 이들에게 모두 위탁해 왔으며, 이것은 우리나라에서만 찾아볼 수 있는 제도화된 특성이라 할 수 있다. 따라서 새롭게 지방소비자행정을 정비함에 있어서는 이들 민간단체의 활동을 지속적으로 장려하면서도 새로운 환경 속에서 이들과 어떻게 역할 분담을 해야 할 것인가에 대한 방안을 모색해야 할 것이다.

나. 자치단체의 소비자행정업무체계의 정비

현행 지방소비자행정의 중심단위가 되고 있는 광역자치단체의 행정업무체계를 중심적으로 정비할 필요가 있다. 현재 소비자기본법에 따르면 지방소비자행정은 시 · 도가 중심이 되어 추진하도록 되어 있다. 즉, 당해 지역의 소비자보호시행계획을 수립 · 실행해야 하는 등 기타 자세한 시 · 도지사의 역할을 규정하고 있다.

그러나 각 시 · 도에서는 법규에 명시된 내용의 업무를 충분히 소화시키지 못하고 있으며, 소비자보호업무를 총괄하는 중앙부처에서도 지방의 이러한 상황을 묵과하고만 있을 뿐이다.

따라서 시 · 도를 중심으로 지방소비자행정을 체계화하되, 소비자행정이 좀 더 현장감 있도록 하는 방안이 필요하다. 즉, 소비자로부터 보다 근접한 거리에 있는 시 · 군 · 구와 민간소비자단체의 역할을 강조해야 한다는 점이다. 광역자치단체는 소비자행정 기본계획수립 및 기반조성과 기초자치단체와 민간단체 그리고 유관기관간 협력을 위주로 하고, 기초자치단체는 피해구제와 소비자정보수집 중심 등 소비자 관련 일선행정을 수행토록 하는 것이 현실적인 대안일 것

〈표 5-2〉 지방자치단체 소비자행정업무체계 구축

구 분	관련 업무
• 소비자행정 기반조성	-지역의 소비자보호종합시책 수립 -소비자보호조례의 운영 -소비자보호관련 자치법규 운영 -지방소비자정책심의위원회 운영 -소비자정보 사이버시스템 설치
• 소비자를 위한 규제행정	-위해 방지 -가격표시 규제 -방문 및 다단계판매 등에 관한 업무 -불법거래행위 단속 -불법공산품유통 단속 등
• 소비자 지원행정	-소비자정보 사이버시스템 운영 -소비자정보의 수집, 제공 -소비자교육의 기획 및 실시 -소비자상담실 설치, 운영 -소비자분쟁처리위원회 설치, 운영 -소비자소송지원제도 운영
• 소비자단체 등 유관기관 협력	-여타 소비자행정 집행부서와 협력 -민간소비자단체 지원 및 협력 -기초자치단체 소비자행정 지원 등

이다.

한편, 소비자기본법에 의거 지방소비자행정의 업무체계도 〈표 5-2〉와 같이 명확히 구분하여 행정업무의 체계를 세울 필요가 있을 것이다.

다. 민간소비자단체와의 업무 분담

더욱 복잡·다양화될 소비자문제와, 소비자보호업무영역의 확대 문제 등 경제적 환경변화에 대한 효과적 대응을 위해서는 지방자치단체와 민간소비자단체들의 전문적이고 종합적인 기능 제고가 필요하다.

이를 위해서는 소비자보호기관들의 기동성 있는 대응이 필요하며, 지역차원의 문제인 경우 각 지역 단위에서 신속한 처리와, 중앙과 지방간의 유기적인 연계체계를 마련해야 할 것이다. 업무영역에 대한 분담을 가정해 보면 〈표 5-3〉과 같이 구분해 볼 수 있다.

〈표 5-3〉 지방소비자보호업무의 분담

구 분	지방자치단체	한국소비자원	소비자단체
업무의 기본 방향	규제행정중심적 수행하되 지원기능은 민간단체 협조하에 수행	정책건의를 통한 제도개선	조사 및 시정촉구(모니터 활용)
규제기능	지도·단속	조사결과를 통한 정책건의	조사 및 시정촉구
지원기능	지원기능을 소비자단체에 대거 위임하여 협조지원	지원기능의 광역적 수행	각 단체별 특성에 맞는 지원기능으로 지역별 수행

라. 소비자 전담기구 및 인력확충

소비자보호업무는 고도의 산업화에 따른 생활환경의 변화로 소비자의 권익보호를 위해 중요시될 전망이다. 주요 지방행정업무가 될 소비자보호업무를 능동적이고 효율적으로 추진하기 위해서는 우선 자치단체의 담당부서를 전문가로 구성된 소비자보호 전담기구로 확대 설치하고 인력을 확충해야 할 것이다. 그리고 한국소비자원의 지부를 권역별 또는 지역별로 설치하거나, 민간소비자단체 지부 증설 등을 통하여 지방자치단체가 민간소비자단체 등과의 유기적인 업무협조·연계를 통한 역할 수행이 가능토록 해야 한다.

마. 소비자불만 처리 강화 및 정보시스템 개발

광역자치단체는 한국소비자원, 민간소비자단체와 연계하여 공동 업무협조체제를 구축하고, 온라인 소비자정보시스템을 개발하여야 한다. 이로써 일반 소비자는 인터넷을 통해 상담 및 피해구제를 신청하고 다양한 정보를 획득할 수 있도록 지원해야 한다. 기업체에서도 자사에 대한 피해구제 요청내용을 검색해 보고 구제를 실시할 수 있도록 시스템을 개발·운영해야 한다.

한편, 각 지방자치단체에서 운영되고 있는 소비자고발센터(소비자보호업무 담당부서에 설치)에 소비생활 전문상담원을 배치, 기능을 강화하고 소비자 불만 처리를 신속·원활하게 하여야 한다.

바. 소비자교육의 내실화 및 건전 소비문화 정착

성숙한 시민사회와 선진화된 소비자행정을 위해서는 소비자로서의 책임과 권리에 대한 인식 제고가 필요하다. 그리고 이러한 소비자의 인식 제고와 올바른 소비문화의 정착을 위해서는 별도의 소비자교육이 필요하다. 따라서 지방자치단체는 민간소비자단체의 소비자교육 활성화와 지방 공무원의 소비자행정에 대한 교육을 강화함으로써 지자체는 소비자보호행정의 활성화를 적극 유도해 나가야 할 것이다.

아울러 소비자 감시단의 운영을 통한 소비자들의 자율적 권익향상을 도모하고, 선진 소비문화 형성을 위한 소비자단체의 활동을 강화시켜야 한다. 또한 환경 친화적 상품의 생산·소비 촉진을 통한 지속 가능한 소비문화 확산 등 소비자의 자주적 역량을 넓히고 소비문화 형성을 위한 지방자치단체의 역할이 강화되어야 할 것이다.

컴퓨터와 통신의 결합은 생산·유통뿐만 아니라 소비생활양식에 이르기까지 경제생활 전반을 급격히 바꾸어 놓고 있다. 인터넷 사용이 확산되면서 이른바 사이버시장, 사이버은행이 생겨나고, 인터넷에 의한 전자상거래방식이 새로운 상거래 양식으로 뿌리를 내리고 있다. 이러한 정보화시대의 도래는 소비자문제와 소비자행정에 있어서도 새로운 양상을 제기하고 있다.

이 같은 상황에서 지방자치단체의 힘만으로 소비자문제에 대응할 수는 없다. 더욱이 구시대적인 지방행정모형으로는 더욱 힘들 수밖에 없다. 사이버시대·디지털시대에 부응하는 지방소비자행정이 이루어져야 한다. 따라서 지방자치단체는 해당지역 소비자보호를 위한 나름대로의 개별적 시책을 추진해 나가되, 무엇보다도 중앙단위 소비자행정과의 공조체계를 잘 이루어야 할 것이다. 소비자안전규제도 품목별 개별사업자를 지도·단속하는 차원으로 접근하기보다는 시장경쟁을 강화시키는 등 시장 구조적 접근이 필요하다. 또한 소비자 정보제공도 인터넷 정보시스템을 시급히 개발하되, 소비자교육도 멀티미디어교재를 개발·보급하는 등 정보화시대에 맞는 소비자교육방식이 요망되는 것이다.

제 6 장

지역통계

요즘 뉴스 기상예보를 보면 “내일 비올 확률은 60%입니다”라고 한다. 과거와 같이 “내일은 비가 올 것 같습니다”라는 식의 예보 즉, 대충 뭉뚱그리는 말에 대해서는 국민 누구도 신뢰를 하지 않게 되었다.

1. 지방자치와 통계

민선단체장 선거에서 거론된 선거공약들을 정리한 적이 있었다. 입후보자들은 하나같이 약속이나 한 것처럼 “우리 지역 주민소득을 획기적으로 높이겠다”는 공약들을 내세웠다. 그것도 그럴 것이 이제는 이데올로기나 학벌, 출신을 따지기보다는 “누가 당선되는 것이 우리지역을 보다 잘 살게 할 것인가”에 관심의 초점이 맞추어져 있기 때문이다. 그런데 입후보자들은 스스로의 잘못된 공약사항을 눈치채지 못하고 있었다.

이들 입후보자들의 공약이 왜 잘못된 것일까. 그것은 객관적인 자료가 즉, 통계적 뒷받침이 되지 않은 상태에서 공약이 남발되었기 때문이다. “현재의 주민소득은 얼마인데 입후보자가 당선되어 몇 %의 경제성장률을 달성, 4년 후 주민소득은 얼마가 될 것이다”라고 발표했어야 했다. 그러나 이러한 객관적이고 과학적인 설명이 모두 생략되었다. 왜 그랬을까. 그것은 첫째, 관련된 지역통계자료가 없었기 때문이었고 둘째, 입후보자들에게도 그렇게 사고할 통계적 마인드 즉, 인식이 부족했기 때문이다.

2. 지역통계의 의의와 현황

가. 지역통계의 의의

통계란 '일정한 인구, 경제사회집단의 현실을 주어진 목적에 따라 계량적으로 파악한 숫자'를 말한다. 한편 지역통계는 이 같은 일반적인 통계의 개념에 지역이라는 개념을 포함한 것을 말한다. 즉, 특정지역을 대상으로 통계를 작성하거나, 전국을 일정한 분류기준에 따라 지역별로 구분하여 작성하는 통계를 말한다. 따라서 지역통계는 전국통계에 비하여 통계단위와 대상범위가 공간적으로 세분화되고 가변적인 특성을 가지고 있다.

우리는 지방자치시대를 맞이하여 지방행정의 과학적 수행과 객관성 제고를 위해 노력한다고 말해 왔다. 그러나 지금까지의 노력이 과연 얼마나 실효성있는 것이었나를 회고해 보지 않을 수 없다. 그것은 행정의 과학적 수행과 객관성 제고를 위한 수단으로서 통계만큼 기초적인 것이 없음에도 불구하고 통계의 기반 조성을 위하여 노력한 것이 너무나 미흡했기 때문이다. 최고 정책결정자들도 하나같이 통계의 중요성을 강조하고 있지만 정작 의사결정 시에는 2순위의 정책으로 밀어놓는 실정이다. 영원한 2순위의 대안이 되고 마는 것이다.

지역통계는 지역사회의 현 상태를 측정하고 지역 내 정책개발의 지표를 제공함과 동시에 정책효과를 파악할 수 있도록 한다. 그리고 장기목표 설정을 위한 기초자료로서 지역사회 발전에 관한 합리적인 의사결정의 기본이 되면서 전국통계의 근간이 되는 것이다. 따라서 지역통계의 구비는 지방자치는 물론 국가운영의 하부구조를 튼튼히 하는 기초라 할 것이다.

나. 지역통계 작성현황

국내에서 작성되고 있는 지역통계 중 2010년 3월 1일 현재 정부승인 통계는 860종이다. 이 가운데 중앙부처가 331종을 생산하고, 지방자치단체가 작성하고 있는 통계는 379종으로 정부승인 통계의 44.1%를 차지하고 있으며 민간지정기관에서 작성하고 있는 통계는 150종이다.

작성방법별로는 조사통계와 보고통계가 대부분을 차지하고 가공통계는 종

〈표 6-1〉 지역통계 작성현황 (단위: 종)

작성기관	지역통계 종류			
	기 관	조사통계	보고통계	가공통계
• 정부기관	710	252	413	45
−중앙행정기관	331	158	151	22
−지방자치단체	379	94	262	23
• 지정기관	150	98	41	11
합 계	860	350	454	56

자료: 통계청(2010년 3월) 내부자료.

류가 매우 적은 편이다. 특히 지역통계 중 절반가량이 행정업무수행을 통해 획득된 보고통계인 것으로 나타났다.

지방자치단체의 통계업무를 위임통계조사와 자체통계조사로 구분해 볼 때 위임통계조사로는 통계청의 인구총조사, 주택총조사, 농업총조사 등과 행안부의 도시연감 등이 있다. 자체통계조사는 시·도 기본통계, 시민의식조사, 생활수준조사, 차량교통량, 사회복지기초수요 등이 있다.

3. 지역통계의 문제점

지역통계의 문제점은 중앙 또는 지방행정 공무원의 지역통계에 대한 인식부족으로부터 출발한다. 지역통계에 대한 인식부족은 지방자치단체의 열악한 통계조직, 전문인력의 부족, 통계자료의 활용 부진이라는 결과를 낳았고, 이는 다시 전국단위 위주의 통계작성 및 지역통계작성 기피, 가공·분석통계의 미흡, 통계의 신뢰성 저하 및 시의성 결여 등의 문제점들을 노정시키고 있다.

가. 지역통계에 대한 인식부족

지역통계에 대한 인식부족 문제는 크게 세 가지로 구분할 수 있다.

먼저, 지역통계의 중요성에 대한 인식이 부족하다는 점이다. 중앙부처나 지방자치단체의 공무원들 모두가 통계의 필요성은 인식하나 그 중요성은 느끼지 못하고 있는 실정이다. 따라서 모든 의사결정에 있어서 통계는 항상 2순위로 밀려버리는 결과를 낳는다. 우리는 행정의 객관성 제고와 과학적 행정 등을 외치고 있지만 이를 위한 필수기본요소인 통계의 발전을 위해서는 아무런 대책도 세우지 않는 모순을 범하고 있는 것이다.

다음으로 지역통계에 대한 주인의식이 없는 것이다. 중앙은 중앙대로 지방은 지방대로 서로 떠넘기는 생각을 가지고 있다. 중앙부처는 '지역통계란 지방자치단체의 사무이므로 지방이 스스로 작성해야 한다'는 생각이다. 따라서 예산과 조직 측면 등에서도 지역에 대한 배려는 없으며 오로지 자신들의 지방출장소에만 신경을 쓰고 있다.

셋째, 지역통계에 대한 기본상식의 부족이다. 고위 공직자들은 대부분 지역통계 작성을 지시하자마자 곧바로 생산해 내어 활용할 수 있는 것으로 인식하고 있다. 그리고 모든 통계가 당해 연도 또는 당월 기준으로 작성될 수 있을 것이라 오인하고 있다. 그러나 대부분의 지역통계를 작성하는데 상당한 기간이 필요하며 경우에 따라서는 1년 이상 소요되는 것도 있다.

나. 지역통계 조직 및 전문통계인력 부족

지역통계에 대한 정책결정자의 인식 부족은 다시 지방의 통계업무를 담당할 조직·인력 확충과 업무의 전문성 제고를 어렵게 한다. 지방의 통계조직은 지방자치단체 내 통계조직과 중앙부처의 지방통계조직으로 다원화되어 있다. 중앙부처의 지방통계조직은 통계청, 농림부, 노동부가 지역별로 지방사무소와 출장소를 설치하여 해당업무와 관련된 통계를 생산하고 있다. 그리고 지방자치단체도 나름대로의 통계조직을 가지고 있다. 이렇게 분산된 지방의 통계조직 구조는 인력과 예산의 적극적 활용 그리고 업무의 효율적 수행을 어렵게 하고 있다.

지방자치단체 중 시·도에는 정보화담당관실, 기획관실, 법무통계담당관실 등에 통계係가 설치되어 실질적인 통계 담당부서는 1개의 係단위 수준에 불과한 실정이다. 기초단체인 시·군·구에는 법무통계계, 기획계 등의 명칭으로 2~3명이 근무하고 있으나 통계업무만을 전담하지 못하며, 그 아래 읍·면·동에도 통계담당직원 1명이 타 업무와 겸하고 있어 우리나라의 지방자치단체 통계조직과 인력은 규모 면에서 크게 열악한 실정이다.

〈표 6-2〉 지자체 통계인력 현황 (단위: 명, %)

합 계	관리기획·분석	통계지원행정	연구·교육	통계자료처리	현장조사
430 (100.0)	142 (33.0)	76 (17.7)	1 (0.2)	80 (18.6)	131 (30.5)

자료: 통계청(2008), 「통계인력 및 예산조사 결과보고서」.

또한, 일부 시·도에서 계약직 공무원을 채용하고 있으나 보수수준 등 그 처우는 열악하여 업무의 연속성이 이루어지지 못하고 있으며, 그 외의 시·도에서는 대부분 일반직 공무원이 통계업무를 수행하고 있어 업무의 전문성을 기하지 못하고 있다. 더욱이 잦은 순환보직, 교육훈련 기회의 부족 등으로 지방자치단체 통계업무의 전문화가 미흡한 실정이다.

다. 지역통계의 양적 부족

지역통계의 또 다른 문제점으로 지역통계의 양적 부족을 들 수 있다. 이는 다시 세 가지 부문으로 나누어 생각할 수 있다.

먼저, 지역통계 자체가 부족하다는 것이다. 한 가정에서 가계를 운영하면서 가계부를 작성하더라도 소득과 지출 규모가 파악되어야 한다. 하물며 수만에서 수백만의 인구가 경제활동을 영위하는 지역단위, 그 살림을 꾸려 가는 지방자치단체가 해당지역의 소득수준과 경제 규모를 알지 못한다는 것은 어불성설이 아닐 수 없다. 현재 한국의 지역별 경제 규모 및 소득에 관한 통계는 시·도별 지역내총생산(GRDP: gross regional domastic products, 屬地主義 개념)만 추계하고 있다. 더욱이 추계범위도 생산-분배-지출 중 생산 측면만 파악함으로써 지출·분배 측면의 파악이 곤란한 것이다. 산업의 경우도 지역 내 또는 지역간 산업연관성을 파악하는 지역산업연관표(I-O Table)가 작성되지 못하고 있다. 따라서 지역에서의 투자우선순위를 결정케 하는 생산유발효과, 고용유발효과, 수출유발효과 분석은 물론 전후방연관효과 등 지역파급효과의 구체적이고 정밀한 분석을 어렵게 하고 있다. 이와 함께 경기지표, 노동, 기업경영, 서비스부문, 소비, 후생복지, 환경부문 등의 지역통계가 양적으로 부족한 실정이다.

둘째, 지역의 모집단 자료가 부족하다는 점이다. 통계작성의 원칙에는 정확성·신속성·저렴성을 들 수 있다. 이중 신속성과 저렴성을 추구하기 위해서는 표본조사가 필요하며, 표본추출을 위해서는 모집단 자료가 있어야 한다. 그러나 표본조사인 경우 많은 자료가 전국단위 생산을 목적으로 했기 때문에 지역이 층화되어 조사결과가 세분화된 지역자료로서의 대표성을 결여하고 있다. 대부분의 지역범위는 16개 시·도까지이고, 기초단체인 시·군·구 단위 이하까지 자료를 파악할 수 있는 통계는 인구주택총조사, 사업체기초통계조사 등에 불과한 실정이다. 즉, 시·군·구 단위까지 모집단이 구비된 것은 두 종류에 불과한 실정이다.

셋째, 시계열 및 2차적 지역통계 부족을 들 수 있다. 대다수 통계가 일정 지역·시점의 현상만을 파악할 수 있는 정태적 통계로서 시계열자료의 부족과 함께 지역간 비교가 곤란하므로 동태적인 정보이용을 제한하고 있다. 또한 지방자치단체 통계 중 분석·가공통계가 크게 부족한 것도 큰 문제점이다.

라. 지역통계의 신뢰성 및 시의성 부족

지역통계자료의 정확성은 지역통계의 질적 가치를 결정하는 요인이다. 지방자치단체 통계의 52.8%를 차지하는 보고통계는 정확성이 낮은 것이 가장 큰 문제점으로 대두되고 있다. 통계작성 계획의 불완전 등의 이유로 통계의 정확도와 신뢰도가 낮아지는 것이다. 조사통계의 경우도 표본설계, 조사원 오류 등 수집단계에서 오차가 발생되고 있으며, 분석·가공통계는 추계방법상의 문제로 오차가 발생되고 있는 실정이다.

한편, 지역통계자료의 시의성이 문제가 되고 있다. 지역통계와 전국통계의 발표 시점이 과거에 비해서는 격차가 크게 개선되고 있으나 지역물가나 지역산업활동, 부도율 등 전국과 동시에 발표되는 통계를 제외하고, GRDP를 비롯한 몇몇 지역통계는 아직도 적시성이 떨어지는 편이다. 전국 GDP는 현재 분기별로 약 3개월 정도(잠정)의 시차를 두고 발표되나, 지역내총생산(GRDP)은 2년 정도의 시차를 두고 공표되고 있다.

마. 지역통계의 관리 및 활용기능 미약

통계조사와 행정업무의 활동과정에서 많은 통계자료가 수집·작성되고 있다. 그러나 낮은 정확도와 보안상의 이유로 공표되지 않고 사장되거나 내부자료로만 활용되는 것이 많다. 일례로서 과거 내무부의 주민소득조사를 들 수 있다. 1967년부터 내무부에서 주민소득을 추계·발표해 왔으나, 그마저도 1980년 이후 공표를 중단시켰다. 지역감정을 조장할 수 있다는 우려에서였다.

통계는 여러 사람이 이용하고 써 보아야 통계의 정확도가 개선되고, 지역주민, 기업, 연구자 등 수요자의 니즈(Needs)에 부합하는 방향으로 발전이 가능하다. 그러나 현재는 통계 수요자 중심보다는 공급자 위주의 통계보급체계가 유지되고 있는 현실이다.

과거에 비해 자치단체의 인터넷 홈페이지 등 공급매체의 기여로 지역통계의 활용도는 크게 개선되고 있다. 하지만 수요자의 입장에서는 아직도 자료받기 과정에서 파일형식 등에 호환성이 부족하여 불편한 실정이다. 그리고 지방자치단체별로 지역실정에 맞는 지역통계 데이터베이스 구축이 미흡하여 상세한 지역단위의 통계를 접하려면 결국에는 통계연감 등 책자를 이용해야 되는 실정이다.

4. 지역통계의 발전방안

지역통계업무의 개선을 위해서는 담당하는 조직과 인력 · 예산 · 관심 등 지역통계 기반을 강화하고, 분석 · 가공통계의 확충과 새로운 통계의 생산이 필요하다. 그리고 지역통계의 양적 · 질적 수준 향상과 지역통계 데이터베이스 구축, 시의성 제고 등 보급 활용에 이르기까지 공급자 위주의 통계에서 수요자 위주의 통계로 발전시켜야 한다.

가. 지역통계 조직 및 전문성 제고

우선, 중앙부처의 지방통계사무소와 지방자치단체로 다원화되어 있는 조사업무를 일원화하여 전문성과 효율성을 높여나가야 할 것이다. 이를 위해 통계청 지방사무소의 조직과 예산을 지방자치단체로 이관함으로써 조사업무를 전담케 하고, 통계청은 지방자치단체의 조사수행능력 향상을 위한 교육 및 훈련과 지역통계와 관련된 표준모델 개발, 기본적인 지표체계 개발, 조사방법, 기술제공과 지역간 연계체계 구축 등 기준 설정 및 조정기능을 전담할 수 있을 것이다.

다음으로, 지역통계업무의 전문성을 제고해야 한다. 지방자치단체의 통계전문인력 확보를 위해 전문직 공무원을 민간에서 영입하거나, 지방자치단체 출연 연구기관 또는 대학의 전문인력을 활용하는 방안을 강구할 수 있다. 단, 전문직 공무원을 채용할 경우 근무조건 또는 처우에 대한 사항을 현재의 기준보다 상향시킬 필요가 있다. 왜냐하면 우수한 인력을 확보해 놓고 그들을 일용 인부 대하듯 함으로써 직장에 정착할 수 없도록 하는 경우가 많았기 때문이다. 또한 지방자치단체의 통계교육 및 연수기능을 강화하고, 통계담당 공무원의 일정기간 이동금지와 함께 통계수당 신설 등 인센티브 제공을 통하여 통계담당 공무원이 전문성을 확보할 수 있도록 배려해야 할 것이다.

나. 지역통계에 대한 관심 제고

지방자치제도가 정착·발전되어가면서 지방의 독자적인 개발계획의 수립과 이에 대한 스스로의 집행과 평가가 요구되고 있다. 또한 지역의 실상이나 지방행정 집행에 대한 필요와 욕구가 급격하게 증대되고 있어 지역통계에 대한 한 차원 높은 접근과 관심의 제고가 필요하다.

이를 위해서 무엇보다 중요한 것은 지역통계의 업무담당자는 물론 특히 고위 정책결정자의 통계에 대한 인식전환과 함께 지역통계 이용자 그리고 응답자 모두의 관심집중이 필요하다 하겠다.

고위 정책결정자와 통계 이용자 및 응답자들의 관심을 제고시키는 방안으로는 다양한 교육과 홍보를 통해 달성할 수 있다. 그 책무가 바로 우선 채용된 통계전문 공무원의 역할이라고 할 수 있다. 통계전문 공무원은 다양한 지역통계들을 생산하여 홍보하고, 그 분석통계들을 작성·보고함으로써 고위 정책결정자와 주민들을 설득하고 교육해 나가야 한다.

다. 지역통계 생산의 확대

지역통계는 지방자치단체 및 중앙정부의 정책수립 담당자, 학술연구자, 기업, 지역주민 등 실제 수요자의 요구에 맞는 지역통계를 중점적으로 개발하여 제공하는 데 그 의미가 있다. 따라서 당해 지역에 관한 다양한 통계를 개발하여 적기에 제공할 수 있는 시스템을 갖추어야 할 것이다.

현재 생산되고 있는 표본조사 전국통계의 경우 전국자료만 생산해 왔다. 그러나 앞으로는 지역별 통계자료로 활용 가능하도록 표본규모와 표본의 지역별 층화를 확대하는 등 조사기법을 개선해야 한다. 통계 분야도 소득·산업·노동·소비·환경 분야까지 확대하며, 지역의 특성에 맞도록 자치단체의 독자적인 자체통계를 생산하는 데 노력해야 할 것이다.

또한 지방행정업무 수행과정에서 생성되는 각종 데이터가 자료의 대표성 부족, 관리부실 등으로 공개되지 않고 사장되는 경우가 많다. 그러나 이들 자료의 목록을 작성한 후 통계전문가의 도움을 받아 자료생산방법을 과학화함으로써 자료집으로 발간하는 등 정식 통계화할 수 있을 것이다. 그리고 주기적으로 생산되는 지역통계의 경우에는 데이터베이스화하여 활용할 수도 있다.

라. 지역통계 품질 제고

통계법의 규제를 받지 않는 행정통계의 경우 작성지침이 없을 뿐만 아니라 이를 대신할 교육도 제대로 시행되지 않아 통계조사기관별로 차이가 발생한다. 따라서 사용한 용어의 정의, 분류방법, 조사 시기, 조사방법 등에 대한 통일된 기준을 제시하는 통계작성지침을 마련하여 그에 따른 조사를 실시함으로써 지역통계의 정확도를 제고하여야 할 것이다.

보고통계의 경우 보고양식을 최대한 간편화하고, 유사보고를 한번에 가능토록 제도화해야 한다. 그리고 조사통계의 경우 인터넷 등 정보통신 신기술을 이용, 조사기관이 사전에 조사표에 기입할 수 있는 내용은 미리 기입하는 등 피신고자의 부담을 덜어줌으로써 통계의 신고율과 정확도를 높여야 할 것이다.

이 밖에도 각종 오차를 줄이고, 활용성과 정확성을 높이기 위해 통계전문가들을 활용한 통계기법의 향상, 허위보고 제재방안 강구 등 질적으로 향상된 지역통계 생산방안을 강구해야 할 것이다.

마. 지역통계의 보급 및 활용 확대

지역통계는 전국적으로 집계되기 이전에 먼저 지역조사가 완료된다. 그러나 현재는 전국통계의 발표 이후 지역통계가 발표되는 경우가 많다. 따라서 지방자치단체와 여타 통계기관의 협조를 통해 지역통계를 우선적으로 공개하고, 조사기간을 월 또는 분기로 단축하며, 조사시점에서 발표시점까지 소요되는 시기를 제도적으로 규정하는 등 생산된 지역통계를 신속하게 공표하여 통계의 시의성 문제를 해결하여야 할 것이다.

각종 통계에 사용되는 지역, 산업 등 항목의 정의 및 분류체계를 일치시키고, 이를 코드화하여 서로 다른 통계조사간에 시계열적 분석이 가능한 지역통계를 작성하여야 할 것이다.

통계수요자가 원하는 분석이 가능토록 하기 위해서는 전산망을 통해 원자료(raw-data)를 제공하고, 지방자치단체뿐만 아니라 각 기관에서 조사되는 통계자료를 통합하여 일원화된 체계로 데이터베이스를 구축하여야 할 것이다.

얼마 전 해양수산부 장관이 물러났다. 그것은 일본국과의 해양어업협정에서 실패한 책임을 물었던 것이다. 협상 시 쌍끌이 어업분을 누락시켰다는 것이다. 장관과 실무진은 재협상을 위해 일본으로 다시 건너갔다. 협상테이블에서 우리 측의 설명을 모두 들은 일본 측 대표들은 몇 장의 항공사진과 통계자료집을 내놓으면서 우리 측의 장황한 설명을 일축시키고 말았다. 결과는 역시 실패, 2차례에 걸친 동일한 형태의 패배를 경험한 것이다. 일본국과의 협정에서 주된 패인은 바로 "어업통계의 부재"였다. 우리는 어업협정에 필수적인 통계자료는 구비하지 못한 채 협상에 임했던 것이다. 목수가 일하러 가면서 연장을 놓고 간 우를 범한 것이다.

지방이 경쟁력을 갖고 지속적인 경제발전을 누리기 위해서는 지역통계의 확충이 필수적이다. 통계라는 것이 숫자로만 나열된 재미없는 것이 아니라 결정하기 어렵고 복잡한 문제에 부딪친 우리에게 해답의 실마리를 제공한다는 것을 명심해야 한다. 지역통계는 과학적이고 객관적인 지방행정수행에 없어서는 안 될 필수적인 요건이다. 지역통계는 지방자치의 무형적 인프라인 것이다.

지방의 경쟁력 제고를 위해서는 통계라는 수단이 첨가되어야 한다. 통계의 뒷받침 없이 객관적이고 과학적인 행정을 수행할 수 없는 것이다. 주민을 설득할 수도 없고 그 어떠한 협상테이블에 나갈 수도 없는 일이다.

제 7 장

지역의 지식 메커니즘

최근 국내외에서는 '지식'에 대한 논의가 활발히 진행되고 있다. 지식경영은 물론이고 지식근로자, 지식기반경제, 지식경쟁력 등이 그것이다. 기업과 컨설팅 업계뿐만 아니라 국가와 지방자치단체에서도 그리고 국제기구에서도 '지식'이라는 새로운 물결을 진지하게 논의하고 있다. 그러면 왜 세계의 기업인들과 학자들이 '지식'이라는 주제를 가지고 논의에 몰두하고 있는가. 그것은 바로 21세기를 여는 새로운 키워드가 바로 '지식'이기 때문이다.

여기서는 지역경제 발전전략의 일환으로 지역의 지식기반 구축을 상정하고자 한다. 그 이유는, 과거 산업경제사회에서 형성된 금융, 법률, 규제 등 각종 제도와 관행이 더 이상 예전처럼 작동하지 않는다는 점이다. 따라서 지자체도 지식 메커니즘의 작동을 통해서 기존의 각종 제도와 관행 등을 새로운 경제시스템에 부합되도록 재조정하거나, 새로운 제도와 시스템을 마련해 나가야 한다는 것이다.

지역에서 지식 메커니즘이 제대로 작동하기 위해서는 제도적 인프라·문화적 인프라·휴먼 인프라·정보화 인프라 등 지식 인프라가 전제되어야 한다. 그리고 이러한 전제조건하에서 과정별 지식기반구축이 필요하다.

지역에서 지식기반을 구축하는 것은, 지식을 얼마나 효과적으로 창출하고, 이를 확산시켜 잘 활용하느냐 하는 문제로 귀결된다. 다시 말해 지역에서 지식이 원활하게 창출되고, 지역이 보유하고 있는 지식자산을 지역 차원에서 최대한 공유·활용하기 위한 기반 구축이 필요한 것이다.

지식 메커니즘의 작동원리와 단계별 기반요소를 〈그림 7-1〉과 〈표 7-1〉로 정리하였다.

〈그림 7-1〉 지식 메커니즘의 작동원리

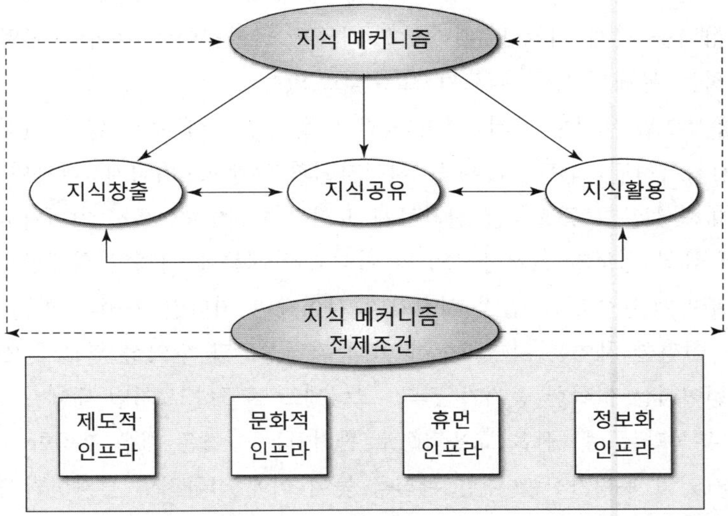

〈표 7-1〉 지식기반 구축전략

<table>
<tr><th>단 계 별</th><th>기반구축 요소</th><th></th></tr>
<tr><td>지식창출 기반 강화</td><td>–무형자산에 대한 관심제고
–인적자원에 대한 투자확대
–과학기반 및 기초연구 강화</td><td rowspan="3">• 지식 메커니즘의 안정적 여건 조성
–각종 규제의 개혁
–지적재산권 보호
–지식의 평가지표 개발
–경쟁시스템 강화</td></tr>
<tr><td>지식공유 기반 확충</td><td>–지역정보화의 완성과 데이터베이스 구축
–지식공유 분위기 조성과 지식창고 건설
–연구개발 성과 공유 및 실용화 지원</td></tr>
<tr><td>지식활용 기반 구축</td><td>–직업교육체계의 발전
–지속적인 학습 시스템 구축
–지식기반 산업의 발전기반 조성
–지식활용기업에 대한 지원</td></tr>
</table>

1. 지식의 창출기반 강화

가. 무형자산에 대한 관심 제고

최근 들어 지식과 소프트웨어와 같은 무형자산이 기업활동의 성과에 광범위한 영향력을 갖게 되었다. 따라서 투자규모보다는 어떤 분야에 어떤 투자를 하느냐 하는 문제에 대한 검토가 요청되고 있다.

전통적으로 우리는 기계, 장비와 같은 물적 투자에 주로 많은 관심을 보였다. 그러나 특허권 · 소프트웨어 등 지적자원과 브랜드 · 이미지 · 디자인 등 무형자산에 대해서는 그 중요성을 심각하게 고려하지 않았다. 특히 기업차원에서 무형자산에 대한 정보가 없거나 설명이 어려웠기 때문에 기업의 회계장부상 자산가치와 주가에 반영된 기업의 시장가치 사이에는 커다란 차이가 있는 것을 볼 수 있다. 이러한 차이는 무형자산이 미래 기업성장과 수익성 확보에 있어 핵심적인 자원이라는 명확한 증거가 된다. 그럼에도 불구하고 기업 내에서 무형자산에 대한 분석과 무형자산을 효율적으로 관리하는 능력은 매우 부족한 실정이다. 앞으로 지역의 무형자산에 대한 관심을 높여 이에 적극적인 투자방안이 강구되어야 한다.

나. 인적자원에 대한 투자 확대

무형자산 중에서도 인적자원은 지식기반경제에 있어 핵심투자대상이다. 즉, 지역이 지식창출 기반을 구축하기 위해서는 인적자원에 대한 적극적인 투자를 해야만 한다. 인적자원에 대한 투자 역시 시장기능에 맡겨 놓을 경우 과소투자로 인한 시장실패가 발생할 개연성이 높다. 민간부문은 물론 지방자치단체 등 공공부문에 있어서도 인적자원에 대한 중요성을 간과하고 있다. 특히, 사계의 전문가를 경시하는 풍조, 고급인력을 채용하고서도 지속적인 연단을 등한시함으로써 저급한 인력으로 바꾸어 놓는 경향 등이 그것이다. 지금까지의 정부와 지방자치단체 산업지원 프로그램은 주로 물적 투자에 중점을 두고 추진되어 온 것이 사실이므로 이에 대한 전면적인 재검토가 필요하다고 하겠다. 교육 · 훈련 · 연수 등에 대한 투자확대로 잠재된 인적자원을 발굴하는 것은 물론 그들을 적극 육성함으로써 지역의 인적자원이 타 지역으로 유출되지 않도록 하는 것이 필요하다.

다. 과학기반 및 기초연구의 강화

지식기반경제는 기초연구의 기여도가 점점 커지는 한편 과학과 기술의 융합화 현상이 두드러지게 나타나는 경제라고 할 수 있다. 따라서 과학기반과 기초분야에 대한 연구의 강화는 지식기반경제로의 전환에 있어 필수적인 정책과제라고 할 수 있다. 이러한 과학기반과 기초연구의 강화는 기술적 · 상업적 기회를 창출할 뿐만 아니라 그 과정에서 창의적인 기술인력을 양성하는 부차적인 효과도 크다. 기초연구의 강화를 위해서는 정부의 기술개발 투자 중 기초연구에 대한 비중을 제고시키는 방안을 들 수 있다.

2. 지식의 공유기반 확충

가. 지역정보화의 완성과 데이터베이스 구축

대부분의 지식은 정보통신망을 통해 공유되고 확산된다. 따라서 지식의 공유기반 확충을 위해서는 우선적으로 지역정보화를 완성하고 지역주민의 인터넷 생활화 운동을 추진해야 한다. 행정부문에서도 자치단체는 주요정책을 인터넷 또는 인트라넷으로 주민에게 알리고 여론을 수렴하며 인터넷으로 대민업무를 처리해야 한다.

현재 추진 중에 있는 지역정보화 사업을 주민의 편익증진을 위한 보건 · 교육 · 문화 및 환경의 정보화로 확산해 나가야 한다. 그리고 기업간 · 산업간 네트워크화 작업이 서로 중복되지 않고 효율적으로 추진되어 궁극적으로는 초고속 정보통신망과 효과적으로 연계되도록 할 필요가 있다. 또한 지역정보 인프라를 효율적으로 구축하기 위해서 민관이 협력하여 국제 표준화작업에 적극 참여하는 것은 물론 정보화 추진과정에서 업종별 · 지역별 시범사업을 통하여 홍보와 표준화에 주력해야 한다. 이렇게 함으로써 정보의 유통체계가 지역에서는 물론 국가적으로, 세계적으로 상호 연결될 수 있도록 해야 한다.

특히, 데이터베이스 구축 활성화를 위해서는 공공 데이터베이스 개발을 활성화하여 정부와 지방자치단체가 보유하고 있는 정보를 과감히 공개하고, 민간의 데이터베이스 개발이 위축되지 않도록 하는 것이 필요하다.

나. 지식공유 분위기조성과 지식창고의 건설

지역정보화를 완성하고 데이터베이스를 구축한다고 지역의 지식이 상호 유통·공유되는 것은 아니다. 개별 기업과 단체가 소유하고 있는 지식을 내놓지 않으면 지식이 공유되지 않는 것이다.

지역기업들의 지식기반 구축에 대한 참여동기를 부여하고 지식접근을 용이하게 할 뿐 아니라 이미 보유하고 있는 지식자산을 최대한 활용하기 위해 지자체가 솔선하여 지식활용 시스템 구축을 시도하는 것이 필요하다. 현재 각 지방특별관서와 기관별로 구축하고 있는 웹사이트를 단순히 정책홍보와 자료제공 차원에서 운영할 것이 아니라 이들 웹사이트를 범지역적 지식창고로 확대·발전시키는 것이다. 그리고 지역 내 각종 웹사이트에서 역내·외의 우수한 연구인력을 네트워크화하고 이를 통해 정보와 지식을 제공하는 것은 물론 관련된 정책 입안자와 실무자들의 수범 사례와 경험을 모아 지식창고화하는 방안도 제시할 수 있다.

다. 연구개발 성과의 공유·실용화 지원

아무리 좋은 상품과 기술이 개발되었다 하더라도 그것이 제대로 알려지지 않고 실용화되지 않으면 허사가 되고 만다. 최근의 기업들도 발명보다 발견을, 개발보다 조합을 우선시하고 있다. 즉, 요즘 기업들 중 일부는 R&D 집약적일 수도 있지만, 그보다는 이미 개발 완료된 기술 혹은 기존기술을 시장수요의 변화에 대응하여 재결합하거나 새롭게 활용하는 것이 대부분이다. 따라서 기존 연구개발 결과에 대한 쉬운 접근과 확산시스템을 구축하는 것이 중요하다고 하겠다. 미국의 국립기술이전센터(NTTC), 프랑스의 연구실용화기구(ANVAR) 등과 같이 기술이전 및 실용화 지원업무를 총괄 조정·연계하는 기구를 설립함으로써 연구개발 성과를 확산시키고 실용화·상품화하기 위한 네트워크 구축이 필요하다. 이것은 연구개발 성과에 대한 공유시스템은 물론 지식활용 시스템이 되는 것이다.

3. 지식의 활용기반 구축

지식의 활용도를 제고하고 지식활용기반 구축을 위해서는 무엇보다 지식활용주체에 대한 파악이 선행되어야 한다. 여기서는 지식활용의 주체로서 지역주민과 지역산업을 중심으로 살펴보고자 한다.

가. 직업교육체계의 발전

지역의 지식활용주체는 무엇보다 지역근로자를 들 수 있다. 지역의 근로자들이 지역에서 창출되고 유통·공유되는 지식을 제대로 활용할 수 있도록 하는 시스템을 구축해야 한다.

지식의 활용기반을 위해서는 현재의 직업교육 체계를 새롭게 발전시킬 필요가 있다. 지금까지 교육에 대한 의식·제도·정책은 학교교육을 중심으로 형성되어 있다. 따라서 미래산업이 필요로 하는 인력의 전문성과 다양성을 직업교육에서는 충족시키기 어려운 실정이라고 하겠다. 앞으로 직업교육이 수요지향적인 인력양성이 되도록 하기 위해서는 교육운영 전반에 걸쳐 자율성을 높이도록 해야 한다. 즉, 지식기반경제에서 필요로 하는 인력이 양적·질적으로 유연하게 공급되는 시스템 구축이 필요한 것이다. 특히, 지식기반경제에서 필요로 하는 인력을 양성하기 위해서는 산업현장과 밀착된 전문인력을 집중적으로 양성할 수 있도록 산학 연계를 강화할 필요가 있다.

한편, 직업교육의 질적 수준을 제고하고 그 내용을 다양화하여 현재 제조업 중심으로 되어 있는 직업교육훈련을 미래산업의 다양한 분야로 확대하고, 기능중심의 직업교육훈련을 다양한 전문지식·기술까지 확대할 필요가 있다.

나. 지속적인 학습시스템의 구축

지역의 지식활용주체로서 지역주민을 들 수 있다. 지역의 기업인과 근로자 그리고 공직자가 될 수도 있다. 이들 지식을 활용하는 주체들이 지역에서 창출되고 유통·공유되는 지식을 지속적으로 활용할 수 있도록 하는 시스템을 구축해야 한다.

지식과 기술의 수명주기가 단축됨에 따라 근로자와 지역주민들의 지속적인 능력개발이 요구된다. 따라서 현재의 직업교육을 전 주민을 대상으로 하는 재교육·향상교육 등의 평생 직업교육으로 확대하고, 평생학습시스템을 구축해야 한다. 그리고 이를 통해 근로자의 직업능력을 지속적으로 배양하여 노동의 유연성을 제고하는 것이 필요하다.

다. 지식기반산업의 발전여건 조성

지식의 활용기반 구축을 위해서는 지역의 산업 자체가 지식화되어야 한다. 산업의 지식화로 기업분야에서 지식의 활용도가 높아지고 지식의 창출과 지식의 공유 그리고 지식의 활용이 유기적으로 이루어질 수 있는 것이다. 산업의 지식화는 지식과 정보를 집약적으로 투입하거나, 지식활용을 경쟁력 확보의 전략적 수단으로 하는 산업비중이 점차 증가한다는 것을 의미한다.

지식기반경제하에서 새로운 산업발전에 필요한 산업발전 핵심요소에 대한 요구사항은 과거 중화학공업을 대상으로 하던 때와는 성격이 판이하게 달라지고 있다. 입지만 하더라도 과거에는 저렴하고 대단위의 공업단지를 공급하는 것이 필요했으나 지식기반경제에서는 인터넷상의 가상기업과 같이 물적 입지요건이 필요치 않는 경우도 있다. 또한 인력의 경우도 과거에는 숙련기능인력이 필요했지만 이제는 창조적인 전문기술인력과 여건변화에 신축적으로 대응할 수 있는 다기능인력을 확보하는 것이 무엇보다도 필요하다. 기술도 과거에는 독자적인 기술개발과 표준화된 기술도입이 대종을 이루었지만, 지식기반경제에서는 아웃소싱, 전략적 제휴를 통한 공동기술개발 등의 새로운 기술개발 방식이 부상하고 있다.

따라서 지식기반경제로의 이행에 있어 개방적이고 경쟁적인 국내 산업발전의 여건조성과 발전기반의 구축은 매우 중요한 수단이 된다. 향후 정부와 지방자치단체의 정책대응은 시장기능의 효율적인 작동을 돕는 광범위한 하부구조의 구축을 통해 이러한 정책목표가 달성될 수 있도록 하는 여건조성에 중점을 두어야 한다.

라. 지식활용기업에 대한 지원

지식기반산업의 발전을 위해서는 지식을 많이 활용하는 기업에 대하여 각종 기술개발 및 실용화지원 프로그램과 인적자원 양성 및 공급 프로그램을 개발, 지원하여야 한다. 벤처캐피털 등 지식기반 중소·벤처기업의 재정·금융지원 프로그램도 개발하여야 한다. 이와 함께 교육훈련정책과 환경·의료·안전 등 여러 분야에 대한 규제 및 경쟁정책이 서로 연계되어 조화를 이루면서 추진됨으로써 여러 정책이 상호 모순된 결과를 가져오지 않도록 해야 할 것이다. 한편, 새로운 사업 기회를 포착하고 이를 사업화할 능력을 지닌 개인이나 단체의 창업을 위한 정책적 지원과 지원기반을 더욱 확충할 필요가 있다. 기술기반 벤처기업의 육성은 지식의 창출과 활용에 있어 가장 역동적인 주체이기 때문이다.

4. 지식 메커니즘의 작동 여건 조성

지금까지 지식창출·지식공유·지식활용이라는 지식 메커니즘의 단계별 기반구축에 대해 살펴보았다. 이제는 지식 메커니즘이 지속적이고 안정적으로 작동하기 위해서는 어떠한 여건이 갖추어져야 하는지에 대해 검토해 보고자 한다.

가. 각종 규제의 개혁

정부와 지방자치단체의 각종 규제는 지식 메커니즘의 원활한 작동을 방해하는 가장 큰 요소이다. 다시 말해 각종 분야별 규제개혁은 신규기업의 시장진입을 촉진하고 기존기업의 사업확장 기회를 최대한 활용하도록 한다는 점에서 산업경쟁력 강화와 기업환경 개선방안의 하나이다.

주요 선진국들은 비용을 절감할 수 있는 모든 부문에서 규제를 완화하고, 보다 생산적 기업환경 조성을 위해 노력해 왔다. 그럼으로써 기업의 경쟁력을 확보해 온 것이다. 여기서 생산적인 기업환경이란 왕성한 기업가정신을 바탕으로 기업과 개개인이 세계화와 지식기반경제로의 이행에 따른 새로운 기회를 최대한 활용할 뿐 아니라 점차 고부가가치의 생산활동으로의 전환이 가능한 환경을 말하는 것이다.

지식기반기업이 자유롭게 입주하고 기업경영을 할 수 있도록 지식의 창출과 흐름을 방해하는 모든 요소를 제거해야 한다. 그것이 고정관념이든 과거의 전통관례이든 행정제도이든 모두가 새롭게 개선되고 바뀌어야 한다. 무역과 투자에 유리한 기업환경 창출은 결국 각 시장에서의 경쟁을 강화하는 것이 되고 이는 다시 생산성 증대와 지속성장으로 이어지는 것이다.

나. 지적재산권 보호

지식 메커니즘에서 지식의 공유는 그 무엇보다 중요한 과제이다. 그러나 자신의 지식을 내놓아 공유하는 사람에 대한 특별한 인센티브나 제도적 장치가 없이는 바람직한 지식공유를 기대할 수 없다. 기술과 창의적인 아이디어에 가치를 부여하고 그것을 보호해 주는 것은, 새로운 지식을 지속적으로 창출하게 하고, 공유하게 하는 가장 큰 유인이 된다. 즉, 지식의 창출과 공유를 위해서는 무엇보다도 지적재산권에 대한 신속하고 적절한 보호가 필요한 것이다. 그러나 기술개발에 대한 지적재산권을 보호하되, 권리가 남용되지 않도록 하여 개발된 기술이 효율적으로 확산될 수 있도록 제도를 구축할 필요가 있다. 특히 디지털 환경하에서 각종 저작물의 창작을 활성화하기 위한 저작권자 보호를 강화하는 한편 디지털 정보의 이용 활성화를 위한 방안 강구와 제도 개선이 시급하다고 하겠다.

다. 지식의 평가지표 개발

기업경영에서와 마찬가지로, 지역의 지식기반을 완성하기 위해서는 지역전체의 지식화 정도와 지식기반을 객관적으로 측정 · 평가할 수 있어야 한다. 이는 지역경제의 지식기반경제로의 이행을 촉진하기 위한 구체적인 인프라의 내용과 규모, 투자 우선순위의 결정 등에 절대 필요하기 때문이다. 이미 수년 전부터 OECD가 '스카이블루'라는 지식기반경제 관련 과학기술지표 개발과 측정 프로젝트를 대대적으로 추진하고 있는 것도 같은 이유에서이다.

지식화를 측정하는 지표에는 지식창출과 관련된 R&D 지출과 연구인력, 특허권 외에도 지식스톡과 지식흐름, 지식기반경제화, 지식네트워크, 지식학습과 관련된 각종 지표가 포함되어야 할 것이다. 이와 함께 기업차원의 지적자산에 대한 평가 및 측정기법과 이에 대한 제도적 인정제도의 도입도 검토해야 할 것이다.

〈표 7-2〉 지식수준 평가지표

평가부문	분 류	상 세 지 표(예시)
지식투입	• GDP대비 R&D • 연구원 수	–대학원 학생수/인구 1천명당 –연구기관 연구인력 –기업부문 정보화 투자액 –기업부설 연구소(개소, 명)등
지식과정	• 인터넷 보급	–인터넷이용자수/가구원 100명당 –PC통신이용자수/PC이용자 100명당 –일평균 PC이용시간
지식성과	• 특허출원건수 • 논문발표건수	–공공 및 민간연구기관 연구개발비 –특허출원건수/인구1천명당

자료: 한국개발연구원(1999), 「지식기반경제발전 종합계획」을 근거로 재작성.

라. 경쟁시스템의 강화

과감한 규제개혁과 함께 선진국에서는 경쟁유도와 관련된 법·제도를 새로 마련하거나 강화해 오고 있다. 이는 경쟁관련 법·제도가 경쟁을 촉진할 뿐만 아니라 대규모의 국가간 시장 통합과 같은 주요 정책목표 달성에 있어서도 적지 않은 기여를 한다는 평가에 따른 것이다. 그리고 공정한 경쟁시스템이 지식기반경제에서의 가장 강력한 인센티브를 제공한다는 확신에서이다.

우리의 지역에서도 시장효율성 증대와 시장통합이라는 정책목표와의 일관성 유지를 위해 경쟁관련 법과 제도를 확충해 가야 한다. 그리고 공기업이나 민간기업 구분 없이 동일한 방식으로 적용함으로써 많은 독과점 기업들이 사라지거나 민영화 되도록 해야 한다. 전반적인 경쟁압력은 지식창출과 확산의 필요성을 더욱 강화하고, 지식의 상업적 활용, 지식기반 벤처기업의 생성과 지식기반 산업의 창출을 촉진하는 것이다.

마. 지역정보화와 지역네트워크 구축

지역에서 창출된 지식이 제대로 작동되기 위해서는 지역정보화와 지역네트워크가 구축되어야 한다. 지역정보화는 지역에서 창출된 지식이 지식창고에 저장되고 많은 사람이 활용할 수 있도록 하는 장치이며, 온라인 형태로 이루어진다. 그러나 지식은 온라인 즉, 사이버 형태로 이루어지는 것 이외에도 오프라인

형태로도 이루어진다. 이러한 지식의 공유와 전달 및 활용을 위해서는 지역네트워크가 필수적이다. 지역네트워크 역시 오프라인 형태의 네트워크와 온라인 형태의 네트워크로 구분할 수 있다. 다시 말해 지역정보화와 지역네트워크는 지식의 메커니즘을 제도로 작동하게 하는 주요수단이자 통로가 되는 것이다.

제 8 장

지역정보화

1998년 11월 미국 중간선거에서의 최대 이변은 제시 벤추라가 미네소타 주지사로 당선된 것이었다. 민주·공화 양당제가 발달한 미국에서 제3정당의 후보가 그것도 프로레슬러라는 경력을 가진 사람이 주지사가 되었기 때문이다.

사상 처음으로 제시-넷이라는 자신의 인터넷 통신망을 구축해 3천명의 지지자를 확보하고, 이를 통해 각종 정보제공과 선거활동을 함으로써 불과 1만 달러의 비용으로 선거에서 대역전극을 이루어 낸 것이다.

1. 디지털 혁명과 정보화 사회

디지털 혁명은 세상을 온통 바꾸어 놓았다. 각종 사회의 패러다임을 바꿔 놓고 우리에게 전혀 다른 도전을 요구하고 있다. 과거와 단절된 새로운 발상과 사고방식, 행동양식을 요구하고 있는 것이다.

디지털 혁명으로 불리는 정보화 사회는 머리카락 굵기의 광섬유를 통해 초당 9만 권의 백과사전 내용을 세계 각국으로 전송한다. 그리고 상품의 개발, 생산, 유통 주기를 단축시킴으로써 시장경쟁을 촉진시킨다.

이 같은 정보화의 물결은 재택근무, 원격회의, 원격진료 등을 광범위하게 확산시키고 홈쇼핑, 홈뱅킹, 사이버주식거래 등 전자상거래를 일상화함으로써 기존의 개인생활과는 전혀 다른 편리한 삶을 이루게 한다. 사이버 교육을 통해 누구든지 원하는 대학의 강좌를 수강할 수 있게 됨에 따라 학벌 위주의 사회의식 문제도 해결할 수 있다.

더욱이 인터넷을 통한 여론 수렴과 유권자와의 새로운 대화통로 등으로 인건비가 많이 들어가는 고비용 정치구조에서 탈피할 수 있게 되었다. 행정부문의 정보화로 조직과 인력의 감축을 가져오고, 전달과정에서의 오류와 부정을 방지함으로써 행정의 투명성을 높이고 국민의 편익을 증진시킨다.

이렇듯 정보화 사회는 세계의 모든 구성원이 시간과 공간을 초월하여 수만가지의 동일한 수준의 정보를 획득할 수 있는 사회이다. 그리고 이를 가공, 유통시킴으로써 새로운 부가가치를 무한대로 생성시키는 디지털시대를 가리킨다.

우리나라도 정보화 사회의 구현을 주요 국가정책 목표로 내세웠다. 그리고 최근 몇 년간 정보화와 관련한 제도정비 및 계획수립과 함께 다양한 사업을 추진해 왔다. 정보화 사회의 실현은 지역의 기반 위에서 이루어진다는 믿음으로 지역정보화와 이와 관련된 사업의 추진에 다양한 노력을 기울이고 있는 것이다.

2. 지역정보화의 의의

가. 지역정보화의 개념

지역정보화란 용어는 정책적인 개념으로서 사용자들간에 다양하게 정의되고 있다. 지역정보화의 개념을 정립한 각 기관의 의견을 종합하면 "지역단위에서 지자체와 지역민이 주체가 되어 → 정보 · 통신기술을 통해 → 사회 각 분야의 정보를 공유하는 등 다양한 정보활동을 영위함으로써 → 지역의 균형발전과 성

〈표 8-1〉 지역정보화의 개념 정의

구 분	정 의
정보통신부 (1989)	지역정보화란 지역간 균등한 정보접근성의 보장, 지역특성에 맞는 정보시스템의 구축, 뉴미디어 보급의 촉진 등을 통하여 지역경제 활성화와 지역주민 생활의 질 향상, 지방문화의 육성 등을 도모함으로써 지역주민의 정주성을 제고하고 지역간의 활발한 교류를 촉진하기 위한 정책적 개념
일본 '지역개발과 정보화 사전' (1988)	지역사회의 구성요소인 산업단체 · 지방자치단체 · 가정 · 개인 등은 정보통신기술의 활용을 통하여 정보화와 관련되는데, 이러한 '지역주체가 관련되는 정보활동의 총체' 혹은 '지역이라는 필터를 통한 정보활동의 총체'로서 지역에서의 산업정보화, 정보의 산업화, 사회생활의 정보화를 포괄하는 것

장을 이룩하는 일련의 과정"이라 할 수 있다.

한편, 이러한 지역정보화의 정의들이 공통적으로 강조하고 있는 것은 지역균형발전과 지역경제 활성화, 주민의 복리증진 등이 그것이다. 따라서 지역정보화에 대한 논의가 지역경제분야 또는 지역개발분야에서 다루어지고 있는 것이다.

나. 지역정보화의 목적과 기대효과

지역정보화의 궁극적 목적은 복지국가의 건설과 지방자치의 발전이다. 즉, 지역정보화는 국가자원의 효율적 관리, 지역경제의 활성화, 지방행정의 생산성 제고, 대민 행정서비스 개선은 물론 주민의 정보욕구를 충족시킴으로써 국가경쟁력 향상과 지역주민의 삶의 질 개선 등 지식·정보사회 구현에 필수적 선행단계이다. 지역정보화의 기대효과를 정리하면 다음과 같다.

첫째, 지역정보화는 지역간 격차를 완화시킬 수 있다. 그 동안 지역간 불균형의 주 요인이었던 정보격차를 지역정보화를 통해 완화시키고 균등한 정보의 접근성을 제공함으로써 지역간의 격차 요인을 제거할 수 있다. 뿐만 아니라, 지역정보화는 아직 기득계층이 강하게 존재하지 않는 분야이기 때문에 비교적 공정한 자원배분을 유도할 수 있는 것이다.

둘째, 지역정보화는 지역경제 발전을 촉진시킨다. 경제적 영역에서의 정보화는 정보의 산업화와 산업의 정보화라는 양 측면에서 볼 수 있다. 정보의 산업화는 지역정보통신서비스업의 창출을 통해서 경제규모가 확대될 것이고 지역고용창출의 확대에 기여하게 될 것이다. 또한 산업의 정보화는 기업 및 생산시설의 지방 유치를 유도하고, 각종 경제·기술정보의 획득을 용이하게 함으로써 지역기업의 경쟁력을 강화하여 지역경제를 활성화하는 데 기여한다.

셋째, 지역정보화는 지방자치단체의 경쟁력을 제고시키는 역할을 한다. 정보화 사회는 정보망과 정보자체가 능력의 주요 원천이 되기 때문에 지역의 여러 주체들이 정보통신을 얼마나 잘 활용하고 양질의 정보에 얼마나 쉽게 접근하느냐에 따라 지역의 경쟁력이 결정된다.

넷째, 지방행정의 생산성을 제고할 수 있다. 지역정보화는 정보통신망을 통해 시민의 참여를 활성화할 수 있다. 이는 나아가 지방행정 전산화를 통해 행정의 효율과 대민 서비스를 개선함으로써 궁극적으로 지방행정의 생산성을 높이는 데 기여할 것이다.

〈그림 8-1〉 지역정보화의 목적과 기본 메커니즘

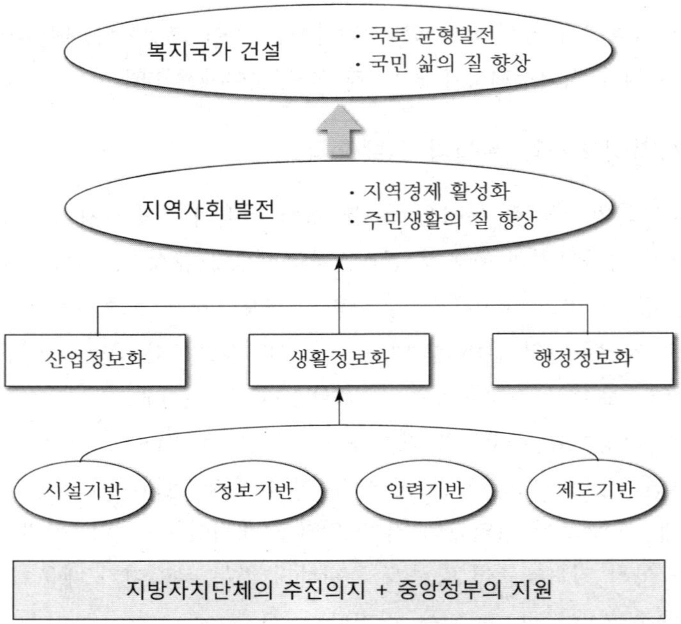

다섯째, 지역의 정주환경 개선 및 국토이용의 효율성을 증진시킬 수 있다. 지역정보화는 정보통신기술을 이용한 효율적인 자원관리를 통하여 환경오염을 완화하며, 주택, 교통, 에너지 시스템을 통한 도시경영이 가능하게 됨으로써 지역의 정주환경이 개선될 수 있다. 뿐만 아니라, 정보통신기술은 새로운 사회간접자본으로 수도권에 집중된 국가중추관리기능과 인구의 분산을 가능케 함으로써 효율적인 국토이용이 가능하게 된다.

3. 지역정보화 추진실태

가. 지역정보화의 현주소

국민의 정부이후 과거 역대정부에서는 선진국 진입의 필수요건으로서 정보사회의 구현 및 정착을 내걸고 제도정비 및 계획수립과 함께 다양한 정보화사업을 추진해 왔다. 여기서는 지방자치단체의 지역정보화에 대하여 살펴보기로 한다.

1) 지역정보화 중장기 계획 수립

각급 지방자치단체에서는 지역정보화 중장기 기본계획을 수립하여 정보화 사업을 추진하고 있다. 급변하는 정보화추세에 대응하기 위해서 중장기 기본계획에 대한 수정계획을 세워 추진하기도 한다.

이 같은 지역정보화 중장기 기본계획은 단계별로 추진하되 제1단계에서는 정보화 기반구축단계, 제2단계에서는 정보화 확산단계, 제3단계에서는 고도정보화 정착단계로 추진하고 있다. 또 기본계획의 전체적인 구성을 살펴보면 다음과 같이 총론부문과 각론부문으로 구분하고 있다. 먼저, 총론부문에서는 국가정보화와 지역정보화의 접근 및 국가정보계획, 초고속 정보통신망 구축사업과 연계성 확보, 국제적인 인터넷과 지역정보화의 접목 등 거시적인 비전을 제시하고 있다. 다음으로 각론부문에서는 행정정보화, 산업정보화, 사회정보화, 도시·교통정보화, 정보화 시범도시건설 부분 등으로 구성하고 있다.

2) 지역정보센터의 설립

그 동안 지방자치단체에서는 인천지역의 '인디텔'을 비롯하여 약 36개의 지역정보센터가 설립되었고, 광역지방자치단체로는 대구광역시와 광주광역시 그리고 대전광역시에서 제3섹터방식 또는 주식회사의 형태로 설립되었다.

지역정보센터는 지역주민과 지역기업에게 정보검색, 전자우편, 파일전송, 전자게시판 등의 인터넷서비스 등을 제공하고 있다. 뿐만 아니라 앞으로 재택근무, 화상회의, VOD 등 각종 지역정보서비스를 제공하기 위하여 중앙정부와 지방자치단체, 민간단체, 기업, 학교, 도서관, 가정 등을 고속 멀티미디어 통신으로 묶어 놓고 있다.

3) 중소기업지원 정보시스템 구축

중소기업지원 정보시스템 구축사업은 지식경제부 주관하에 한국정보문화센터에서 시행한 '지역정보화 시범사업'에 선정된 과제로서 한국정보문화센터가 중앙자금을 지원하고, 광역자치단체가 지방비를 투자하여 매칭펀드 방식으로 추진한 사업이다. 이는 지역의 인력, 금융, 세제, 행정, 유통 및 기간산업 등

〈그림 8-2〉 지역정보센터의 기능과 메커니즘

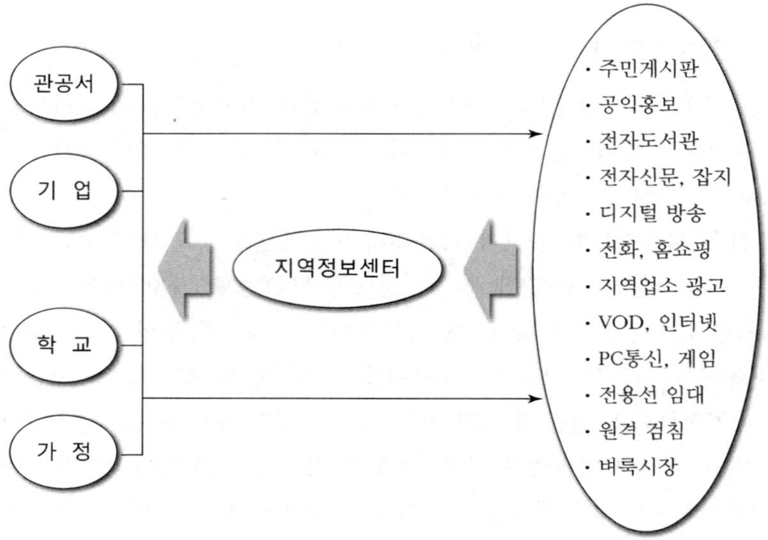

에 대한 정보화 인프라를 구축하고, 정보화를 통하여 경영의 효율성을 높이며 다양한 양질의 정보제공으로 관내 기업의 경쟁력을 강화시켜 지역경제 활성화를 위해 추진하고 있다.

〈표 8-2〉 기업지원 정보시스템 D/B 구축현황

구 분	정보분야	정보내용
중소기업 지원 정보 시스템	인력 정보	기술·인력 정보, 취업 정보
	금융·세제 정보	금융 정보, 세제 정보
	행정 정보	정책지원 정보, 창업지원 정보, 산업통계 정보, 공개행정 정보
	유통·산업기간 정보	중소기업체 정보, 연계서비스, 제품유통 정보, 중소기업게시판
과학기술 정보시스템	연구단지 정보	인력정보, 과학기술 정보, 특수시험장비 정보
	산업단지 정보	품질관리업무 관련 정보, 시제품 시험 정보, 폐기물처리 정보
	도서관 정보	공공도서관 안내 정보, 과학기술 도서 정보, 연구소, 대학 과학기술 도서 정보

나. 지역정보화 추진상의 문제점

우리사회는 정부의 다양한 정보화 추진 노력에도 불구하고 아직도 지역정보화의 저변확산이 이루어지지 못하는 실정이다. 여기서는 지역정보화의 저변확산이 부진한 이유를 보다 구체적으로 살펴보기로 한다.

1) 지역정보센터 운영 미흡

그 동안 각 지역마다 지역정보센터를 설립한 곳이 많지만, 거의 모두가 어려움을 겪고 있는 것이 현실이다. 문제는 주민 속에 파고들 수 있는 심층적인 프로그램을 개발하지 못하고, 대부분 기초단체가 지역정보센터를 발족하면서 인터넷 홈페이지를 구축한 것이 전부라는 점이다. 네트워크를 통한 정보유통사업을 한 지역정보센터도 있지만 예산이 뒷받침되지 않아 현재 어려움을 겪고 있다.

2) 중앙정부의 역할 부족

중앙정부 주도의 하향적 사업 추진에 따른 문제를 들 수 있다. 각종 지역정보화 사업이 지역여건을 불문하고 획일적으로 추진되어 지방의 특성을 살린 지역정보화가 곤란하였다. 그리고 중앙정부의 지역정보화에 대한 종합적인 방향설정이 되어있지 않은 상태에서 부처별 업무의 영역확대는 오히려 지방정부의 정보화 촉진에 혼란을 초래하고 업무의 연계성 부족을 가져왔다.

한편, 지역정보화 시스템 구축은 중장기 대규모 프로젝트로서 예산, 인력에 막대한 투자가 소요되는 사업이다. 그러나 중앙정부차원의 예산, 기술, 제도 등의 지원이 미흡하여 재정력이 빈약한 지방정부의 입장에서 적극적인 사업추진이 어려웠다.

3) 정보자원 관리 및 지방행정 정보화 미흡

정보화가 진전될수록 정보 자원의 효율적·체계적 관리를 위한 기능이 강조된다. 그러나 각 자치단체의 홈페이지에는 해당 지역의 특화된 정보가 거의 없이 타 기관에서 제공하고 있는 정보들을 제공하고 있다. 또한 초기에 구축한 정보를 갱신치 않아 정보의 시의성 미흡 등으로 이용도가 저조하다.

정보의 공개가 실효성을 갖기 위해서는 행정정보화가 선행되어야 주민의 실생활에 활용될 수 있다. 그러나 행정정보화 사업이 부처별 사업계획에 따라 단위 업무별로 추진되어 종합적인 공개시스템 구축이 미흡한 실정이다.

4) 지역정보화에 대한 의지 미흡

지방정부 주도하에 효율적인 지역정보화를 추진하기 위해서는 추진주체, 제도, 조직, 재원 등의 구체적인 요소가 확립되어야 한다. 그리고 이를 위해서는 해당 기관장의 강력한 의지와 리더십이 요구된다. 그러나 지역정보화의 필요성과 중요성에 대한 기관장의 안목과 결단력 부족할 뿐만 아니라 현재의 지방재정 규모나 추진체계를 가지고 정보화 사업에 과감한 투자를 하기에는 부족한 실정이다.

5) 지역주민에 대한 정보화 관련 교육과 홍보 부족

지역주민의 정보화에 대한 마인드 확산 및 인식변화는 효율적인 지역정보시스템 운영에 필수적 요소이다. 아무리 좋은 정보를 무료로 제공한다고 하여도 주민이 컴퓨터를 잘 이용할 수 없고, 제공되는 정보를 찾아볼 수 없다면 지역정보화는 무의미해질 것이다. 따라서 정보시스템 운영주체인 행정기관에서 주민을 상대로 정보화 의식을 고취시키는 데 소홀히 한 것을 문제점으로 들 수 있다.

4. 지역정보화의 발전방안

가. 기본 방향

앞으로의 지역정보화가 발전하기 위해서는 기본적으로 수요자 중심의 정보화와 지역특성에 맞는 정보화를 추구해야 한다.

첫째, 공급자 중심의 정보화로부터 수요자 중심의 정보화로 전환해야 한다. 수혜자 집단으로는 그 지역에 거주하는 모든 사람들이 대상이 되어야 한다. 다시 말하면 지역정보화를 통하여 그 지역에 사는 농민의 농업생산성을 높이고, 공장에서 생산되는 제품의 생산가격을 낮추며, 학교 선생님과 학생들의 교육학습능력을 향상시켜야 한다.

둘째, 지역정보화는 지역의 특성에 맞도록 추진되어야 한다. 지역문화를 상품화하고, 지역관광자원을 상품화하며, 그 지역만이 갖는 여가상품을 개발하는 등 지역의 독창성을 상품화하는 데 지역정보화가 도움이 되어야 한다.

나. 지방행정의 정보화 달성

1) 업무처리 재설계를 통한 정보화 추진

지역정보화를 추진하면서 모든 행정업무의 디지털화가 가능하도록 하고 이에 상응한 만큼의 양질의 행정정보가 구축되어야 한다. 이를 위해서는 현재 업무를 정보화에 맞도록 전체적인 입장에서 BPR(Business Processing Re-engineering)을 통해 업무를 재설계하여야 한다. 이렇게 하면 공무원 인력 구조조정도 합리적으로 달성된다.

2) 외주용역(out-sourcing)을 통한 정보화 추진

정보화의 궁극적인 목표는 주민이 필요로 하는 정보를 얼마나 빨리 정확하고, 편리하게 제공하느냐에 달려 있다. 따라서 지방자치단체의 제한된 여건하에서 지역주민에게 실용적인 정보서비스를 제공하기 위해서는 전문적 기술력과 노하우를 가진 민간업체로 하여금 정보화 시스템을 개발토록 하여야 한다. 이제는 행정기관에서도 자체개발이나 시스템 관리업무에서 과감하게 탈피하여 외주용역(out-sourcing)을 통해 정보서비스의 간소화, 효율화, 고도화를 제고해야 한다.

3) 정보공유와 행정정보 공개의 실효성 확보

정보화 사회로 진전될수록 정보의 공개 및 공유를 촉진하는 제도의 체계화가 시급하다. 특히 행정정보의 공개는 정보공유를 통한 주민생활의 질적 향상에 미치는 효과가 지대하다. 미국의 경우 행정정보의 공개는 사생활보호 및 지적재산권보호와 함께 국가정보화 기반구축의 3대 요건으로 간주되고 있다.

그리고 정보화가 안 된 업무들의 정보화가 시급하다. 정보화된 업무도 재설계를 통하여 관련데이터를 연계하고 주민생활에 필요한 정보는 모두 제공할 수 있도록 해야 한다.

다. 중앙정부의 지원 확대

1) 지역정보화 통합 지원체제 마련

현재 각 중앙부처별로 산발적으로 추진하고 있는 지역정보화사업은 지방자치단체에 도움이 될 수 있는 방향으로 통합 조정될 필요가 있다.

다음으로 재정력이 약한 지방자치단체의 입장을 고려하여 중앙정부 차원에서의 재정 지원이 필요하다. 중앙정부의 적절한 투자재원 지원방안으로는 정보화촉진기금의 지원을 확대하는 방안 등을 들 수 있다.

한편, 중앙정부는 초고속 정보통신망을 조기에 구축하고 정보화 인력의 육성과 교류가 될 수 있도록 지원해야 한다.

2) 정보의 유통과 보안시스템 구축

인터넷에 올라와 있는 부적절한 자료와 내용이 큰 문제로 부각되고 있다. 그렇다고 인터넷에 올리는 자료의 실명화를 추진할 수는 없는 노릇이다. 이는 정보제공자와 이용자에 대한 의식교육과 시스템 장치를 병행하되, 세계적인 추세에 조화를 맞춰 운영하여야 한다.

보안의 경우는 운영시스템 보안과 네트워크 보안으로 나눌 수 있다. 보안에도 경제원리를 생각하지 않을 수 없으며, 또 보안을 위한 보안이 되어서도 안 될 것이다. 보안의 목표를 달성하기 위해서는 암호와 인증, 방화벽 등 여러 기술분야를 필요로 하며, 이러한 기술을 효율적이고 일관되게 사용하여야 한다.

라. 지역특성을 살린 지역정보시스템 구축

1) 지역특성을 갖는 DB구축

지역정보시스템은 사회·경제·문화·자연적 환경 등 지역사회 전반에 걸친 특화된 정보의 DB화가 필요하다. 따라서 지역차원에서 구현 가능한 정보의 종류와 유형 및 기반적 특성을 고려하여 구축하여야 한다. 그리고 지역정보시스템은 서비스 또는 이용대상분야에 따라 크게 산업정보, 생활정보, 행정정보 등으로 구별할 수 있는데, 각 분야별로 목적과 사업성격, 서비스 수익자의 성격, 시스템의 직접 이용자 등을 최대한 분석하여 차별화 된 정보시스템 구축이 이루어져야 할 것이다.

2) 지역 내 경쟁력 있는 IP육성

정보화 사회에서 정보는 경제적인 가치가 있어야 하며, 따라서 정보를 얻기 위해서는 일정한 비용이 지불되어야 한다. 즉 정보를 사고파는 사회로 발전시켜야 한다.

정보제공사업자라 불리는 IP(Information Provider)산업은 멀티미디어 기술을 토대로 한 인터넷 관련 서비스 사업이다. 정보화 사회에서 국가 또는 지역의 발전은 제 2 의 국토인 전자공간에 유용한 정보를 얼마나 많이 축적하는가에 달려 있다. 따라서 정부는 IP사업자에게 금융 및 세제 지원 등 다양한 IP 육성시책을 제시해야 할 것이다.

3) 정보시스템의 체계적 관리 및 운영

지역정보화를 지자체가 주체가 되어 종합적으로 수행하기 위해서는 정보기술과 시스템에 대해 총괄적으로 책임을 지는 정보화정책 최고결정자가 필요하다. 이를 위해서는 내부공무원이 아닌 정보화에 대한 전문기술과 풍부한 실무경험을 보유한 외부전문가를 CIO로 영입하여야 할 것이다.

그리고 아무리 좋은 정보시스템을 만들어도 어떻게 체계적으로 관리하느냐에 따라 시스템 운영의 성공여부가 달려 있다. 따라서 시스템 구축 시 서비스 이용 기능의 편리성, DB의 표준화, 다양한 채널 및 접속의 용이성 등 정보자원의 효율적인 관리 및 운영체계를 갖추어야 한다.

4) 정보 문화 확산을 위한 시책 추진

정보화 사회는 인간의 의식변화가 필수적으로 요구된다. 즉, 정보화 사회는 사회제도, 생활의 형태, 가치관 등의 면에서 산업사회와는 다른 것을 요구하기 때문에 인간 의식이 바뀌지 않으면 달성될 수 없는 사회이다. 따라서 국민이 정보화 사회에 적응할 수 있도록 정보화 의식, 교육을 연령·사회적 지위 계층별 등으로 다양하게 이루어지도록 하되, 정보화 마인드 캠페인 추진 등도 필요할 것이다.

5) 가시적 성과를 염두에 둔 지역정보화 구현

지역정보화사업이 중장기적인 프로젝트이므로 사업의 필요성은 인정되면서도 사업의 우선순위에서 밀려날 수 있다. 즉, 지방의회와 지역민의 동의를 얻기 위해서도 가시적인 성과에 염두를 두지 않을 수 없다. 지역정보화를 통하여 지역의 새로운 일자리를 마련해 주고 지역 벤처기업을 적극적으로 지원하되, 특히 지방의 경우에는 귀농자에 대한 적극적인 지원을 통하여 지역경제를 활성화하는 정책을 펴야 한다. 실업대책에서 정보화의 중요성을 인식하고 지역단위의 정보화 평생교육센터를 만들어 운영해야 할 것이다.

중국혁명을 이끈 모택동은 “권력은 총구에서 나온다”라고 했다. 그러나 이제 권력은 물론 재력, 지력까지 디지털 즉, 정보화로부터 발생되는 세상이다. 우리의 현실에서 지역정보화의 구현은 단순히 하나의 정책을 입안하고 추진하는 것이 아니다. 국가의 미래와 우리 삶의 근본까지 바꾸는 것임을 명심해야 할 것이다.

제 9 장

지역 네트워크

지역경제발전 전략에 있어서도 대변혁이 요구된다. 즉, 지금까지의 전략이 자본유치 위주의 전략이었다면, 앞으로는 여기에다 지식을 겸한 네트워킹 전략이 강화되어야 할 것이다. 사실 과거에는 풍부한 토지, 원재료, 노동력과 같은 자원이 기업의 지방입지 요소로 중요하게 작용하였지만, 지식기반사회의 도래에 따라 지식이나 기술의 중요성이 점점 높아지고 있는 실정이다.

따라서 지식생산을 중심축으로 한 지역발전을 구상함에 있어 국가간, 지역간, 분야간의 지식·기술의 흐름을 어떻게 네트워킹 할 것이냐 하는 전략이 지역경제발전의 원천이 될 수 있을 것이다. 여기서는 지역 네트워크 구축에 대한 일반적 사항과 우리나라 지역 네트워킹의 실태를 살펴보고, 협력적 지역 네트워크 구축방안을 모색해 보고자 한다.

1. 지역 네트워크 구축 의의

가. 지역 네트워크(Regional Network)의 개념

과학기술 발전과 정보화가 급속하게 이루어지는 지식기반경제시대의 지역경제발전은 기존의 하드웨어적 자산보다는 첨단지식과 기술진보 등 소프트웨어적 자산에 의해 결정되게 될 것이다. 즉, 지식창출과 기술혁신이 부단히 이루어지고, 그 결과가 지역간·부문간 네트워크를 토대로 시너지 효과를 창출하는 지역은 경제 발전을 이룩할 수 있을 것이다.

그러므로 지식기반경제의 체제하에서 지역의 경제적 발전과 지속적 번영을 위해서는 지역의 실정에 맞는 산업지식과 기술혁신을 확산할 수 있는 지역 네트워크 구축이 무엇보다도 필요하다. 여기서 지역 네트워크(Regional Network)란 지역의 특정 조직에 의해 지식과 신기술이 창출되어 다른 조직과 지역으로 확산·활용되는 과정에서 중심적 역할을 수행하는 매체를 의미한다.

다시 말해, 지역 네트워크란 지역 내 다양한 경제주체들이 지역의 생산과정이나 새로운 기술과 지식의 창출, 도입, 활용, 교류, 수정, 확산과정에서 역동적으로 상호작용하고 협력함으로써 형성되는 일정지역 내의 연결망을 말한다. 따라서 지역 네트워크는 지역의 핵심 산업을 중심으로 연구기능 및 지원서비스 기능이 유기적으로 결합되어 혁신활동을 수행하는 시스템이다.

나. 지역 네트워킹의 필요성과 효과

지역경제의 발전을 위해서는 기술혁신을 위한 전략과 지원뿐만 아니라, 새로운 과학·첨단기술을 수용할 수 있는 지역 네트워킹 전략이 필요하다.

지역 네트워킹으로 얻게 되는 이점은 궁극적으로 지역산업의 경쟁력 강화라고 할 수 있다. 그 내용을 구체적으로 살펴보면 다음과 같다.[1)]

첫째, 전문화된 지역간의 산업연계 강화를 통한 거래비용을 감소시킬 수 있다. 특히 컴퓨터 네트워크 혹은 인터넷으로 상호연계하는 경우 물적, 정보적, 인적 선택의 합리성을 크게 제고할 수 있고, 거래비용도 감소시키며, 생산의 유연화를 지원할 수 있다.

둘째, 각 지역들의 중복투자를 배제하고 중심기능의 호혜적 이용을 위한 풀(pool)의 형성이 가능해진다. 예를 들어 공항, 항만, 고속도로 등 대규모 사회간접자본에 대한 공동투자를 통해 분산적 투자로 인한 낭비를 막고 규모의 경제를 실현할 수 있다.

셋째, 혁신능력의 협동과 융합에 의한 시너지 형성 측면이다. 이는 지방적 수준에서는 제한된 연구개발능력을 집적과 연계를 통하여 촉진하는데 의의가 있다. 주요 연구조직의 상호이용, 전문가, 대학 등 지방간 연계가 대표적 경우이다.

---

1) 권오혁 외, 「산업경쟁력 강화를 위한 도시간 협력체제 구축방안」, 한국지방행정연구원, 1998, pp. 14~16 참조.

넷째, 생산과정상의 비용절감 이점을 공유하는 것이다. 전문기계공업도시와 전문자동차공업도시간의 상호연계를 통한 거래비용의 절감이 그 예이다.

다섯째, 새로운 지역경쟁력 제고 측면에서 도시간 연계에 의해 집적경제를 도모하는 것이다. 비교적 규모가 작은 도시들이 서로 연계함으로써 집적의 규모를 확대하고 분산적 집적효과를 취할 수 있다.

여섯째, 단일 기능지역에 기반을 둔 대외적 마케팅 전략으로, 지역전체가 생산의 전문성을 확보함으로써 세계적 생산유통 거점의 형성이 가능해진다.

2. 유연적 생산체제와 지역 네트워킹

가. 유연적 생산체제와 지역 네트워크

현대 산업경제체제는 다품종 소량생산과 유연적 생산방식 즉, 유연적 네트워크 생산체제로 진입하였다. 여기서 네트워크는 유연성을 확보하기 위함임을 의미한다.

네트워크는 시장의 순수한 교환관계보다는 장기적이고 의지적인 관계이며, 조직적 위계보다는 탄력적인 체계이다. 유연적 네트워크 생산체제의 특성은 다음과 같이 요약할 수 있다.[2] 우선, 유연적 네트워크 생산체제에서는 네트워크를 통해 기술개발과 시장변화에 기업들이 끊임없이 노력하고 대응해야 하므로, 네트워크가 기업의 경쟁력을 좌우하는 것이다. 다음으로, 기업들은 다품종 소량생산과 기술변동에 따른 위험비용의 최소화와 분산화를 필요로 하기 때문에 기업들의 해체·소규모화와 동시에 상호연계성(네트워킹)이 강화되고 있다는 점이다.

한편, 유연적 생산체제 등장 이전에는 도시들이 유통의 거점으로서 상호경쟁적 관계에 있었다.[3] 그러나 고기술 산업체제, 세계화시대가 도래하면서 인접도시들간에는 새로운 관계가 형성되어 공간적 재구조화가 시작된 것이다. 각 지역들은 이웃도시와의 경쟁을 넘어서서 세계적인 경쟁력을 확보하는데 초점을 두게 된 것이다. 도시들은 세계적 경쟁력을 갖는 상품 및 정보생산의 창출을 추구함으로써 이 단계에서는 인근 도시간 산업연계가 증가하였다.

2) 상게서, pp. 4~6 참조.
3) 상게서, pp. 8~9 참조.

그 결과 도시간·지역간 관계는 네트워크 형태를 가지면서 전문화된 중심지들 사이의 상호의존적이고 수평적인 연계가 두드러지게 나타나고 있다. 이는 대기업과 중소기업의 관계가 하청방식에서 네트워크 형태로 진전되고 있는 것과 같이 호혜적 네트워크방식으로 전환되고 있다. 여기에서는 네트워크를 맺고 있는 도시들 사이에 보완관계, 분업관계가 형성되며, 그것이 결과적으로 지방적 전문화를 통한 산업경쟁력 강화를 뒷받침하는 것이 된다.

나. 지역 네트워킹의 원리

지역 네트워킹은 공공부문의 노력만으로 이루어지는 것이 아니다. 즉 중앙과 지방정부, 지역대학, 지역기업, 지역금융, 지역주민 등의 다양한 주체가 협력적·유기적 관계를 유지하면서 사업계획을 수립하고 강력한 실천의지로 추진할 때 가능하다.[4)]

이러한 기본전제를 바탕으로 지역 네트워킹을 위한 전제조건은 다음과 같다.

첫째, 참여를 통한 민주성이다. 협력적 지역 네트워킹에 있어서 민주성이란 의사결정과정에 있어서 다수의 지자체가 참여를 통한 의사반영이 이루어져야 한다.

둘째, 자원의 동원과 배분의 효율성이다. 협력적 지역 네트워킹은 제한된 자원의 한계극복 전략이기 때문에 최소비용으로 최대의 효과를 추구하는 효율성이 강조되어야 한다.

셋째, 리더십을 통한 대응성이다. 지역 네트워킹은 지자체의 참여를 전제로 하기 때문에 지자체간의 갈등해소 및 협력적 사업추진 그리고 여건변화에 따른 신속하고 적절한 리더십을 통한 대응 전략이 중요하다.

넷째, 지자체간의 네트워킹을 통한 파급성이다. 협력적 지역 네트워킹은 지자체간의 네트워킹을 통하여 상호협력하는 학습효과, 파급효과를 증대시킬 수 있어야 한다.

다섯째, 성과의 고른 배분을 통한 형평성이다. 형평성은 협력적 지역 네트워킹이 추구하는 본질적 가치와 관련된 이념이며, 참여 지자체간 결과 배분에 형평성이 확보되어야 한다.

---

4) 이성근 외, 「국내외 산학협동의 성공사례와 대구·경북지역의 공동연구기반 구축」, 1997.

다. 지역 네트워킹의 유형화

지역 네트워킹은 거의 모든 영역에서 다양한 형태로 전개될 수 있다. 다양한 형태의 지역 네트워킹 사업을 유형화하는 작업이 간단치 않으나 여기서는 가장 기본적인 유형화 방법으로 5가지 즉, ① 추진 주체에 따른 유형화, ② 사업의 목적에 따른 유형화, ③ 사업의 내용에 따른 유형화, ④ 사업방식 및 협력강도에 따른 유형화, ⑤ 사업의 공간범역에 따른 유형화를 제시한다.[5]

1) 추진 주체에 따른 유형화

지자체간 지역 네트워킹의 추진 주체를 생각할 때 행정기관만을 염두에 두어서는 안 된다. 사업종류에 따라 다양한 추진 주체가 참여할 수 있다. 지역사회의 발전 주체라 할 수 있는 기업, 교육기관, 행정기관, 민간단체가 모두 지역 네트워킹의 추진 주체가 될 수 있다. 여기서 관이 주체가 되는 경우는 다시 광역자치단체인 시도와 기초자치단체인 시군구로 나눌 수 있으며, 이들 간에 종횡의 지역네트워크가 구축될 수 있다.

2) 사업 목적에 따른 유형화

지역사회에서 행해지는 활동이나 사업이라면 그 무엇이든지 지역 네트워킹이 적용될 수 있다. 그러나 활동 혹은 사업의 특성상 특별히 지역 네트워킹이 절실한 영역이 있다. 지역 네트워크를 구축하지 않으면 사업효과를 기대하기 어렵거나 아니면 손해를 감수해야 하는 경우가 있다. 또한 지역 네트워킹을 했을 때 관련당사자 상호간 발전의 상승효과가 기대되는 경우가 우선적으로 추진되어야 할 대상이다.

3) 사업 내용에 따른 유형화

지역 네트워킹은 사업내용에 따라서도 유형화될 수 있다. 즉, 사업내용에 따라 크게 소프트웨어적 협력사업과 하드웨어적 협력사업으로 구분할 수 있다. 소프트웨어적 협력사업은 정보, 문화교류, 시설의 상호개방, 각종 이벤트의 협력 네트워킹 사업을 들 수 있으며, 하드웨어적 협력사업은 도로정비, 시설의 공

5) 이종화, 「지자체간 협력·제휴 유형과 정책적 과제」, 『도시문제(8월호)』, 대한지방행정공제회, 2001, pp. 17~22 참조.

동건설 등에 있어 필요한 네트워킹 사업을 들 수 있다.

4) 사업방식 및 강도에 따른 유형화

사업의 방식과 강도에 따라서도 유형화할 수 있다. 지역 네트워킹의 방식은 단순협력에서부터 공동계획, 분담에 의한 공동업무수행, 시설의 공동설치나 이용, 공동투자, 합병까지 다양하다. 단순협력과 같은 저강도 지역 네트워크는 구속력이 적기 때문에 서로에게 일정부문의 이익이 제시되지 않으면 지속되기 어렵다. 그러나 공동계획, 분담에 의한 공동업무 수행, 시설의 공동설치나 이용, 공동투자, 합병 등은 일정 협력기구가 설립되고, 일정의 소유권을 보유하는 형태가 되므로 법적 구속력이 강한 고강도 협력방식을 지향해야 할 것이다.

5) 공간범역에 따른 유형화

지자체간 지역네트워킹 사업이 이루어지는 공간범역은 일차적으로 지리적 연속공간상의 일정 범역이다. 즉, ① 인접 기초자치단체에서 이루어지는 경우, ② 광역권으로 확장되는 경우, ③ 전국적으로 확장되는 경우, ④ 세계적으로 확장되는 경우 등 몇 단계로 상정할 수 있다.

한편, 지리적 연속공간이 아닌 기능적 연결 네트워킹도 상정할 수 있다.

3. 지역 네트워크의 실태

기존의 개념에 의하면, 지역 네트워킹은 도시간 협력체제 구축이라 할 수 있다. 그리고 이는 기존도시의 행정구역 경계를 넘어선다는 점에서 일종의 광역행정현상이라고 할 수 있다. 물론 도시들이 상당한 거리를 두고 공간적으로 분리되어 있을 경우에는 일반적인 광역행정과 상이하다고 할 수 있겠으나, 이 경우에도 여러 자치단체가 협력하여 행정행위를 한다는 점에서 이미 제도화되어 시행되고 있는 광역행정제도들을 검토할 필요가 있을 것이다.

우리나라에서는 행정협의회, 지방자치단체조합의 형태로 광역행정제도가 이루어지고 있다. 먼저, 행정협의회는 지방자치법 제152조부터 제158조에 규정되어 있다. 행정협의회는 지방자치단체가 인근 지방자치단체와 공동으로 특정

사무를 처리하기 위하여 설치하는 협의기구라고 할 수 있다. 2개 이상의 지방자치단체가 결합하여 기구를 형성하지만, 별개의 법인격을 보유하지 않는 형태로서 지방자치단체의 독자성이 원칙적으로 제한되지 않는 협력방식이다. 행정협의회에서는 주로 도로, 교통, 쓰레기처리, 상하수도, 묘지, 분뇨, 도시계획, 행정구역 관련 안건들이 협의되고 있다.

다음으로, 지방자치단체조합은 지방자치법 제159조에서 제164조까지 규정되어 있다. 지방자치단체조합은 2개 이상의 지방자치단체가 사무를 공동으로 처리하기 위한 복합적인 형태의 특별지방자치단체이다. 사무처리의 능률이나 편의상 다른 지자체와 공동으로 사무를 처리하는 것이 보다 합리적인 경우가 있다. 이러한 경우 지방자치단체는 상호협력방식에 따라 공공시설구역의 설치 및 다른 지방자치단체의 공공시설의 이용, 지방자치단체협의회의 설치, 지방자치단체의 사무위탁 등을 조합을 통하여 실시할 수 있다. 그 예로서 수도권매립지운영관리조합이 있다.

하지만 우리나라의 대표적인 지역 네트워크 조직 즉, 행정협의회와 지방자치단체조합은 지역 네트워크킹제도로서 자치단체간 협력체계를 증진시키는 데 충분한 역할을 하지 못하고 있다.

우선, 행정협의회의 경우, 행정협의회의 결정이 법률적 구속력을 가지고 있지 않아, 자치단체간에 실제적인 협조와 조정이 이루어지지 못하는 실정이다. 행정협의회 안건의 유형으로 도로, 교통, 쓰레기, 상하수도, 묘지, 분뇨에 관한 사항이 협의되고 있으나, 이해의 상충과 여건의 미성숙 그리고 주민반대 등으로 실효를 거두지 못하고 있다.

지방자치단체조합의 경우에도 실제로 운영되고 있는 것은 수도권매립지운영관리조합에 불과하다. 그러나 여기에도 운영상의 문제들이 노정되고 있다. 즉, 조합의 사무가 자치단체에서 파견된 공무원에 의해서 처리됨으로써 조합의 입장보다는 자치단체의 입장을 대변하려는 경향이 많다.

4. 협력적 지역 네트워크 구축방안

지역발전을 위한 지역 네트워크 구축이란 산·학·연·관이라는 모든 지역

〈그림 9-1〉 지역경제발전을 위한 지역 네트워킹 추진 방향

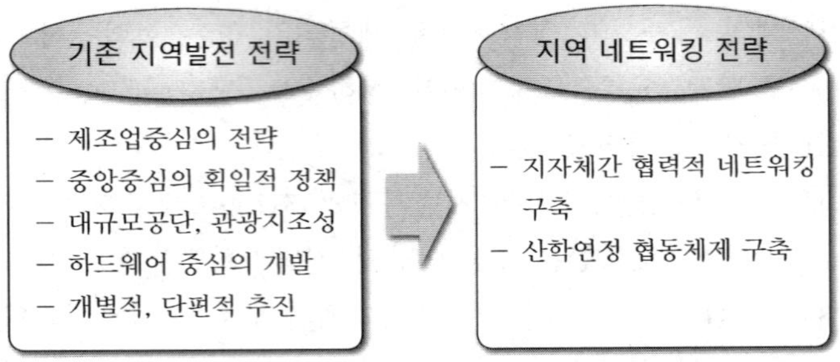

경제발전 주체가 참여하여 종횡의 네트워킹을 형성하는 것이다. 그리고 이를 통해 지역사회 내부 및 외부간 협력·제휴를 활성화함으로써 사업의 복합화, 규모의 경제화를 도모하여 궁극적으로는 공생발전을 꾀해 나가는 방식이라 하겠다.

가. 지역 네트워크 구축의 기본 방향

협력적 지역 네트워크 구축의 추진 방향은 여러 가지 기준에서 설정이 가능하다. 그리고 성공요인도 지역사회, 경제적 조건에 차이가 있을 수 있기 때문에 한시적이고 단편적인 수준에서부터 장기적이고 복합적인 높은 수준의 협력유형으로 변화·발전시켜야 할 것이다.

첫째, 협력적 지역 네트워킹의 모형은 기술혁신과 같은 단일목표를 지향하기보다는 기술혁신, 고용창출, 경제성장 등 복수의 목표를 지향해야 한다.

둘째, 초기에는 구체적이고 특수한 혁신사업에 대해서는 협력관계를 형성하더라도 점진적으로 다양한 결과를 가능하게 하는 프로그램으로 협력관계를 변화시켜야 할 것이다.

셋째, 협력의 운영조직 측면에서 볼 때 생산뿐만 아니라 학습이 강조되기 때문에 지역 네트워킹의 운영조직이 지역간 그리고 지역내부의 혁신통로로서 역할을 할 수 있어야 한다.

이를 위해서는 우선적으로 지자체간 협력적인 지역 네트워크를 구축할 수 있는 사회적, 제도적, 문화적 기반이 우선 갖추어져야 한다.

나. 지자체간 네트워크 구축

지자체간 협력적 네트워크 구축은 중앙정부 혹은 지방자치단체와 같은 공공부문의 노력만으로 이루어지는 것이 아니다. 즉, 중앙의 지원하에 지방정부간 지역대학, 지역기업, 지역금융, 지역주민 등을 중심으로 다양한 주체가 협력적, 유기적 관계를 유지하면서 사업계획을 수립하고 강력한 실천의지로 추진할 때 가능하다.[6)]

이러한 기본전제를 바탕으로 지자체간 협력적 네트워크 구축을 위해서는 상호 협력하는 과정에서 학습효과와 파급효과를 증대시킬 수 있어야 한다. 따라서 파급성이 클수록 지자체간 협력적 네트워크 구축의 타당성은 더욱 높게 나타난다.

다양한 한계를 지니는 행정협의회나 지방자치단체조합제도만으로는 지방정부간 협력·제휴관계를 촉진시키기 어려울 것이다. 이들 제도를 수정 보완하든지 아니면 새로운 형태의 협력조직에 대한 제도마련이 필요한 실정이다. 제도개선 방향으로는 먼저 행정협의회제도는 광역행정의 과정에서 발생하는 갈등과 공동행정의 필요에 따른 제반 문제에 대한 조정기관의 역할을 수행할 수 있도록 해야 한다.

지자체간 협력적 네트워크 구축은 개별지역이 독자적으로 네트워킹을 구축하는 것에 비하여 목표달성의 시너지 효과, 사업추진의 효율성, 참여지역간의 상호작용에 의한 학습효과 그리고 위험부담 감소 등 다양한 이점이 있다. 공리주의적 접근, 상호간에 기능 보완적으로 협력하는 기능적 접근, 공동가치 수용을 통한 공존·공생 차원에서 협력하는 공동체적 접근전략을 취해 나가야 한다.

다. 민·관 합동 혹은 민간 주도의 공생 네트워크 활성화

지역 네트워크는 행정기관을 위시한 다양한 주체의 참여형태로 진행되어야 하며, 이를 위해 민·관의 다양한 협력·제휴가 필요하다.[7)]

민·관 합동 혹은 민간주도의 다양한 광역 공생 네트워크를 결성하여 이

6) 이성근 외, 전게서.
7) 이종화, 전게서, pp. 22~26 참조.

네트워크 단위로 의료·건강·복지관련 교류 협정, 문화·스포츠·생애교육 등의 주민교류협정, 동종기업간 교류 협정, 이종기업간 교류협정을 체결하여 상호 협력체계를 유지하는 것이 중요하다. 이러한 다양한 개미군단식 네트워크가 활성화될 때 진정한 의미의 지역간 교류협력관계가 진행될 수 있을 것이다.

민·관 합동 공생 네트워킹으로는 산·학·연·관 협동체제 구축을 들 수 있다. 산·학·연·관 협동은 대학이 교육을 통하여 인재양성과 기초연구에 역점을 두고, 연구소는 특정 연구로 산업화를 위한 기술개발과 생산과정 혁신에 초점을 두며, 기업은 대학과 연구기관의 연구결과를 산업·상업화하여 기술혁신을 극대화시켜 지역경제를 발전시키는 전략이다. 구체적인 실현은 결국 이들 구성원들 간의 파트너십이 좌우하게 될 것이므로, 지역연구소와 대학의 연구결과를 사업계에 적용할 수 있도록 긴밀한 협조체제를 구축해 나가야 한다.

따라서 정부에서는 각각의 입장을 중재·조정해 주고, 인적·물적 교류를 위한 긴밀한 연계체제가 이루어지도록 하여야 한다. 또한 지역 내 경영주체들이 적극적인 협력을 이룰 수 있도록 각종 인센티브 부여 등 행정서비스 개선에도 노력해야 한다.

라. 중앙과 지역간의 긴밀한 협의체제 구축

지자체간 협력·제휴는 그 목표나 효과에 대해 국가와 지역이 공동의 인식을 함은 물론, 지역의 정책과 국가의 지원책이 상호 네트워킹되어야 그 성과를 높일 수 있다. 또한 중앙부처 상호간에도 시책들이 상호 네트워킹되어야 하며 연관사업은 일괄적으로 채택될 수 있도록 하는 방향에서 부처간 조정이 필요하다. 중앙과 지역간 그리고 중앙부처간에 개별적 정책들이 상호 네트워킹 없이 추진된다면 기대하는 바 목표달성은 불가능할 것이다.

마. 네트워크 시범사업의 발굴·확산 및 재정지원

가장 가까운 영역에서부터 네트워킹의 기본을 확립해야 한다. 네트워킹과 협력·제휴에 대한 많은 이론정립보다 한 가지 가시적인 실천모델을 실행에 옮겨보는 작업이 중요할 것이다.

따라서 처음 시작단계에서 국가는 네트워킹에 따른 지역경제 발전효과에 대한 인식을 높일 수 있도록 힘써야 한다. 그리고 각 지역에서의 다양한 추진

사례나 각 중앙부처의 지원책 등에 대한 정보를 널리 제공해야 한다. 이를 위해 중앙부처 차원에서는 지역간 네트워킹 시범사업을 실시토록 하여 다양한 협력 방식을 개발토록 촉진하며 이를 전국적으로 확산시키는 전략이 필요하다.

중앙정부는 지역간 협력 시범사업 추진을 위하여 지역 네트워크 시책 추진비 형태의 일정한 재원확보를 통해 우선적으로 재정지원을 하는 방안이 강구되어야 한다.

바. 네트워크 활성화를 위한 중개기관 설립 및 협력 프로그램 발굴

주요 전략산업별로 기업간 협력과 산·학·연 협력관계를 구축하기 위해 협력사업을 기획·관리·조정하는 전문기구를 설립하여, 협력·교류사업의 중심 연계기구로서 역할을 수행하도록 해야 한다.

기업인 포럼 등과 같은 기업 및 기술자, 연구원간의 공식적·비공식적 의사소통의 통로를 지역적 차원에서 개설하는 등 지역협의체를 구성해서 업체들 간에 정기적인 모임을 갖고 정보를 공유토록 해야 한다. 또 대기업과 중소기업의 협력연계 프로그램과 산학연 연계 프로그램을 중점 지원하는 기금을 조성하여 운영할 수 있을 것이다.

한편, 협회조직, 지원기관이 주축이 되는 산업발전 프로그램 운영을 지원함으로써 지역 내 연관중소기업이 공급자 체인을 형성할 수 있도록 해야 한다. 중소기업의 공급자 체인을 강화하는 지원 프로그램을 지속적으로 개발하고 이를 체계적으로 담당할 중개기관을 설립하여 지역 내 대기업과 중소기업의 네트워크를 강화시켜야 한다.

제10장

지역 NGO

정부가 모든 것을 할 수 있다고 생각하던 시대는 지났다. 정보화·세계화·분권화가 진행되면서 사회가 복잡해지고 거대한 조직들은 도태되고 있는 것이 오늘의 현실이다. 따라서 지금은 정부 역시 자신이 해야 할 일을 특정화해서 적시하고, 그것을 전문적으로 잘 해내는 것이 중요하다. 그리고 나머지의 문제는 시민사회에 일임하지 않으면 안 된다.

특히, 지역경제의 문제에 있어 이러한 점은 두드러진다. 지역경제를 지역기업에게만 맡겨둘 수 없다. 그렇다고 지방자치단체가 지역경제 전 분야를 간여하거나 감시할 수도 없다. 그러면 이러한 역할을 누가 할 것인가. 바로 시민단체의 힘을 빌려야 한다.

1. NGO 시대의 도래

정치·경제 등 우리 사회의 저변에 시민의 참여가 본격화되는 시민사회가 도래하였다. 즉, 건전한 합리성과 판단력을 지닌 불특정 다수의 시민이 국가와 사회의 진정한 주인이 되는 '시민중심의 사회'가 된 것이다.

가. 시민사회와 시민단체

시민사회는 정치나 경제의 강제력에 얽매이지 않은 시민들의 공간을 전제로 한다. 그리고 시민사회는 자발적이고, 비강제적인 영역에서 사회적 삶을 영위하고 만들어 나갈 수 있는 시민의 조직을 가진다.

NGO(non-governmental organization: 비정부조직)[1]가 바로 그런 시민사회의 조직이라고 볼 수 있다. 이 때 시민사회의 조직은 참여적 시민운동단체를 말한다. 그리고 이 단체는 환경과 인권과 발전을 위한 자발적이고 참여적인 시민들의 요구가 지속적으로 결집되어 있는 공간이고 이것이 바로 NGO를 형성하게 되는 것이다.

NGO와 유사한 개념으로 NPO(non-profit organization), 제3섹터, CSO(civil society organization), VO(voluntary organization), CDC(community based development corporation) 등이 있다.[2] 그러나 이들 사이에 일치된 국제적 분류기준 및 정의가 존재하는 것은 아니다. 여기서는 UN이 NGO라는 용어를 사용[3]하는 것에 맞추어 시민단체를 가리키는 용어로 NGO를 사용하기로 한다.

나. NGO의 위상

최근 국내외적으로는 NGO의 르네상스시대라고 부를 만큼 NGO들이 우리 생활 가까이 다가오고 있다. 그리고 이들의 사회적 위상은 높아지고 있는 것이 사실이다.

오늘날 NGO는 제2의 정부 또는 대안정부로까지 지칭될 정도로 정부는 물론이고 시장(市場)과 시민생활 전반에 걸쳐 영향을 미치지 않는 분야가 없다. 그리고 시민들의 또 다른 의무처럼 참여의 정도도 크게 넓어지고 있다.

이와 함께 NGO는 세계화 추세에 발맞추어 국제적인 교류와 연대를 촉진하는 주체로서만이 아니라 지방자치시대에 걸맞은 지역정치 · 지역경제의 주체로서 역할이 점차 강화되고 있다.

1) NGO에 대한 개념정의는 김일태, 「NGO와 지방협치」, 『지방행정(2000. 11월호)』, pp. 15~18 참조.
2) 임승빈, 「행정과 NGO간의 네트워크 구축에 관한 연구」, 한국행정연구원, 1999, p. 5.
3) NGO라는 용어가 국제사회에서 공식적으로 처음 사용된 것은 1949년 UN에 의해서이다.

2. 지방자치단체와 지역 NGO간의 협력

가. 민·관 파트너십에 의한 공동생산

60년대 우리나라는 공공부문이 주도하여 급속한 경제성장을 이룩하였다. 따라서 국가발전의 첨병역할을 하였던 행정관료들과 공공부문이 국민과 민간부문을 이끌고 계도해 나갔다. 그러나 최근에는 민간부문의 역량이 오히려 공공부문을 능가하여 공공부문을 선도해 나가는 경우도 많이 발생한다. 즉, 지역의 NGO들이 자치단체에서는 생각지도 못하는 혁신적인 사고로 새로운 아이디어와 정책대안을 제시하여 지역주민의 삶에 영향을 미치는 자치단체의 정책을 유도하거나 직접 정책집행과정에 참여하는 모습을 자주 볼 수 있다.

이때 민간부문의 능력을 무시하고 과거와 같이 관이 주도하여 정책을 추진해 가려고 한다면, 주민의 정치적 무관심이나 냉소를 초래하게 되고 주민의 정책불신을 가져와서 종국에는 주민의 강력한 반발에 부딪히게 된다. 따라서 NGO를 주축으로 하는 민간부문의 역량을 최대한 활용하여 지역주민들에게 필요한 공공서비스와 재화를 생산하는 민·관 공동생산방식을 적극적으로 활용할 필요가 있다. 이러한 공동생산과정을 통하여 소비자의 위치에 한정되어 있던 지역주민과 NGO는 자신들이 소비하는 서비스의 생산과 관련된 정책결정과정에 관여하거나 정책집행과정에 직접 참여할 수 있게 된다. 더욱이 이를 통해 지역주민들로 하여금 자치단체 정책에 대한 이해를 증진시키거나 공감대를 형성시킬 수 있다. 한 걸음 더 나아가서 정책을 능률적으로 집행하여 자치단체의 행정비용을 절감시키는 효과도 얻을 수 있다.[4)]

나. 정부의 실패와 NGO의 역할 증대론

시장의 실패와 정부의 실패가 동시에 발생하고 있는 상황에서 시장의 실패로 인하여 발생되는 문제처리를 모두 정부의 역할로 맡기는 것은 바람직하지 않다. 왜냐하면 시장의 실패가 정부의 개입에 의해 어느 정도 시정되는지는 단적으로 말할 수 없기 때문이다. 또한 자원 배분 면에서 시장의 실패가 발생하여

---

4) 조석주 외, 「지역NGO의 지방자치단체 정책참여 방안」, 『연구보고서 2000-03(제330권), 한국지방행정연구원, 2000, pp. 30~31 참조.

정부의 개입에 의해 조화롭게 시장의 비효율성이 제거되었다고 하더라도 정부의 의사결정이 효율적으로 규칙이나 기준에 의해 행해진다고는 단정할 수 없다.

이렇게 볼 때 시장기구의 비효율을 모두 정부의 역할로 돌릴 경우 어떤 비효율이 또 다른 비효율로 대체되는 가능성을 배제할 수 없다. 이와 같은 관점에서 정리해 보면 민간부문의 비효율이 나타나는 부분을 그대로 공공부문이 맡고, 공공부문의 비효율이 나타나는 부분을 민간부문에 맡아야 한다는 종래의 단선적인 방식은 바람직하지 않다는 결론을 도출할 수 있다. 나아가 양 부문간의 결합을 시정하고 양 부문의 장점을 결합함으로써 보다 효율성 제고를 기하기 위하여 민간부문과 공공부문의 협력체계라는 새로운 방안의 모색이 필요하게 된 것이다.

다. 지자체·NGO간 협력의 필요성

정부부문의 효율성을 요구하며 제2의 정부, 대안정부로까지 일컬어지는 시민단체와 협력해야 하는 이유는 무엇인가? 지방자치단체는 다음과 같은 이유로 NGO와 협력할 필요성이 있다.

우선, 주민의 대변자로 활동하는 시민단체의 목소리를 가능한 포용해야 하는 시대가 되었기 때문이다.

다음으로, 지자체-기업-시민단체가 공동으로 협력하여 지역을 경영해야 하기 때문이다. 지역경제를 지역기업에게만 맡길 수 없듯이 지방행정도 지방자치단체 혼자서 수행할 수 없다. 시민단체들이 나서서 사회의 고비용--저효율 구조를 개혁할 수 있어야 한다.

그리고 지방자치단체의 입장에서 지방행정의 현실을 잘 설명하여 시민단체가 비현실적인 주장을 하지 않도록 사전에 조율할 필요가 있다.

한편, 현대의 보편적인 대의민주주의하에서 시민참여가 필요한 이유들을 정리해 보면 다음과 같다.[5)]

첫째, 대의민주주의에 대한 감시통제의 한계를 보완하기 위해 시민참여가 필요하다는 점이다. 둘째, 정부의 행정서비스의 공급 한계를 보완하기 위해 필요하다. 셋째, 주민의 니즈와는 무관한 권위주의적 공권력을 제한하기 위해 필

5) 김현소, 「지방화시대, 시민단체의 필요성과 과제」, 『자치공론(1999.8월호)』, 한국자치개발연구원, 1999, pp. 59~61 참조.

〈그림 10-1〉 21세기 시민중심 사회를 위한 협력구도

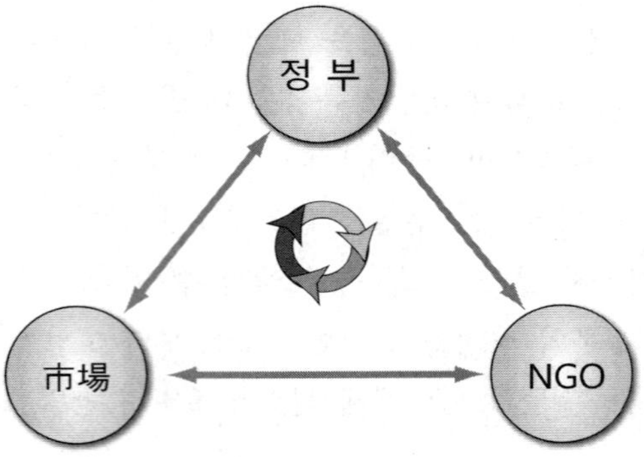

요하다. 넷째, 환경·교통 등 주민참여가 절대적으로 필요한 정책의 합리적 결정과 효과적 집행을 위해 시민참여가 필요하다.

3. 지역 NGO의 실태

가. 지역NGO의 설립현황

지방자치제의 실시와 함께 NGO의 설립도 지역적으로 분화되고 있다.

지역에서 어느 정도 독자적으로 활동하고 있는 NGO 또는 지역에서의 소규모 단독조직을 가진 NGO를 지역 NGO라 할 수 있다. 이러한 지역 NGO의 설립은 지방자치제가 본격화된 1995년 이후 급격하게 증가하고 있다.[6]

지역별 분포에서도 과거에는 서울을 중심으로 하고 지역본부가 설립·운영되던 형태였기 때문에 서울에 집중되는 경향을 보였지만, 지방자치가 정착되는

〈표 10-1〉 시기별 NGO 설립현황

설립시기	40년대	50년대	60년대	70년대	80년대	90년 이후
빈도(%)	3.2	2.4	7.2	9.0	21.0	56.6

자료: 조석주 외(2000), 「지역 NGO의 지방자치단체 정책참여 방안」, p.76.

6) 조석주 외, 전게서, pp. 76~81 참조.

현시점에서는 보다 다양한 지역에서 설립되고 있다. 즉, 국제, 경제, 소비자, 생활, 여성, 인권, 노동 분야 등 종합적인 문제를 다루는 지역 NGO는 상대적으로 전국에 고르게 분포되고 있다.

지역에서 활동하고 있는 NGO는 기존의 지역 YMCA, 지역경실련, 지역환경운동연합, 지역소비자연맹 등이 있으며, 일반 사회단체들의 경우 청년회의소 등을 중심으로 지역수준의 운동을 활발하게 전개하고 있다.

지역 NGO의 현황에서 각 NGO의 존재형태나 회원수, 재정에 관한 내용은 일정한 틀을 가지고 소개하기는 어렵다. 존재형태에 있어서 과반수 이상의 단체가 현재로서는 등록되어 있지 않은 상황이고 회원수와 재정에 관한 부분은 그 편차가 심해서 일정하게 구분하기 힘들다.

나. 지역 NGO의 활동 영역

NGO에 관해 논의를 할 때 일반적으로 그 과정을 시기별로 구분하게 되는데 내용에 따라서 '60-'70년대를 발아기, '80-'90년대를 형성기로 볼 수 있다. 형성기는 다시 '87년 이전과 이후 그리고 본격적인 지방자치제가 시작되는 '95년으로 구분할 수 있다. 특히 시민운동의 내용성에 초점을 맞춘다면 시민의 힘을 시민 스스로 확인하게 되는 '87년과 지역운동의 범위와 필요성 그리고 내용이 보다 명확하게 규정되는 지방자치시대의 개막에 중점을 두어야 한다.

'87년 이후 지역운동의 주류는 생활현장과 밀접한 활동을 전개하게 되며 이는 지방자치실시 이후 다양화되는 경향을 보여 주고 있다. 즉 각종 운동, 봉사, 포럼, 캠페인, 토론회 등의 개최로 친근하게 시민의 일상을 파고들고 있으며, 공공적 토론광장과 시위, 시민운동 제안회의, 시민지도력 육성의 장으로서의 역할 수행, 시민단체의 연대강화에 지대한 역할을 수행하고 있다.

활동 영역별로는 〈표 10-2〉에 나타난 바와 같이, 사회서비스와 관련된 NGO가 전체의 33%로 가장 많다. 시민사회부문에서는 시민사회일반 NGO가 가장 많고 그 다음으로 여성, 소비자생활, 평화·통일·민족, 인권추모사업 등의 영역에서 활동하는 NGO가 많다.

지역 NGO의 활동수단도 고도화되었다. 인터넷을 통해 사회감시 활동을 벌이는 NGO가 속속 출현하면서 사이버공간에서의 NGO활동이 급속도로 확산되고 있다. 사이버 공간을 통해 쌍방향으로 손쉽게 정보와 의견을 교환 수렴할 수 있는 인터넷의 장점이 NGO끼리 또는 NGO와 시민들을 효율적으로 연대시켜 주고 있다.

〈표 10-2〉 한국의 NGO 활동 영역(2002)

구분	시민사회	지역자치·빈민	사회서비스	환경	문화	교육학술	종교	노동	경제	국제	전체
합계	1,004	216	1,293	409	438	140	94	295	6	42	3,937

자료: 시민의 신문, 「2003 한국민간단체총람」.

〈표 10-3〉 NGO 중 시민사회 부문의 수(2002)

구분	시민사회일반	여성	청년·학생	법·행정·정치	인권추모사업	평화·통일·민족	소비자생활	전체
단체수(개)	260	233	68	31	104	112	196	1,004
부문별비율(%)	25.90	23.21	6.77	3.09	10.36	11.16	19.52	100.0

자료: 시민의 신문, 「2003 한국민간단체총람」.

다. 지자체와 NGO간의 협력 미진

우리나라에서는 아직 소수의 지자체를 제외하고는 NGO와의 협력이 매우 부진한 실정이다. NGO는 지자체의 지방행정수행에 감성적으로 간섭하고, 지자체는 NGO의 활동을 부정하고 있는 곳이 많다. 서로가 허점을 캐기 위해 혈안이고 그러한 점이 발견되면 큰 소득을 올린 양 그것으로 다른 협상의 조건으로 제시하기도 한다. 과연 이러한 불신관계 그리고 협조체제가 이루어지지 않는 원인은 무엇일까.

먼저, 지방자치단체에서 그 원인을 찾아 볼 수 있다. 첫째, 지방자치단체의 지역 NGO에 대한 인식이 부족한 점이다. 지방자치단체에서 지역 NGO와 관변단체 및 이익단체를 구분하지 않고 일괄 사회단체로 통합하여 관리하고 있으며, 지역 NGO에 대해서 정부대립형 또는 투쟁적 이미지의 성격이 지방정부에 깊이 각인되어 지역 NGO와의 교류를 기피하는 현상이 있다.[7] 둘째, 예산지원의 편중과 보조금의 부족하다는 점이다. 지자체가 지원하는 보조금이 국민운동지

7) 조석주 외, 전게서, pp. 107~111 참조.

원단체나 이익단체 등의 업무지원활동에 치중하고 있는 경우가 많으며, 각 자치단체에서 지역 NGO, 특히 순수시민운동단체에 지급하는 보조금은 거의 없어 지역활동에 재정적인 도움이 되지 못하고 있다. 셋째, NGO 관련 업무가 분산되어 있다는 점이다. 지역 내 NGO에 대한 사업협조나 예산지원기능이 각 부서별 기능에 따라서 분산되어 있어 자치단체가 지역 NGO에 대한 통일적인 업무수행이 어렵다.

다음으로, 지역 NGO에서 그 원인을 찾아볼 수 있다. 첫째, 지역 지지기반이 취약하다. 지역 NGO 활동가들 대부분이 주부들이며, 종교를 가진 일부 계층의 참여로 이루어지고 있다. 그리고 주민 대부분이 지역 NGO의 존재를 알지 못한 실정이다. 둘째, 일부 지역 NGO 활동가의 정치적 성향과 정치적 입지를 높이기 위하여 NGO를 활용하거나 이익단체화하는 등 지역 NGO 설립의 본래 취지를 왜곡하는 점을 들 수 있다. 셋째, 지역 NGO의 자구적 노력이 부족하다는 점을 들 수 있다. 지역 NGO의 경우 대부분이 영세하다보니 전문성을 강화할 자체교육이나 노력을 기하기 힘들다는 점이다.

4. 지역 NGO와의 협력방안

Bradley(1998)가 지적한 바와 같이 시장(市場)과 정부 그리고 시민사회라는 세 가지 발판이 동등하게 다루어지지 못한다면 사회가 안정적일 수 없게 되는 것이다. 따라서 효율적이고 지속적인 지역사회 관리를 위해서 정부와 시장 그리고 NGO는 상호 협력하지 않으면 안 된다.[8)]

가. 행정기관의 NGO 수용자세 확립

행정기관에 대한 NGO의 참여가 아무리 활발하게 이루어진다고 하더라도 이를 받아들이는 행정기관이 수용하려는 노력을 하지 않는다면 아무런 소용이 없다. 따라서 행정기관은 NGO의 참여에 대해 적극적인 자세로서 주민이 요구하는 바를 성실하게 파악하고 수용할 수 있는 자세를 가져야 할 것이다.

---

8) 이성우, 「지역 NGO의 자치단체 정책과정 참여에 관한 연구」, 『제20기 고급간부과정 연구논문집』, 지방행정연수원, 2000, pp. 60~70 참조.

이를 위해 지방자치단체는 첫째, 시민단체를 기존의 사회단체처럼 조정하거나 지배하려고 하지 말고 지역사회 관리를 위한 조언자이나 동반자라는 생각을 가져야 한다. 둘째, 행정은 형식적 합법성만을 주장하지 말고 행정의 민주성·합목적성 등을 고려한 집행을 하여야 한다. 셋째, NGO 문제를 다루는 조직의 강화 및 사회행정의 중요성을 인식하여야 한다. 넷째, 객관적인 NGO 지원에 대한 기준과 그 평가시스템을 구축하여야 한다.

나. 행정기관의 정보공개 및 공유

NGO가 사회개혁과 정책과정에 참여하여 주민의 권익을 옹호하고 행정을 감시하기 위해서는 관련된 정보를 알 수 있어야 한다. 따라서 NGO의 참여를 실질화하고 활성화시키기 위해서는 그간 행정이 보여 왔던 폐쇄적인 행정 행태로부터 탈피하여 NGO와의 정보공유가 매우 중요하다. 지방정부에서 정보공개를 촉진하는 수단으로는 정보공개의 법적인 보장과 행정홍보 활동 강화를 생각해 볼 수 있다.

여기서, 정보공개의 법적인 보장방안으로는 NGO 측이 요구하는 정보를 불필요하게 차단하는 사례를 막고 행정정보를 활용할 수 있도록 하는 정보청구권의 활성화를 들 수 있다.

다. 공무원 의식전환과 업무의 지속성 증진

많은 NGO 관련 종사자들은 정책과정에 참여하면서 담당공무원의 선입견과 낮은 전문성의 벽에 부딪치게 된다.

따라서 우선 시민단체와의 협력을 위해서는 공무원의 인식변화가 필요하다. NGO의 참여를 비효율적이고 귀찮은 것으로 생각하는 경향에서 벗어나 행정의 합리화, 공정성, 공평성, 혁신성을 꾀하기 위해서는 NGO의 참여가 필수적 요소이라는 것을 인식해야 한다.

다음으로 NGO 관련 업무의 지속성을 증진시켜야 한다. 지방정부와 NGO의 연계는 기본적으로 업무 담당자들간의 상호 신뢰성에서 출발한다고 해도 과언은 아니다. 따라서 관련제도가 정착되기 전까지라도 NGO 담당 공무원의 잦은 인사이동을 지양하여 업무의 지속성을 증진시킬 필요가 있다.

라. 시민활동기금 및 활동지원센터 설립

NGO활동의 가장 큰 제약은 활동비용이 문제이다. 이러한 비용을 충당하기 위해 NGO가 공정성을 잃는 등 다양한 문제가 발생한다.

NGO의 전문성과 공정성을 높이기 위하여 미국 등 선진국이 시행하고 있는 커뮤니티기금과 일본에서의 마찌즈구리기금과 같은 행정부문과 NGO 및 주민 간의 중립성을 띤 지역공동기금을 조성할 필요가 있을 것이다. 이 기금의 성격은 원활한 주민참여의 활성화를 위해 지원하는 중립적인 민관 공동기금이라는 성격을 가져야 하고 시민활동기금이 되어야 할 것이다.

아울러 NGO의 고민 중 또 다른 하나는 활동할 장소, 회의실 확보, 장비의 비축장소 부재 등이다. 따라서 NGO 지원센터 설립이 필요하다고 하겠다. 이러한 지원을 통해 정책과정에서의 NGO와 행정부문과의 공동생산방식이 활성화될 수 있을 것이다.

마. NGO 활동 지원근거 마련

그 동안 우리나라에서는 관변단체라고 불리는 새마을운동조직과 바르게살기운동조직 위주로 지원되었다. 그러나 기타단체는 지방정부의 보조금 지원조례로 지원되는 등 통합적인 NGO 지원의 법적근거가 없었다.

이러한 가운데 '94년 민간단체 지원에 관한 법률안을 만들어 국회에 제출했으나, 이 법안에 시민운동의 영역을 벗어나 정부가 수직적으로 포섭하는 내용이 들어 있다는 시민단체의 반발로 입법화되지 못했다.[9] 그 후 민간운동 지원법은 NGO와 정치권, 행정부문간의 의견차로 계속 열띤 논의 끝에 2000. 1. 20. 법제정을 통과시키고 동년 4월 『비영리민간단체 지원법률』이 발효되었다. 이에 따라 NGO와 정부와의 관계가 보완·협력관계로 발전되고, NGO의 급속한 신장과 공익활동 증가로 정부와의 협력이 강화될 것이다. 이제 이에 근거하여 지방정부 나름대로 지역의 NGO 활동을 지원할 수 있도록 지방자치 조례를 제정할 필요가 있을 것이다.

---

9) 유팔무, 「비정부 사회운동단체(NGO)의 역사와 사회적 역할: 시민운동과 정부와의 관계를 중심으로」, 『동서연구(10권 2호)』, 동서문제연구원, 1998, p. 128.

바. 지역 NGO 협의체 구성

개별적으로 분류된 NGO들을 중심으로 협의회 형식으로 기능별 중간집단을 구성함으로써 대외 협상력을 높이는 것이다. 이들의 대표가 실질적으로 운영되는 협의회 등 NGO의 지역사회 대표자회의 같은 장치를 이용하여 행정에 참여하도록 하는 방식이다.

아직 우리의 경우 NGO간의 횡적 협조는 원활히 이루어지지 못하고 있는 실정이다. 일부 이루어지고 있는 경우도 아직 초기단계에 있으므로 협의회 자체의 기능과 역할을 강화해야 할 것이다. 이를 위해서는 지역 NGO들의 자발적인 참여가 요구된다.

제 2 편

지역특성화와 산업

제11장 성장동력산업

제12장 특화산업

제13장 특화발전특구

제14장 향토산업

제15장 재래시장

제16장 산업 클러스터

제17장 지식산업

제18장 과학기술정책

제19장 첨단기술산업

제20장 중소기업 IT化

제21장 벤처기업

제11장

성장동력산업

1925년, 알래스카에 심각한 어린이 전염병이 퍼졌다. 사나운 눈보라 때문에 모든 수송로가 막혀 약품 구할 방법이 없었다. 영하 50도가 넘는 혹한과 강풍 속에 개썰매가 동원되었다. 혈청을 싣고 서울 - 부산 거리의 두 배가 넘는 총 1,100km를 달리기 시작했다. 하지만, 아무도 그것이 성공하리라고 믿지 않았다. 그러나 가장 앞에서 썰매를 끄는 '리더견 발토'의 수훈으로 다시 길을 찾아 목적지에 도달하게 된다. 수많은 어린생명을 구하게 된 '발토(Balto)'는 영웅이 되었고, 이 일은 세계 각지에 알려졌다. 헐리우드에서는 영화가 만들어졌다. 그 뒤 뉴욕 센트럴파크에는 '발토'의 업적을 기리는 동상이 세워졌다. 혹한의 질주가 성공하게 된 데에는 십 수 마리의 개들보다 한 마리 '리더견'의 역할이 훨씬 컸다고 평가되고 있다.

한국경제는 지난 40년간 괄목할 만한 성장을 이루어 냈다. 한국의 주력 산업들은 지금까지 경제를 이끌어 온 1등 공신이었다. 60년대는 섬유 · 가발 등 경공업이, 70년대는 철강 · 기계 등 중화학공업이 한국경제의 성장을 견인하였다. 80년대는 가전 · 조선 · 자동차 등 조립가공산업이, 90년대는 반도체 · 컴퓨터 · 통신 산업이 성장동력이었다.

이제 우리는 시대에 걸맞은 새로운 성장동력을 확보해야 한다. 정부는 국민소득 3만 달러 시대를 선도할 '신 성장동력'을 발표했다. 지능형 로봇을 비롯하여, 미래형 자동차, 차세대 반도체, 디지털TV 및 방송, 차세대 이동통신, 디스플레이, 지능형 홈네트워크, 디지털 콘텐츠 및 SW솔루션, 차세대 전지, 바이오

신약 및 장기 등을 10대 차세대 성장동력 산업으로 정했다.

신 성장동력은 지방의 차원에서도 모색되어야 한다. 지역경제의 영역에서 새로운 성장엔진을 발굴해야 한다. 과거 산업화시대 놀라운 호황을 구가했던 지역이 90년 이후 불황의 늪에서 헤어나지 못하고 있다. 이는 신 산업의 패러다임에 적합한 새로운 성장동력을 만들어 내지 못한 결과이다.

1. 성장동력산업의 필요성

가. 추진배경

지식정보 혁명과 글로벌 경제체제에 따른 세계경제의 불확실성이 증대하고, 중국의 급부상 등에 따른 우리 주력산업과의 경쟁격화로 우리 경제의 미래에 대한 불안감이 확대되고 있다. 특히 1인당 소득 3만 달러 시대를 넘어 지속적인 성장을 이루는 선진경제로 도약하기 위해서는 국가역량을 집중하여 미래의 성장잠재력을 확충하는 것이 시급한 사실이다.

이를 위해 우리에게 강점이 있고 부가가치가 큰 성장동력을 발굴하여 10년 후 우리 경제의 버팀목으로 삼고 IT, CT, BT, ET 등 신기술 개발노력과 함께 이를 전통산업에 접목시켜 전체산업의 고부가가치화를 병행할 필요가 있다.

나. 차세대 성장동력의 발전전략과 비전

과거의 성장전략이 노동·자본 등 생산요소의 투입량을 늘려 생산량을 증대하는데 초점을 맞추었다면, 차세대 성장동력은 R&D투자·인력양성 등 생산시스템의 혁신과 고부가가치화에 주력하는 것이다.

이를 위해 예산·세제·금융 등 정책수단들을 유기적으로 연계·조정할 수 있는 체계를 구축하고, 신기술과 전통산업의 접목을 통해, '제조업과 지식기반 서비스산업'을 선순환 발전시켜 국민소득 3만 달러 시대의 도래를 앞당길 수 있도록 노력하는 것이다.

〈그림 11-1〉 차세대 성장동력 발전전략

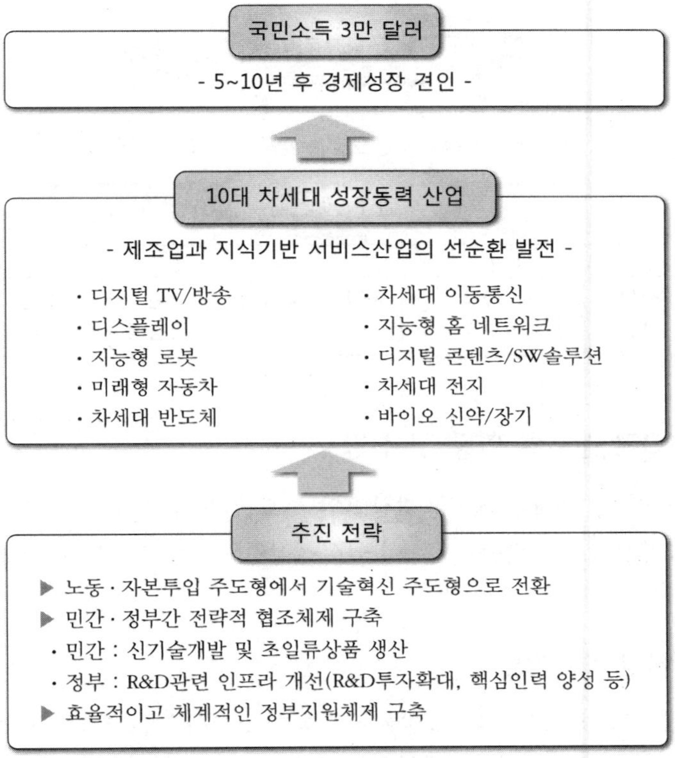

2. 차세대 성장동력산업

가. 선정기준

국가의 성장동력산업은 향후 5~10년 후 생산, 수출 등을 통해 Cash Cow(캐시카우) 역할을 담당하고 일자리 창출을 선도할 수 있도록 ① 세계 시장규모, ② 전략적 중요성, ③ 시장 · 기술의 변화추세, ④ 경쟁력 확보 가능성, ⑤ 경제 · 산업에 대한 파급효과 등을 기준으로 선정하였다.

〈그림 11-2〉 성장동력산업 선정

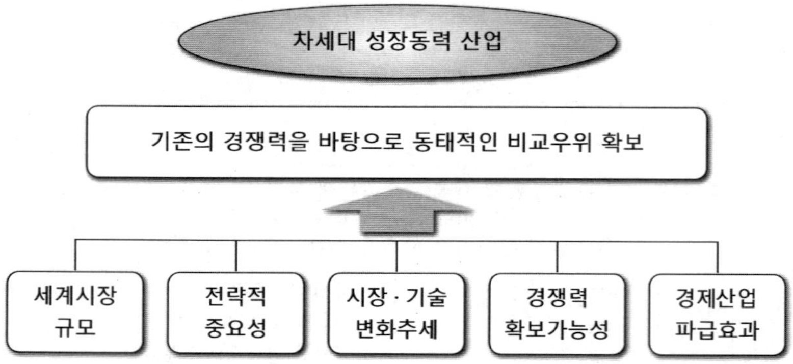

나. 10대 산업별 현황 및 전망

여기는 10대 차세대 성장동력산업의 주요 품목과 시장규모 그리고 전략적 중요성 및 경쟁력 확보가능성 등 이들이 성장동력으로 선정된 배경을 정리하고자 한다.

1) 디지털 TV/방송

디지털 TV/방송의 주요 구성품목으로는 방송시스템, DTV, DMB, 셋톱박스, 복합기기 등이고, 이들 시장규모는 2012년 2,136억 달러로 평가된다.

이는 디지털 컨버전스의 가속화와 디지털 TV방송의 본격화로 시장 주도권 확보를 위한 각 국가별, 기업간 경쟁이 치열해지고 있으며, 디지털 TV 세계시장은 2012년까지 연평균 25.7% 고성장이 전망된다.

'94년 이후 선도적인 기술개발 투자로 디지털 TV뿐 아니라 메모리 반도체 및 TFT-LCD 등 일부 핵심부품에서까지 세계적인 경쟁력 보유(TFT-LCD : 35.9%, 메모리반도체 : 44.8%, PDP : 20.8%, PCB : 5.0%)하고 있다. 수상기 관련 국제특허 150여건, MPEG-2 응용특허 100여건 보유 및 핵심기술의 국제표준 채택 등 원천기술을 다수 보유하고 있다.

2) 디스플레이

디스플레이 산업의 주요구성 품목으로는 LCD, LED, PDP, 유기EL, 3D, 전자종이, 관련소재가 있고, 시장규모는 2012년 1,400억 달러로 추정되었다.

디스플레이 산업은 기술의 디지털화, 소비의 고급화와 함께 LCD, PDP등 평판디스플레이를 중심으로 세계수요가 급팽창하고 있다. 또 세계시장 확보를 위한 기술개발 및 업체간 전략적 제휴 등 경쟁이 격화되고 있다. 이러한 디스플레이 산업은 신소재 등 후방산업과 휴대폰, 디지털 TV 등 전방산업에 막대한 파급효과가 기대된다.

한편 TFT-LCD 등 분야는 이미 세계 1위이고 유기EL도 일본에 이어 세계 2번째로 양산체제 구축 등 향후 경쟁력 확보 가능성 크다. 특히 디지털 TV, 컴퓨터, 휴대폰 등 세계적 수준의 전방산업 보유로 경쟁국에 비해 유리한 입장이다.

3) 지능형 로봇

지능형 로봇산업은 가정용 서비스 로봇, IT기반 서비스 로봇, 극한 작업용 로봇, 의료지원용 로봇 등의 품목으로 구성된다. 시장규모는 2012년 2,500억 달러로 전망된다.

기존의 산업용 로봇에 모바일 기능과 인공지능 기술이 융합된 첨단 지능형 로봇이 시장을 주도하고 극한작업용, 의료용 등 새로운 용도의 로봇과 '1가구 1로봇'시대에 대비한 가정용 로봇이 거대시장으로 부각되고 있다.

로봇산업은 자동차 이상의 전후방효과를 가진 산업으로 2020년경에는 자동차시장의 규모를 능가하는 거대 산업이고, 기계 · 전자 · 통신 · 제어 등이 융합된 메카트로닉스의 총아로 최고의 부가가치 산업(50%대의 부가가치율)이다.

지능형 로봇산업의 원천기술은 아직 선진국과 5~8년의 격차가 있으나 경쟁력 있는 생산기술, 높은 수요, 선도적인 IT기반 등 산업화 여건은 양호하다. 특히 일부업체는 자체적인 로봇설계기술을 갖추고 생산 · 수출을 하는 등 비교적 높은 수준의 로봇기술력을 확보하고 있다.

4) 미래형 자동차

미래형 자동차는 지능형 자동차, 친환경 자동차 등으로 구성되며, 시장규모는 2012년 10,714억 달러로 전망된다.

미래형 자동차는 에너지문제와 환경 · 안전규제 강화로 미국, 일본, 유럽 등 자동차 강국들간에 하이브리드 및 연료전지 자동차 개발을 둘러싸고 경쟁이 격화되고 있으며, 인공지능 및 IT기술과의 접목을 통해 운전자 편의정보제공과 지능형 교통시스템 등 지능화가 크게 진전되고 있다.

미래형 자동차는 수출·고용과 함께 막대한 전후방 연관효과를 가지고 있는 국가 기간산업으로 결코 포기할 수 없는 산업이고, 움직이는 생활공간으로 앞으로도 무궁무진한 발전 가능성을 가지고 있다.

우리의 자동차 산업은 2009년 기준 세계 5위의 자동차생산국으로서 선진 자동차 생산기술력을 확보하고 있으며, 자동차용 미래 신기술 개발에 선진 메이커가 먼저 나서기는 했지만 아직은 과도기적 단계로 가능성은 충분하다고 판단된다.

5) 차세대 반도체

차세대 반도체는 차세대 메모리, SoC, 나노전자소자, 관련소재로 구성되고 시장규모는 2012년 4,179억 달러로 전망된다.

2005년경부터 PC 이외의 전자제품을 위한 차세대 메모리 시장이 본격화되고, 디지털기기의 융합화로 SoC에 대한 수요가 폭발하고 있다.

특히 현재의 단순 메모리 시스템기술은 5~6년 후 중국에 추월당할 가능성이 있고, 다양한 시스템과 융합되면서 새로운 기기 및 비즈니스 창출의 주도(인공지능, e-Car 등)가 가능하다.

SoC 등 비메모리 분야는 선진국에 비해 매우 취약하지만, 그러나 세계 최고수준의 메모리 기술 및 제조기반과 선도적인 IT 인프라와 시스템 산업의 발달로 적기의 투자만 있으면 경쟁력 확보 가능성은 충분하다.

6) 차세대 이동통신

차세대 이동통신은 4G 단말기 및 시스템, 텔레메틱스 등으로 구성되고, 시장규모는 2012년 2,641억 달러로 전망된다.

IMT-2000 등을 기반으로 멀티미디어 서비스를 고속·고품질로 제공하는 광대역 유·무선 통합망 구조로 전환되고 있다. 또한 운전자와 탑승자에게 교통안내, 원격차량진단, 인터넷 등을 제공하는 텔레메틱스 서비스·기술이 자동차 산업의 핵심 경쟁요소로 등장하고 있다.

향후 표준화 등 세계 IT산업을 선도해나가기 위해 현재의 핵심역량을 유지·강화하는 것이 필수이며, 방송·통신융합을 포함 모든 산업에서의 IT기술 활용확대로 미래 산업경쟁력의 핵심으로 위치하고 있다.

CDMA 상용화를 통해 세계 이동통신 기술과 시장을 선도할 기반을 확보하고 있으며 제품경쟁력, 생산성, 첨단기술에서도 세계적인 경쟁력을 확보하고 있다. 더욱이 세계적인 IT인프라와 내수시장을 바탕으로 체계적인 지원정책을 추진해나갈 경우 차세대 무선통신 분야에서 세계시장을 선점할 가능성이 있다.

7) 지능형 홈네트워크

지능형 홈네트워크는 홈서버/홈게이트웨이, 홈네트워킹, 지능형 정보가전, 유비쿼터스 컴퓨팅 등으로 구성되며, 시장규모는 2012년 3,791억 달러로 전망된다.

가전·통신·건축·휴먼인터페이스 등 첨단 기술과 서비스가 융합된 토탈서비스로 산업화가 가속되고, 정보화, 노령화 및 삶의 질에 대한 욕구증대와 함께 디지털라이프 확산을 기반으로 2012년까지 연평균 22.4%의 고성장이 전망된다.

현재 새로이 형성되고 있는 산업으로 표준화 주도 등 시장선점의 필요성이 있고, 중국 등 동북아의 거대시장을 겨냥한 전략산업으로서의 중요성이 있다.

원천기술과 상용화기술은 미국, 일본, 유럽 등에 비해 아직 열위이나 산업화는 초기단계로 대등한 수준이며, 세계적인 디지털기기 제조기술과 초고속 IT 인프라, 그리고 높은 아파트 보급율과 밀집형 주거형태 등 산업화 기반은 가장 유리하다.

8) 디지털콘텐츠/SW솔루션

디지털콘텐츠 및 SW솔루션은 디지털콘텐츠 제작·이용·유통시스템, 문화콘텐츠, 임베디드 SW, 지능형 종합물류시스템 등으로 구성된다. 시장규모는 2012년 2,563억 달러로 전망된다.

IT기술과 문화, 교육, 의료 등 다양한 콘텐츠가 결합된 디지털콘텐츠의 온라인화 및 실감·지능형 콘텐츠 발전이 전망되며, 다양한 분야에서의 수익모델 개발로 e-Marketplace 활성화 등 e-Business 규모가 크게 확대될 것으로 기대된다.

한계비용이 영(0)인 대표적인 신산업으로 물리적인 한계가 없어 글로벌 마켓을 대상으로 시장규모가 무한대이고, 지식정보사회에서 관련 Hardware산업의 경쟁력을 보완할 수 있다.

선진 IT 산업 및 다양한 Hardware, 디지털방송 본격화에 따른 풍부한 수요 등 콘텐츠 및 SW산업의 발전기반은 구축되어 있으며, 기존의 투자로 온라인 게임 등에서는 이미 세계적인 경쟁력을 확보하고 있고, e-Business에서도 기업의 정보화 추진으로 기본적인 기술력을 확보하고 있어 향후 발전가능성이 크다.

9) 차세대 전지

차세대 전지는 2차 전지, 연료전지, 관련소재로 구성되며, 시장규모는 2012년 1,340억 달러로 전망된다. 에너지 고갈 및 기후변화협약 등 환경문제로 무공해 차세대 전지산업의 수요가 지속적으로 증대하고 있다.

특히 자동차에 대한 환경규제 극복 등 연관산업의 경쟁력 확보에 결정적인 역할을 할 것으로 기대되며, 에너지 수입국으로서 대체에너지에 대한 미래투자라는 전략적 측면에서도 중요한 의미를 지닌다.

2차 전지는 99년 상용화로 이미 초기경쟁력을 확보하였고, 현재 일본과 시장확보를 놓고 경쟁하고 있어 향후 경쟁력 확보가 중요하다. 연료전지의 경우 선진국과 약 5년의 기술격차가 있으나 연구개발에 집중할 경우 10년 이내에 세계 일류로의 성장이 가능하다.

10) 바이오신약/장기

바이오신약/장기는 신약, 바이오장기, 바이오칩 등으로 구성되며, 시장규모는 2012년 1,331억 달러로 전망된다.

IT 분야와의 융합을 통한 Bio-칩, Bio-인포메틱스 등을 활용한 신약개발의 패러다임의 변화로 세계적인 투자초점이 기초·기반연구에서 '산업화'로 급속히 이동 중이다.

바이오산업 중 부가가치 창출 잠재력과 고용창출효과가 가장 큰 분야(전체산업의 70% 차지)이고, 보건·환경·농업 등 전 산업에 대한 기술파급이 막대하다.

신약개발기술의 경우 선진국의 60~70% 수준이나 IT기술과의 접목을 통한 전략적 개발을 통해 산업화에서는 앞설 수 있는 가능성이 있고, 특히 바이오장기의 경우 동물 복제기술은 세계적 수준이며, 핵심적인 기술역량과 풍부한 임상경험을 가지고 있어 향후 시장선도 잠재력이 매우 큰 분야이다.

3. 지역 전략산업 현황

지금까지 살펴본 차세대 성장동력산업은 국가단위의 성장동력산업을 말한다. 반면에 광역단위에서는 성장동력산업을 '지역 전략산업'이라는 이름으로 선정하고 있다. 여기서는 지역 전략산업의 선정과정과 선정기준, 선정현황을 알아보고 그 특징과 발전방안을 살펴보고자 한다.

가. 지역 전략산업의 선정

지역 전략산업 선정과정은 다양한 의견수렴과정을 거쳤다. 우선 16개 광역지자체는 지역 내 의견수렴과 지역혁신협의회의 심의를 거쳐 자율적으로 각각 4개씩의 전략산업을 선정하였다. 그리고 수차례의 전문가컨설팅을 통해 전략산업의 종류와 전략산업 내의 중점 산업부문을 조정하고 지역의 자율적 선정결과와 육성의지를 최대한 존중하여 국가단위에서 최종 결정을 하였다.

전략산업의 선정 기준으로는 최우선적으로 지역의 비교우위와 경쟁력을 고려하였다. 지역의 산업기반을 고려한 산업집적활성화 기본계획상의 전략산업을 반영하고, 기존의 지역산업진흥사업을 토대로 하였으며, 국가계획인 산업집적활성화 기본계획상의 지역별 산업집적도 등을 참고로 하였다.

또한 지역 내에 이미 집적지가 형성되어 있는 기존 주력산업의 구조 고도화와 지식기반 신산업의 균형 있는 발전을 도모하였고 차세대 성장동력산업의 경우, 시·도 여건에 따라 별도의 전략산업 또는 전략산업의 세부 중점 분야에 포함시켰다.

〈그림 11-3〉 지역 전략산업의 현황

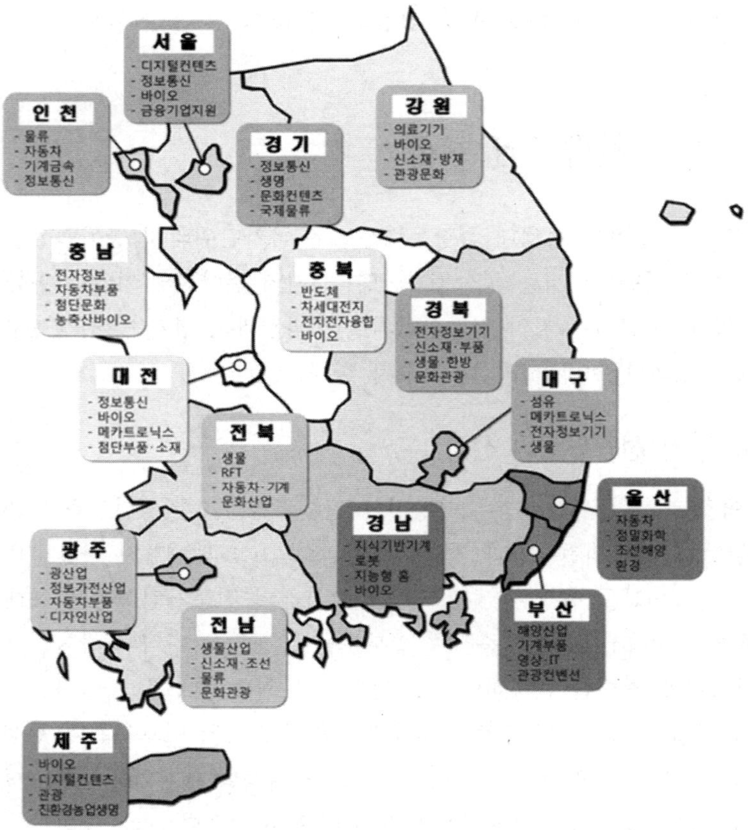

나. 지역 전략산업의 주요특징

지역 전략산업의 특징으로는 크게 두 가지를 들 수 있다.

첫째, 지역별 강점 및 특성과 연계시키고 있다는 점을 들 수 있다. 지역 전략산업은 미래 신산업 등 차세대 성장동력산업이 전체의 45%를 차지하고 있다 [로봇산업, 디지털 컨텐츠, 차세대전지, 스마트 홈 등 9대 분야].

그리고 기존 제조업을 지식기반주력산업 중심으로 고도화하고 있고, [전자정보기기산업(대구, 경북), 조선산업(부산, 울산), 자동차산업(울산), 지식기반기계

〈표 11-1〉 지자체간 중복 전략산업의 차별화

중복 전략산업	지역별 중점분야		
바이오산업	• 서울(바이오 신약 · 의료) • 대구(바이오신소재) • 대전(바이오 의약) • 경기(바이오 의약) • 강원(실버청정 · 해양)	• 충북(바이오 신약 · 장기) • 충남(농축산) • 전북(발효산업) • 전남(농업 · 해양식품) • 경북(생물한방 · 해양생명)	• 경남(생물화학소재 · 의료) • 제주(건강 · 뷰티)
전자정보산업	• 대구(모바일) • 광주(광전자)	• 충남(디스플레이) • 경북(임베디드)	• 충북(반도체 · 이차 전지)
정보통신산업	• 서울(멀티미디어) • 인천(S/W산업)	• 대전(통신기기) • 경기(IT부품소재)	• 충북(이동통신)

산업(대구, 경남)] 자연경관과 지역의 어메니티 자원을 활용하고 있기도 한다[바이오산업(강원, 제주, 전남), 건강뷰티 · 생물산업(제주) 등].

둘째, 지자체간 중복되는 전략산업은 중점분야를 차별화하고 있다는 점이다.

바이오(또는 생물)산업과 전자(정보) · 정보통신산업은 각각 12개 지자체, 10개 지자체가 전략산업으로 선정하고 있다. 그러나 세부 중점분야는 지역의 여건 등을 고려하여 차별화하고 있다.

4. 지역 성장동력산업 선정방법

지역경제를 선도하는 성장동력을 선정하는 것은 그리 간단하지 않다.

성장동력 선정기준을 설명하기 위해 과거 우리의 가족형태를 살펴보고자 한다. 지금은 우리사회가 지나치게 낮은 출산율로 어려움을 겪고 있지만, 불과 수십 년 전까지만 하더라도 너무나 높은 출산율로 산아제한을 유도하기도 했다. 5~6명은 일반적이었고, 10명 이상의 자녀를 둔 가정도 많았다. 그런데 생활여건이 여의치 못한 상황에서 이러한 많은 자녀를 둔 가정에서는 자녀 전부를 학교에 보내지 못하는 실정이었다. 이러한 경우 어느 누구를 학교에 보내고 누구를 집안일을 보도록 했을까?

우선, 비교적 똑똑한 자녀를 먼저 학교에 보냈다. 하나를 가르치면 둘 셋을 알아듣는 자녀를 학교에 보내고 그래서 취업을 하거나 사회에 나가서도 경쟁력을 갖춘 자녀에게 우선적으로 교육비를 투입했던 것이다.

둘째, 교육을 받고 성장했을 때 집안에 기여도가 클 것이라 생각되는 맏아들부터 교육을 시켰다. 그래야 학교 다녀와서 동생들을 가르치고 또 취업을 해서 월급을 받아 가정에 보탬이 되기 때문이다.

셋째, 교육 후 취직이 잘 되는 분야, 즉 상업고등학교 중심으로 진학시켰다. 그래서 계산·산술능력을 키우기 위해 주산학원에 보내면서 교육비를 투자했던 것이다. 즉, 향후 가장 유망한 분야를 중심으로 교육비를 투자했던 것이다.

넷째, 앞의 세 가지 기준과는 전혀 다르게, 특별한 의미를 지니는 자녀에게 교육투자를 하는 가정도 있었다. 즉, 태어날 때 종교적으로 약속을 한 자녀가 될 수도 있고, 또 그 밖에 다양한 사정에 의해 교육을 시키는 자녀들도 있었을 것이다.

이러한 사례와 같이, 지역경제 성장동력을 발굴 선정하기 위해서는 크게 4가지 기준을 살펴보아야 한다.

첫째, 경쟁력 확보가능성이다. 아무리 육성하고 싶은 산업 분야라고 해도 다른 지역이 내놓은 것과 소비시장에서 경쟁력을 확보할 수 없다면 메아리 없는 외침이 되고 만다. 그 누구도 온정적인 사고로는 제품을 구입해 주지 않기 때문이다. 이는 장소 마케팅에서도 마찬가지다.

경쟁력 확보는 기술수준과 서비스수준은 물론 생산비와 수송비가 가장 적게 드는 생산요소의 결합이 관건이다. 보다 효율적인 생산 및 유통여건과 노동시장, 수송비, 판매시장 등에 대한 검토가 필요한 것이다.

이러한 분석방법은 매우 복합적이므로 기업의 신제품개발에 주로 사용되고 있다. 그러나 지역의 성장동력을 분석하기 위해서는 보다 단순화된 일반적 방식을 사용하게 된다. 지역산업의 경쟁력확보 여부를 파악하기 위해서는 L/Q분석을 통해 간접적으로 분석할 수 있다. 즉, 해상산업이 얼마나 지역에서 전문화 내지 특화되어 있는가를 살펴보는 방법이다. 즉, 특화계수가 높은 산업일수록 타 산업 분야에 비하여 전문화되어 있고 이는 다시 산업의 경쟁력을 가지고 있다고 판단하는 것이다.

둘째, 지역성장 기여도가 중요하다. 지역성장 기여도가 낮은 산업은 성장동력으로 제기능을 하기 힘들다. 이왕 성장동력을 발굴하기 위해서는 해당부문에 투자를 했을 경우 지역경제를 견인할 수 있어야 한다. 지역경제성장을 견인하기 위해서는 전후방 연관효과가 큰 것일수록 견인력이 커지게 된다.

이러한 지역성장 기여도는 지역산업의 전후방 연관효과를 측정해 봄으로써 알 수 있다. 즉, 어떠한 산업이 전후방 연관효과가 가장 큰 것인가를 산정함으로써 알 수 있는 것이다. 그러나 이러한 방식은 지역산업연관분석표(I-O Table) 또는 성장유발계수(승수)가 있어야 사후적으로 산정할 수 있는 것이다. 그러나 지금과 같은 지역통계 기반하에서는 현실적으로 힘든 상황이다. 따라서 지역성장 기여도를 알아보는 보다 간단하고 간접적인 방식에 의존하지 않을 수 없다. 그것은 변이할당분석방법이다.

변이할당분석은 지역성장이 어떠한 요인에 의해 이루어지는지를 분석한 방법이다. 즉, 지역의 성장요인을 지역을 구성하는 산업의 성장에 의한 결과로 보고, 그 산업 성장의 요인을 3가지로 분류하여 지역 경제를 분석하는 방법이다. 여기서 말하는 3가지 성장요인이란 국가경제성장요인(National Growth Component), 산업구조요인(Industry-mixed Component), 그리고 경쟁요인(Competition Component)이다. 경제성장요인은 전국의 경제 성장이 지역 경제의 성장에 미치는 효과를 말하며, 산업구조요인은 산업의 전국적인 성장 특성이 지역 경제의 성장에 미치는 영향을 가리킨다. 지역의 경쟁요인은 지역의 생산 환경의 특징으로 인한 지역의 성장이다.

지역성장의 원인은 산업 성장에 있으며, 또한 산업성장과 고용간의 관계에 따라 성장은 산업자체의 구성변화와 지역 변화를 가져온다는데에 이론적인 배경을 가지고 있다. 따라서 변이할당분석은 지역의 주요한 산업 성장요인을 고용증가의 측면에서 규명함으로서 지역의 성장잠재력을 측정할 수 있다는 것이다.

변화할당분석의 특징은 일정한 두 시점 사이에서 지역의 성장이 지역산업구조와 밀접한 상관관계가 있다는 것을 전제로 한다. 이것은 한 시점의 특화정도를 알려주는 입지상분석 방식과 다르게, 일정기간 동안의 수치를 가지고 분석하는 것이다. 즉, 특정산업이 얼마나 일정기간 동안 전국의 동일산업보다 빠르게 성장할 경우, 그 산업은 분명히 지역의 경제성장을 견인하고 있다고 판단하는 것이다.

셋째, 시장과 기술의 변화추세 분석이 필요하다. 시장규모와 시장패턴 그리고 기술변화의 추세를 파악해야 한다. 컴퓨터 시대에 주산학원을 개업해서는 절대 성공할 수 없다. 홈시어터와 MP3가 보편화되고 있는 시대에 카세트나 CD플레이어 중심의 오디오를 생산하는 공장을 개업해서는 성공할 수 없는 이치이다. 하지만 이는 보다 정성적인 분석과 평가가 필요하다. 산업의 전반적인 흐름과 기술수준 시장환경에 대하여 보다 복합적이고 종합적으로 검토되어야 할 것이다.

넷째, 전략적 중요성에 대한 검토이다. 성장동력산업을 선정하는데 있어서 전략적 중요성을 검토하기도 한다. 즉, 민선단체장의 선거공약과 정치적 전략이 배경에 있는 경우는 앞에서 언급한 3가지 객관적인 기준과는 전혀 다른 전략적 측면에서 접근할 수 있는 것이다. 국가의 발전비전 내지 대통령 선거공약 등에 포함되어 있는 산업이 지역의 성장동력산업으로 선정될 경우 다른 어떤 객관적인 기준보다는 더욱 영향력이 있는 성장동력이 될 수 있기 때문이다.

제12장

특화산업

불균형 성장 전략. 우리나라가 6~70년대에 채택했던 경제개발 전략이다. 그러나 우리의 경제수준이 어느 정도 성장·발전한 작금에도 지역경제성장 전략이라는 이름으로 다시 고개를 들고 있다. 이러한 전략은 두 가지 차원에서 설명력을 더해 주고 있다. 하나는 지역의 투입자금이 부족하여 투자계획을 전략적으로 세워야 한다는 점과, 독창적이지 못한 산업으로는 무한경쟁시대에 지방이 살아남지 못한다는 점 때문이다. 이러한 맥락에서 지역경제 활성화를 위해서는 지역의 핵심역량을 파악, 집중 투자하는 것이 시급하다는 주장이 제기되고 있다. 이러한 배경을 근거로 각 지역의 핵심역량을 산업적인 차원에서 바라보았을 때 바로 특화산업에 초점이 맞추어지게 된다.[1] 여기서는 지역특화산업의 의의와 현황 그리고 향후 육성방향에 대하여 살펴보기로 한다.

1. 지역특화산업의 의의

가. 지역특화산업의 개념

지역특화산업이란 지역적인 생산자(기업)집단을 형성하므로 당해 지역을 특징짓는 산업으로서, 지역내외의 유무형적 자원을 최대한 활용하여 제품을 생

1) 특화산업과 유사한 맥락에서 언급되고 있는 향토산업에 대해서는 별도의 장으로 다루고자 한다.

산하고, 주로 지역 밖으로 판매하는 중소기업의 집단이라고 정의할 수 있다.[2)]

지역특화산업은 전통성과 토착경영 자본에 대하여 큰 의미를 두지 않고 있어 유치기업이라도 다른 지역에 비해 당해 지역에 많은 기업들이 모여 산지를 형성하고 있으면 지역특화산업이 될 수 있다. 따라서 지연산업과는 구분된다고 할 수 있다. 이러한 지역특화산업은 지역경제의 성장을 촉진시킬 수 있으면서 지역경제구조의 안정까지 확보하여 주는 산업이라 할 수 있다.

나. 유사개념

지역특화산업과 유사개념으로 지연산업(地緣産業)과 지장산업(地場産業)이라는 용어가 사용되고 있다.

지연산업이란 다음과 같은 다섯 가지의 특성을 지닌 산업으로 정의하고 있다. 즉, 지연산업은 첫째, 지역 내의 자원과 재료를 주원료로 하여 재화와 서비스를 창출하는 산업을 말한다(생산요소의 지역성). 둘째, 지역 내 수요도 충당하지만 지역 외의 수요를 지향하여 수출기능까지 담당하는 산업을 의미한다(수요의 탈지역성). 셋째, 지역적 독자성을 함축할 뿐만 아니라 그 속에는 역사적으로 전통성이 있다(지역 독창성). 넷째, 생산과 판매의 과정 및 구조가 사회적 분업체제에 바탕을 둔다(지역 내 분업성). 다섯째, 외부로부터의 투자와 자극에 의해 유발되는 것이 아니라 지역 전체의 발전과 그로 인한 지역공동체의 형성과 관련 있는 산업(내생적 산업)을 의미한다.

한편, 지장산업이란 일본에서 주로 사용되는 용어로서 다수의 중소기업이 특정 지역에 집적되어 산지를 형성하고 보존하는 자연자원·원재료를 이용하여 지역 내 노동력을 산지의 기술을 이용하여 생산하고 국내시장, 나아가 해외시장에서도 판매하는 것을 말한다.[3)] 따라서 우리의 특화산업의 개념과 매우 유사한 개념이라 할 수 있다.

다. 지역특화산업의 경제적 효과

첫째, 특화산업은 지역에서의 집적경제 효과를 발생시킨다. 어느 지점에 동일한 산업의 기업들이 집적됨에 따라 각 기업의 평균비용을 인하시키는 효과를

2) 모성은, 『지역경제론』, 지방행정연수원, 1999.
3) 여상일, 「지역특화산업 육성을 위한 지방자치단체의 역할」, 1996, p. 4.

지역특화경제라 한다. 같은 업종의 기업들이 어느 한 지역을 중심으로 밀집할 경우 광고홍보 효과를 발생시키고, 경쟁과 협력을 통해 비용을 절감하고, 생산성을 증대시키며 신제품을 개발하는 등의 긍정적 효과가 나타난다.

둘째, 규모의 경제와 도시화의 경제를 발생시킨다. 지역의 경제적 여건을 고려한 지역특화산업이 동일지역에 입지함으로써 산업확장 효과에 따른 생산량의 증대로 규모의 경제이익을 얻을 수 있다. 그리고 지역 내의 지원산업이라 할 수 있는 상업·금융·비즈니스 서비스 다양한 사회간접자본 공공서비스 등의 산업이 동시에 성장하는 도시화의 경제가 이루어진다.

셋째, 지역의 산업발전과 고용증대에 기여한다. 지역특화산업은 지역성장을 주도하는 산업이므로 당연히 지역의 산업발전은 물론 고용창출에도 이바지한다. 생산에 필요한 원자재와 설비, 기타 서비스의 조달을 통한 전후방 파급효과를 발생시켜 지역의 산업발전을 유도한다. 그리고 생산활동의 결실로 생기는 부가가치가 소득으로 분배되어 소득효과를 발생시킴으로써 고용증대에 기여한다.

넷째, 지역특화산업은 지역의 사회·문화적 측면에서도 영향을 미친다. 지역특화산업은 제품의 생산과정에서 축적되는 각종 기술, 기능을 통하여 지역특유의 공예품이나 특산품을 만들어 지역의 생활문화를 창조, 유지함으로써 지역고유의 문화생활을 가능하게 한다. 그리고 지역특화산업은 지역의 매력을 증대시켜 주요한 관광자원기능을 한다. 개성있는 지역의 특화산업은 주요한 지역 관광명소로 홍보되기 때문이다.

2. 지역특화산업의 선정

가. 선정기준

1) 기 여 도

지역산업의 성장을 야기시키는 다양한 산업들이 있다. 그 중 지역의 경제성장에 얼마나 기여하고 있는지를 기준으로 특화산업을 선정한다. 이 특화산업 선정기준은 어느 일정기간에 어떤 지역산업의 성장을 야기하는 요인들 중 여타 지역에 비하여 유리한 특성을 가지고 있는 요인에 영향을 받는 것으로 해석한다. 따라서 지역의 경제성장을 촉진하기 위해서는 유리한 성장요인을 가지고 있는 산업들을 우선적으로 육성하는 것이 필요하다고 할 수 있다.

2) 생 산 성

제조업부문 생산과정에서의 전체적인 생산성 향상을 나타내는 개념으로 총요소생산성을 들 수 있다. 총요소생산성은 요소투입의 증가는 물론 산출 증가에 영향을 주는 모든 요인들에 의해서 증가된다. 이것은 순수한 의미의 기술진보보다 더 넓은 의미를 가지고 있다고 할 수 있다. 즉 기계설비의 개선, 훈련 및 경험을 통한 노동의 질적 개선, 기업조직과 노사관계의 개선, 기존설비의 이용개선 등의 효과가 모두 포함된다고 할 수 있다. 이러한 관점에서 지역의 성장을 선도하는 특화산업은 생산과정과 관련된 모든 요인을 고려하여 생산성이 높은 업종으로 선정해야 한다.

3) 안 정 성

지역 내 산업이 안정적으로 성장하기 위해서는 안정성 정도를 고려하여 지역특화산업을 선정해야 한다. 지역특화산업이 여타 산업들보다 지역경제성장에 많은 기여를 한다 해도, 장기적으로 그 산업의 성장률이 불안정하게 변화한다면 성장성을 위주로 한 지역특화산업 선정방식은 재고되어야 할 필요가 있다. 왜냐하면 어떤 지역에서 대부분의 주민들이 성장성이 높은 하나의 산업에만 종사하고 있을 경우 그 산업의 흥망과 함께 대규모 실업에 직면할 가능성이 있기 때문이다.

나. 분석방법

지역특화산업은 전술한 3가지의 선정기준을 준거로 다음과 같은 계량적 분석방법에 의해 선정되어야 한다.

특화산업 선정을 위한 분석방법으로 입지상(locational quotient: LQ), 상대적 노동생산성지수(comparative labor productivity), 지역성장률 시차분석(regional growth rate differential analysis), 지역산업연관분석(input-output analysis) 등을 들 수 있다. 여기서는 지면관계상 입지상분석에 대해서만 알아보기로 한다.[4]

---

4) 김범식 외, 「광주 전남지역의특화산업 분석과 육성방안」, 삼성경제연구소, 1996, pp. 38~47 참조.

지역별 특화산업을 분석하기 위하여 가장 일반적으로 사용되어 온 것이 입지상 계수이다.

입지상(locational quotient: LQ)이란 단순히 어떤 지역의 특정산업의 구성비를 전국의 동일산업구성비와 비교하여 지역 내에서 특정산업이 전국에 비해 상대적으로 특화되어 있는가를 보는 지수이다. 즉, 입지상계수는 특정지역의 i산업 구성비를 전국의 i산업 구성비로 나누어 구할 수 있다. 이렇게 구해진 입지상계수(LQ)가 1보다 큰 경우는 지역의 특정산업은 전국에 비해 상대적으로 특화되어 있고, 입지상계수가 1이 될 경우는 지역의 특정산업은 전국수준과 동일한 특화정도이라는 것을 의미한다. 그리고 입지상계수가 1보다 작은 경우는 전국에 비하여 상대적으로 특화되어 있지 않음을 의미한다.

그러나 입지상 분석 시 주의할 점도 있다. 즉, 입지상은 모든 지역에서 경제주체들의 기호나 수요형태, 생산성이 동일하다고 가정하고 있다. 그리고 전국의 산업구조를 가장 이상적인 것이라고 가정하고 있다. 따라서 계산의 편리함과 자료의 객관성 등은 높은 반면 성장기여도나 생산성을 판단하기에 어렵다는 점을 지니고 있다. 즉, 특화산업의 선정은 어느 특정 분석방법만을 사용하는 것보다 다양한 분석방법과 기준을 종합적으로 이용하여 선정하는 것이 바람직할 것이다.

3. 지역특화산업시책 현황

지역특화산업을 위한 시책은 중소기업청, 행정안전부, 농림수산식품부 등 부처별로 각기 추진하고 있다. 여기서는 지역특화산업 선정기준과 지역특화산업 현황 그리고 부처별 지역특화산업 육성시책에 대해 알아보기로 한다.

가. 지역특화산업 현황

우리나라 지역특화산업은 민예품을 중심으로 형성되어 전국에 177개 품목이 고르게 분포되어 있다. 그 중 제조업종의 점유비가 매출액기준으로 13%를 차지하고 있다.[5] 그리고 지역특화산업의 경영형태는 가내부업 또는 소기업 위

5) 일본의 경우 3000~5000개의 산지에 분포되어 있으며, 제조업종이 20%를 차지하고 있다.

주로 성숙화 단계가 미흡하며, 전통적 기술에 의존하고 있다.

〈표 12-1〉 지역특화산업의 지역별 분포

권 역 별	RIC(47품목)	RIS(75품목)	지자체연구소(55품목)
수도권 (30품목)	8품목 (3D LCD, 반도체기판 등)	10품목 (화장품, 건강기능식품, 생활가전 등)	12품목 (의약품, 건강기능식품 등)
중부권 (28품목)	5품목 (신소재부품 및 화학소재 등)	12품목 (건강기기, 전자제품, 섬유패션, 식품, 주류 등)	11품목 (홍삼, 허브제품 등)
대경권 (26품목)	10품목 (무선통신기술, 태양전지 등)	12품목 (안경, 식품, 건강기능식품 등)	4품목 (섬유패션, 로봇제품 등)
동남권 (44품목)	4품목 (반도체 회로기술, 3D 영상장치 등)	27품목 (건강기기, 건축자재, 화장품 등)	13품목 (녹차, 한방, 화장품 등)
호남권 (49품목)	20품목 (전기자전거, 광센서 등)	14품목 (건강기기, 섬유패션, 식품 등)	15품목 (장류, 치즈, 버섯 등)

주: RIC는 지역혁신센터조성사업을, RIS는 지역연고산업육성사업을 의미함.
자료: 지식경제부(2010) 보도자료, 「지역특화산업으로 지역발전의 날개를 달다」.

〈표 12-2〉 중소기업청 특화산업 시범지역 선정산업 내역

시 도 별	선정산업	밀집지역	조 합
부산	신발	부산시	부산 신발산업조합
대구	안경테	대구시	광학공업협동조합
경기	도자기	이천시	이천 민속도자기사업협동조합
강원	석공예 가공	정선군	정선 설공예단지특화산업조합
전북	귀금속보석류	익산시	이리 귀금속보석가공협동조합
전남	전통도자기(청자)	강진군	강진 도자기협동단지(주)
경북	인삼가공	풍기읍	풍기 인삼협동조합
경남	견직	진주시	경남 직물공업협동조합
제주	공예품(관광토산품)	제주도	제주도 공예협동조합

자료: http://www.smba.go.kr/special/current/

우리나라의 경우, 민예품 중심으로 형성되어 있음에 반해 일본은 전 업종에 걸쳐 다양하게 분포되어 있다.

나. 지역특화산업 선정지침

우리나라의 지역특화산업은 다음과 같은 정부의 지침에 의해 선정되고 있다.

먼저, 1995년부터 중기청이 추진해온 지역특화산업육성계획에서는 ① 특정지역에서 발생한 시시가 오래된 전통산업 ② 동일업종을 영위하는 중소기업이 지역적으로 집단을 이루고 있는 산업 ③ 다른 지역에서는 생산되지 않거나 다른 지역보다 경쟁력이 높은 특산물을 생산하는 산업 ④ 지역성이 있는 생산물을 전국 내지 해외에 수출하는 산업 등이다.

한편, 1993년부터 행안부가 추진해온 1지역1명품사업의 선정기준은 ① 지방 특유의 향토성을 상징할 수 있고 ② 농수산물 수입개방에 대응하여 상품의 질 등의 면에서 대외경쟁력을 가지고 있어야 하며 ③ 생산원료를 지역 내에서 조달할 수 있고 ④ 상품생산을 위한 기술과 경험이 오랫동안 축적되어 있으며 ⑤ 특화산업으로 인해 다수의 주민이 소득 혜택을 입을 것 등이다.

다. 지역특화산업 육성시책과 문제점

국내 특화산업 관련시책을 보면, 중소기업청은 지방중소기업 육성시책의 일환으로 지방중소기업 육성자금을 조성하여 지원하고, 공예산업 지원시책으로 우수 공예품을 발굴 육성하기 위하여 공예품 전문 생산업체 지정, 디자인 개발 지도, 전국 공예품 경진대회 개최 등을 추진하며, 기타 농공단지 또는 지방중소기업 특별지원지역제도를 시행하고 있으나 공업단지 입주기업 위주로 지원하고 있다.

현행 정부의 특화산업시책은 다음과 같은 문제점이 지적되고 있다.

첫째, 지역특화산업 육성 및 지원대상 선정에 관한 문제이다. 지역의 특성 및 산업발전 계획과 연관시키고, 지역적인 차별성을 강구해야 하나 미흡한 실정이다.

둘째, 현행 지역특화산업의 육성시책은 중앙정부 위주로 이루어지고 있어 지방정부의 기능이 미약하고, 각종 지역경제업무와의 연계성이 부족하다는 점이다.

셋째, 지역특화산업 생산품의 효율적인 판매를 위한 지원이 부족하다는 점을 들 수 있다.

넷째, 지역특화산업 생산자들의 전문성과 젊은 인력이 부족하다는 점이다.

끝으로, 지역특화산업에 대한 지원이 일관성이 없다는 점이다. 지역 특화산업의 발굴 육성은 장기적인 관점에서 추진하고, 종합적인 지원제도와 계속적인 사후지도 및 일관된 관리가 이루어져야 하나 그렇지 못한 실정이다. 장기적인 계획을 수립하고서도 정책결정자가 바뀌면 지원대상과 규모가 달라지는 것이 우리의 현실이다.

4. 지역특화산업 육성방향

지역특화산업 시책의 문제점 도출로부터 향후 지역특화산업 육성방향을 다음과 같이 설정할 수 있다.[6)]

가. 차별화 및 독창성 제고

지역특화산업은 지역별로 차별성이 있어야 한다.[7)] 제품의 품질 이외에도 포장이나 용기·디자인 등에서 차별성을 부각시킬 수 있다. 다른 지역에서 모방할 수 없는 독창적인 것이면 더욱 좋겠지만, 다른 지역에서 시행중인 것이라도, 다시 각색하여 자기 지역의 것으로 재창조하면 된다.

지역별로 차별화된 특화산업을 육성하기 위한 방법으로 그 지역의 역사나 문화를 지역의 특화제품에 가미할 수 있는 방안을 적극 모색할 필요가 있다. 특화산업 선정은 다소 시간이 걸리더라도 지역에서 성장잠재력이 가장 높고, 확실한 비교우위에 있는 업종을 선정해야 한다.

또한 특화산업의 차별화를 강화하고, 제품의 홍보를 강화하기 위해 독창적인 특화상품관련 축제나 이벤트를 개발해야 한다. 지방정부는 지역특화상품의 판매기획전을 다양하게 개최하거나 향토문화축제를 지역특화상품이 주제가 된 행사를 개최하여 지역특화상품의 판매촉진과 홍보를 강화하는 방안을 적극 검

---

6) 이춘근, 「지역특화산업의 육성을 통한 지역경제 활성화 방안」, 대구경북개발연구원, 1999, pp. 51~58 참조.

7) 일본의 특화산업은 1990년대 초반 이후 거품경제가 붕괴된 후 큰 어려움을 겪고 있다. 이를 해결하기 위한 방법으로 淸成忠南은 지역적인 개성과 독자성 등 차별성과 독창성을 강조하고 있다.

토해야 한다.

나. 각종 지역경제업무와의 연계

특화산업은 각종 지역경제업무와 연계되어 이루어질 때 상호 시너지효과를 극대화 할 수 있다. 그러나 특화산업지원업무는 중기청·행안부·농림수산식품부 등에서 각기 추진하고 있다. 뿐만 아니라 지방자치단체의 경우도 특화산업을 여러 부서에서 산발적으로 맡고 있다.

특히, 지방단위에서 업무전담부서가 없고 총괄조정하는 부서가 없어 각종 지역경제업무와의 연계가 불가능하고 효율적인 개발과 사후관리가 제대로 되지 않고 있다. 따라서 특화산업과 여타 지역경제업무와의 효율적인 연계·지원·사후관리를 위해 지방행정단위에서 특화산업을 총괄 관리·조정할 필요가 있다.

다. 공동브랜드 개발과 공동판매회사 설립지원

공동브랜드 개발전략은 동업종·유사업종 또는 이업종 등 다수의 기업이 공동으로 브랜드를 개발하거나 기존 브랜드를 공동으로 사용하는 공조체제를 구축하는 것이다. 이는, 대내외적인 기업 이미지 제고와 함께 독자적인 시장개척을 위한 적극적인 마케팅 전략의 하나라고 할 수 있다.

이러한 공동브랜드[8]는 기업간 마케팅의 공동화범위를 넘어 전 사업영역에서의 공동화사업으로까지 전략상 제휴하는 추세에 있으며, 유용하게 활용될 경우 기업들의 경쟁력 강화에 크게 이바지할 것이다.[9]

향후 이들 브랜드가 어느 정도 기반을 구축한 후에는 동일제품에 대한 공동브랜드를 개발하여 점차 전문화 위주로 나갈 필요가 있다. 중장기적으로는 이들 공동브랜드 제품을 체계적으로 홍보하고, 판매·관리할 전문판매관리회사의 설립지원이 필요하다.[10]

---

8) 현재 서울시의 각 구청과 부산(테즈락), 대구(쉬메릭), 경상북도(실라리안) 등지에서는 각기 공동브랜드를 개발·육성하고 있다.

9) 공동브랜드사업의 기대효과는 브랜드 개발과 시장개척에 따른 비용과 위험이 경감되고, 해외전시회 참가비, 광고비, 유통망 구축비용 등 막대한 초기비용을 공동 분담할 수 있으며, 신규 브랜드로 시장개척하는데 따르는 초기의 판매감소 위험이 줄어드는 등 다양한 이점이 있다.

10) 최근 진주실크를 생산해온 대표적인 실크전문제조업체들이 실키안(주)를 설립 공동판매하고 있다.

라. 시장 확장과 수출 및 판매 마케팅 강화

지역 특화기업들은 적극적인 수출 마케팅 및 해외시장개척에 힘써야 한다. 기업의 수출마케팅을 강화하기 위해서는 마케팅 전문인력의 확보가 필요하고, 지역특화상품의 판매촉진을 위해 품질인증제도의 도입도 검토해야 할 것이다.

지역의 중소기업들은 영세하고, 무역전담부서가 미약하기 때문에 독자적으로 해외시장을 개척하는데 어려움이 있다. 따라서 KOTRA나 대기업의 지사망을 연결하는 등 지역기업들은 좀더 적극적인 방법으로 시장개척을 위해 노력해야 할 것이다.

한편 지방자치단체는 중앙정부와 특화기업들과 협력하여 지역특화산업을 수출전략산업으로 육성해 나가야 한다. 또한 지역특화기업들은 인터넷 홈페이지에 특화산업정보 및 사이버 판매망을 개설하여 특화산업체간 정보를 교류하고, 사이버 판매를 확대할 필요가 있다.

마. 품질향상과 기술개발체계 구축

특화산업을 육성하기 위해서는 무엇보다도 신기술의 개발과 품질향상이 필요하다. 이를 위해서 산업체와 학계, 연구기관과 행정기관의 각 주체들의 유기적인 협력체계의 구축이 필요하다.

최근의 지역 기술혁신체계 추진은 기본적으로 산·학·연관 협력체계를 근간으로 추진되고 있다. 따라서 지방자치단체는 지역첨단기술산업체의 기술개발을 지원하기 위해서 지역대학, 연구기관, 산업체간의 공동 기술개발, 특히 원천기술개발을 촉진시키기 위한 지역 산학연 컨소시엄 사업에 주도적인 역할을 수행해야 할 것이다. 이와 더불어 특화기업들은 지방 첨단기술 지원사업을 적극 활용하는 한편, 특화산업의 유지 및 발전을 위해 중요 품목에 대해서는 지역 특화산업별 연구센터를 설립할 필요가 있다.

바. 특화산업 추진 및 지원 주체 설정

지역특화산업이 선정되면, 이를 발전시킬 추진 및 지원 주체의 설정이 필요하다. 이를 위해서는 지역특화산업별 조합을 설립하여 특화품목의 공동사업을 추진하는 주체로 활용해야 한다. 기존 조합이 있으면 활용하고, 없다면 새로 설립해야 한다.

그리고 지방정부가 주축이 되고 중소기업청, 상공회의소, 중소기업진흥공단, 관련 전문가 등으로 구성된 가칭 지역특화산업 육성협의회를 구성하여 해당 지역 특화산업의 애로사항이나 육성방안 등을 협의하여 반영되도록 할 필요가 있다.

한편, 지역특화산업의 실질적 산학연 협력체계를 구축하기 위해 지역특화산업 지원보육센터의 설립을 검토할 필요가 있다.[11] 지역특화산업 지원보육센터에서는 연구개발기능, 정보센터기능, 재정지원 및 관리기능, 업무지원기능을 기본적으로 담당해야 한다.

사. 안정적 자금조달

지역특화산업의 발전을 위해서는 안정적 자금조달이 필요하다. 그러나 외형이나 담보력이 미약한 지역특화기업들이 독자적인 방법으로 저렴한 금융대출을 받기가 어렵다. 따라서 특화산업 육성과 관련하여 중앙정부 내지 지방정부의 적극적인 금융·세제지원이 요구된다. 이와 관련 지역특화산업 밀집지역을 특화산업지역으로 지정하고 세제혜택을 줌으로써 특화지역을 활성화하고, 관련기업의 진입을 촉진할 필요가 있다.

한편 지역특화산업의 육성을 위한 재원조달방안의 하나로서 공공이나 민간에서 자금을 조달하여 지방자치단체에 공급할 수 있는 지역특화산업 육성기금의 조성을 검토할 필요도 있다. 육성기금은 정부부처의 각종 특화산업 관련자금을 통합관리하고, 지역개발부담금 중 일부를 육성기금으로 적립하는 방안 등을 고려할 수 있다. 그리고 현재 중소기업 구조조정기금, 공업발전기금, 중소기업 창업지원기금 등으로 다양화되어 있는 재정자금도 일원화시켜 기능별 지원을 강화시킬 필요가 있을 것이다.

---

11) 산업연구원, 「권역별 지역별 산업발전 비전과 특화산업 진흥전략」, 1999, pp. 411~412 참조.

제13장

특화발전특구

그 동안의 지역경제발전대책은 중앙정부 주도로 추진되어 왔기 때문에 지역별 특성에 맞는 발전 전략이 부재하였다. 이는 모든 지역에 있어 산업단지, 농공단지, 관광지 등을 획일적으로 균등 개발하는 전략으로 인하여 중복 투자와 사회적 낭비를 초래하였던 것이다. 지자체도 스스로의 개발 능력을 키우는 노력이 미흡하였다. 그것은 경쟁력 있는 사업 발굴을 통한 자율적인 재원 확충보다는 중앙정부의 재정 지원에 의존하려는 경향에서부터 기인한 것으로 파악된다.

따라서 21세기 세계화·지방화 시대를 맞아 지역경제 활성화를 위해서는 지방 스스로가 다른 지역과 차별화된 특화발전전략을 선택하도록 하는 것은 물론, 자치단체간 선의의 경쟁과 시장원리를 정착시켜 지방이 결과에 대해서도 책임지는 풍토를 조성하는 것이다.

자율과 창의력을 바탕으로 기업가적 투자 마인드를 이용하여 각 지역의 특성화된 발전을 도모해야 하는 것이다. 이를 실현하기 위해서는 경제규제를 획기적으로 완화함으로써 지방경제 발전의 새로운 모멘텀을 창출하는 것이 필요하다는 결론에 이르렀다.

1. 지역특화발전특구제도의 개요

가. 추진경위

지금까지 추진해온 전국을 대상으로 한 일률적인 규제개혁은 자치단체별로 수많은 개별적인 수요를 반영하기 어려웠다. 따라서 지방화 시대에 맞춰 "규제도 지역특성에 따라 다를 수 있다"는 새로운 접근을 통해, 지역별 개성을 살릴 핵심규제를 개혁할 필요가 있는 것이다.

이에 정부는 2003년 규제완화를 통한 지방의 특성화 방안을 처음 발표한 이후, 2003년 정부의 경제운용방향에서 이를 위한 특별법 제정 등 제도적 장치를 마련키로 한 바 있다. 그리고 대통령의 대구구상(03. 6. 12.)을 통해 국가균형발전을 위한 7대 과제[1]의 일환으로 지역특화발전특구제도를 추진키로 결정하였다. 2004년 3월 『지역특화발전특구에 대한 규제 특례법』이 제정되었으며 6개월의 경과기간을 거친 후 2004년 9월 지역특화발전특구제도의 근거 법령인 『규제특례법』과 『시행령』이 시행됨에 따라 지역특구제도가 본격적으로 시행되었다.

나. 지역특화발전특구제도의 개요

지역특화발전특구제도란, 지역경제 활성화를 위하여 지역특성에 따라 규제를 차등 적용하는 제도이다. 즉, 전국에 걸쳐 획일적으로 적용되는 각종 규제를 지역특성에 맞게 완화하거나 규제권한을 지방자치단체에 이양해 줌으로써 각 지역이 특색 있게 발전할 수 있도록 제도적으로 뒷받침하고 지역경제의 활성화를 도모하는 것이다.

이것은 지자체가 지역특성을 반영한 특구사업과 규제특례를 제안하면, 중앙정부는 이를 검토하여 수용가능한 규제를 완화(특례를 법제화)해 주는 것이다.

이러한 지역특화발전특구제도의 기본 추진방향은 크게 3가지로 요약할 수 있다.

첫째, 지역특성과 자기책임 원칙이다. 특구제도는 각 시·군·구 기초자치단체가 스스로의 판단하에 지역특성에 맞는 사업을 발굴하여 자기책임하에 지역개발사업을 추진하는 것을 원칙으로 한다.

둘째, 지역특구에 대한 재정·세제지원은 배제한다. 특정 자치단체에 규제완화와 재정지원이 동시에 제공되는 것은 지나친 특혜의 소지가 있다. 따라서 자치단체는 특구운용에 필요한 재원을 자율적으로 조달할 필요가 있다. 이에 자치단체는 기존 예산이나 기존 중앙정부의 재정지원 틀 안에서 특구사업에 우선

1) 특별법 제정, 공공기관 지방이전, R&D 지방지원비율 확대, 지역혁신체계 시범사업, 국가균형발전 5개년계획, 지역특화발전특구 도입, 낙후지역 대책 수립.

적으로 재원을 배분하거나, 자치단체가 특구라는 유인을 가지고 외자·민자 유치, 지방채발행 등을 통해 스스로 필요한 재원을 마련하여야 한다.

셋째, 원스톱 서비스형태로 지원한다. 규제특례를 통하여 규제완화 효과와 함께 시·군·구 자치단체가 중앙부처와 개별적으로 협의하던 절차를 간소화하여 One-Stop Service를 제공한다.

이와 같이 지역특구제도는 지역의 인문·지리적 특성을 살려 창의적이고 다른 지역과 차별되는 특성화 발전을 도모할 수 있도록 일정 지역을 특구로 지정하여 규제특례를 적용하여 주는 제도이다. 즉, 지자체는 창의적인 아이디어를 통해 지역발전사업과 재원 조달계획을 수립하고, 중앙정부는 지역특구 지정을 통하여 이러한 지자체의 구상이 실현될 수 있도록 제도적 장애를 해소하는 것이 이 제도의 핵심적인 내용이라고 할 수 있다.

이러한 지역특화발전특구 제도는 지방자치단체가 지역특성에 부합하는 특구계획을 구상하여 지역특구 지정 신청[2]을 하면 지역특구위원회의 심의·의결을 거쳐 특구로 지정된다.

2. 지역특화발전특구제도의 현황

가. 지역특화발전특구 지정 현황

2009년 10월을 기준으로 전국에는 총 129개 특구가 지정되어, 해당 지역경제 활성화에 기여하고 있다. 지역별로 경북(24개), 전남(21개), 충남(14개), 충북(14개), 전북(12개) 등이 지역특화발전특구제도를 가장 활발하게 활용하고 있으며, 수도권 및 광역시들의 경우 상대적으로 이용이 저조한 실정이다. 그리고 유형별로는 지역특산물과 관련한 향토자원진흥특구(53개), 지역의 관광자원을 활용한 관광·레포츠특구(32개), 관내 학생 및 주민을 대상으로 영어교육 강화를 위한 교육특구(18개) 등이 주류를 이루고 있다.

---

2) 지역특구의 지정 신청은 기초자치단체가 자체적으로 추진하지만, 광역자치단체와 공동사업인 경우에는 공동으로 신청할 수 있다. 지역특구는 원칙적으로 기초자치단체를 중심으로 운영하며, 두 개 이상의 기초자치단체에 걸쳐 동일한 특구를 지정할 필요가 있을 경우에는 각 기초자치단체별로 지역특구를 별도 신청해야 한다.

〈표 13-1〉 지역특구의 지역별·유형별 현황 (단위: 개, %)

지역별 \ 유형별	계	교 육	산업연구	의료복지	관광 레포츠	향토자원 진흥	유통물류
계 (구성비)	129 (100)	18 (14.0)	13 (10.0)	4 (3.1)	32 (24.8)	53 (41.1)	9 (7.0)
서울	4	2	–	–	1	–	1
부산	3	–	–	–	2	1	–
대구	3	–	2	–	–	–	1
인천	3	1	–	–	1	1	–
울산	2	–	–	–	1	1	–
경기	8	1	1	–	3	3	–
강원	8	–	3	1	3	1	–
충북	14	–	1	–	4	8	1
충남	14	3	1	–	1	8	1
전북	12	–	2	3	2	4	1
전남	21	6	–	–	7	8	–
경북	24	2	1	–	4	13	4
경남	11	3	2	–	2	4	–
제주	2	–	–	–	1	1	–

자료: 지역특화발전특구기획단(2009), 「지역특화발전특구 지정 현황」 참조.

특구제도를 도입한 초기에는 도지역의 기초자치단체에서 많이 신청·지정되는 경향을 보였으나, 최근에는 수도권(서울·경기·인천)을 비롯한 광역시에서도 지정이 늘어나고 있다. 그러나 광역시에도 자치구가 있음에도 불구하고 그렇게 적극적인 상황은 아니다. 이는 그동안 지역특화발전특구제도가 국가 경제의 선진화 측면에서 활용되지 못하였기 때문이라고 할 수 있다.

그렇지만 2008년에 지정된 강남 청담·압구정패션특구의 경우 우리나라 패션산업의 발전을 선도함으로써 국가 발전에 선도적인 기여를 할 것으로 평가되고 있다. 그 동안 서울에는 2개의 교육관련 특구가 지정되어 있었으나, 강남 청담·압구정패션특구의 지정을 신호탄으로 하여 국가 경제의 선진화를 선도할 수 있는 많은 소프트산업 분야에서의 지역특구 지정 수요가 발생할 것으로 기대되고 있다.

〈표 13-2〉 지역특화발전특구의 연도별 지정현황

유형별 지역별	계	교 육	산업연구	의료복지	관광 레포츠	향토자원 진흥	유통물류
계 (구성비)	129 (100)	18 (14.0)	13 (10.0)	4 (3.1)	32 (24.8)	53 (41.1)	9 (7.0)
2004	6	1	1	–	2	1	1
2005	34	5	3	2	7	12	5
2006	31	3	3	1	5	16	3
2007	25	4	5	–	5	11	–
2008	22	4	1	1	9	7	–
2009	11	1	–	–	4	6	–

자료: 지역특화발전특구기획단(2009), 「지역특화발전특구 지정 현황」 참조.

한편 서울시 곳곳에 소프트산업 분야에서의 지역특구 지정이 확대될 경우 해당 지역에 자리 잡고 있는 전통산업들의 지방 이전이 가시화될 것이기 때문에 서울시에서의 지역특구 활성화는 궁극적으로 지역경제성장을 이끌어가는 계기를 마련할 수 있을 것으로 기대되고 있다. 서울 강남구는 국내·외 명품 패션숍이 밀집되어 있는 지역으로 기존에 형성되어 있는 청담동과 압구정동의 패션거리를 국내외 패션·뷰티·문화의 중심지로 육성하여 고객 유치 등을 통한 패션산업 활성화로 지역경제 및 국민경제발전을 도모하는 것을 목적으로 강남 청담·압구정패션특구를 지정한 것이다.[3)]

또한 2004년에 이 제도가 시행된 이후 2005년에 34개 특구가 지정됨으로써 가장 활발한 지역특화발전특구 지정 상황이 전개되었다.

나. 일본 지역특구제도

일본의 경우, 우리나라의 지역특화발전특구제도와 유사한 제도로는 구조개혁특구제도가 있다. 이 제도는 우리나라보다 1년여 앞선 2003년에 도입하여 추진되고 있으며, 적지 않은 시행착오를 겪으면서도 현 시점에서는 성공적으로 전개되고 있는 것으로 평가되고 있다.

이러한 구조개혁특구의 핵심은 "규제강도는 전국적으로 통일성이 확보되어

3) 이상호 외, 「지역경제 특화 발전전략: 지역특구를 중심으로」, 2008, pp. 206~207 참조.

야 한다"라는 사고체계에서 "지역의 특성에 따른 규제강도의 차이를 인정한다"는 발상의 전환에 기초한다. 일본에서는 현재 400여 개의 지역특구가 지정되어 지자체별로 다양한 특구 사업이 전개되고 있고 자치단체의 특구 참여의식은 매우 높다고 할 수 있다. 더욱이 일본의 경우 '규제특례의 전국화'를 추진하고 있으며, 전국화된 규제특례 적용 특구는 지정이 해제되는 시스템을 운영하고 있어, 해제된 특구까지 포함하면 일본의 지역특구는 총 963건에 달하고 있다.

현재 일본 자치단체가 특화사업 추진을 위해 적용가능한 규제특례 항목은 총 211개(전국화 된 특례 120개 포함)이다. 일본의 특구 지정 건수가 많은 배경은, 정부가 가능한 많은 지역특구를 지정하여 운영하는 것을 기본 방향으로 설정하고, 궁극적으로 특구의 규제특례를 전국적으로 실시해 나간다는 정책목표를 명확하게 제시하고 있는데 기인하는 것이다.

일본은 사회 전체의 규제개혁에 무게와 초점을 두고 있는 반면, 우리나라의 경우 지역특성을 활용한 특화사업이 일어날 수 있도록 하는데 무게를 두고 있다. 일본 정부의 지역특구제도 운영에 대한 명확한 비전 제시는 자치단체 및 민간 사업자들에게 있어 규제완화 또는 철폐를 통해 다양하고 차별화된 특화사업이 가능해졌음을 의미하고 있어, 보다 중장기적으로 특구제도를 활용할 수 있는 제도적 여건이 안정적으로 마련되어 있다고 할 수 있다.[4]

〈표 13-3〉 일본 구조개혁 특구의 유형별 현황

특구유형	교 육	도시농촌 교류	유아보육	IT	산업 활성화	생활의료 복지
건수 (해제특구포함)	183 (19.0%)	87 (9.0%)	83 (8.6%)	65 (6.7%)	63 (6.5%)	255 (26.5%)
특구유형	**농 업**	**산학연계**	**지역 활성화**	**국제교류 관광**	**기 타**	**합 계**
건수 (해제특구포함)	110 (11.4%)	40 (4.2%)	28 (2.9%)	8 (0.8%)	41 (4.4%)	963 (100.0%)

자료: 일본 내각부 구조개혁특구추진본부.

4) 이상호 외, 전게서, p. 213.

일본의 구조개혁특구제도와 우리나라의 지역특화발전특구의 공통점은 규제완화를 통해 지자체가 지역의 특성을 살려 특색 있게 발전할 수 있도록 제도적으로 뒷받침하고 이를 토대로 지역경제 활성화를 도모하여 나아가 국가 경제 발전에 기여할 수 있는 기틀을 조성하고자 하는 것이다. 그리고 두 나라 모두 특정 지자체에 대한 규제완화 자체가 중앙정부의 커다란 지원이라는 인식으로 중앙정부로부터의 재정 또는 세제의 지원없이 자발적인 정책입안을 통해 규제특례를 신청한다는 것도 특징이다. 그러나 우리나라보다 먼저 시행한 일본은 제도 및 현실적인 측면에서 차이점을 나타내고 있다.[5)]

〈표 13-4〉 한·일 지역특구 제도의 차이점

구 분		지역특화발전특구(한국)	구조개혁특구(일본)
운영·특성	규제특례 적용방식과 수	• 지자체가 특구 내 적용될 특례 선택 • 규제특례수: 91종 • 특구=특화사업 추진場	• 지자체가 특구 내 적용될 특례 선택 • 규제특례수: 214종(전국화된 특례 123종 포함 • 특구=규제개혁 시험장
	규제특례 주도	• 중앙정부→지방정부 • 수요조사 후 특례확대("할 수 있다" 임의조항)	• 중앙정부→지방정부 • 수요조사 후 특례확대("정기적 수요조사를 한다" 의무조항)(2008. 10. 현재 12회 실시)
	특구사업 전개	• 특구지정 구역에 한정 추진 • 특구지정 구역에 사업추진을 위한 특례 한정적용 • 규제특례 특구한정형	• 특구지정 구역에 특례 적용 후, 규제특례 전국화(08. 10. 123종 전국화) • 규제특례 전국전계형
	지정 특구수	• 109개(2008. 10.)(지정 110개, 취소 1개)	• 1,041개(2008. 10.)(전국화 702개, 취소 10개 현재 329개 존치·운영)
	특구유형	• 지방에 집중(대도시·수도권 미흡) • 향토자원·관광·레포츠 위주	• 수도권 중심지자체에 집중 • 산업과 교육·보육· 의료복지 위주
	지원여부	• 재정·세제 지원 없음	• 재정·세제 지원 없음 • 지역재생산 병행가능(교부금 지원)

자료: 경남발전연구원(2008), 「지역발전을 위한 지역특구제도의 운용실태와 정책과제」.

5) 원열, 「지역 특화발전특구제도의 바람직한 방향」, 『도시행정학보(17권 2호)』, 2004, p. 12.

3. 지역특화발전특구제도의 문제점[6]

지역특화발전특구제도는 지역의 발전 잠재력을 결정짓는 지역산업구조에 영향을 미치게 된다. 과거와 같이 특정지역에 집중적으로 투자를 할 경우 지역간 발전격차는 더욱 커지게 될 것이다. 또한 지역특화발전특구제도가 지역간 불균형 해소만을 위해 추진된다면 사업추진의 효과는 저하될 수도 있을 것이다.[7]

2008년 7월 감사원이 발표한 지역특구에 대한 감사 결과에 따르면 이 제도에 대한 여러 가지 문제점이 드러나고 있다. 2005년에 지정된 '완주포도주산업특구'의 경우 특화사업에 필요한 지리적 여건과 기술을 갖추지 못했는데도 특구로 지정, 중간에 사업이 중단되면서 지역특구 지정이 해제되었다. 완주군은 특

〈표 13-5〉 지역특구의 주요 규제 특례

구 분	내 용
일반 규제특례	초·중학교까지 외국인교원 및 강사 임용허용, 농어촌관광 휴양사업 규모와 시설기준 완화, 농업회사법인의 농어촌관광휴양사업 영위 가능, 산지전용 허가기준 완화, 공원시설 건폐율의 최대한도 완화, 수의계약에 의한 행정재산의 사용·수익 허용, 수의계약에 의한 잡종재산의 사용수익·대부·처분 허용, 수의계약에 의한 행정재산 및 보전재산 사용·수익 허용, 수의계약에 의한 잡종재산의 사용수익·대부·처분 허용, 폐교재산의 대부 및 처분 완화, 농민주 제조허가기준 완화, 박물관 및 미술관에 대한 학예사 공동 고용, 우수 농산물의 지리적 표시 등록 우선 심사, 종자관리사의 공동 고용, 아파트형 공장에 대한 분양가격·임대료 하한 완화, 특허출원에 대한 우선 심사, 산업관리공단이 환경기술인 고용, 야외전시 및 촬영시설 신고로 완화, 주택 공급기준 완화, 토지 등의 사용 및 수용 허용
토지이용 규제특례	도시개발구역의 지정 가능, 유통단지의 지정, 산업단지의 지정, 관광지 및 관광단지 조성계획 승인, 농어촌관광휴양단지 사업계획의 승인, 공유수면 점·사용허가, 공유수면 매립 허가, 산지전용 신고의제
권한이양 규제특례	등록체육시설업에 대한 사업계획 승인 및 등록, 골프장 시설의 농약잔류량 검사 수행, 가축도축 및 조리·판매 허용(농림수산식품부 장관), 집유업·유가공업 영업허가권(시·도지사), 식품 표시내용을 별도 규정, 영업시간 별도 규정, 자동차 운행제한

6) 이상호 외, 전게서, pp. 210~212 참조.
7) 정진상, 「지역특화발전특구제도와 지역발전 잠재력」, 『지방자치(통권203호)』, 2005, p. 81.

구 지정 후 가공공장 신축, 포도 묘목 구입, 포도주 생산시설 설치 등에 26억 6,700여만 원을 투입했지만, 사업 성공 전망이 불투명해지자 2007년 10월 특구 지정을 해제함으로써 막대한 행정력과 예산만 낭비하고 말았다.

'부안영상문화특구'와 '남원지리산웰빙허브산업특구'의 경우 특화사업 실행에 필요한 재원확보 계획을 부실하게 수립해 사업 착수가 불가능하거나 착수 후 중단되었다. 그 중 2006년 6월에 지정된 '부안영상문화특구'의 경우 국비 소관부처도 기재하지 않은 채 국비 16억 5,000만원과 민자 156억 원 조달계획을 막연히 수립했다가 국비나 지방비, 민자 조달실적이 전혀 없어 사업추진 자체가 불가능한 것으로 밝혀졌다.

이와 함께 지역특구법에 규정된 규제특례의 대부분이 규제완화 효과가 없거나 미약하여, 규제완화의 실효성이 낮다는 문제점도 제기되고 있다.

사업현장 여건상 적용할 수 없거나 적용할 필요가 없는 규제특례를 적용 승인하는 등 부적정한 제도 운영의 부작용도 나타났다. '고창경관농업특구'의 경우, 고창군이 축제를 개최하기 위해 『농어촌도로정비법』에 의해 도로법이 적용되지 않는 농어촌 도로에 대해 도로법을 무리하게 적용, 도로점용허가를 신청할 수 있도록 한 규제특례를 적용하도록 승인받고도 군에서 관련 조례를 정하지 않아, 특구를 홍보하는 옥외광고물이 일반 기준의 적용을 받아 불법광고물이 되는 사례도 발생하였다.

4. 지역특화발전특구제도 개선방향

지역의 특성을 도외시한 채 지난 수십 년 동안 추진해 온 지역개발 정책은 세계화·정보화 시대에는 오히려 지역경제 활성화에 걸림돌이 되는 등 한계점을 노출하고 있다. 이러한 한계를 극복하고 지방자치단체 스스로가 다른 지역과 차별화된 특화발전전략에 의해 타 지역과 선의의 경쟁을 펼치고 시장원리를 정착시켜 지역경제 발전의 새로운 모멘텀을 창출하기 휘한 제도가 지역특화발전제도라 할 수 있다.

지역특구제도의 핵심은 중앙정부 중심의 지역경제 발전 형태를 지방정부 중심으로 전환함으로써 지방경제에 활력을 불어넣어 경제적 측면에서의 지방자치제 정착과 재정의 자립화를 확립하는데 그 목적이 있다. 그 동안 중앙정부 주도의 지방지원 정책은 지역별 실정과 특성을 반영하기에 부족한 면이 있었고 지방의 자율적인 성장기반을 구축하는데 한계가 있었다. 지방화 시대를 맞이하여 지역경제의 활력을 되찾고 지속적인 발전기반을 구축하기 위해서는 지방자치단체가 스스로 지역 실정에 맞는 개발전략을 수립하고 중앙정부는 이를 지원해 주는 시스템 구축이 시급히 요구되고 있다.

이러한 시스템 구축 과정에서 핵심적인 위상을 차지하고 있는 지역특화발전특구제도의 적극적인 활용을 통한 지역경제 활성화를 도모하기 위해서는 이 제도의 지속적인 개선 노력이 경주되어야 할 것이다.

가. 지자체 특구 담당자의 능력 배양

지역의 자립적 성장기반 구축을 위해서는 자치단체의 주도적인 역할과 책임 의식이 매우 중요하다. 지방화 시대는 자치단체가 자기 지역의 발전 방향을 스스로 구상하고 그 사업의 결과에 대하여도 책임지는 시대이기 때문이다. 이를 위해서는 지자체 특구 담당자의 능력 배양 기회가 확대되어야 할 것이다. 지자체 담당자를 대상으로 지역특구 정보 제공, 우수 사례 홍보 및 아이디어 확산을 위한 정례적 워크숍 개최가 요구되고 있다. 뿐만 아니라 특구별로 관계 공무원, 특화 사업자, 전문가 등으로 자율평가단을 구성하여 특구사업 추진에 있어서 애로사항 및 문제점을 상시 점검하여 적기에 보완 대책이 수립되도록 해야 할 것이다. 민간의 특구사업 참여를 촉진하면서 특구 지자체의 특화사업 추진을 도모하기 위해서는 단순 특화사업자로서만이 아닌 특구 계획단계에서부터 참여할 수 있도록 '민간주도의 특구계획제안제도'를 도입하고 참여기회를 확대할 필요가 있다.

나. 지역 특화브랜드 육성

그리고 특구 지정 후에도 지역의 특화사업을 육성하여 지역의 특화브랜드를 향상시키려는 지속적인 노력이 필요하다. 특구 지정 후에도 지역 연고의 기업·연구소·대학 등과 연계하여 품질 향상, 신제품 개발, 마케팅 등의 시장 개척 노력을 강화하여 특구의 브랜드 가치를 제고해야 할 것이다.

다. 지속적인 규제특례의 확대

지역경제 활성화와 특화된 지역발전을 도모하기 위해서는 현행 지역특구법에 설정되어 있는 규제특례의 지속적 확대가 이루어져야 할 것이다. 지역특구의 적용가능한 규제특례의 확대를 통하여 제도의 실효성을 강화해야 하는 것이다. 규제특례를 지속적으로 추가하고 확대하기 위해서는 정기적인 규제특례 수요조사를 실시할 필요가 있다. 아울러 지역특구 지정 절차의 개선을 통하여 지자체의 특구 신청에 따른 부담을 경감시키도록 해야 한다. 현재 토지 이용 특례를 적용하는 경우 특구 지정이 불확실한 상태에서 인·허가 서류 준비로 지자체의 행·재정상 부담이 가중되고 있는 상황이 개선되어야 할 것이다.

라. 체계적인 사후관리

지정된 지역특구에 대한 체계적인 사후관리가 크게 강화되어야 할 것이다. 지역특구의 제도 운영 및 체계적인 사후 관리를 위한 시스템 구축이 필요하다. 제도 운영 및 평가지침이 구체적으로 마련되어 엄정하게 운영되어야 할 것이다. 그리고 매년 지자체의 자체평가 결과와 지자체의 성과보고서 등을 기초로 기지정된 특구의 성과를 평가해야 한다. 평가결과에 따라 우수사례에 대하여는 적극 홍보토록 하고, 부진한 특구에 대하여는 계획 변경 및 보완 조치가 필요하다. 규제 특례의 전국적 확산이 바람직한 경우에는 소관부처 및 규제개혁위원회에 권고하여 규제 완화를 적극적으로 추진해야 할 것이다. 그리고 우수한 성과를 보이는 특구에 대한 인센티브 제공 제도가 도입되어야 할 것이다. 지역특구 운영 성과에 대한 보상이 실시될 경우 지자체가 보다 사업추진 및 관리에 내실화를 도모할 수 있게 될 것이다.[8)]

마. 연계를 통한 특화사업의 복합화

이와 함께 중앙정부의 직접적인 재정·세제상의 지원이 없는 지역특구사업의 특성상 중앙정부의 R&D 및 지역개발사업 예산과 연계하여 추진하는 것이 매우 중요하다. 즉, 중앙정부 및 광역자치단체의 재정지원사업과 특화사업의 연

8) 이상호 외, 전게서, pp. 219~220 참조.

계가 이루어져야 할 것이다. 그리고 지역산업진흥, 인력개발 및 R&D 등 지자체 주도의 신성장동력 창출을 위한 지역혁신사업, 오지·도서 등 낙후지역 개발사업과 농·산·어촌 개발사업 등 지역개발 사업을 지역특구사업과 긴밀하게 연계하는 특화사업의 복합화·패키지화를 도모해야 지속적으로 발전할 수 있고, 지역경제에의 파급효과도 극대화시킬 수 있을 것이다.

제14장

향토산업

세계화라는 무역환경의 대·내외적 변화는 우리 경제가 직면한 다양한 문제를 극복하기 위해 지역개발의 패러다임 전환과 지역간·산업간 상호 공생(Win-Win)할 수 있는 새로운 전략을 요구하고 있다. 그리고 기존산업의 위상을 크게 흔들고 있는 가운데 개방화·국제화된 세계경제 흐름에 능동적으로 대처하고 국가의 균형발전을 도모하며 지역경제를 활성화하기 위한 방안으로 향토산업에 대한 중요성이 새롭게 부각되고 있다. 이러한 향토산업은 국제적으로는 과학기술 수준이 상대적 열위에 있는 개도국의 경우 선진국과의 대응전략으로 채택되고 있으며, 국내적으로는 첨단과학기술 인력이 부족하고 대규모 자본도 부족한 지역경제 활성화 정책으로 채택되고 있다.

향토산업은 지역성과 전통성 등 그 구조적 특징으로 기술력에는 비교우위를 갖고 있으나, 영세분산생산체제에 따른 저생산성, 자금력부족, 유통망 확보 및 인재양성의 애로 등 내적으로 다양한 어려움에 직면하고 있다. 외적으로는 개방화로 인한 저가의 수입상품과의 경쟁으로 경영적 측면에서 이중·삼중의 많은 어려움에 직면하고 있어 경쟁력 제고를 위한 대책수립이 요구되고 있다.

또한 향토산업은 현재 기능에 따라 중앙부처별로 중앙행정기관의 향토산업 관련 지원업무는 각 부처의 특성에 따라 다양하게 지원되고 있다. 이들 사업은 산·학·연·관의 연계와 클러스터식 접근을 강조하거나, 지방자치단체와 주민들의 자각과 학습을 통한 역량강화, 조직적 참여 등 지역혁신체계 구축을 중시한다는 점에서 기존의 개발방식과는 차이가 있다. 그러나 강력한 집행기구 부재와 추진주체가 분산되어 있어 정책의 실효성을 극대화 하지 못하고 있는 가운데 국가적 차원의 종합적이고 체계적인 육성방안 수립이 필요하다.

1. 향토산업의 정의 및 유형

가. 향토산업의 정의

향토산업[1]이라 함은 일정한 지역사회에서 특성 있는 향토자원을 개발 및 활용하여 부가가치를 창출하는 산업을 말한다.

'지역사회'란 '한 지역의 일정한 범위 안에서 지연에 따라 자연적으로 이루어진 생활공동체'를 의미하는 용어로서 향토산업의 정체성을 논의하기 위해서는 지역사회의 개념에 대한 이해가 필수적이다. 다시 말해 '지역사회'란 '일정한 땅의 구역이나 경계'를 나타내는 단순한 지리적 행정구역을 의미하는 지역이 아니라 공통의 이해관계·친밀성·지리적 근접성·사회적 상호작용 또는 이러한 요소들의 조합에 의해 연결된 사람들간의 비공식적 관계 또는 연계망을 의미하는 특별한 정서, 향토성이 내포된 개념이다.

따라서 향토산업은 기존의 각 중앙부처에서 추진해온 단순한 지리적 의미의 '지역'개념을 중심으로 다루어진 것과는 달리 지역의 내발적인 다양한 요소로 연결된 지역민들간의 비공식적 관계라는 특별한 특성이 내포된 '지역사회'를 근간으로 이루어지고 있는 점에서 차별점을 찾을 수 있다.

'특성 있는 향토자원'이라 함은 일정한 지역사회 내의 내재된 유·무형의 특성 있는 지역자원 내지 전통자원을 의미한다. 여기서 특성 있는 지역자원이라 함은 기후, 토양, 위치 등 지역의 물리적 요소에 의해 나타나는 차별적인 특성[2]을 지닌 것을 말하며, 특성 있는 전통자원은 일정한 지역사회 내의 생활과정을 통해, 토착, 계승되어 온 독특한 생활양식이나 관습 등에 내재되어 있는 특성[3]을 지닌 것을 말한다.

일반적으로 지역성은 산지나 산출물처럼 지리적 특성에 기인한 공간적 개

---

1) 당해 지역에 생산자 집단을 이루는 산업으로서 자원, 생산과정, 산출물이 지역성(지역특성에 따라 특정지역에만 존재하거나 타 지역과 차별화)과 전통성(지역적 생활과정을 통해 생성, 소멸, 진화)을 띠는 산업(중소기업청, 2003).

2) 지역성이라고 한다.

3) 전통성이라고 한다.

〈표 14-1〉 향토자원의 유형[4]

구 분	종 류
산업적 자원	공예자원(보석, 목기 등), 향토주, 향토식품(간고등어, 굴비 등), 전통발효식품(김치, 된장 등), 민속음료(식혜, 수정과 등), 장인, 명장(궁시, 칠기, 유기 등)
역사문화 자원	문화유적, 거처 및 생가(추사, 이효석, 석문, 홍길동 등), 판소리, 영화, 연극(별신굿, 영화제, 영상물 촬영지), 문화예술인사(박경리, 이육사, 이은상 등)
생태자연 자원	갯벌, 해양(머드, 갯벌), 동식물(나비, 반딧불이, 꽃 등), 농업자원(황토, 계단식 논 등), 경관(산과 강, 산림, 바다, 계곡 등), 깨끗한 공기, 맑은 물

〈그림 14-1〉 향토자원의 활용사례 유형화

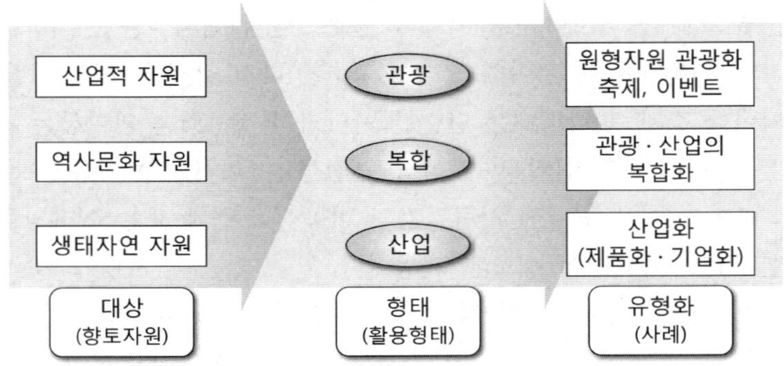

자료: 김봉원(2009), 「지역의 향토(문화)자산 발굴 및 육성」, p. 109.

념이며, 전통성은 전통지식, 전통고유문화, 기술 등처럼 오랜 시간을 거쳐서 형성된 시간적 개념으로, 양자간에는 지역적 특성 즉 지역성으로 인하여 전통성이 각 지역에 다르게 형성되는 요인이 되기도 하나 편의상 나누어서 설명하며, 양자개념을 포괄하여 향토성이라고 부리기도 한다.

여기서 유형의 향토자원은 의식주 생활, 놀이 및 여가생활, 토종 동식물, 유전자원 등이며 무형의 향토자원은 전통지식, 전래풍속, 전설, 민요, 지역축제 등 사람에 체화되어 있는 것과 자연생태환경 등을 말한다.

나. 향토산업의 유형

향토산업은 여러 가지 방법으로 유형을 분류할 수 있다.

4) 김봉원, 「지역의 향토(문화)자산 발굴 및 육성」, 2009, p. 109.

향토산업은 ① 투입단계에 따라 자원, 생산과정, 산출물, ② 산업 분류에 따라 1차 산업과 2차 산업, 3차 산업, ③ 자원활용 유형에 따라 전통지식이나 부존자원활용, 전통산업발전형, ④ 사업추진 주체별로 사업가 주도, 지역주민 주도, 관 주도형으로 유형을 구분할 수 있다.

따라서 향토산업의 유형은 다양한 각도에서 시도할 수 있으나 향토산업이 지향하는 것이 지역의 연고를 갖는 1차 산업의 향토적 소재가 가공·정제되어 2차 산업화되고 이 두 산업에 기반하여 3차의 관광 및 서비스산업으로 확산·연계되는 기대효과와, 향토산업이 적용될 분야와 전통기술·문화에서부터 첨단 IT·BT·CT 분야로 확대되는 등 광범위한 산업분류체계 분야에 걸치는 현실을 고려할 때 1차 향토산업, 2차 향토산업, 3차 향토산업 이라는 산업구조관점에서 유형을 구분하는 것이 가장 간편하고 합리적일 것이다.

〈표 14-2〉 1차 향토산업(향토소재 관련 산업)

분 야	내 용
농업 분야	토종재배 작물류, 약재류, 산채류, 견과류 등
임업 분야	산림용 종자 및 묘목류 등
축산업 분야	토종가축류, 가금류, 누에 등
어업 분야	토종어로어류, 양식어류 등
유전자원 분야	미생물, 자생식물, 토종동물 등
광업 및 기타 분야	천연광물류, 공기, 물 등

자료: 광주전남발전연구원(2004), 『향토산업 육성방안』, p. 22.

〈표 14-3〉 2차 향토산업(향토기술 관련 산업)

분 야	내 용
의복 및 의생활 분야	전통직물 및 제품, 전통염색 및 염료, 전통한복혼례복, 머리장식품, 장신구 등
음식 및 식생활 분야	한과류, 음청류, 김치류, 장류, 떡류, 다류, 전통곡주 및 민속주, 축산 제품류, 두부류 등
주택 및 주생활 분야	창호, 목가구, 온돌, 황토방, 한옥 등
한방 및 기능성제품 분야	한의약제재, 화장품, 기능성 제품류
생활용품 놀이용품 기타 분야	전통금속가공제품, 한지제품, 윷놀이, 도자기류, 죽제품, 옹기류 등

자료: 광주전남발전연구원(2004), 『향토산업 육성방안』, p. 23.

〈표 14-4〉 3차 향토산업(향토서비스 관련 산업)

분 야	내 용
향토관광 및 축제 분야	민간전승 관광상품화, 전통체험프로그램제작 및 서비스 등
향토제품유통 · 프랜차이즈 분야	향토제품유통, 프랜차이즈, 향토자원 및 DB위탁관리서비스 등
향토소재캐릭터 · 영상 · 출판 분야	캐릭터상품화, 향토소재영상프로그램제작, 향토소재출판 등
향토산업컨설팅 · 교육 · 기타 분야	향토산업단지 및 타운지원컨설팅, 연구지원컨설팅, 교육인재양성 등

자료: 광주전남발전연구원(2004), 『향토산업 육성 방안』, p. 23.

2. 향토산업의 현황 및 문제점

가. 향토산업의 현황

향토산업은 명쾌한 개념이 없을 뿐만 아니라 사회경제적 여건에 따라 사업체도 계속적으로 변화하기 때문에 향토산업의 종류와 규모에 대한 정확한 실태 자료를 구하기는 어려운 실정이다.

농림수산식품부에서 실시하는 향토산업육성사업은 농촌지역에 존재하고 있는 다양한 향토자원을 발굴, 1 · 2 · 3차 산업이 연계된 지역 핵심전략산업으로 육성하기 위한 사업으로서 지원대상으로 선정된 시 · 군별 사업계획에 따라 제품 및 브랜드 개발, 향토자원 권리화, 마케팅 등 S/W분야와 시설, 장비 등 H/W 분야에 대해 3년 간 30억 원(국비 15억 원, 지방비 및 자부담 15억 원)을 포괄지원 방식으로 지원한다. 농림수산식품부는 지원대상으로 선정된 자원에 대해 해당 시 · 군이 지역 여건에 맞도록 세부사업계획을 수립하고, 산 · 학 · 연 등이 참여하는 사업추진단 구성 등 사업추진을 위한 제반사항을 이행할 수 있도록 지원할 계획이다.

아울러, 농림수산식품부는 사업추진 시 단계별로 모니터링을 통해 추진상황을 점검하고 연도별 평가를 통해 인센티브를 부여하여 사업의 효과를 극대화할 수 있도록 할 예정이다.

〈표 14-5〉 향토산업육성사업 지원대상 현황

시·도	시·군	사 업 명
부산(1)	기장	기장 멸치젓갈 명품화 육성사업
경기 (3)	포천	전통술밸리 육성사업
	이천	이천 쌀 2·3차 식품명품화 사업
	양평	유기농 발효산업 육성사업
강원 (5)	양구	양구 민들레 명품화사업
	삼척	삼척도라지 융·복합을 통한 식품산업육성
	원주	한지·양잠 클러스터사업
	홍천	홍천단호박 명품화사업
	영월	콩산업 클러스터사업
충남 (4)	공주	알밤산업 고도화 전략
	천안	병천순대 웰빙명품화 클러스터사업
	서산	발효식품 어리굴젓 산업화사업
	연기	장수·건강 운주산 자연효소식품 향토산업명품화
전북 (4)	전주	한식반찬 공동공급 시스템
	남원	허브 신제품 개발 및 테마 상품화
	완주	한지의 특화연계산업 육성
	군산	흰찰쌀보리 명품화
전남 (6)	장흥	헛개나무를 이용한 웰빙토피아
	담양	죽순을 이용한 기능성 식품 상품화
	구례	우리 밀 명품화사업
	곡성	목화를 이용한 관광 및 산업화 육성
	장성	편백나무 숲 고을 SAFE
	완도	비파허브! 완도에 행복한세상 만들기 프로젝트
경북 (3)	영덕	영덕 황금은어 클러스터 육성
	영주	영주 고구마 클러스터
	청도	한재 미나리 산업화 클러스터사업
경남 (5)	산청	기능성 (한방)양잠 명품화
	하동	하동매실 유통활성화를 위한 산업화
	고성	고성 쌀보리 명품화사업
	함양	여주의 로하스(LOHAS) 식품개발
	거제	거제 알로에 웰빙 테마타운 산업화
제주(1)	제주	'바람의 선물' 구좌 향당근 명품화사업
합 계		32개 사업(2개 사업은 '10년부터 추진)

자료: 농림수산식품부(2009. 12.) 보도자료.

나. 국내외 향토자원 활용 사례

1) 국내 사례

함평군 나비축제는 향토자원을 활용한 축제와 이벤트의 사례로서 서해안 사회간접 자본 확충과 교통의 발달로 관광발전 잠재력이 충분하고 생태계가 잘 보존된 환경과 동식물의 집단 서식지, 전국 제1의 자운영 및 친환경 유기농업지역이라는 함평군만의 향토자원을 잘 활용한 예로 볼 수 있다.

함평군 나비축제는 함평천 수변공원 조성, 유채꽃·자운영 꽃단지 조성, 아름다운 친수·녹지공간 조성, 나비의 고장 랜드마크 형성이라는 아름다운 농촌경관 조성, 함평나비축제, 갯벌 생태체험학습, 농촌문화체험, 생태체험학습 등 농촌과 생태체험 프로그램을 연계하고 함평의 농산물과 공산품 나비 브랜드 가치제고, 나비 응용산업 발달을 촉진시켰다.

이를 통해 관광객 급증에 따른 경제적 이익, 성공적 지역이미지 부각, 건전

〈그림 14-2〉 보성녹차 관련 산업

[녹차가공상품]

[녹차해수욕탕]

[녹차음료]

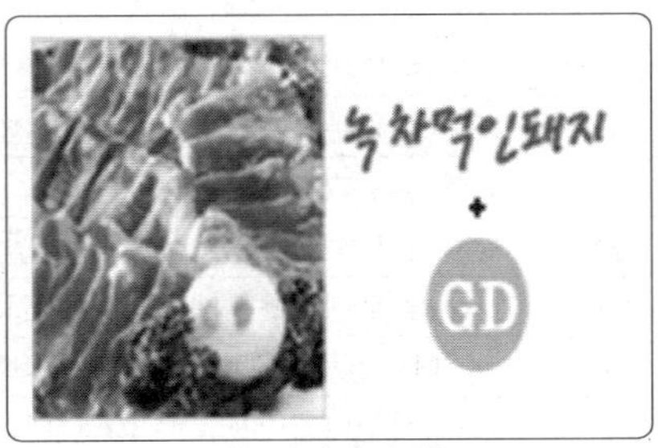

[녹차관련식품]

〈그림 14-3〉 청도군 청도반시 분야별 관계

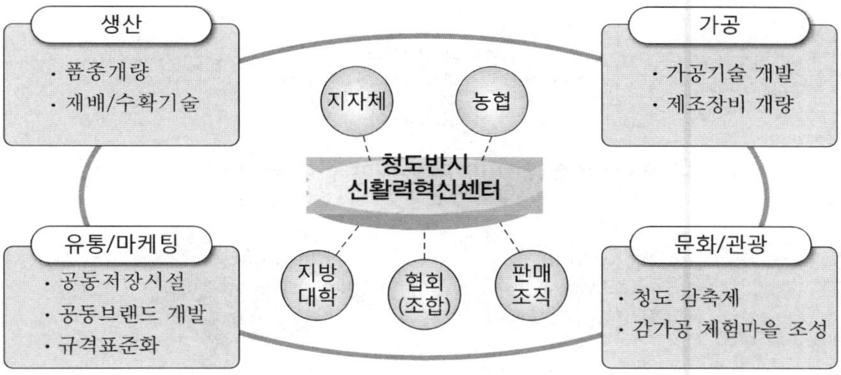

한 지역문화를 형성하였다.

보성 녹차의 경우 관광과 산업의 복합화 사례로 1차 산업의 녹차 재배, 이를 활용한 가공상품의 2차 산업, 이 둘을 활용한 관광 및 서비스의 3차 산업(녹차해수욕탕, 녹차제다업체, 녹돈 체인점)이 어우러져 있다.

청도군 청도반시(씨 없는 감)는 생산 · 가공 · 유통 · 관광을 결합하여 성공한 사례로 신활력혁신센터를 중심으로 농가 · 지자체 · 농협(조합) · 지방대학이 유기적으로 협조한 경우이다.

고창군 복분자는 복분자 산업을 통한 지역 활성화(주류업체 7개, 기타가공업체 10개), 관광객 및 관광수입 증가, 고용창출을 가져왔고 농가소득 200억, 가공업체 933억, 관광수입 40억 증가를 통해 주민소득을 증대시켰다.

고창군의 복분자는 2004년 지리적표시제등록과 복분자산업특구로 지정되었다. 또한 170억 원이 투입된 신활력사업에서 복분자 가공업체 창업, 가공시설 개선, 연구개발 및 공동사업, 공동브랜드개발 및 이벤트 등을 통한 복분자 관련 산업을 선진화하였다.

2) 외국 사례

일본의 일촌일품 성공사례로 오야마정 NPC운동을 들 수 있다. 오야마정은 농지가 350ha에 불과한 산골로서 1,050호 중 700호가 쌀과 소를 기르는 농업에 종사하였는데 오야마정 NPC운동은 지역자원을 활용한 소득증대를 위해 야와다

〈그림 14-4〉 3Basic Principles[5)]

하루미(1961)가 주창하였다.

제 1 차 NPC(New Plum Chestnuts)운동에서는 쌀과 소를 추방하고 고소득 매실과 밤나무 농사로 전환하였는데 야와다 하루미 조합장은 “매실과 밤을 키워 하와이로 가자”라는 구호를 함께 외쳤다.

1965년 실시된 제 2 차 NPC(Neo Personality Combination)운동에서는 ‘풍부한 교양과 풍성한 교양 및 지식을 가진 인재육성운동’이라는 구호를 중심으로 서로 격려하고 사명감과 자신감을 가진 사람을 키워야 할 것을 강조하였다.

1969년 실시된 제 3 차 NPC(New Paradise Community)운동은 생활환경 개선으로 생동감 있는 지역사회를 형성하자는 운동으로 문화, 복지, 주거환경을 개선하여 이상향을 건설하자고 주장하였다.

다. 향토산업의 문제점

1) 향토산업 관련 사업체의 문제

향토산업체의 당면문제를 정리하면 다음과 같다.

첫째, 오래 전부터 실생활에 사용되던 제품들이 현대적 대체용품의 이용으로 제품 수요가 줄어들고, 중국산 등 수입품과 수입산 원재료가 공급되면서 가격 경쟁력이 악화되고 있다. 예를 들어 남원목기와 한산모시의 경우 중국산의

---

5) 1979년 오이타현 히라마쓰지사가 주창한 내발적 지역개발운동이다.

수입과 함께 사기그릇을 사용하거나 다양한 종류의 원단과 의복의 발달로 목기·제기와 모시의 수요가 적어져서 어려움을 겪고 있다.[6)]

둘째, 일부 상품생산은 그 특성상 혹은 관습상 전통 재래식 공정에 의존하고 있어서 대량생산이 곤란하여 경영에 압박을 받고 있다. 한산모시와 남원목공예의 경우 일부 기계화가 이루어졌으나 공정과정상 기계화가 어려운 부분도 있으며, 제품 완성 기간이 길어서 가격 경쟁력이 떨어진다.

셋째, 향토산업체의 규모와 시설이 영세하며, 노동인력이 고령화되어 있고, 힘든 노동, 저임금, 그리고 사회적 무관심 및 낮은 지위로 인한 후계 인력 확보가 어려운 실정이다. 한산모시의 경우 '제마 재배→태모시(섬유질 추출)→굿모시(모시실 만듦)→필모시(모시짜기)'의 단계를 거치는 과정에서 장기간이 소요되지만 인건비조차 회수하기 어려운 실정이다.

넷째, 지역 내에 집적된 기술과 노하우를 관련 업체간 공유하거나, 연구개발하는 경우가 별로 없고, 있더라도 업체의 참여율은 낮은 편이다. 더구나 마케팅 경험 및 전문지식 부족으로 유통망 확보에 애로를 겪고 있다. 이렇게 되면 지역 차원에서 전체적인 품질관리가 어렵기 때문에 향토산업체에서 생산한 상품의 품질기준을 확립하고 공동 브랜드를 통한 유통 및 판매망 구축이 필요하다.

2) 향토산업 관련 제도의 문제[7)]

향토산업의 핵심은 그 지역에 연고를 둔 고유한 원부재료와 제조방법이다. 여기서 대부분의 향토산업은 특정 공동체나 지역을 바탕으로 오랜 세월을 두고 발전해 온 것이다. 따라서 제조방법이나 널리 알려진 명성은 일종의 공동재산처럼 여겨져 어느 개인이 독점적, 배타적으로 권리화할 수 없도록 되어 있기 때문에 지적재산권의 보존이나 관리가 제대로 이루어지지 않고 있다. 예를 들어 상품이나 상호에 지역명칭이 들어가는 사업체의 등록실태를 보면 춘천닭갈비와 남원추어탕 등 유명음식점은 무려 300개소가 넘고 이밖에 보성녹차 86개, 안동간고등어 22개소, 이천도자기 14개소, 남원목기 13개소 등으로 밝혀졌다. 문제는 대부분이 상표나 상호에 대한 등록을 하지 않고 사용하고 있다는 점과 원래 해당 향토자원이 있는 곳과는 다른 지역에서 사업을 하는 업체가 상당수에 이

6) 이동필, 「농촌지역 활성화를 위한 향토산업 육성방안」, 한국농촌경제연구원, p. 49.
7) 상게논문, pp. 51~52 참조.

른다는 점이다. 이들 지역명칭이 포함된 유명상표의 등록 실태를 파악한 결과 안동소주가 33개, 보성녹차가 18개나 등록되어 사실상 배타적인 권리를 행사할 수 있는 『상표법』상의 지적재산권 관리제도가 크게 흐트러져 있음을 알 수 있다.

지리적 특성을 가진 우수 농산물 및 그 가공품을 등록 관리함으로써 지리적 특산물이 갖는 명성이 타 지역에서 오용되는 것을 방지하기 위해 정부는 1999년부터 지리적표시제도를 도입하여 지금까지 보성녹차, 고창복분자주 등 60여 품목을 등록·관리하고 있다. 하지만 2005년 『상표법』에 유사한 목적으로 지리적표시단체표장제도를 도입하여 같은 품목에 대해 중복적으로 지리적표시단체표장을 하도록 함으로써 행정낭비와 기업부담을 가중시키고 국민들을 혼란에 빠뜨리고 있다.

3. 향토산업 육성방안

가. 지역의 향토자원 조사 및 발굴[8)]

향토산업의 생명인 타 지역과의 차별성은 향토자원의 개발에서 비롯되므로, 그 지역을 대표할 수 있는 특색 있는 자원을 발굴하는 것이 가장 중요한 과제이다. 우리나라에는 전국적으로 400~900여 종의 향토자원이 있는 것으로 파악되고 있으나, 농촌진흥청(2007)에 따르면 향토음식만 하더라도 무려 3,300여 종에 이른다는 발표도 있다.

하여튼 우리 지역에는 어떠한 자원이 있고, 무엇을 먼저 개발하는 것이 좋을지 우선순위를 판단하기 위해서는 지방자치 단체가 지역의 향토자원에 대한 조사를 실시하여 개발 잠재력이 있는 자원을 발굴해야 한다. 이때 향토자원을 선정하는 기준은 얼마나 그 지역에 집적되었는지, 특화계수를 이용하거나 이미 형성된 명성, 기타 지역민들의 개발의지 등이 중요한 변수가 될 수 있을 것이다. 농림수산식품부는 전국적으로 발굴된 향토자원을 취합하여 그 활용형태, 자원 특성 등에 따라 체계적으로 향토자원 데이터베이스를 구축할 필요가 있다.

---

8) 상게논문, pp. 52~53 참조.

나. 지역혁신체계 구축 및 기술개발

향토산업을 둘러싼 다양한 주체 간의 혁신체계 구축은 공동의 마케팅 및 정보교류 측면의 이익뿐 아니라 기술혁신을 도모할 수 있는데 있어 유용성이 크다

향토산업의 경쟁력을 확보하기 위해 원료와 제품의 기능과 효용을 검증하고, 소비자 선호에 맞는 다양한 기술 및 제품 개발이 필요하다. 순창고추장은 고추장에서 된장·청국장·간장으로 제품 생산을 확대하고, 소비자들의 기호에 따라 옹기 모양의 용기를 개발하였다. 또한 남원목기의 경우 제기 수요의 감소에 따라 다양한 생활용기를 개발하고, 옻칠을 통한 기능성 제품으로 도약하고 있다. 이 밖에 보성녹차의 경우 녹차를 활용한 다양한 음식(녹돈, 녹차 아이스크림, 녹차 된장 등) 및 녹차제품(녹차비누 등)을 개발하였다. 다만 향토자원을 활용하여 개발된 제품이 대부분 유사하기 때문에 지역간 뚜렷한 차별성을 확보하는 것이 중요한 과제이다.

또한 지역혁신체계는 하위체계의 역량 및 산·학·연·관의 유기적인 협력과 네트워크를 극대화시켜 기술개발 등을 통한 향토기업 경쟁력을 극대화 시킬 수 있는 유용한 수단과 도구가 되도록 구축해야 할 것이다.

다. 장인정신을 가진 전문인력의 육성

향토산업은 전통성과 지역성을 내포하기 때문에 생산과 기술 측면에서 전통적인 향토산업과 현대적인 향토산업간의 인재 형성과정이 엄연히 다르다.

대부분의 향토산업 제품은 그 지역에서 전통적으로 전해오는 기술에 크게 의존하고 있다. 하지만 이와 같은 생산방식은 장인정신에 입각한 기능보유자를 통해 전승되어 제품 생산방식과 체화된 손기술의 차이로 규격화 된 제품 생산이 곤란하고 기술 전수가 어렵다는 단점을 가지고 있다. 특히 제품 생산 과정에서 기계화가 어렵고 완제품을 위해서 수작업으로 장시간에 걸쳐 작업이 이루어지므로 육체적 노동 강도가 큰 반면, 이윤이 적어 젊은 인력의 공급이 어렵고 노동력이 고령화되어 있다.

향토산업의 육성을 위해서는 장인정신을 가진 전문인력을 양성해야 한다. 전문기능인이 우대받는 사회적 풍토를 조성하여 향토산업을 활성화하기 위해서

는 전문기능인이 육성될 수 있는 국가적 지원관리제도의 확립이 필요하다. 이를 통해 차세대 전문기능인 양성을 활성화하여 오늘날 청년실업과 지방경제 위기를 극복하는 계기를 마련할 수 있을 것이다.

라. 지역공동브랜드의 개발 및 홍보·판촉강화

자국의 경제, 문화 및 사회적 주체성 확보가 큰 의미를 지니는 현시점에서 지역성과 전통성을 지닌 지역공동브랜드 개발은 의미가 클 것이다.

향토산업의 핵심은 다른 지역에 없는 그 지역 상품만이 가지는 원부재료나 제조방법 등에서 풍기는 향토성이다. 즉, 사람들의 입을 통해 이미 널리 알려진 명성을 가지고 있거나, 그 명성을 바탕으로 거래되는 만큼 향토산업의 이름은 그 자체가 상표와 같은 역할을 하게 된다. 예를 들어 한산소곡주나 진도홍주, 혹은 강경젓갈이라 하면 소비자들은 어느 지역에서, 무슨 원료로, 어떻게 만든 상품이며, 그 품질은 어떠한지 알기 때문에 향토산업의 명칭을 보호하고, 관리할 필요가 있다. 특히 향토산업체들은 기술개발을 통한 상품 개발에 성공했다 하더라도 대부분 규모가 영세하여 자금 부족으로 홍보 및 판촉 활동에 많은 제약이 따른다.

현대 사회는 생산자 중심에서 소비자의 요구에 부합하는 고객 지향으로 마케팅의 방향이 변화하고 있다. 하지만 제대로 된 판로확보가 어려운 만큼 지역 내 관련 업체와 협의체를 결성하여 공동브랜드를 만들거나 전시회나 박람회를 개최하여 향토 제품을 소비자들에게 인식시킬 필요가 있다.

마. 지적재산권의 권리화와 품질관리제도 정비[9]

지역고유의 자원, 제품의 제조방법 및 기술·상표 또는 상호는 지적재산권으로 권리화하여 보호되어야 한다. 이동갈비나 안동찜닭 등 한때 전국적으로 명성을 떨친 유명 향토음식이 지속적으로 발전하지 못하고 사라졌는데, 원료와 요리방법 등 음식 자체에 대한 품질관리가 부족하고, 이들 음식 또는 음식을 제공하는 상점의 상표와 상호에 대한 관리가 제대로 이루어지지 못해 소비자들의 신뢰를 잃었기 때문인 것으로 판단된다.

유럽연합에서는 원산지표시보호제도(PDO)와 지리적표시보호제(PGI)를 통

9) 상게논문, p. 54.

해 지역적 특성을 가진 향토농산물 및 가공품의 품질관리와 차별적 유통을 하고 있다.

우리 또한 전국적인 명성을 가진 보존할 만한 가치가 있는 상표 또는 상호에 대해서는 지자체나 해당 생산자 단체 또는 법인체 등이 해당 품목의 규격기준에 기초하여 지리적 표시(가공품), 또는 지리적표시단체표장상표(농수산가공품 및 공산품)로 등록하여 향토음식의 상표와 상호에 대한 품질관리와 권리관계를 분명하게 할 필요가 있다.

제15장

재래시장

고무줄과 옷핀, 병아리와 산나물과 붕어빵. 전혀 어울리지 않는 용품을 한 곳에서 구입할 수 있었던 재래시장이 우리들 주변에서 사라질 형편이다.

대형유통업체들이 잇따라 지방 상권에 진출하면서 재래시장은 심각한 지경에 이르고 있다. 중기청이 조사한 자료에 의하면('06기준) 전국 1,660개 재래시장 가운데 대형마트 신규 출점으로 재래시장이 1년에 114개씩 사라지고 있는 것으로 나타났다. 또한 매출현황을 살펴보면 전통시장은 2001년 40.1조원에서 2007년 26.7조원으로 매년 감소추세를 보인 반면 대형마트('01: 13.8조원→ '07: 28.9조원) 및 온라인 시장('01: 5.4조원→'07: 25.3조원)은 증가추세를 보이고 있다.

여기서는 재래시장의 의의를 살펴보고 재래시장의 실태와 현대화 방안에 대하여 살펴보고자 한다.

1. 재래시장의 의의

가. 시장과 재래시장의 개념

시장이란 가격 메커니즘에 의해 재화의 실제적 거래와 소유권의 이동이 이루어지는 장소를 의미한다. 그리고 시장이란 종래에는 유형의 재화가 거래되는 공개적인 장소를 의미했으나, 지금은 장소에 국한된 것이 아니고 유무형의 재화를 거래하는 사람들의 집단까지도 포함한다고 할 수 있다.

이러한 시장의 유형은 그 분류기준에 따라 다양하게 구분할 수 있다.

그 중에서 특수목적에 의거 분류한 재래시장은 자연발생적인 소매집단으로 형성되어 온 것이 일반적이다. 그리고 도매업기능을 중심으로 하고 있는 일부 도심의 재래시장도 사후적 또는 사전적으로 계획적인 소매집적의 유형을 띠고 있다.

법적 개념으로 재래시장은 일반시장과 정기시장으로 나누어지고 있다. 일반시장은 도소매업진흥법상 시장으로 일정구역 안의 건물 또는 지하도에 설치된 다수의 점포시설에서 도·소매업자 및 용역업자가 상품을 판매하거나 용역을 제공하는 영업장으로서 매장의 분양이 허용되는 것으로 적용하고 있다. 이에 반해 정기시장은 일정구역 안에서 다수의 수요자와 공급자가 정기적 또는 계절적으로 모여 상품을 매매하거나 용역을 제공하는 장소로 정의된다.

또한 재래시장은 유통단계에 따라 도매 위주의 재래시장과 소매 위주의 재래시장으로 구분할 수 있고 취급상품의 구색에 따라 종합시장과 전문시장으로 나누어진다. 이전의 재래시장에 관한 한 연구[1]에서는 재래시장을 "기개설 허가된 시장 중 1980년 이전에 개설된 시장으로 노후화되어 재개발 및 근대화의 필요성이 있는 시장"이라 정의하고 있다.

나. 재래시장의 사회적 편익

지역 내 주민들에게 근거리 구매의 편의를 제공하고 지역의 균형발전에 기여하는 재래시장은 다음과 같은 사회적 편익을 제공한다.[2]

첫째, 재래시장은 현존하는 공간구조의 틀 속에서 지역주민들에게 균등한 구매의 기회를 제공한다. 즉, 재래시장은 주거지 분화(residential segregation)가 심화된 현재의 도시구조 속에서 계층에 관계 없이 근거리 구매의 기회를 제공하는 유통시설이라 할 수 있다.

둘째, 재래시장에서는 일상 생활용품의 일괄구매(one-stop shopping)가 가능하다. 콩나물과 장미꽃, 고무줄과 병아리처럼 완전히 이질적인 상품을 몇 걸

1) 중소기업청·한국유통연구소, 「재래시장 재개발사업의 효율적 추진방안」, 1996, p. 36.
2) 김홍순, 「인천광역시 재래시장의 경쟁력강화를 위한 기본구상」, 인천발전연구원, 1999, pp. 11~12 참조.

음 옮기지 않고 구매할 수 있는 곳이 재래시장이다.

셋째, 저렴한 가격과 지역경제와의 관련성이 높다. 재래시장의 물건값은 상대적으로 저렴하다. 재래시장의 물건값은 백화점은 물론이고 집 앞의 소매점보다도 싸다. 특히, 농산품의 경우는 할인매장과 비교해서도 가격경쟁력이 떨어지지 않는 것으로 파악된다. 따라서 중·저소득층에게는 재래시장이 꼭 필요한 유통업체라는 추론이 가능하다. 아울러 재래시장은 속칭 '브랜드가 없는' 중저가 제품을 취급하며, 이는 주로 중소기업 제품이다. 즉, 재래시장이 결과적으로 넓게는 국민경제, 좁게는 지역경제의 중요한 버팀목으로서 기능하고 있다고 평가할 수 있다.

넷째, 커뮤니티(community) 센터로서의 역할을 한다. 각 생활권별로 재래시장이 입지함으로써, 일종의 커뮤니티 센터 즉, 지역민들간의 만남과 교류를 매개하는 사회적 의미의 오픈스페이스가 형성되어 왔다.[3)]

즉, 서구의 광장(forum)과 같은 역할을 수행함으로써 재래시장은 단순한 상품교환(exchange)의 장 이상의 역할을 수행해 왔다고 평가할 수 있다.

〈표 15-1〉 재래시장의 강점

규모·업종구성	일괄 종합구매 가능
입지면	주택가 및 주택가에서 근거리에 위치하여 유리함
투자비용	경투자·경장비이므로 투자비용이 저렴, 저가판매가능
집적효과	업종별로 다수 상인을 집단 수용하여 경쟁가격이 형성
상품의 보완성	상품의 차별화 효과, 보완효과가 큼
고객과의 밀착	소비자의 구매습관에 익숙
생업적 성격	생업적 영세상인의 생활터전을 제공
국민경제적 성격	국민경제적 측면과 사회복지 정책의 대상에서 소외된 사람들의 부담을 덜어줌

자료: 김희진, 「유통산업의 개방화에 따른 대전지역 재래상권의 대응전략에 관한 연구」, 충남대학교, p. 9.

3) 최광휴, 「근린생활권 입반소매시장의 환경개선에 관한 연구」, 서울대학교, 1993.

2. 재래시장의 실태

가. 재래시장의 현황

재래시장은 1970년대 초반까지만 해도 우리나라의 지배적인 소매업태로서의 기능을 했다. 1970년대 후반 이후, 아파트 단지의 개발에 따라 근린 지구형 쇼핑센터가 급속히 증가하고 1980년대 들어 백화점의 건설이 급진전되고 90년대 들어 대형할인업체의 입점으로 재래시장의 침체를 거듭하고 있다.

도시지역에 있어서 재래식 상설시장은 아직도 많은 서민들을 위하여 저렴하고 다양한 상품구색을 제공함으로써 소매업태와 여전히 경쟁하고 있다. 상설시장은 도시인의 경제생활에 있어서 오랫동안 상품공급장소로 기능해 왔을 뿐 아니라 도매시장으로서의 역할을 동시에 수행하여 왔다.

한편 상설시장은 소비자 구매형태의 변화에 보다 효과적으로 적응하기 위하여 새로운 변화를 보이고 있기도 하다. 예를 들어 도심부에 집중되어 있는 대형시장이 장소의 편의성을 제공하기 위해 점차 소형화하여 도시주변으로 분산되고 업종구성에 있어서도 인근 주민이 필요로 하는 일용품 중심으로 바뀌고 있다. 뿐만 아니라 도심시장은 점차 포목 및 직물시장, 의류시장, 가전제품시장 등으로 전문화되거나 일용품 중심에서 전문품시장으로 바뀌는 경향을 볼 수 있다.

〈표 15-2〉 전국전통시장 일반현황

구 분	2004	2005	2006	2008
전통시장수(개)	1,702	1,660	1,610	1,550
점포수(천 개)	237	239	226	207
종사자수(천 명)	389	397	353	363

자료: 중소기업청, 「'09년 전통시장 활성화 지원계획」.

나. 재래시장 외적 환경의 변화

1) 새로운 업태의 등장

재래시장을 위협하는 가장 큰 문제는 새로운 업태의 등장이다. 이제 더 이상 낮은 가격과 일괄구매의 기회를 제공한다는 것만으로 경쟁력을 유지할 수 있는 시기는 지났다. 저가격·고품질의 상품이 재래시장보다 훨씬 나은 서비스로 제공되는 대형할인점이 도시 내 곳곳에 생겨났기 때문이다.

새로운 업태는 대형할인점뿐이 아니다. 홈쇼핑과 인터넷 판매와 같은 무점포 판매방식이 급속도로 빠르게 성장하고 있다. 이러한 업태들은 점포가 없기 때문에 파격적인 가격으로 상품을 제공할 수 있다.

2) 유통시장 개방

할인매장이 근래 들어 급격히 증가하게 된 데에는 유통시장의 개방이 큰 몫을 담당하였다. 1988년 유통시장 3단계 개방계획이 발표되어 점진적이고 단계적인 외국인 투자제한 완화조치가 이루어졌다. 1996년부터는 점포수 및 매장면적 제한이 완전히 철폐되기에 이르렀다.[4]

3) 도시구조의 변화

대부분의 재래시장은 1970년대 이전에 형성된 노후한 유통시설이다.[5] 이러한 맥락에서 재래시장이 구 시가지에 자리잡고 영업해온 것은 당연한 공간양태라 할 수 있다. 그러나, 도시구조의 변화, 즉 주거지 분화와 신도시 개발 등으로 인한 도시민의 구 시가지 이탈은 재래시장과 중산층의 거주지를 이격시킴으로써 재래시장의 상권약화를 초래하였다.[6] 아울러 새롭게 형성된 신도시에는 어김없이 대형 쇼핑시설이 입지함으로써 중산층과 재래시장의 실질적인 거리는 더욱 멀어지고 있는 실정이다.

4) 여성의 사회진출 증가

여성이 경제활동 참여율의 증가는 가사노동의 양적인 감소를 가져왔다. 그리고 소비자들의 구매형태를 매일 소량구매에서 주말의 다량구매로 전환시켜서, 결국 소비자들이 근거리에 위치한 근린시장보다는 할인점을 찾도록 하는 유인이 되었다. 또한 가계소득의 증가로 저가제품에 대한 수요가 줄고 고급품에

4) 김흥순, 전게논문, p. 14.
5) 최주영, 「서울시 일반재래시장 재개발요소의 상대적 중요도 평가에 관한 연구」, 고려대학교, 1998.
6) 박정원·유응교, 「일반주거지역의 세대밀도 유도방안에 관한 연구」, 『전북대 공학연구(제28권)』, 1997.

대한 선호가 증가되었는데, 이러한 소비자의 선호 변화는 저가품을 주로 취급하는 재래시장의 운영에 일정한 악영향으로서 작용한다고 평가할 수 있다.

다. 재래시장 내적 약점의 심화

1) 노후한 재래시장 시설

이미 언급한 것처럼 대부분의 재래시장이 1970년대 이전에 건축된 관계로 시설의 노후화가 심각한 실정이다. 이러한 불량한 건축환경으로부터 재래시장이라는 어휘는 종종 불결함과 음습함이 연상된다. 시설의 노후화와 함께 좁은 이동로 그리고 주차시설의 미비는 현재의 시설로는 재래시장이 변화된 사회환경 속에서 더 이상 경쟁력이 없다는 결론을 도출시킨다.

2) 관리·서비스의 부재

재래시장은 건물도 노후화되어 있지만 관리가 허술해서 이용자들에게 불쾌감을 안겨주곤 한다. 미흡한 청소상태, 과밀한 노점상과 점포, 어두운 조명 등은 관리의 부재를 알려주는 재래시장의 대표적인 문제점이다. 영세한 동종의 소점포가 다수 존재하는 관계로 호객행위가 성행한다는 것도 재래시장이 갖는 문제점 중의 하나이다. 하지만 더욱 심각한 문제는 고객에 대한 불친절이라고 할 수 있다.

3) 가격에 대한 불신

상품에 가격표가 붙어 있지 않은데다, 상점마다 가격도 천차만별이다. 이렇듯 일물일가의 원칙이 흔들리는 이유는 여러 가지로 설명되지만 그 주된 이유는 구매처가 단일하지 않기 때문이다.[7] 가격정찰제 미실시의 더 큰 문제는 폭리의 혐의가 짙고 불신풍조를 만연시킨다는 것이다.[8]

---

7) 중소기업청·한국유통연구소, 전게서, 1996.
8) 중소기업청·한국유통연구소(1996), 「재래시장 재개발사업의 효율적 추진방안」에서 상인들이 가격정찰제를 실시하지 않고 있는 이유는 일부의 소비자들이 에누리를 선호하기 때문이라고 소비자 측면에서 문제점을 지적하고 있다.

3. 재래시장의 현대화 방안

가. 재래시장의 구조조정

재래시장의 구조조정은 현재 그 시장이 처해 있는 여건을 조사·분석하는 것으로부터 시작되어야 할 것이다. 우리나라 재래시장의 구조를 조정하기 위해 상권 및 경쟁 여건과 도시환경 여건의 두 가지 기준으로 분류해보면 〈표 15-3〉에서 보듯이 네 가지 유형으로 나눌 수 있다(최창호, 1996).

먼저 Aa영역이다. 상권 및 경쟁여건과 도시환경상 양호한 시장군에 대해서는 내부적으로 시장경영의 효율화를 기하면서 중점 육성되어야 할 것이다. 이 경우에 시장의 전체적인 외부형태는 가능한 한 유지하고 경영방식 등 내부적인 문제만을 보완하여 육성한다.

다음으로, Ab영역이다. 상권 및 경쟁여건은 양호하나, 도시환경 측면에서 문제를 갖고 있는 시장은 재개발이나 재건축 등을 통하여 문제를 해결하도록 한다.

그 다음으로, Ba영역이다. 상권 및 경쟁여건은 불량하나 도시환경의 여건은 양호한 시장군에 대해서는 가능한 한 관리주체의 자율적 의견을 존중하는 범위 내에서 업태 또는 업종전환할 것을 유도한다. 전환대상시장 중 광역형시장 및 일부 지역형시장은 해당도시와 입지 특성에 따라 대형소매시설 혹은 복합용도건축물로 유도하고 관리주체가 자금능력이 없을 경우에도 자금능력이 있는 기존 대형 유통업체 혹은 건설·개발회사의 참여를 유도하거나 공동개발·공동

〈표 15-3〉 재래시장 현대화의 유형

구 분		상권 및 경쟁여건	
		양호(A)	불량(B)
도시환경 여건	양호(a)	Aa 중점육성대상 시장군	Ba 전환대상 시장군(업태 및 업종전환)
	불량(b)	Ab 보완육성대상 시장군 (재개발 및 재건축 등)	Bb 이전대상 시장군

자료: 최창호(1996), 「재래시장의 현대화와 정책방향」에서 재작성.

운영을 유도한다.

마지막으로, Bb영역이다. 가장 정책적 관심이 집중되는 이전대상시장은 이전 후 공간에 대한 구체적인 활용방법은 관리주체의 자율의사에 맡기도록 하되, 그러한 능력이 없는 경우에는 능력을 갖춘 다른 민간업체의 참여나 공동운영을 유도한다.

나. 골목시장을 포함한 시장의 재개발

시장의 구조조정 방안 중 근린형 및 일부 지역형시장 중 전환대상시장 내지 이전대상시장은 소매복합건축물로 건설하도록 권장함이 적절하다. 이에 비해 광역형시장은 복합용도건축물로의 건립을 유도하는 것이 적절할 것이다.

또한 고객확보를 위해서는 공동창고, 하역장 및 작업장과 같은 물적유통시설과 함께, 유통정보화 시설, 교육 및 연수 시설 그리고 무엇보다도 고객의 편의 시설인 휴식공간, 문화공간이 설치되어야 한다.

한편, 지금까지의 정부의 시장재개발 지원정책은 모든 유형의 시장을 포괄하는 것이 아니며 일정한 요건을 충족시키는 시장에 한정되었다. 따라서 골목시장으로 지칭되는 자연발생적 노변상가는 정부의 재개발지원제도의 혜택에서 배제되었다. 골목시장은 현실적으로 주거지역에 거주하는 주민들에게 상품을 공급하는 유통기구로서 많은 역할을 하고 있으며, 지역경제에서 중요한 역할을 차지하고 있기 때문에 골목시장의 활성화를 위한 지방자치단체차원의 지원은 그 명분과 타당성을 지니고 있다 할 것이다. 이러한 골목시장은 그 특성상 재개발을 위해서는 구역지정 절차의 수정 등 다각적이고 제도적인 개선책이 필요할 것이다.

다. 경영관리능력 제고와 재정지원 강화

영세한 경영주에 의한 시장의 발전은 기대하기 어렵다. 영세규모로 중장기적 계획 경영은 실현될 수 없고 적극적인 시장의 활성화는 불가능한 것이 된다. 점포면적의 협소 및 자본금의 영세성을 탈피하기 위하여 장기적인 안목에서 지원책이 필요하다. 동시에 영세경영자 스스로의 협동체제를 통한 공동투자의 방법 등으로 적정규모화 내지 확대하여야 한다. 또한 경영자들의 자질향상과 경영자 의식제고를 통해 고객들의 기대에 부응하는 모범판매원을 양성하고 상거래

정보, 점포경영의 합리화 새로운 판매기법의 도입 등으로 경영자의 의식을 제고하여야 한다.

한편 영세상인의 안정적인 경영을 위해 현행 점포임대계약도 개선되어져야 한다. 특히 현재 소매점포는 고액의 임대보증금과 짧은 임대기간 등으로 인하여 임차소매상이 장기간 사업을 지탱하기 어려운 경우가 많다. 일본이나 미국의 경우와 같이 토지 및 건물 임대를 20~30년간 장기리스제도를 활용하는 것도 바람직할 것이다.

상거래의 효율성을 증진시키고 소비자에게 편익을 제공하기 위해서 시장은 적절한 시설을 설치해야 한다. 소비자에게 편리한 시설을 보다 많이 제공할수록 그 시장을 이용하는 고객의 수가 증가할 것이다. 시장의 시설 중 특히 공동물류시설, 유통정보화 시설, 그리고 건물 내 인테리어의 정비와 통일 등에 소요되는 비용은 유통근대화 재정자금을 대폭확충하여 지원되어야 할 것이다. 이 재정자금 이외에도 중소기업금융의 측면에서도 중소유통업 및 영세시장상인에 대한 자금 공급수혜의 폭을 늘여야 할 것이다.

또한 시장상인들이 공동으로 집배송단지를 건립하고자 할 때 현재는 시설비용에 대해서만 지원해 주고 있으나 부지구입자금도 상당부분 지원되어야 할 것이다.[9] 왜냐하면 영세한 시장상인들로서는 공동으로 집배송단지를 건설하여 비용을 절감시키고 경쟁력을 강화한다는 것은 현실상 불가능하기 때문이다.

라. 주차시설 확충 등 쾌적하고 체계적인 시설관리

유통시설은 고객을 대상으로 영업활동을 전개하는 장소이므로 무엇보다도 물적시설에 대한 관리가 중요하다. 매장은 사무실이나 주택보다도 더 청결해야 하며 밝기, 냉온방이나 주위환경에 보다 신경을 기울여야 한다. 불특정 다수를 대상으로 상행위를 하는 만큼 시설의 불편에서 오는 불만의 호소 또한 불특정 다수로부터 제기될 수 있고 그 방법도 개인에서부터 시작하여 집단적인 양상을 나타낼 수 있는 것이다. 따라서 시설에 대한 종합적인 관리시스템이 정립되어야 할 뿐만 아니라 시설에 대하여 소비자로부터 제기될 수 있는 문제점들을 사전에 발견, 시정할 수 있는 체계를 갖추어야 한다.

---

9) 화물주차장과 철도연계수송 거점의 역할을 할 복합화물터미널의 경우에도 부지매입에 있어 그 비용의 일부를 재정지원(예: 부곡 300억 원, 양산 100억 원)하고 있다.

특히, 교통 주차시설의 관리가 중요하다 할 것이다. 재래시장에서의 주정차 시설은 턱없이 부족한 실정이다. 이미 별도의 주차빌딩을 갖추었다 하더라도 체계적인 관리와 시장상인들의 적극적인 협조가 이루어지지 않으면 무용지물이 되고 만다. 아울러 시장주변 및 진입도로의 교통개선 역시 중요하다. 도로주변 노점상을 정비하고 불법주정차를 철저히 단속하는 것도 빼놓을 수 없다.

마. 상인들의 자주적 노력 강구

시장은 상인들의 공동노력 없이는 대형유통업체와의 경쟁에서 뒤질 수밖에 없는 형편이다. 이를 감안하여 보다 효율적인 시장운영관리와 더불어 공동상표의 개발, 공동유통정보망의 구축 등을 통해 경영효율화를 기해야 할 것이다. 이와 함께 재래시장은 가격이 저렴하면서도 높은 품질의 상품을 제공한다거나, 철저한 가격표시로 가격에 대한 신뢰도를 제고한다거나, 깨끗한 상품관리를 하고, 배달 서비스를 제공하는 등의 과제를 실천해야 할 것이다.

또한 불량계량의 방지, 소비자편의시설의 확충 등으로 소비자보호를 강화하여야 할 것이다. 새로운 유통환경의 변화에 보다 적극적으로 대응하고 성공적인 생존전략을 마련하기 위해서라도 시장상인에 대한 교육과 연수의 기회를 확대하는 방안도 좋을 것이다.

친절과 서비스는 유통업의 생명이다. 판매행위는 고객에게 단순히 상품을 판매하는 것 이상의 행위로 상인은 상품에 서비스를 부가해서 고객들에게 만족을 판다는 자세로 고객을 대해야 한다. 그러나 재래시장 상인들은 지나치게 불친절했다. 따라서 재래시장 상인들도 경쟁업태인 백화점이나 할인점에 상응하는 서비스를 갖추어야 한다. 구체적인 방안으로 우선, 고객의 심리변화에 맞춰 친절한 서비스를 제공하여야 한다. 둘째, 청결하고 명랑하며 밝은 분위기를 연출하여야 한다. 셋째, 불량제품을 취급하지 않도록 하여야 하며 불가피한 경우 조건 없이 교환 환불해 주어야 한다. 마지막으로, 호객행위를 하지 않아야 한다. 즉, 재래시장이 현대화된 대형유통업체와의 생존경쟁에서 살아남기 위해서는 무엇보다도 시장 내부의 구조조정과 개발적인 변화가 일어나야 할 것이다.

제16장

산업 클러스터

WTO, DDA, FTA 등으로 우리 경제는 명실상부한 무한경쟁시대 속으로 진입했다.

정부는 안정적 성장 기반을 구축하기 위해 국가적 차원에서 새로운 경제정책을 내놓고 있다. 결론적으로 과거처럼 국가 내지 중앙중심의 경제정책이 아니라 각 지역의 경쟁력을 높여 국가의 발전을 도모하자는 논리이다.

여기서는 그 중의 하나로서 산업 클러스터 이론에 대하여 검토한 뒤, 외국의 주요 산업 클러스터를 파악하고, 우리나라의 클러스터 사례를 이천 도자클러스터를 중심으로 살펴보고자 한다.

1. 클러스터의 이론적 배경

가. 클러스터의 개념

클러스터(cluster)란, 비슷한 업종의 다른 기능을 하는 관련 기업과 기관들이 일정 지역에 모여 있는 것을 말한다. 그러나 무작정 모여 있는 것만을 의미하는 것은 아니다. 생산과 연구개발, 금융기능은 물론 인력확보나 정보공유 등 네트워크에 중점을 두고 모여 있는 형태를 의미한다.

우리나라의 공단이나 산업단지는 일종의 클러스터다. 테크노파크, 테크노밸리, 테크노타운 등도 변종의 클러스터이다. 우리나라의 경우 그 동안 재벌그룹이 사실상 클러스터 역할을 하였다. 연구개발, 생산, 판매, 금융 등이 모두 한 재벌그룹에 속해 있었다. 계열사들이 모여 토론하면서 좋은 아이디어를 얻고, 유망사업을 찾으면 재원과 인재를 분담해 위험을 분산하면서 일을 벌일 수 있었다. 그러나 외환위기 이후 재벌그룹 체제가 무너졌다. 더 이상 재벌그룹이 클러스터기능을 할 수 없는 지금 그 역할을 클러스터가 해 주어야 한다.

클러스터(cluster)는 집적(集積)이라는 단어로서 한 곳에 모여 있는 것을 의미한다. 산업입지론에서 집적현상은 해당 또는 여타 산업부문에 있어 다양한 영향을 미친다고 말하고 있다. 업종이나 산업이 한데 모여 있으므로 상호 영향을 주어 시너지(Synergy) 효과를 발생시키는 집적경제 현상을 다르게 표현한 것이 산업클러스터 이론이다. 산업클러스터는 일정지역에서 산업발전과 관련된 혁신주체들이 기능적 연계와 공간적 집적을 이룸으로써 산업생산체계를 중심으로 과학기술체계 및 기업지원체계가 효율적으로 접합된 집합체로 정의되고 있다.

클러스터란 같은 업종이나 연관 및 보완관계에 있는 기업과 관련기관의 공간적인 집적을 의미한다. OECD는 클러스터를 “부가가치를 창출하는 생산기술에 연계된 독립성이 강한 기업들과 지식생산기관, 연계조직 및 고객의 네트워크”로 정의하고 있다. 클러스터는 한 지역이나 국가가, 경쟁우위를 바탕으로 관련 산업들이 한정된 지역에 집적하면서 형성된다. 클러스터에 속해있는 기업은 상호 마케팅, 정보 및 의견교환 채널을 가지고 클러스터 내의 특화된 서비스 활동, 노동시장 및 사업서비스 등을 공유하고 공통된 발전의 비전과 전략을 공유한다. 이러한 클러스터는 기업뿐만 아니라 고객, 공급자, 기업서비스 활동, 제도등도 포함하는 기업과 제도간의 지역적 네트워킹 시스템으로 이해된다. 따라서 상호 연관된 클러스터의 구성요소들은 서로 직접적인 경쟁자가 아니라 필요요건과 제약조건을 공유하는 집단인 것이다. 이러한 내용을 종합하면 클러스터란 “지리적으로 인접한 기업이 상호 협력과 경쟁의 기반위에 산업발전에 대한 비전을 공유하며 기업지원의 기반이 풍부한 환경 속에서 수직적, 수평적 연계를 형성하고 있는 지역”(Cooke, 2002)으로 정의할 수 있다.

앞에서 살펴본 바대로 사실상 클러스터의 개념은 새로운 것이 아니다. 경제학의 선구자 Alfred Marshal이 1890년 그의 저서 “경제학원리”에서 산업지구의 개념을 제시한 이래로 산업지구, 신산업공간, 새로운 마샬적 결절지역, 지역혁신환경 등의 개념으로 경제지리학과 지역경제학에서 사용되던 개념이다. 하지만 이러한 개념은 학자들 사이에만 융통되고 토의되었을 뿐, 사회적으로 관심을 끌거나 정책결정자에게 그리 매력적으로 다가오지는 않았다. 하지만 미국의 경영학자 마이클 포터가 그의 다이아몬드 모형과 경쟁적 이론에서 클러스터의 중요성을 제시하면서 클러스터라는 용어는 전 세계적으로 퍼지게 되었다.

포터는 클러스터를 특정 분야에서의 경쟁 또는 협력관계인 기업, 전문공급업체, 용역업체, 관련 산업의 기관들이 지리적으로 인접하고 있는 '결집체'라고 정의하였다. 완성품 생산업체와 서비스 업체, 전문화된 원재료나 부품·기계·서비스 등을 제공하는 공급업체, 금융기관, 연관 산업에 속한 기업 등이 바로 '결집체'에 해당된다. 또한 이 '결집체'에는 중간재를 제공하는 기업, 보완재의 생산업체, 기간 시설 전문공급업체, 정부기관, 교육·정보·연구·기술 등을 제공하는 전문기관, 공인된 표준화기관 등이 포함된다.

〈그림 16-1〉 포터의 지역경쟁우위의 원천(다이아몬드 모델)

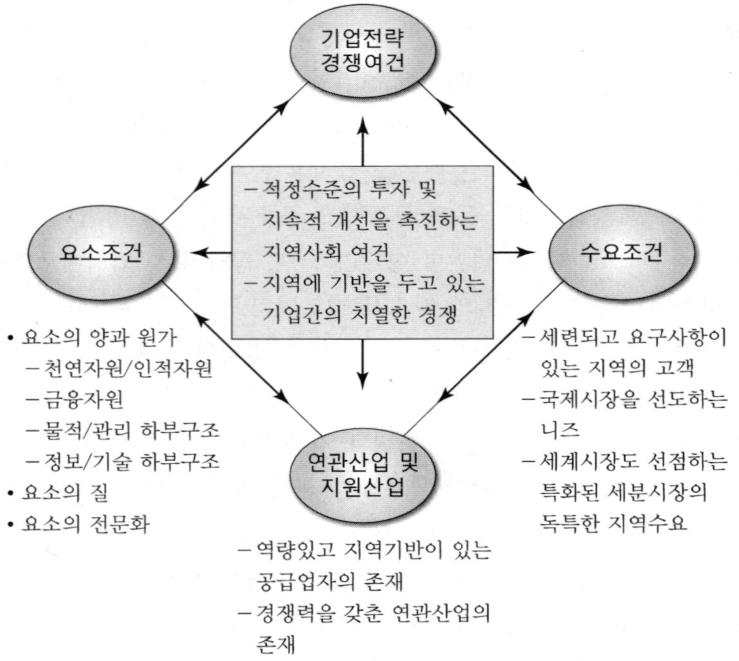

Porter, M.E., The Competitive Advantage of Nations, The Free Press, 1990.

포터는 어느 한 지역이 경쟁우위를 확보하기 위한 원천으로서 요소조건, 수요조건, 연관 및 지원산업, 기업전략·구조·경쟁관계 등 4가지 경쟁우위 원천이 존재한다고 주장하였다. 그것이 바로 포터의 다이아몬드 모델이다.

포터의 클러스터 개념은 상호 관련된 기업이나 기관이 지리적으로 집중하여 "경쟁과 협력의 논리가 공존하는 실체"로 이해하고, 지역을 단순히 물리적 지리적 공간이 아닌 산업의 혁신과 경쟁력을 강화하는 사회제도적 환경으로서의 '지역'에 대한 인식의 방향성을 제시하였다는 점과, 경제학과 지리학과 사회학이 만나는 접점을 제시했다는 점에서 의의를 찾을 수 있다.

나. 클러스터의 필요성

'독수리 5형제'는 요시다 다츠오의 원작을 애니메이션화한 것으로, 우리나라에서도 대성공을 이룬 작품이다. 만화영화를 보고 난 뒤 어둑해지는 골목길엔 채 흥분이 가시지 않은 아이들이 제각기 엄마의 스카프를 목에 매고 나타났다. 그들에게 '독수리 5형제'는 단순한 흥미거리를 넘어서는 것이었다. 특히 독수리 5형제가 하나의 몸으로 합체, '불새'가 되어 악당을 물리치는 것이 클라이막스였다.

독수리 5형제의 '불새'는 시너지 효과를 연상시킨다. 개별적으로 활동하는 것보다 서로 힘을 합칠 때 엄청난 힘을 발휘하는 효과이다. 경제에서도 마찬가지다. 서로 합체와 분리가 자유롭게 된다면 얼마나 경쟁력이 더해질까. 즉, 대기업은 크고 강해서 좋으나 위기가 닥치면 덩치 때문에 손실이 커진다. 반면 중소기업은 유연해서 좋으나 너무나 연약하다. 이제 대기업의 효율성과 중소기업의 신속성을 동시에 갖출 수 있는 대안이 나온 것이다. 그것이 세계적으로 유행하고 있는 클러스터 개념이다.

클러스터 접근방식은 기업들간 협력에 의한 시너지 증대의 필요성 때문에 선호되고 있다. 기업, 특히 중소기업의 경우 다른 기업과 협력하지 않고서는 경쟁력 향상이나 기술혁신을 달성하기 어려움이 있기 때문이다.

기업들은 혼자 조업해서는 전문가를 활용하기 어렵기 때문에 꼭 필요한 전략적 지식에 접근하기 어려우며, 지식공급자 역시 기업과 교류 없이는 시장이 필요로 하는 지식을 창출하기 어려움이 있다.

기존에 이미 존재하는 클러스터라도 전체 경쟁력과 시너지를 증대시킬 수 있는 결정적인 요소가 결핍된 경우가 존재한다. 기업이 필요로 하는 서비스는 한 기업보다는 동종의 기업군에게 더 효율적으로 제공될 수 있다. 또한 정부규제는 특정 클러스터의 기술혁신이나 경쟁력 강화를 저해할 수 있어 이의 완화가 필요하다.

이상과 같은 필요에 의해 다른 기업과 협력이나 네트워크를 형성하는 경우 학습이나 전문성 창출에 있어 더 많은 채널을 제공한다. 즉, 다른 기업이나 기관으로부터 얻게 되는 지식은 기업들이 이노베이션을 위해 필요로 하는 지식획득의 채널을 다양하게 해준다.

또한 클러스터 형성에 의한 여러 형태의 네트워크 구축은 구매·유통·지식 관련 시설의 공유 등에 의한 규모의 경제를 달성할 수 있으며, 시장수요에 더 탄력적으로 대응할 수 있다.

클러스터 접근방법이 성공하기 위해서는 경쟁력 있는 기업, 유능한 연구소, 잘 갖춰진 인프라, 적극적인 정부의 지원정책 등이 잘 조화되어야 한다. 한 지역에 이런 요소가 결집되어 있다면 이 지역은 활발한 기술혁신을 통해 생산성 제고가 가능하다고 본다.

클러스터 형성에 의한 대표적인 성공지역으로는 실리콘밸리나 헐리우드 등이다. 그러나 클러스터란 특정 지역에 국한하는 것은 아니며, 특정 국가를 대표하는 클러스터도 있다. 핀란드의 통신산업, 이탈리아의 섬유산업, 덴마크의 식품산업도 성공적인 클러스터의 사례이다.

지방경제의 구조적 침체는 산업의 문제이다. 따라서 지역산업 육성이 지역간 균형발전의 근본적 대안이다. 지역산업 자생력 확보를 위해서는 클러스터 활성화가 절실하다.

다. 클러스터의 작동원리

시너지 효과를 나타내는 성공적 클러스터는 특정의 역할 구분과 작동원리를 가지고 있다. 역할 구분을 통하여 기술개발과 제품개발의 효율성·창의성을 높이고, 분업 네트워크[1] 형성의 구조적 기반을 형성한다. 즉, 구성주체들의 역

---

1) 분업 네트워크란, 클러스터 구성주체들이 각각 자신이 강점을 가지는 분야에 핵심역량을 집중하고 나머지는 네트워크를 통해 조달하는 방식을 의미한다. 그럼으로써 연구개발의 위험과 자금부담을 분담하고 동시병행개발을 통해 제품개발속도를 높이며 품질과 비용경쟁력을 확보한다.

할을 세 가지 형태로 구분한다. 비전제시자(Vision Provider: VP), 시스템통합자(System Organization: SO), 요소공급자(Specialized Supplier: SS)가 그것이다.

먼저, 비전제시자(VP)는 기초기술과 원천기술을 개발하고 산업의 발전방향이나 지역의 발전비전을 제시하는 역할을 담당한다. 인재를 공급하고 벤처 창업의 기반이 되는 것도 비전제시자의 역할이다. 비전제시자의 역할은 클러스터 유형별로 다르게 기능한다. 대학·연구소 주도형 클러스터는 대학과 연구소가 비전제시자 역할을 하고, 대기업주도형 클러스터는 대기업이, 지역특산형 클러스터는 협회나 지자체가 비전제시자의 역할을 한다. 그리고 창작자 주도형 클러스터와 실리콘밸리형 클러스터는 개별 구성주체가 비전제시자 역할을 한다.

둘째, 시스템통합자(SO)는 비전제시자의 비전과 신기술을 실제 제품과 서비스로 구체화하는 역할을 담당한다. 이는 비전제시자에게 정보와 자금을 제공하고 요소공급자의 부품과 기술을 소비하는 역할도 담당한다. 시스템통합자의 역할은 중견기업 이상의 대기업이 담당하는 경우가 많다. 개별부품이나 요소기술들을 모아 최종 기능을 갖는 제품이나 서비스로 통합하려면 어느 정도 기업규모가 필요하기 때문이다. 그러나 문화산업처럼 제품자체가 시스템 통합형이 아닌 경우는 최종 상품을 시장에 출시하는 기업이 시스템 통합자의 역할을 한다.

셋째, 요소공급자(SS)는 제품과 서비스의 완성에 필요한 구성주체이다. 이는 비전제시자에게 정보와 자금을 제공하고 시스템 통합자에게 부품과 요소기술을 제공하는 역할도 담당한다. 요소공급자는 시스템을 구성하는 다양한 기술과 부품 및 기업지원서비스를 제공하는데, 주로 벤처와 중소기업들이 그 역할을

〈그림 16-2〉 클러스터 구성주체간 역할구분 및 작동원리

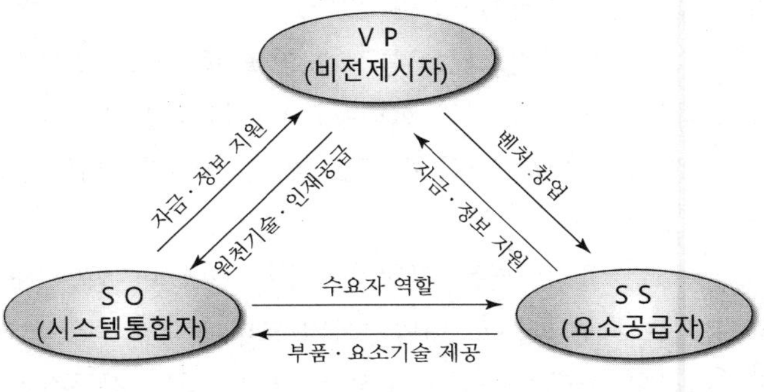

담당한다.

라. 클러스터의 종류와 사례

클러스터가 지식기반시대에 지역과 산업의 경쟁력을 높이는 유효한 수단으로 부상하면서 세계 각국이 클러스터 형성 경쟁에 나서고 있다.

핀란드에서는 인구 12만의 작은 도시 오울루(Oulu)가 국가경제를 이끌고 간다. 오울루에 형성된 클러스터는 핀란드 전체 수출액의 20%, 연구개발 투자비의 30%를 차지하고 있다. 그리고 이런 클러스터 구조를 활용해 '노키아(NOKIA)'는 세계 1위의 휴대폰 생산업체가 되었다. 이밖에도 일본의 도요타 자동차, 美 샌디에이고의 바이오 클러스터…, 국적도 다르고 업종도 다르지만 이들 기업의 성공배후에는 클러스터가 자리 잡고 있다.

이들 클러스터는 클러스터 내에서 주도적인 역할의 주체를 기준으로 해외 성공 클러스터를 다음과 같이 유형화할 수 있다. 첫째, 대학 연구소 주도형 클러스터 둘째, 대기업 주도형 클러스터 셋째, 창작자 주도형 클러스터 넷째, 지역특산형 클러스터 다섯째, 실리콘밸리형 클러스터로 구분한다.

먼저, 대학 연구소 주도형 클러스터는 미국 샌디에이고의 바이오 클러스터와 국내의 대덕밸리가 대표적이다. 이들은 대학이나 연구소의 연구개발능력과 성과를 기반으로 형성되고, 또 이들은 IT, 바이오, 나노 등 신기술·신산업을 중심으로 형성되는 경향이 있다.

둘째, 대기업 주도형 클러스터는 대기업이 특정지역에 입지함으로써 관련 중소기업들과 벤처들이 클러스터를 형성한 유형이다. 이에 대표적인 사례로는 일본 아이치현 도요타시에 형성된 자동차 클러스터와 스웨덴의 시스타 클러스터, 핀란드의 오울루 클러스터를 들 수 있다.

셋째, 창작자 주도형 클러스터는 특정 개인을 중심으로 형성된 클러스터를 말한다. 세계 영화의 본산지인 미국 헐리우드가 대표적인 사례이다. 창작자 주도형 클러스터는 영화나 게임, 만화 등 주로 창조성이 강조되는 문화산업을 중심으로 형성되고 있다.

넷째, 지역특산형 클러스터는 일정지역에서 수백 년 동안 내려온 명성과 장인정신을 바탕으로 모인 것으로 이탈리아의 모데나(의류, 타일) 클러스터가 대표적이다. 지역특산형 클러스터를 주도하는 구성주체는 전통적인 숙련기술을

〈표 16-1〉 클러스터의 유형과 사례

유 형	성공사례	주요특징	경기도 사례
대학·연구소 주도형	미국 샌디에고	• 대학과 연구소의 연구성과와 능력을 배경으로 형성 • 바이노, 나노 산업중심으로 형성	–
대기업 주도형	일본 도요타 스웨덴 시스타 핀란드 오울루	• 대기업의 입지를 계기로 형성 • 자동차, 통신시스템 등 조립산업을 위주로 형성	수원 디지털 클러스터
창작 주도형	미국 헐리우드	• 창조성이 뛰어난 개인의 예술적 능력을 배경으로 형성 • 영화, 게임 등 문화산업 위주로 형성	부천 문화산업 클러스터
지역특산형	이탈리아 모데나	• 전통 숙련기술과 장인정신을 배경으로 형성 • 패션의류, 타일 등 예술품과 명품 소비재를 중심으로 형성	이천 도자기 클러스터
실리콘밸리형	실리콘밸리	• 미국 실리콘밸리의 형태로서 창의적인 개별 벤처기업군을 배경으로 형성 • 새로운 기술과 산업, 창의성을 중심으로 형성	안양 벤처밸리

가지고 있는 장인(기업)들이다.

다섯째, 실리콘밸리형 클러스터는 진화의 최종단계이자 가장 고도화된 클러스터로 미국 실리콘밸리를 제외하고는 찾기 힘든 유형이다. 실리콘밸리형 클러스터의 구성주체들은 모두 세계적인 경쟁력을 가지고 스스로 혁신을 주도할 수 있는 능력을 가지고 있는 것이 특징이다.

2. 외국 클러스터의 사례(지역특산형) –이탈리아 모데나 카르피市 의류 산업 클러스터–

가. 모데나의 현황

이탈리아 모데나郡(Modena)은 제3이탈리아 지방에서도 클러스터가 가장

〈표 16-2〉 모데나郡의 인구와 면적 비교

구 분	이탈리아 전체	에밀리아 -로마나州	모데나郡
면적(km²)	301,318(100.0)	22,123(7.3%)	2,689(0.9%)
인구(명)	57,679,955(100.0)	4,008,841(6.9%)	632,625(1.1%)
인구밀도	191(100.0)	181(98.4%)	236(123.6%)

발달한 에밀리아-로마나州에 위치한다. 에밀리아-로마나州의 중심부에 자리 잡은 모데나郡은 이탈리아 주요 산업도시의 하나인 볼로냐와 인접해 있으며, 이탈리아 북부 최대도시인 밀라노에서 남쪽으로 약 1시간 반 거리이다. 현재 63만여명의 인구를 가진 모데나郡은 인구밀도가 이탈리아 평균에 비해 상당히 높고, 인구규모도 큰 편이다. 지난 50년간 모데나郡의 산업발전은 지역인구의 꾸준한 성장을 가져왔다.[2)]

모데나 지역의 1인당 소득은 이탈리아에서 4위를 차지해 유럽전체에서 볼 때도 높은 수준이다. 모데나 지역의 1인당총생산은 EU평균보다 40%정도 높고 북유럽의 첨단산업지역과도 비슷한 편이다. 모데나의 실업률 또한 2.5%로 역시 매우 안정적이다. 특히 에밀리아-로마나州의 4.0%에 비해 낮고 이탈리아 전체 실업률 10.6%와는 매우 대조적이다.

모데나郡에는 모데나市를 비롯한 47개의 기초자치단체가 있다. 이들 단체들은 대부분 제조업 생산이 활발한 산업도시들이지만 이 중에서도 특히 모데나市(운송기계, 농기계), 사수올로市(타일), 카르피市(니트웨어) 등이 유명하다. 여기서는 의류 산업과 니트웨어 산업의 생산거점으로 이름 높은 카르피市의 의류산업 클러스터 사례를 살펴보고자 한다.

나. 카르피市의 의류 산업 클러스터

카르피市는 모데나市 북방 20km 지점에 있는 인구 6만의 소도시이다. 카르피 일대는 전형적인 의류산업 클러스터로서, 전통적으로 방직·봉제산업이 발달했다. 그리고 2차 대전 이후 니트웨어 산업의 세계적 생산지로 성장해 왔다. 이 과정에서 시장의 변화에 국제적 경쟁에 대응하여 산업체제의 지속적인 변화

2) 이탈리아 모데나市·카르피市 의류산업 클러스터의 사례는 다음의 자료를 주로 인용하였다. 권오혁, 「이탈리아의 디자인형 산업 클러스터 카르피와 사수올로」, 『클러스터』, 삼성경제연구소, 2003.

를 경험했다. 카르피의 장점은 풍부한 생산능력이다. 이는 많은 소규모 기업들의 존재와 시장요구에 대한 빠른 대응능력에 기반을 두고 있다.

카르피의 섬유·의류 산업 전통은 1,500년경으로 거슬러 올라간다. 당시 이 지역은 버드나무와 포플러나무의 추출물을 원료로 한 방직·봉제 산업이 발달했다. 주 생산제품은 모자와 가방이었다. 모데나의 업자들은 18세기 중엽 유럽과 미주 대륙의 대도시들에 매장을 설립하였으나, 2차 대전 후 모자 산업의 사양화로 점차 쇠퇴해갔다. 그러나 이러한 산업전통은 의류 산업 발전의 모태가 되었다. 카르피 지역에서 창업한 의류·섬유업체들은 기존의 상업관계와 산업의 가계 노동력 네트워크를 활용할 수 있었다. 이들은 생산영역을 전통적인 모자, 가방에서 니트웨어와 셔츠 등 의류 산업으로 전환하였다. 니트웨어 산업은 1950년대와 1960년대 독일시장의 붐을 타고 급성장하였다.[3)]

이러한 카르피의 의류 산업은 1970년대 1980년대를 거치는 동안 한 차례씩 위기에 직면했다. 이러한 상황에 대응하여 카르피는 혁신과 제품개발에 도전했다. 무엇보다 제품 다양화를 더욱 확대하는 전략을 추진하였다. 한편 에밀리아-로마냐주 정부는 새로운 행정서비스를 제공하였다. 즉 지역개발기관인 산업진흥공사(ERVET)가 카르피에 섬유정보센터를 설치한 것이다. 이 센터는 섬유산업에서 시장개발, 마케팅, 기술영역에서 정보를 확산시키는 역할을 하였다.

오늘날 이 지역 의류 산업 클러스터에는 약 2천 개의 기업에 1만 여명의 인력이 종사하고 있다. 매출액은 약 11억4천만 유로이고, 이중에서 수출액은 약 1/3인 3억6천만 유로이다.

다. 지역 내 산업전문화 형성

카르피市는 지역 내 산업전문화를 형성하고 있다. 카르피의 주 생산 품목은 전술한 바 의류제품 중에서도 니트웨어로, 카르피 의류 산업 매출액의 63%를 차지한다. 카르피가 의류 산업 중에서도 니트웨어로 특화되어 있는 것은, 울(Wool) 산업으로 특화된 제3이탈리아의 프라토나 견직 산업인데 전문화된 밀라노 인근의 소도시 코모와 유사하다. 제3이탈리아의 산업 클러스터들은 고도의 지역적 산업전문화를 보이고 있는 것이다.

카르피에서 생산되는 일반의류 중 70%가 여성의류이다. 여성복의 비중이

3) 박경, 「세계화와 지역의 새로운 역할」, 목원대 사회과학연구소, 1998.

높은 것은 카르피의 제품이 디자인을 중시하고 고부가가치 제품임을 의미한다. 이탈리아의 임금이 동남아시아나 동유럽의 10배 이상이기 때문에 노동집약적 생산방식이나 대량생산방식으로는 경쟁이 어려운 형편이다.

이 지역의 산업적 장점은 의류 디자인을 자체 제작하거나 여타 업체에 디자인을 제공할 능력이 있다는 것이다. 카르피에서 만들어진 대부분이 의류는 지역기업에서 개발한 디자인을 활용하고 있다. 기업들은 근래 들어 컬렉션과 디자인의 수를 더욱 늘리고 있으며, 소비자와 시장흐름, 분산화 되어 가는 유통망에 대응하여 제품을 다양화하고 있다. 디자인을 통해 얻어진 지역 내 연간수입은 약 83억 유로이다.

라. 지역 내 분업구조 형성

카르피市의 생산시스템은 기업간 노동분화와 산업의 분산화에 토대를 두고 있다. 이 산업지구에는 두 가지 유형의 기업이 있다. 즉 판매시장과 직접적인 관계를 맺고 있는 평균 12명 정도의 종업원을 거느린 판매기업과, 종업원 4명 정도의 소규모 하청기업이 그것이다.

카르피의 기업수는 총 2천 개사이며, 이중에서 최종제품을 생산 판매하는 판매기업의 수는 504개사로 니트웨어가 200개사, 어패럴이 304개사이다. 이 판매기업(중핵기업)을 중심으로 1,500여 개의 하청기업이 별모양의 네트워크 구조를 이루고 있다.

카르피의 판매기업은 일반적으로 생산과정의 처음단계와 최종단계를 담당한다. 즉, 디자인, 원자재의 구매 그리고 외부 하청생산의 코디네이션 등이 그것이다. 외부 하청은 모든 아이템의 생산이나 생산과정의 모든 단계에 적용될 수 있다. 외부 하청생산은 지역 내 혹은 인근지역에 입지한 하청업체들이 수행하지만, 때로는 해외에서도 수행한다.

카르피의 하청기업들도 고도로 전문화되어 있다. 특히 니트웨어 분야의 380여 개 기업들은 주문의 세분화와 생산기간의 단축에 대응하여 특유의 기업연계망을 발전시켰다. 이러한 카르피의 기업연계망은 시장수요에 재빨리 대응하고, 복잡하고 높은 품질의 생산이 가능한 생산체계를 제공한다.

〈그림 16-3〉 카르피 지역의 의류기업간 네트워크 개념도

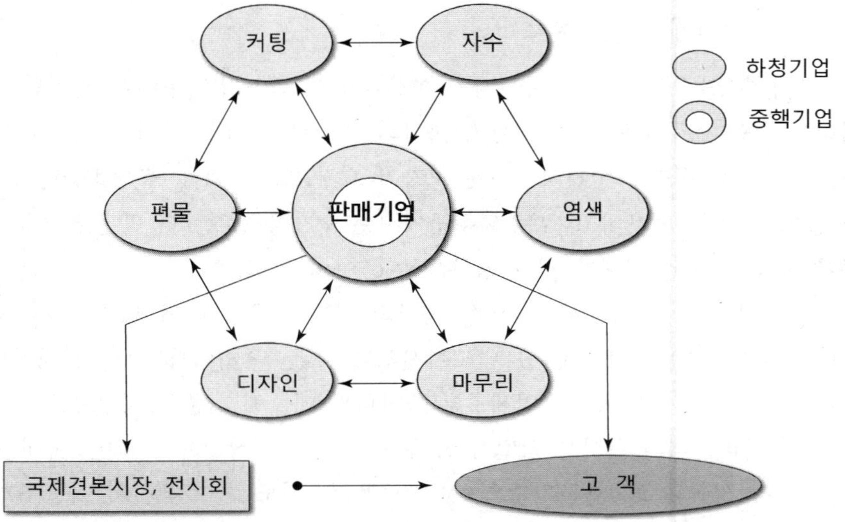

3. 이천 도자클러스터

한국 역사상 최고의 명품으로 도자기를 꼽는데 주저할 사람은 없다. 1996년 세계적 미술품 경매사인 뉴욕 크리스티 경매에서 한국의 백자 1점이 물경 842만 달러에 낙찰되었다. 우리 돈으로 약 100억 원에 해당하는 값이다. 그때 경매에 붙여진 백자는 조선조 왕실분원이 있던 경기도 광주 선동리 9호분에서 발굴된 17세기 철화백자용문(鐵畵白磁龍紋壺) 항아리이다. 그러나 이러한 도자기는 과거시대를 말하는 제품들이다.

이러한 과거 한국의 명품을 현재의 우리가 만들 수는 없는 것일까. 이런 고민을 하는 사람들이 바로 이천 도예인들이었다.[4]

---

4) 이천 도자클러스터의 사례내용은 다음의 자료를 참고하였다.
심상민, 「한국을 대표하는 도자기클러스터 이천」, 『클러스터』, 삼성경제연구소, 2003.

가. 이천 도자클러스터의 여건

1) 관련업체의 집적현황

이천은 한국을 대표하는 도자기 예술촌이자 산업집적지이다. 경기도 이천지역은 인근 여주, 광주 등과 함께 하나의 뚜렷한 도자기 산지를 형성하고 있다. 2009년 기준으로 이천지역에는 도자기 요장(도자기 가마, 생산업체)만 298개가 들어서 있다. 이웃하고 있는 여주군에서는 숫자상으로는 더 많은 314개의 도자기 요장 및 관련업체가 있고 광주에는 67곳이 있다.

이같이 광주, 여주, 이천지역을 하나의 벨트로 묶으면 거대한 도자기 클러스터가 된다. 이들 지역에 있는 도자산업체 수는 우리나라 전체 도자산업체 1,879개의 36%를 점유한다. 업체수뿐만 아니라 매출액 기준의 시장규모 면에서도 이천 클러스터의 위상은 확고하다. 우선 도자기 시장전체를 보면, 국내 가정용 도자기 시장은 2008년 기준으로 2,702억 원 정도로 추정된다. 이중 37%인 1,010억 원 정도는 한국도자기와 행남자기 등 양대 업체가 점유하고 있고 나머지 1,692억 원 중의 29% 정도가 이천, 여주, 광주를 합한 도자기 클러스터의 생산규모인 것으로 추정된다.[5)]

이천 도자클러스터는 일반 클러스터와는 다르게 문화예술적 기반이 근본적으로 다르다는 것이 특징이다. 즉, 일반산업과 같이 클러스터의 구성요소인 네트워크 형성, 운용과정 등이 제대로 발전하지 못했다. 그러나 이천 도자클러스터는 우리 전통예술 품목의 산업화에 세계화 가능성을 확인할 수 있는 좋은 사

〈표 16-3〉 경기·이천 및 우리나라 도자업체 현황

구 분	전 국	경기지역				기타지역
		계	이천	여주	광주	
업체수	1,879 (100.0%)	895 (47.6%)	298 (15.9%)	314 (16.7%)	67 (3.6%)	984 (52.4%)

자료: 경기도, 「2009 도자센서스 결과」.

5) 엄밀히 말하자면, 청주와 목포에 각각 공장을 두고 있는 한국도자기와 행남자기는 기계에 의해 대량생산하는 업체이고 이천지역은 전승적이고 예술적인 수공업 형태이므로 서로 구분해야 한다. 또, 이천지역의 도자기는 가격대나 소비자 분포 등 시장의 특성이 대량생산업체와는 판이하게 다르기 때문이다.

〈표 16-4〉 외국의 도자클러스터

구 분	기업체수	종사자수	주생산품	연간생산액
일본 사가현	740개	7,500명	식기(생활자기)	780억 엔
스페인 Castellon	197개	20,000명	타일	27억 유로

〈표 16-5〉 도자 수출 현황 (단위: 달러

구 분	1988	1994	1998	2002	2006	2008
수출액 (수입액)	1억4천만	3천4백만	3천만	1천8백만 (4천3백만)	2천8백만 (9천9백만)	2천5백만 (1억5백만)

〈표 16-6〉 내수 및 세계시장 규모 (단위: 억 원)

세계시장 규모	내수시장 규모						
	계	위생도기	벽돌	식기	타일	전승자기	기타
50조 원	1조3,300억 원	3,000	2,600	2,500	2,200	2,000	2,000
100.0%	2.66%	0.6%	0.52%	0.5%	0.44%	0.4%	0.4%

례가 된다. 남들이 모방할 수 없는 전통성을 한국 특산품으로서 그 가치를 인정받을 수 있기 때문이다.

2) 이천 클러스터로 명명하는 이유

광주, 이천, 여주지역 중에 왜 이천 클러스터로 명명되고 있는가. 그것은 이들 세 지역 전체를 도자클러스터로 묶을 수 있지만 가장 전형적인 집적효과가 나타나고 있는 곳이 이천(도예촌)이기 때문이다. 이천지역의 도예촌은 서로 어울려 교류하고 생산하는 경향이 상대적으로 강한 곳이다. 이와 달리 여주의 경우는 업체수는 이천보다 많지만 상당수가 OEM방식, 즉, 주문자 상표부착방식의 하청업체들이 군집하는 곳이다. 생산품목에서도 고가의 예술자기보다는 중저가의 생활자기가 주종을 이루고 있다. 한편 광주지역은 조선조 왕실부원의 전통이 흐르고 있으나 규모 면에서 훨씬 작다고 할 수 있다. 이런 이유로 이천 도자클러스터로 명명되어졌다.

나. 이천 도자클러스터의 생성과정

이천이 이렇게 오늘날 전승 도자문화의 중심지가 된 데에는 입지적 여건이 직접적인 이유로 작용하였다.

우리의 도자생산 수준은 조선시대까지만 하더라도 세계 최고의 수준이었다. 그러나 일제강점기 이후 도자 생산의 맥이 끊겼다. 단지 전통 예술 도자기의 명맥이 끊긴 채 식기 등 일부 품목만이 계승되었을 뿐이다. 그 당시 1907년부터 1922년 사이에 여주에 7개소, 이천에 1개소의 식기공장만이 가동되었을 뿐 이 땅에 청자나 백자를 만드는 사람도 가마도 모두 사라졌다. 그 후 1950년대 들어 도자생산의 부활기가 다가왔다. 이때 그 유명한 '성북동 가마', '대방동 가마'가 생겨났다. 성북동 가마[6]는 미국 록펠러재단의 지원을 받아 1955년 사단법인 형태로 발족한 한국조형문화연구소를 일컫는다. 그러다가 1962년 록펠러재단의 재정지원 중단으로 문을 닫게 된다. 대방동 가마도 유사한 과정을 거쳤다. 대방동 가마는 1956년 조각가 윤효중이 설립한 한국미술품연구소를 지칭하는 말로 1957년 정식인가를 받고 12~14칸의 등요, 각가마, 시험가마 등을 운영하였다. 1956년 12월에 동아백화점에서 제1회 도자공예전을 개최하기도 하였다. 이후 1957년 6월에는 테일러상회 전시장에서 한국미술품연구소 도자전을 개최하는 등 활발한 활동을 펼쳤으나 1958년 경영난으로 문을 닫게 되었다. 이들 가마가 모두 문을 닫게 되자 도예인들은 떠날 곳을 찾아 헤매게 되었다. 도예인들은 여러 곳으로 흩어지긴 했으나 주력그룹들은 서울에서 가깝고, 소나무와 도자원료가 풍부한 이천지역으로 모여들기 시작했다.

이천지역은 도자 연료인 소나무와 원료인 태토(흙)가 좋고 풍부했던 장점 때문에 거친 도자기라고도 부르는 칠기와 옹기 가마가 번성하였다. 칠기는 도기[7]와 자기[8]의 중간 형태이다. 도기는 주로 점토[9](粘土:찰흙)질로 만드는데, 두

6) 성북동 가마(한국조형문화연구소)의 창설은 당시 김재원, 최순우, 이상백, 전형필, 홍종인, 민병도, 이경성, 유강열, 정규 등이 참여하였고, 제작은 지순택과 이임준 등이 담당했다.(류광렬, 「전승도예의 현재와 미래」, 『제4회 이천도자기 심포지엄 자료집』, 2002)

7) 질흙을 원료로 하여 빚어서 비교적 낮은 온도로 구운 도자기이다(잿물을 입히지 않고 구운 질그릇과 한 번 설구이한 다음 잿물을 입혀 다시 구워 만든 오지그릇이 이에 딸림). 오지그릇. 질그릇.

8) 질흙으로 빚어서 비교적 높은 온도로 구워 낸 그릇이나 건축 재료를 아울러 이르는 말이다.

드리면 탁음이 나고 경도와 강도가 상대적으로 낮다. 자기는 점토와 석영[10](차돌), 장석[11](질돌)계의 배합소지이며, 특수원료를 혼합하기도 한다. 자기는 강도뿐만 아니라 화학적 내식성 내열성도 뛰어나다. 칠기는 적토, 약토, 물토에 재를 섞어 시유한 것으로서 소성 후에는 검정색이 나는 그릇이다.

역사적으로 보면 고려자기는 전남 강진, 전북 부안을 비롯해 전국 곳곳에서 생산되었다. 조선조 분청사기와 백자는 경기도 광주 왕실 분원 주 생산지로 꼽는다.

이천의 경우 1950년대 말 칠기와 옹기 가마시설을 활용해 전승 도자기를 생산하려 서울에서 이주해 온 도예인들에 의해 새로이 형성된 지역이다. 한마디로 관련 인프라가 이미 조성되어 있었기에 이천 도자기 집적지의 생성이 가능했던 셈이다. 이렇게 도예촌의 생성이후 큰 호기가 찾아왔다. 1965년 한일 국교정상화가 이천 도자산업에는 큰 사건이었다. 이후 일본인 애호가, 구매자들에 의해 조성된 특수가 20년 정도 지속되면서 이천 도예인들의 경제적 기반이 탄탄해졌다. 특징적인 것은 이 기간 동안 이천 지역이 일종의 허브(Hub) 역할을 하게 되었다는 사실이다. 많은 신진 도예인, 공예인들이 마치 성지 순례를 하듯 이천을 찾고 거쳐 가면서 도자기 하면 이천이라는 인식이 퍼져 나갈 수 있었다. 이천에서 기량을 익힌 일부 도예인과 관련 종사자들이 여주, 광주, 남양주, 용인 등지로 많이 진출한 것도 이 전성기 때였다. 이로 인해 이천을 중심으로 한 경기도 일대가 옛 전통을 지키는 도자기의 요람으로 서서히 자리잡게 된다.

이와 같이 이천 도자기 집적지는 생성된 1950년대 말 이후 줄곧 한국의 미를 대표하는 도자기 문화의 상징으로 여겨져 왔다. 이 같은 평가는 역사적으로 한국의 도자기를 세계적인 명품으로 인식해왔던 일본을 비롯한 외국에서 더욱 활발하게 이루어지고 있다.

그러면 이천의 도예촌이 어떻게 고려자기와 조선백자, 분청사기를 복원해

---

9) 석영·장석 따위의 암석이 풍화하여 지름 0.01mm 이하로 분해된 흙으로 물에 이기면 점성을 띠어 기와·도자기·벽돌 따위의 원료로 쓰인다. 찰흙.

10) 이산화규소로 된 육방정계(六方晶系)의 광물로서 종이나 기둥 모양을 하고 있으며 유리와 같은 광택이 난다. 도자기나 유리의 원료로 쓰이며, 순수한 것은 수정이라고 한다. 차돌.

11) 규산염(硅酸鹽) 광물의 한 가지인데 칼륨·칼슘·나트륨·바륨 및 규산이 주 성분이다. 질그릇·사기(沙器)·유리·성냥·비료의 원료가 된다. 질돌.

맥을 이어 왔는지를 알아보고, 현재는 어떤 노력을 통해 현대적 도자문화를 창조하고 발산하고 있는지를 알아보기로 한다.

다. 이천 도자클러스터의 구성주체

이천 도자클러스터는 그 구성주체가 구분된다. 이천 클러스터는 전통 도예를 계승, 복원하는 과정에서 생성된 만큼 산업화 노력과 같은 정부정책과는 일정한 거리를 두어 왔다. 그야말로 자생적으로 지역 업체들이 발전해온 사례이다. 따라서 도자기 업체가 클러스터 구성주체와 역할 면에서 중심이 되고 있다. 전승도자기의 복원이나 해외판매, 새로운 디자인과 기술개발 등이 모두 업계의 자발적 노력으로 이루어졌다.

〈그림 16-2〉에서 표현한 대로 이천 도자기 클러스터에는 1세대 그룹에 속하는 대형 도자업체들과 이들에게서 나온 중소규모업체들이 중심에 위치해 있다. 생산기능은 각 도요가 맡고 있으므로 시스템통합자(SO)는 존재하지 않는 것이 특징이다.[12] 이들 도요들은 다시 리더 격인 대형업체와 요소공급자(SS: 재료, 판매장, 마케팅 지원 등)그룹의 도움을 받아 각기 생산에 들어가게 된다. 또 비전제시자(VP)로부터 상품의 다양화와 기술개발을 기하고, 지원그룹의 도움을 받아 판로를 개척한다.

먼저, 비전제시자(VP)이다. 비전제시자는 일반적으로 대학·연구소가 된다. 따라서 이천 클러스터에서는 명지대와 청강대가 그 역할을 맡고 있다. 명지대는 교육프로그램과 별도로 한국도자기연구센터를 설립, 한층 더 심도 깊은 도자기 기술연구 및 개발의 인프라를 확보하고 있고, 청강문화산업대학은 도자 디자인을 특화하여 관련 연구개발 및 정보 지식교류의 네트워크를 생성, 가동을 주도하고 있다. 도자기 기술과 원료, 디자인을 연구하고 있는 인근의 대학들도 또 다른 형태의 비전제시자 역할을 하고 있다. 다만, 업체 중에서는 해강요와 광주요가 상품개발에 선도적 기능과 함께 비전제시자 역할을 하고, 공공부문에서는 경기도, 이천, 광주, 여주시가 그 역할을 다소 담당하고 있다할 것이다.

다음으로, 요소공급자(SS)이다. 이천에는 원료나 재료, 판매 등을 담당하는 요소 공급자들이 생산업체인 도요들과 유기적 관계를 맺고 있다. 유약원료, 물

12) 다만, 굳이 시스템통합자를 꼽으라면 광주요와 행남사(여주공장)가 일부 유사한 기능을 담당하고 있다고 할 수 있을 것이다.

〈그림 16-4〉 이천 도자클러스터의 작동

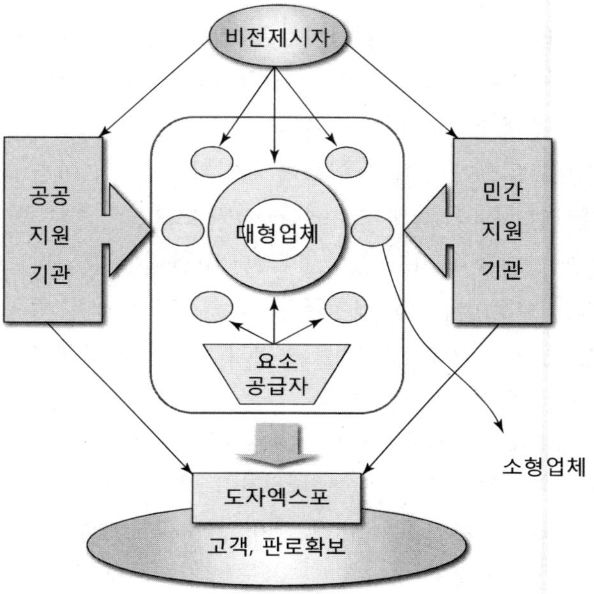

레 등 도자관련 재료상으로는 이천시 신둔면 도예촌 일대에 80여개 정도의 도요와 지속적인 거래를 맺고 있다. 태토(흙)를 공급하는 흙공장은 이천지역에 목원요 등 9개 업체, 여주지역에는 고려도토 등 15개 업체가 있다. 그리고 재단법인 세계도자기엑스포 또한 요소공급자로서 다양한 지원을 하고 있고, 공공 및 민간 지원그룹 역시 요소공급자의 역할을 하고 있다. 다만, 특이한 것은 이천도자클러스터에는 도자관련 금융공급자가 없다는 것이 특징이다.

요소공급자의 한 계열로서 지원그룹은 다시 공적 지원기관과 민간 지원기관으로 나눌 수 있다. 공적 지원기관은 문화광광부와 국립중앙박물관 등의 중앙정부와 지방자치단체(경기도, 이천, 여주, 광주시청)로 구성된다. 그리고 민간 지원기관으로는 도자기 관련 조합, 협회, 각종 도예교실과 문화센터는 물론 인접 관련 산업(위생도기, 요업, 건축자재 등)도 포함된다.

라. 이천 도자클러스터의 문제점

이천 도자클러스터는 아직 다양한 문제점을 안고 있다. 이천 클러스터는 기본적인 네트워크 원형을 갖추고 있으나, 구성요소, 조직형태, 정보 · 지식교류, 적합성 측면에서 전반적으로 미흡한 수준을 보이고 있다.

우선, 분업네트워크가 제대로 이루어지지 않고 있다. 이천 도자클러스터는 수많은 독립 생산업체인 일종의 코쿤(cocoon)[13] 도요들이 느슨한 네트워크로 연결되어 불안정한 상태를 보이고 있다. 따라서 효율적인 분업네트워크가 이루어지지 못하고 있는 실정이다. 즉, 이천클러스터의 조직형태는 엉성한 개별업체들이 아주 느슨한 정도로 연결되어 낮은 차원의 네트워크 조직 또는 초보적인 네트워크 조직이 형성되어 있을 뿐이다.

다음으로, 전문교육기관을 거치지 않은 전승도예가와 기능공들이 이천 클러스터 종사자의 주류를 이루고 있어 체계적인 기술과 경영이 이루어지지 못하고 있다. 이천클러스터 지역 800여 개 업체 종사자의 대부분이 1960년대 이른바 1세대 도자기 전승기술자 그룹으로부터 직간접적으로 그리고 도제식으로 기능을 연마한 장인들이다. 따라서 이들 장인 그룹들을 연결하는 대규모 기관이나 조직이 없기 때문에 도자기 제조 공정별 특화 전문화가 이루어지지 못하는 결과를 초래하였다. 따라서 디자인 개발이나, 기술 연구, 제조공정의 혁신 등 공동의 노력을 요구하는 부문에서는 성과가 저조한 실정이다.

더욱이, 클러스터 구성주체에 있어 몇 가지 문제가 발견된다.

첫째, 이천클러스터에는 비전제시자(VP)의 역할이 미흡하다는 점이다. 우선 대표적인 VP가 부각되지 않고, VP간의 연대를 통한 규모의 경제를 달성하지 못하고 있다. 그리고 패러다임 전환에 대한 공감과 비전 공유가 재빨리 이루어지지 못하고 있으며, 연구에 대한 장기투자가 이루어지지 못한 실정이다. 더욱이, 정보 지식의 교류가 잘 이루어지지 못하고 있다. 정보 · 지식의 교류의 장은 대학과 연구기관이 주관하는 행사 위주 교류가 주종을 이루고 있어 타율적 행사 중심, 일회성 정보전달에 그치게 된다.

둘째, 이천도재, 고려도토 등 이천지역의 요소공급자(SS)가 영세하여 낙후

13) 코쿤(cocoon)은 누에고치라는 말로, 외부와 연결을 끊고 저마다 각자 생활에 심취해 있는 현재의 네티즌, 매니아 등을 코쿤족이라 한다.

된 유통체계를 가지고 있다. 특히 요소공급자 중 금융지원기관이 존재하지 않는다는 것은 영세성을 더욱 가중시키고 있다. 요소공급업체(판매업체)들의 공급자 위주 발상과 제작관행이 고착화되어 보다 다양한 소비자의 기호를 맞추지 못하고 수요자들의 등을 돌리게 하고 있다. 그리고 마케팅 업무를 담당할 독자역량도 부족한 실정이다.

셋째, 시스템통합자(SO)가 거의 존재하지 않는다는 점을 들 수 있다. 이러다 보니 클러스터 내의 조직형태가 단층적 네트워크형이어서 협업구조가 발달해 있지 않다. 그리고 마케팅을 위한 기본 신뢰가 미흡하며, 기존 거래선 고정화, 경쟁과 시장원리 도입차단이 가장 큰 문제로 대두되고 있다.

4. 발전방안

클러스터는 우리말로 집적(集積)이라고 표현할 수 있다. 그러나 무작정 모여 있는 것만을 의미하는 것은 아니다. 생산과 연구개발, 금융기능은 물론 인력확보나 정보공유 등 네트워크에 중점을 두고 모여 있는 형태를 의미한다.

그러나 우리나라의 클러스터는 선진국의 클러스터와 차이가 있다. 클러스터의 요체는 하드웨어보다 소프트웨어에 있다. 물리적으로 모여 있는 것만으로는 시너지 효과를 낼 수 없다. 유사업종의 기업과 관련기관을 한데 모으되 이들이 서로 정보와 지식을 공유하는 체제가 갖추어져야 한다.

그렇게 따지면 앞에서 소개한 이천 도자클러스터도 아직 진정한 클러스터의 모양을 갖추지 못했다고 할 수 있다. 소프트웨어보다 하드웨어적 집적에 치중하고 있는 모습을 보이고 있기 때문이다. 앞으로 이천 도자클러스터도 이천이라는 특정 기초자치단체적 차원이 아니라 경기도 차원에서 주변의 지역을 연결하고, 광역단체는 물론 연결 가능한 전국의 모든 소프트웨어를 연계한 진정한 클러스터의 노력이 필요하다 할 것이다.

즉, 이천 클러스터에서는 서로 협력하는 분업형 네트워크를 형성해야 한다. 개발과 생산의 네트워크, 정보·지식교류의 네트워크가 상호 연계되어야 한다. 그리고 비전제시자(VP)와 시스템통합자(SO)와 요소공급자(SS) 등 참여자 상호간 뚜렷한 역할구분과 상호보완적 관계를 갖추어야 한다. 이를 통하여 개별기업과 클러스터차원에서 유연성과 다양성을 확보해야 한다. 즉, 지역의 업체들이 도자 클러스터에 연계되어 학습과 진화과정을 거쳐 도자생산의 혁신을 이루어낼 수 있도록 해야 할 것이다. 이를 위해서는 공동브랜드를 육성하여 세계적인 브랜드로 키울 필요가 있을 것이다. 그리고 원료, 재료, 설비 등의 표준화를 위해 업계 공동으로 노력하고, 유통·물류 시스템을 개발하고 현대화해 나가야 한다. 또 지역 클러스터의 범위를 광주, 여주지역까지 확대하여 도자의 역사와 전통을 연계하고, 지역특화발전특구도 지정할 필요가 있을 것이다. 또한 관련 품목에 있어서도 전승도자 위주에서 탈피하여 생활도자·산업도자 등 도자응용 분야에까지 확대함으로써 새로운 수요를 창출해 나갈 수 있을 것이다.

제17장

지식산업

제임스 와트의 증기기관에서 시작된 산업혁명의 조류는 새 천년의 도래와 함께 그 기세가 꺾이고 있다. 어느새 지식기반경제라는 새로운 물결이 우리 곁에 성큼 다가와 모든 사회현상을 지식화 추세로 바꾸어 놓고 있는 것이다. 산업부문에 있어서도 이제는 지식기반산업이 새로운 경제적 가치를 창조하고 있다. 지역경제나 지역산업에 있어서도 마찬가지이다. 지식기반경제에서 승자를 결정하는 요소는 '물질적 생산능력'이 아니라 지식에 바탕을 둔 지역의 '지적 생산력'에 있다.

따라서 지방자치단체도 지식기반산업(이하 지식산업)을 중심으로 지역경제의 새로운 성장기반을 확충해 나가야 한다. 지역산업 전반에 지식의 경쟁력 수준을 높여 나가는 일이 새로운 지역경제 정책과제로 등장하게 된 것이다.

엄밀히 말해서 지식산업과 지식기반산업은 구분된다. 지식산업은 컨설팅 등과 같이 거래의 대상이 지식이 되는 산업을 말하고, 지식기반산업이란 여러 가지 생산요소 중 지식을 주된 생산요소로 하는 지식에 기반을 둔 산업을 일컫는다. 그러나 최근 들어 지식산업과 지식기반산업은 혼용되고 있다. 따라서 여기서는 독자들의 편의를 위해 지식기반산업을 지식산업으로 표현하고자 한다.

1. 지식산업의 의의

가. 지식산업의 정의

지식산업이란, '지식'을 주된 생산요소로 사용하는 산업을 일컫는다. 즉, 노

〈그림 17-1〉 지식산업의 정의

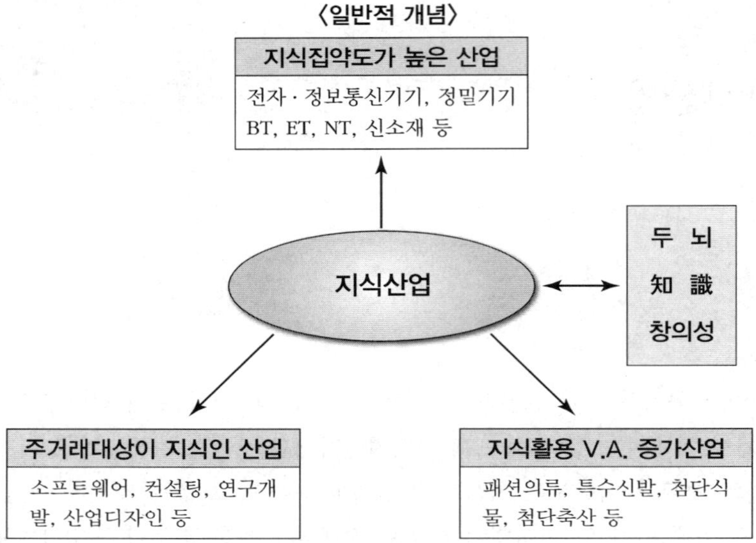

동 · 자본 · 토지와 같이 전통적인 생산요소보다 창의적 아이디어, 상품개발, 기술개발, 지적재산권 등 인간 두뇌와 관련된 '지식'을 생산의 주된 요소로 활용하는 산업이라 정의할 수 있다.[1] 다시 말해 인간의 지식과 지적능력을 생산과정에 최대한 활용함으로써 기존 산업의 생산성 향상과 제품의 고부가가치화를 이루거나, 신기술산업을 창출하거나, 지식서비스 그 자체를 제공하는 산업이다. 이는 다시 한 산업의 생산활용에 있어서 생산요소로서의 정보와 지식이 집약적으로 투입되는 정도를 나타내는 지식집약도가 높은 산업, 지식이 거래의 대상이 되는 산업 등 부가가치의 증가를 가져오거나 생산량을 획기적으로 변화시킬 수 있는 산업을 전부 포함한다.[2]

나. 지식산업의 경제적 특성

지식산업의 경제적 특성으로는 크게 두 가지 측면에서 살펴볼 수 있다. 그

1) OECD는 지식산업을 '컴퓨터 인터넷 등 첨단기술산업뿐 아니라 어떤 분야건 고숙련 노동자를 필요로 하는 산업'이라고 개념을 정립했다.

2) 인천광역시, 「인천지역의 지식기반산업 구축방안」, 1999, p. 4.

하나는 일반 경제법칙과는 달리 수확체증의 효과가 발생한다는 점이고 다른 하나는 이러한 현상으로 인해 국제경쟁력 강화를 위한 수단으로 사용할 수 있는 전략산업이라는 특성을 가지고 있다. 즉, 생산 현장에서 생산요소를 한 단위씩 추가적으로 투입할 경우 일반적으로 그 산출물의 증분은 점점 감소하는 현상을 보이나, 지식산업의 경우 그러한 수확체감의 법칙이 존재하지 않고 오히려 산출물이 점증하는 수확체증의 법칙이 작용한다는 것이다. 이는 일단 창출 축적된 지식은 그 스스로 새로운 지식을 계속 증식시켜 나가는 자기증식(self-reinforcing) 효과를 갖고 있기 때문이다. 따라서 이러한 경제적 특성으로 인해 지식산업은 다른 산업들에 비해 생산성 증가를 통한 국제경쟁력의 강화가 용이하다는 특징을 가지고 있는 것이다.

다. 지식산업의 선정기준

현행 산업분류체계상 여러 산업 중에서 어떤 산업이 지식산업인지의 여부를 판정하는 객관적인 기준이나 지표는 없다. 그러나 지식산업에 대해 선행연구를 수행한 산업연구원 등에서는 다음과 같은 세 가지 기준에 의해 지식산업을 선정하고 있다.[3]

첫째, 한 산업의 생산활동에 있어 생산요소로서의 정보와 지식이 집약적으로 투입되는 정도 즉, 연구개발비 비중, 연구원 수, 종사원의 학력 등을 고려하여 지식집약도를 측정하여 기준으로 삼는다. 둘째, 산업성격상 종사자의 상당부분이 고학력자이거나 또는 정보 및 지식을 집약적으로 사용하는 지식종사자의 비중을 측정하여 그 기준으로 삼는다. 셋째, 정보 및 지식관련 기술과 산업의 융합화 등을 감안하여 가까운 장래에 기술·정보 및 지식을 생산과정에 집약적으로 투입 내지 활용함으로써 고부가가치 재화를 얼마나 산출 가능한지 그 기대치를 측정하여 기준으로 삼는다.

3) 오상봉 외, 「지식기반산업의 발전전략」, 산업연구원, 1999, pp. 31~34 참조.

2. 지식산업의 현황

가. 지식산업의 유형

우리나라의 지식산업을 최종산출물의 형태에 따라 지식기반1차 산업, 지식기반제조업, 지식기반서비스산업 등 크게 세 분야의 산업으로 구분하고 있다.[4]

먼저, 지식기반1차 산업(knowledged-based primary industries)으로는 기존의 작물, 축산, 임업, 양식업에 생명공학 등 신작물, 축산, 임업, 양식기술을 적용함으로써 고부가가치 창출이 가능한 첨단작물, 첨단축산, 첨단양식업을 포함한다.

다음으로 지식기반제조업(knowledged-based manufacturing industries)은 정보와 기술, 지식 등과 같은 무형의 지식자본을 핵심 역량화하여 이를 집약적으로 사용할 경우 전통적 생산요소에 의존한 생산의 경우보다 부가가치 창출 면에서 현저한 향상을 기대할 수 있는 제조업을 말한다. 정밀화학, 메카트로닉스, 전자정보통신기기, 정밀기기, 우주항공, 생물, 신소재, 원자력, 환경 등 종전의 소위 첨단기술산업 등이 여기에 해당된다.

마지막으로, 지식기반서비스산업(knowledged-based service industries)은 직접 지식을 창출하거나 창출된 지식을 가공·활용·유통시키거나 지식이 체화된 중간재를 생산활동에 집약적으로 활용함으로써 새로운 지식 또는 고부가가치의 지식서비스를 제공하는 산업군이다.

〈표 17-1〉 지식산업의 유형과 종류

구 분	산 업 명
지식(기반)1차 산업	첨단작물, 첨단축산, 첨단영림, 첨단양식업 등
지식(기반)제조업	정밀화학, 메카트로닉스, 전자 정보통신기기, 정밀기기, 우주항공, 생물, 신소재, 원자력, 환경 등
지식(기반)서비스산업	정보통신서비스, 금융 보험, 소프트웨어, 데이터베이스, 컨설팅, 엔지니어링 및 연구개발, 광고, 산업디자인, 교육서비스, 의료, 방송, 문화산업 등

자료: 산업연구원 분류 기준.

4) 오상봉 외, 전게논문, pp. 3~5 및 pp. 62~65 참조.

나. 지식산업 발전의 필요성

지식산업을 발전시켜야 하는 것은 지역산업의 활력 제고, 지역산업의 국제경쟁력 강화, 수출구조의 안정화, 신규 고용창출 그리고 소비구조의 다양화·고도화에의 대응 등을 위해 필요하다고 할 수 있다.[5)]

첫째, 지역산업의 활력 제고를 위해서 지식산업이 필요하다. 최근 지역의 주요 산업들의 성장이 둔화 내지는 정체되고 있다. 따라서 앞으로 산업의 촉매 역할을 할 수 있는 지식산업 중심으로의 구조 개편을 통하여 지역산업의 활력을 제고할 수 있는 것이다.

둘째, 지역산업의 국제경쟁력을 위해서도 지식산업으로 이행이 필요하다. 세계경제의 패러다임이 지식중심, 환경중심으로 변화하고 있다. 이에 따라 산업 생산도 공해 유발적 대량생산체제에서 유연적이고 환경적인 생산체제로 변화하고 있다. 우리도 지식산업으로의 이행을 통하여 공업기술에 의한 대량생산체제를 벗어나 창의성에 기초한 지식기반의 생산체제로의 전환 즉, 국제경쟁력이 있는 생산체제가 필요한 것이다.

셋째, 안정적인 수출기반의 구축을 위해 지식산업이 필요하다. 우리나라의 수출구조는 반도체, 자동차, 철강 등 일부 업종에 편중되어 있다. 따라서 이렇게 편중된 수출구조를 지식산업을 통해 다양화함으로써 환율 및 해외시장 여건 등의 변화에도 전체 수출이 영향을 받지 않는 안정적인 수출기반을 구축할 수 있는 것이다.

넷째, 지식산업으로의 이행은 새로운 고용창출을 위해서도 필요하다. 최근 진행되고 있는 산업전반에서의 구조조정으로 대량 실업이 발생하고 있다. 그리고 이러한 실업추세는 앞으로도 지속될 것으로 예견되고 있다. 따라서 지식산업의 발전을 통해 구조조정으로 인한 유휴인력을 흡수하는 신규 고용창출이 필요한 것이다.

다섯째, 향후 소비구조의 다양화·고도화를 위해 지식산업으로의 이행이 필요하다. 즉, 미래사회의 우리 경제활동은 현재보다 훨씬 개방화되고, 인구의 고령화, 환경중시 사회의 도래, 여성의 사회진출 확대 등에 따라 소비구조의 다

---

5) 상게서 및 고성보, 「21세기를 대비한 지식기반산업의 구축방안」, 제주발전연구원, 1999, pp. 6~7 참조.

양화와 고도화가 진전될 것으로 예견된다. 따라서 이에 대응하기 위해서는 다양하고 고도화된 소비구조에 발빠르게 변화할 수 있도록 유연한 생산체제를 갖춘 지식산업의 발전이 필요한 것이다.

3. 지방의 지식산업 발전방안

지식산업은 무에서 유를 창조하는 것인가. 그렇지 않다. 기존의 산업을 지식산업으로 변화시킬 수도 있다. 따라서 기존 산업의 지식화를 위해서 요구되는 산업정책과 지식산업을 더욱 지식화하기 위한 산업정책을 동시에 펴나가야 한다.

먼저, 기존 주력산업의 지식 집약화와 함께 지식기반 유망 신산업의 발전을 동시에 추진해야 한다. 즉, 반도체, 자동차, 철강, 섬유 등 기존 주력산업은 구조조정 및 지식집약화 등을 통해 고부가가치 산업화하고 이와 함께 정보통신 등 지식기반 신산업을 주력산업으로 집중 육성하는 것이다.

다음으로, 지식산업은 계속해서 새로운 형태로 영역이 확산되므로 이러한 산업의 특성을 살려 창의적으로 발전할 수 있는 제도적 여건 조성이 필요하다. 즉, 지식의 창출 확산 및 활용을 촉진하기 위한 지식 인프라의 구축과 함께 자유로운 창업을 제한하는 각종 진입 장벽의 제거 등 경쟁여건 조성에 주력하되, 지식산업의 공급 측면뿐만 아니라 수요확충시책을 아울러 추진함으로써 지속적인 산업성장의 기반을 확보해야 한다.

이렇게 지식산업 육성을 위한 기본 방향을 설정한 후 다음과 같이 구체적인 후속시책을 내실 있게 추진해야 한다.

가. 지역 내 지식혁신시스템 구축

지역산업 전반을 지식기반화하기 위해서는 지식의 창출·공유·활용이 지역 내에서 원활하게 이루어질 수 있는 시스템을 구축함으로써 지식이 경제활동에 미치는 영향을 극대화시켜야 한다. 지식혁신시스템은 크게 세 가지 측면에서 살펴볼 수 있다.

첫째, 제도적 측면이다. 지식기반경제로의 이행을 촉진하기 위해서는 지적활동의 분야별 인센티브를 제공하면서 지식활동에 대한 적절한 보상이 이루어지는 등 각종 제도적 장치를 마련해야 한다. 수수료가 없는 증권사를 설립하는데 제동이 걸리고, 인터넷 서점이 적용하는 할인가격을 금지시키기 위한 기존 업자들의 실력행사는 지식경제의 발목을 잡는 것이다.

둘째, 지식창출의 측면이다. 지식을 원활히 창출시키기 위해서는 보상시스템 마련이 선결과제이다. 지식활동에 대한 정확한 보상을 위해서는 무엇보다 객관적이고 과학적인 성과분석이 이루어져야 한다. 단, 개인·기업·연구소·대학 등에서 창출되는 성과의 측정은 장기적 관점에서 이뤄야 한다. 또 지식창출을 촉진하기 위해 우수한 인적자본 개발을 위한 교육, 훈련제도를 개혁할 필요가 있다.

셋째, 지식의 공유·활용 측면이다. 지식을 창출하였으면 창출된 지식이 제대로 공유·활용될 수 있도록 해야 한다. 이를 위해서는 먼저, 초고속 정보통신망을 조기 확충하고 통신서비스에 대한 진입자유화로 정보통신망의 효율성을 제고함으로써 정보 인프라 및 정보공유 유통체계를 확립하여야 한다. 그리고 전자상거래의 확산을 촉진시켜야 하며, 표준화 관련 정보를 공유하는 등 효율적인 표준시스템 구축을 서둘러야 한다. 한편, 중소기업간 네트워크를 결성하여 지식공유를 촉진하는 등 지식의 활용체제를 강화하여야 한다. 그리고 노동의 질 향상을 위한 교육·훈련 등 인적자본 투자의 확대, 기술기반 벤처기업 육성 등의 노력이 필요하다.

나. 지식산업 환경정비

지역에서 지식산업을 육성하기 위한 전략수립에 있어 가장 중요한 점은 지식산업의 발전에 적합한 산업환경을 지역 내에 창출하는 것이다.

첫째, 지식산업의 집적지 형성이 필요하다. 지식산업은 전통산업에 비해 특정지역에의 집적 성향이 강하다. 지식경제에서는 혁신적인 중소기업의 역할이 매우 중요한데, 대기업에 비해 연구개발 재원이나 기술역량이 부족한 혁신적 중소기업들은 연구개발비용을 분담하여 위험과 비용을 낮춰 줄 수 있는 집적의 외부경제 효과를 필요로 한다. 혁신적 중소기업의 발전에 있어서는 신기술 개발 및 채택에 소요되는 비용을 최소화할 수 있는 것이 가장 중요한 요인이다. 지식산업을 위한 지역의 기술혁신체계가 얼마나 효율적으로 잘 구축되어 있는가가 중요한 요소인 것이다. 이러한 기술혁신체계는 기술연구 네트워크를 통하여 구축할 수 있다. 기술연구 집단화 및 네트워크는 주요 기술개발과 관련한 주요 지원책이 중앙중심으로 되어 있어 지역중심에는 한계가 있다. 그러나 지역 내 기술혁신 주체간에 네트워크를 형성하여 지역의 기술관련 혁신환경을 구축할 수 있다.

둘째, 경쟁시스템의 구축이 필요하다.[6] 지식산업은 자율성과 유연성을 바탕으로 하고 있다. 따라서 지식산업의 발전을 위해서는 지식산업을 영위하는 기업이 시장에서 자유롭게 경쟁할 수 있도록 여건을 만들어 주는 것이 필요하다. 경쟁정책의 목적은 개인의 창의성 발현과 효율증진이다. 이를 위해서는 먼저, 규제개혁을 통한 시장기능의 활성화가 필요하다. 총량적인 건수 위주의 규제완화가 아니라 사안별로 관련 규제들을 일괄 검토하여 그 존폐여부를 검토하여야 규제완화의 효율성이 극대화될 수 있는 것이다. 특히, 기존의 특정 사업자를 보호하거나 실질적인 경쟁제한 효과가 있는 사회적 규제는 '실질적 경제규제'로 간주하여 철폐해야 한다. 다음으로, 경쟁정책과 지방소비자정책의 연계가 필요하다. 이는 규제완화 내지 철폐와 함께 발생할 수 있는 각종 부작용에 대한 문제를 방지하기 위한 수단으로서 소비자보호정책과의 연계가 필요한 것이다. 이제 공공부문이 어떠한 연유로든 기업활동을 규제해서는 안 된다. 다만 사회적으로 손실을 가져오거나 소비자에게 불이익을 주는 사안에 대해서는 소비자단체를 통해 규제할 수 있는 것이다. 이것이 곧 기업의 경쟁력을 높이는 진정한 방안이 되는 것이다.

다. 지식산업에 대한 종합적 지원체계 확립

모든 산업이 그러하듯이 지역에서 특정산업이 뿌리를 내리기 위해서는 중앙 정부와 지방자치단체의 다각적인 지원이 필요하다.

첫째, 창업지원이 필요하다. 지식산업 육성에 있어서는 역외기업의 유치보다 역 내의 창업을 활성화하는 것이 중요하다. 현행의 벤처기업 지원이나 중소기업 창업지원제도는 지원요건이 엄격하고 제한적이다. 특히 대부분의 지원요건이 어느 정도의 사업실적을 요구하고 있어 창업초기의 기업에 대한 지원이 미흡하다. 창업 지원요건을 완화해서 창업기업에 대한 지원을 강화하는 방안을 적극 검토할 필요가 있다.

6) 산업연구원, 전게서, p. 15.

둘째, 기술지원시책이 필요하다. 기술개발과 관련한 대부분의 시책들은 중앙정부에 의해 주도되고 있어 지역이 독자적으로 기술개발 정책을 추진하기에는 어려움이 많다. 또한 지역의 기술지원 행정체제가 취약하고 예산도 부족하다. 따라서 지역의 특성화된 기술혁신체계의 구축과 지역 내 기업에 대한 기술지원을 위해서는 지방자치단체와 지역대학이 협력하는 독자적인 기술개발 및 지원체계를 갖추어야 한다.

셋째, 마케팅 지원이 필요하다. 혁신적 중소기업들이 겪고 있는 경영상의 애로 요인 중 큰 비중을 차지하고 있는 것이 판로문제 등 마케팅과 관련된 것이다. 지식산업부문의 창업기업들은 많은 경우 기술개발사가 직접 창업하여 상대적으로 마케팅의 마인드가 부족하기 쉽고 기업규모도 작아 마케팅 전담 인력을 두지 못하고 있다. 따라서 제3섹터형의 마케팅 지원 전담회사를 설립하여 지역 내 유관기업의 공동 홍보 수요처를 발굴하고 수출입 업무 대행 및 지원 등을 전문적으로 수행하도록 하면 지역 내 지식기반산업 업체들에 도움이 될 것이다.

경제활동의 주체는 기업이듯이 산업의 지식화 주체도 역시 기업이다. 즉, 지방자치단체는 기업이 스스로 지식경영을 할 수 있도록 지원·유도해야 한다. 특히 지식경영에 필수적인 전략기능 즉, 기술개발, 외주화, 디자인, 품질경영, 고객만족, 정보화, 표준화, 마케팅, 전략적 제휴 등의 요소들이 지역의 기업경영에 있어 고려될 수 있도록 지원·유도해야 하는 것이다. 뿐만 아니라 전통적인 생산요소인 근로자들도 스스로가 지식 배양에 노력하도록 유도해야 한다.

지역에 지식산업이 활성화되면 지역의 입지여건이 개선되고 이는 다시 지역산업발전과 지역경제발전의 선순환적 고리를 형성하는데 크게 기여하게 될 것이다.

제18장

과학기술정책

10년 후 한국경제를 이끌어 갈 산업은 무엇인가. 섬유, 철강, 조선, 자동차 그리고 반도체… 그 다음에는 무엇이 5천만 국민을 먹여 살릴 수 있을까? 그 대답은 우울하다. 어떤 산업을 찾건 그 산업의 새기술을 배우고 익히고 새 제품을 내놓은 과학기술기반이 부족하기 때문이다. 미래지식기반사회의 중심에는 과학기술이 자리 잡고 있다. 앞으로 무한경쟁의 시대에 과학기술 분야의 발전이 일류국가 건설은 물론 지방의 경쟁력을 제고하는 주요인이 된다. 따라서 과학기술 분야의 도약과 혁신을 위한 지방과학기술정책은 지식기반사회에서 핵심적인 지역발전 전략의 하나로 인식되고 있다. 따라서 향후 중앙정부가 아닌 지방자치단체가 과학기술정책의 일정 부분을 주관하게 될 것으로 전망된다.

여기서는 지방과학기술정책이 의의와 실태를 살펴보고 지방의 과학기술진흥 전략을 제시하고자 한다.

1. 지방과학기술정책의 의의

가. 지방과학기술정책의 배경과 의의

1950~60년대 서구에서부터 지역간 불균형 해소를 위한 지역개발 전략이 대두되었다. 이 전략은 외생적(exogenous) 수단을 활용하여 개발지역의 생산력을 향상시키는 것이었다. 그러나 1970년대 서구경제의 침체현상은 성장지역과

주변지역간의 격차를 더욱 커지게 하였다. 이에 대한 반성으로 나타난 지역개발 전략이 내생적(endogenous) 개발정책이다. 이 정책의 주요목적은 지역산업의 건실한 성장을 도모하기 위한 지역혁신 하부구조(inovation infrastructure)의 구축과 기술혁신 능력을 향상시키는 데 두어졌다.

이에 따라 최근에는 기술혁신을 기반으로 하는 지방과학기술정책이 등장하였다. 새로운 첨단기술과 정보기술 등 과학기술요소를 성장에서 소외된 주변지역에 접목시켜 이들 지역을 새로운 성장축으로 활용하고자 하는 전략이 지역개발정책의 핵심으로 부각된 것이다.

더욱이 신국제무역질서에 따라 지방과학기술정책은 지역개발을 촉진하는 요인으로 작용하고 있다. 즉, WTO 등 새로운 국제규범하에서 자국산업에 대한 정부지원이 자유롭게 허용되는 영역은 기초연구, 중소기업, 지역개발 등에 한정되어 있다.

따라서 신국제무역질서 아래에서 국가의 경쟁력 향상과 지역개발을 동시에 추진하는 지방과학기술정책은 매우 중요한 요소로 부각되고 있는 것이다.

지방과학기술정책은 장기적으로 취약한 지방의 산업구조를 기술집약적이고 두뇌집약적인 산업구조로 발전시키는 원동력으로 작용한다. 그리고 지역중소기업의 기술혁신을 도모하며 지역경제의 활성화를 가져와 지역경쟁력을 확보하는 데 기여한다. 또한 지방과학기술은 쾌적한 사회환경을 유지·구축하는 데 기여하고 궁극적으로는 지역주민의 삶의 질을 향상시키는 데 기여함으로써 지속가능한 지역개발 및 지역발전을 가능케 한다.

나. 지방과학기술정책의 개념

지방과학기술정책은 기술혁신 지향적 지역개발정책을 가리키는 용어로서 지역의 기술혁신능력향상과 과학기술 하부구조의 구축을 통해 지역의 내생적 개발을 유도하여 지역사회의 경제성장 및 발전은 물론 국가의 균형적 발전을 추구하는 정책을 의미한다.

지방과학기술정책은 중앙차원에서 전개되었던 과학기술 관련 활동과 노력들이 지방차원에서 일정한 지역적 환경에 맞게 추진되는 것이다. 즉, 과학기술정책이 지방의 입장에서 추진된다는 특징을 지니게 된다.

엄밀한 의미에서의 지방과학기술정책은 중앙정부에서 추진하고 있는 지역을 위한 과학기술정책과 구분될 수 있다. 그러나 현실적으로 지방자치단체의 과학기술정책은 중앙정부의 지역과학기술정책을 토대로 추진되는 경우가 대부분이기 때문에 지방과학기술정책은 중앙정부의 지역과학기술정책과 지자체의 과학기술정책을 포함하는 개념으로 정의하는 것이 바람직할 것이다. 특히 우리와 같은 중앙집권식 행정체제를 지닌 국가의 경우 연방체제의 국가에 비해 중앙정부가 지방과학기술정책에 미치는 영향이 크므로 지방과학기술정책에는 중앙정부의 지방과학기술정책을 포함할 필요성이 있다.

다. 지방과학기술정책의 영역

지방과학기술정책의 영역은 크게 두 가지로 구분할 수 있다. 첫째, 지역중소기업을 중심으로 지역산업의 경쟁력을 확보하기 위한 정책영역으로서 지방자치단체의 단기적인 관점에서의 과학기술정책 분야이다. 둘째, 지역적으로 특화된 과학 및 기술의 개발과 기반조성을 위한 정책영역으로서 지역의 특화자원을 발굴·육성하여 지역경쟁력을 높이기 위해 지방자치단체의 주도와 중앙정부의 보조가 요청되는 장기적인 관점에서의 정책 분야이다.

지방자치단체들의 과학기술정책영역을 보다 명확히 구분하기 위해서는 다음과 같이 중앙-지방 관점이라는 4가지 차원을 고려해야 한다.

〈그림 18-1〉 중앙-지방간 과학기술정책 영역 구분

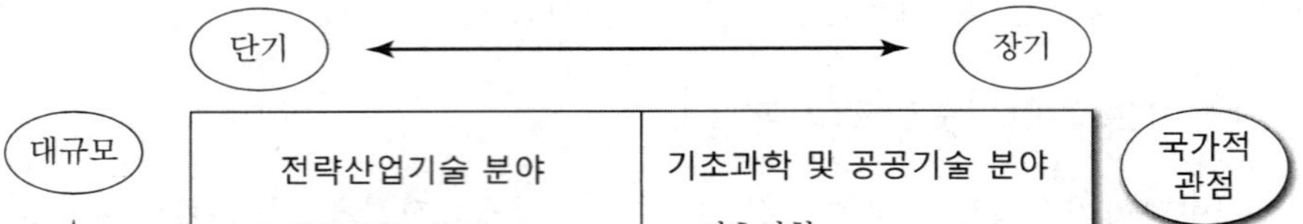

자료: 과학기술처(現 교육과학기술부, 1997), 『'97 지방과학기술연감』, p. 10.

〈표 18-1〉 선진외국의 지역과학기술정책 추진형태

국 별	지역과학기술정책 추진형태
프랑스	• 지역테크노폴(technopole) 건설 • 기술이전과 관련 서비스 및 혁신지원을 위한 지역사무소와 소규모 지역정보사무소 설치 • 지역과학기술정보국 설치 • 지역기술 혁신 및 기술이전센터 설립
독 일	• 지역혁신센터 건설 • 응용연구기관 소속의 기술이전센터 설치 • 연방교육연구부하의 정보이전 유니트와 기술이전 사무소 설치 • 상무성이 지원하는 지역기술이전 기구 운영 • 연방교육연구부의 협동연구프로그램 운영 • 인력이전의 촉진 • 기술이전 연구기관 설립
영 국	• 과학단지 건설 • 지역기술센터 설립 • 3개의 지역개발기구 운영

자료: 과학기술처(現 교육과학기술부, 1997), 『'97 지방과학기술연감』, p. 16. 및 이장재(1993).

2. 지방과학기술진흥종합계획의 개관

과학기술진흥의 지방화가 시급한 과제로 부각됨에 따라 중앙과 지자체가 공동으로 1999년 12월 제 1 차 지방과학기술진흥종합계획을 수립하였다. 동 계획은 2000년부터 2004년까지 지역의 성장잠재력 확충과 국토의 균형적 발전을 실현하고 지식기반사회에 대비한 지역의 과학기술 혁신기반을 구축하는 데 목표를 두고 있다.[1] 제 2 차 지방과학기술진흥종합계획은 2005년부터 2007년까지 지역의 전략·특화기술개발과 과학기술 핵심인력 양성에 주력하고 있고 제 3 차 계획에서 2008년부터 2012년까지의 지방 R&D투자 규모 등 주요지표는 가능한 한 정량적 수치목표를 제시하여 정책목표에 대한 체계적 성과관리 강화를 목표로 하고 있다.

1) 행정자치부(現 행정안전부) 외 7개 부처 및 16개 시도, 「지방과학기술진흥종합계획」, 과학기술부(現 교육과학기술부), 1999 및 송기동, 「과학기술을 통한 지역혁신기반 구축」, 『나라경제(제111호)』, 한국개발연구원부설 경제정보센터, 2000, pp. 71~74 참조.

〈그림 18-2〉 지방과학기술진흥종합계획의 6대 중점사업

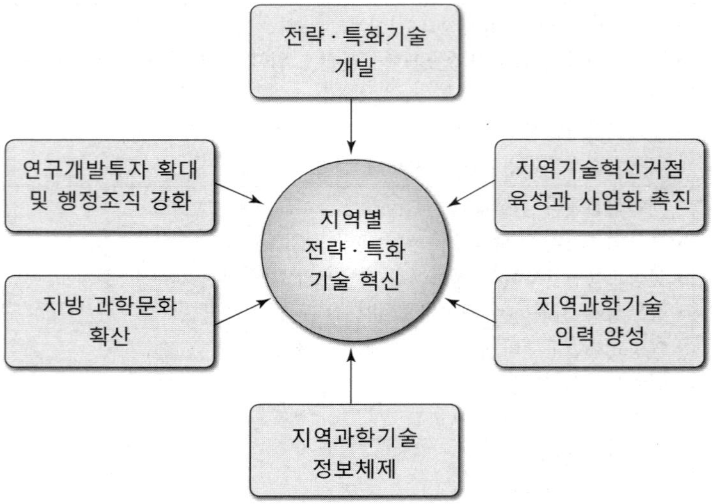

동 계획은 지방자치단체간 경쟁개념의 사업추진과 협력을 강화하는 '경쟁-협력체제'를 구축하고, 지방-중앙정부간 연계체제 강화로 지방의 여건과 수요를 최대한 반영하는 것을 기본전략으로 하고 있다. 그리고 세부적으로는 〈그림 18-2〉와 같은 6대 중점사업을 추진키로 하고 있다. 여기서는 지면관계상 중요부문만 요약하기로 한다.

가. 지역별 전략·특화기술 개발

지역별 전략·특화산업군을 육성하기 위한 기술개발, 전통기술과 첨단기술을 접목하여 고부가가치 제품을 생산하기 위한 기술개발 그리고 지역 내 첨단 중소기업을 육성하기 위한 기술개발 사업계획이다.

이러한 지역별 전략·특화기술개발은 지방자치단체가 독자적으로 시행해 나가는 형태를 띤다. 단, 중앙정부는 총괄사업계획 및 사업추진 기본방향 등을 자치단체와 협의하여 제시하는 등 전반적인 사업의 기획과 관리기법을 지원하게 된다. 그리고 소요사업비 중 일부를 매칭펀드 형태로 지원하는 계획이다.

나. 지역기술혁신거점의 육성과 개발기술의 사업화 촉진

지역기술혁신거점 육성사업은 지방자치단체의 과학기술혁신 능력이 제고될 수 있도록 추진체제를 정립하는 것이다. 그리고 지방자치단체와 중앙부처의 각종 시책들이 효율적으로 추진되도록 연계·조정하되 특히, 지역간 균형발전과 지역별 연구, 인력, 산업기반 등을 고려하여 산학연 공동체제 구축에 필요한 지역기술혁신거점으로 육성하는 것이다.

또한 개발된 기술의 사업화 촉진을 위하여 지방자치단체별로 대학 연구소 등에 기술이전 전담기구를 설치하여 보유기술의 실용화를 촉진하는 계획이다.

다. 지역별 전략·특화 과학기술인력 양성

지역별 전략·특화 과학기술인력의 양성은 지역 내 대학과 기타 교육기관을 특성화·전문화하여 지역수요에 부응하는 과학기술인력을 양성, 공급해 나가는 것이다. 이를 위하여 지방자치단체별로 소재 대학을 비롯한 교육기관에 전략·특화산업 관련 교과목을 개설하고 인력 훈련 프로그램을 운용하며, 장기적으로는 지방대학 내에 전략·특화산업 관련학과 신설과 연구센터 설치를 지원하는 것이다.

라. 지역과학기술정보체제의 구축 및 지방의 과학문화 확산

지역별로 대학-연구소-산업체를 연결하는 지역과학기술정보체제를 구축하고 이를 중앙 및 타지역의 정보체제와 연결하여 과학기술정보에 대한 접근과 교류를 강화해 나가는 계획이다. 한편, 지방과학기술 진흥의 토대는 지역주민에 대한 효과적인 과학문화 확산을 통하여 이루어질 수 있다. 따라서 자라나는 청소년들에게 과학기술에 대한 관심과 이해 제고의 경험기회를 확대해 나간다는 계획이다.

3. 지방의 과학기술 여건과 실태

가. 지방과학기술 하부구조의 미비

과학기술진흥의 지방화는 지역의 하부구조가 어느 정도 형성되었을 때 그것을 바탕으로 추진하기가 용이하다. 하지만 현재 우리나라 과학기술진흥의 지방화를 위한 하부구조는 매우 미흡함을 알 수 있다. 여기서는 지방과학기술정책을 수행하기 위한 지방자치단체에 초점을 맞추어 문제점을 제시하기로 한다.[2)]

첫째, 지방의 과학기술 조직 및 인력 미흡을 들 수 있다. 그 동안 과학기술행정은 국가업무라는 인식으로 인해 지방에는 과학기술행정을 지원할 전담조직과 인력이 필요없다고 인식되었던 실정이다. 과학기술 분야에 있어서는 지역경제국의 지역경제과, 공업과, 상공과 등에서 사안에 따라 전담인력 없이 산발적이고 한시적으로 업무를 처리하고 있다. 일부 시도의 경우 필요에 따라 경제과학국 등과 같은 조직을 설치하고 있으나 이 역시 본질적으로 과학기술행정만을 전담하는 부서도 아니며 그에 대한 전문인력도 없는 실정이다.

둘째, 지방과학기술행정체제의 미비를 들 수 있다. 무한경쟁시대에 지방자치단체의 경쟁력은 과학기술진흥의 지방화와 직접적 관계가 있다. 하지만 행정업무의 분담은 과학기술진흥과 거리를 두고 지역의 산업구조와도 차이를 두고 있다. 이제 우리나라의 산업구조는 더 이상 60년대 중심의 구조가 아니라는 점을 인식해야 한다.

셋째, 지방과학기술 혁신을 위한 재원 부족의 문제를 들 수 있다. 현재 지방 창업자금지원이나 기술개발자금지원 등을 중앙에 거의 의존하고 있는 상태이다. 지방의 R&D예산은 국가 R&D예산의 4% 수준에 불과하다. 이는 중국의 32.9%, 일본의 27.3%에 비하면 턱없이 적은 형편이다.[3)]

---

2) 김인환, 「한국의 지방과학기술혁신체제와 정책망 형성에 관한 연구」, 단국대학교, 1997, pp. 190~202 참조.

3) 한영환 외, 「과학기술혁신을 위한 지방정부의 역할」, 과학기술정책관리연구소, 1995, p. 119.

나. 지방과학기술진흥 정책네트워크의 미흡

과학기술진흥의 지방화를 위해서는 지방자치단체, 중앙정부 그리고 지역 내 과학기술연구조직간 연계체제가 구성되어 있어야 하나 아직까지 미흡한 실정이다.

첫째, 중앙부처간 연계성 결여 문제를 들 수 있다. 지방과학기술혁신을 위한 과학기술단지 조성에 있어서 범부처적인 협조체제는 매우 중요한 사안이다. 그러나 현재 각 중앙부처는 조정과 협의 없이 별도의 과학기술단지를 조성하려는 계획 등을 추진하고 있어서 정책효율성 측면에서 문제를 안고 있다. 계획의 측면에 있어서도 마찬가지이다. 현재의 테크노폴리스건설정책은 대부분 기본계획들이 획일적으로 작성되어 있어 지역특성을 반영하지 못하고 있을 뿐만 아니라 차별적 특성도 찾아보기 힘들다.

둘째, 중앙정부와 지방자치단체간 역할불균형 문제를 들 수 있다. 지방자치단체가 다루는 대부분의 과학기술행정 업무는 관련 부처의 위임행정 형태로 지방자치단체는 단지 보조적인 업무를 수행하고 있다. 이것은 중앙정부의 과학기술 업무독점과 그 동안의 과학기술에 대한 인식 문제로 발생한 결과이다.

셋째, 지역 내 과학기술 연구조직간 정책연계가 부족하다는 점을 들 수 있다. 지역 내 연구조직들간의 인력, 정보의 원활한 교류체제는 지역의 과학기술 발전에 있어 중요한 변수라고 할 수 있다. 그러나 각 지역에 산재해 있는 중앙정부산하 연구기관과 기업부설연구소 및 대학부설연구소간에는 실질적인 협조체제가 이루어지지 않는 실정이다.

다. 지방의 행정여건에 대한 인식 부족

새로운 국제질서하에서 국가경쟁력 제고를 위해서는 과학기술진흥의 지방화가 필수적이며, 이를 위해서는 지방자치단체의 역할이 무엇보다도 중요하다.

최근 들어 중앙정부에서는 지방과학기술진흥종합계획 등 과학기술의 지방화를 위한 정책들을 내놓고 있지만, 그 내용들을 살펴보면 지방의 실정을 제대로 파악하지 못하고 있다는 것이 드러나고 있다. 예를 들면 단지 서류상으로 지방자치단체의 과학기술 전담기구를 설치하도록 유도하거나 또는 매칭펀드 방식에 의해 기술개발을 추진하는 계획 등은 지방의 실정을 제대로 인식하지 못하는 데서 나온 것이라 할 수 있다.

왜냐하면, 지방의 행정업무는 지역주민의 입장에서 어느 한 가지 중요하지 않은 것이 없다. 그리고 민선단체장은 주민의 표를 인식하지 않을 수 없다. 그리고 현재 수행되는 대다수의 중앙부처 위임 지방행정업무가 매칭펀드형식으로 추진되고 있어 기존의 형태와 동일한 단순 매칭펀드형식의 기술개발지원 등은 이미 지방 민선단체장들의 관심을 끌기에 부족한 내용일 뿐이다.

한편, 지방자치단체 및 지방공무원의 과학기술에 대한 인식부족도 또 다른 형태의 문제점으로 꼽을 수 있을 것이다.

4. 지방의 과학기술 진흥방안

지방과학기술정책의 목표는 과학기술요소를 활용하여 기술집약적이고 두뇌집약적인 지역발전을 지속되게 하는 것이다.[4] 이와 같은 목표를 달성하기 위해서는 지방자치단체의 주체적인 과학기술정책 추진체제를 구축해야 한다. 그리고 전국적인 과학기술협력 네트워크를 구축하는 등 지역혁신체제를 형성시켜야 한다. 이밖에도 지역특화 기술개발사업의 추진을 통하여 지역별 특화 분야에서의 기술경쟁력을 향상시키도록 하는 등의 지방과학기술육성전략을 수립하고 지방 스스로 여건에 적합한 지방과학기술정책을 개발하여야 한다.

가. 지방과학기술정책 추진여건 정비

지방과학기술정책을 성공적으로 추진하기 위해서는 무엇보다도 추진여건을 정비해야 한다.[5]

첫째, 지방과학기술정책 추진 조례를 제정하는 것이다. 지금까지는 『과학기술혁신을위한특별법』에 의해 지방의 과학기술사업이 추진되어 왔다. 그리고 지난 2000년 12월 『과학기술기본법』이 제정되었고, 2001년 7월부터 시행키로 하였다. 그러나 과학기술기본법과 시행령에는 지역별 특성을 충족시킬 수 있는 모든 사항을 제시할 수는 없는 일이다. 따라서 광역자치단체별로 조례를 제정하

4) 과학기술처(現 교육과학기술부), 『'97 지방과학기술연감』, 1997, p. 458.
5) 상게서, pp. 449~452 참조.

여 지방자치단체별로 다양한 과학기술정책 방향을 설정하고 지방과학기술정책의 세부 근거를 마련하는 것이 필요할 것이다.

둘째, 지방과학기술정책 전담조직을 설치해야 한다. 지방자치단체 주도의 과학기술정책을 추진하기 위해서는 자치단체 내 지방과학기술 전담 행정조직이 필수적이다. 그리고 이를 위해서는 직제규정상 명확한 업무규정도 마련되어야 한다. 이 업무규정에는 과학기술투자의 종합조정 및 연구개발사업의 기획·관리 등이 포함되어야 한다.

셋째, 지방과학기술진흥을 위한 투자확대가 필요하다. 투자확대 방안으로는 중앙과 지방자치단체간의 매칭펀드 형식보다는 기업의 과학기술 투자유인책이 더욱 필요하고 지역소재 금융기관과 산업체 등 지역유관기관 등과 협력하여 지역과학기술진흥재단을 설립할 필요가 있을 것이다. 그리고 세제의 개편을 통해 과학기술분야에 대한 국세 및 지방세 감면과 보조금제도를 확대할 필요가 있을 것이다.

넷째, 지역과학기술정책 협의체 구성이 필요하다. 지역별 산업, 교육, 연구기관 등을 고려하여 산학연 협의체를 구성한다. 협의체를 통하여 과학기술 분야의 민간부문 참여를 유도하고 산업계의 수요를 적극 반영한 기술개발을 추진할 수 있다, 아울러, 지방자치단체간 협력체제 구축도 필요하다. 지방자치단체간 선의의 경쟁과 협력이 강화될 수 있는 경쟁협력체제를 구축한다.

다섯째, 지방과학기술정책업무의 전문성 제고가 필요하다. 대부분 지방자치단체가 추진하는 과학기술행정업무가 위임행정 수준에 머물고 있고, 전문성을 확보하지 못하고 있다. 따라서 지방정부가 지원하는 과학기술투자가 효과적으로 추진되기 위해서는 지방자치단체의 주도적이고 독자적인 지방과학기술진흥시책의 설계와 함께 과학기술행정의 전문성을 시급히 확보해야 할 것이다. 과학기술 분야의 전문성 제고는 전담기구의 신설과 과학기술 전문가를 계약직공무원으로 채용함으로써 해결할 수 있을 것이다.

나. 지방과학기술혁신체제 구축

지방과학기술정책의 성공적 추진은 지방의 과학기술혁신체제에 달려있다 해도 과언이 아니다. 지방과학기술 분야의 혁신체제를 이루기 위해서는 다음과 같은 요건을 필요로 하고 있다.

첫째, 지방과학기술정보 네트워크의 형성이 필요하다. 지역별로 대학-연구소-산업체를 연결하는 지역과학기술정보체계를 구축하고 이를 중앙 및 타 지역의 정보체계와 연결하여 과학기술정보에 대한 접근 및 교류를 강화해 나가야 할 것이다. 그 동안 중앙정부 차원에서 추진되어 오던 과학기술정보 유통체제를 지방자치단체가 적극 참여하는 범지역적인 정보시스템으로 확대구축하고 중앙의 정보유통센터간 지역정보시스템을 구축·지원하여야 할 것이다.[6]

둘째, 지역연구개발거점의 육성이 필요하다. 지방에서 과학기술활동을 활성화시키기 위해서는 지역별로 연구개발을 선도하는 연구거점을 육성해야 한다. 더욱이 지역균형개발 차원에서도 현재 대덕이나 수도권에 집중되어 있는 연구개발거점을 지역별로 분산할 필요가 있다.[7] 향후 지방에서의 연구개발거점을 확충할 수 있는 방안으로 다음 세 가지를 제안할 수 있다. 먼저, 중앙부처와 지방자치단체 그리고 출연연구기관이 협력하여 연구소를 지역특화연구개발 분야와 연계시켜 지방에 설치하는 방안이다. 다음으로, 이공계 국공립연구기관을 지역특화산업분야와 연계시켜 신규로 설립하는 방안이다. 또한, 지방자치단체가 지역단체 및 관련 기업과의 협력하에 제3섹터 전문연구기관을 설립하는 방안이다.

셋째, 지역기술혁신센터 설립이 필요하다. 지방중소기업과 관련한 지방산업구조의 고도화를 위한 과학기술정책은 다음 세 가지로 구분할 수 있다. 지역중소기업의 기술혁신을 도모함으로써 활동영역을 기술집약적인 영역으로 유도하는 정책, 새로운 기술 및 지식집약적인 기업의 창업을 촉진하는 정책 그리고, 외부의 기술 및 지식집약적인 첨단기업을 유치하는 정책 등이 그것이다.[8] 이중 앞의 두 가지 경우는 지역연고를 가지는 내생적 발전 전략이라는 측면에서 선진국들이 채택하고 있는 정책이다. 이들 선진국들은 지역의 첨단중소기업을 육성하기 위해 지역별로 기술혁신센터를 운영하고 있다. 따라서 우리의 경우도 지방에서의 기술혁신센터 또는 기술창업보육센터를 설립·운영에 중점을 두어야 할 것이다.

넷째, 과학기술의 혁신을 위해서는 정책이 효율성도 요구된다. 특히 중앙정부의 각종 지역과학기술진흥정책을 조정·연계함으로써 투자의 효율성을 제고하여야 한다. 즉, 부처별로 각기 추진 중인 시책을 연계·조정하여 중복투자를

6) 송기동, 전게서, p. 74.
7) 과학기술처, 전게서, pp. 452~453 참조.
8) 상게서, p. 454.

방지하고 사업의 효율성을 제고할 수 있다. 이와 함께 부처별 지역발전 지원사업 추진 시 그 동안 상대적으로 낙후되었던 지역과 과학기술자원이 열악한 지역을 우선 지원하여 균형발전을 유도할 수도 있다.

다. 지방과학기술 진흥을 위한 정책개발

지방과학기술정책의 추진을 위한 여건과 혁신체제를 형성하는 것 외에도 다음과 같이 지방 스스로가 지역여건에 맞는 정책개발에 나서야 한다.

첫째, 중소기업 협동화 사업을 활용하는 것이다. 협동화 사업은 기업들이 가지고 있는 시설의 공동이용을 통해 사업의 내실화를 유도하고자 하는 것이다. 이러한 사업을 통해 동종업종이 공동으로 과학기술개발을 추진할 경우 매우 효율적인 과학기술혁신을 누릴 수 있을 것이다.

둘째, 지역별 특화사업에 대한 기술개발을 중점 지원하는 것이다. 각 지자체들은 자신의 부존자원과 여건에 적합한 산업을 특화시키는 전략을 추진하고 있다. 이들 지역특화산업은 다른 지역에 비해 기술, 품질 등이 우수해야 하는 전제조건을 가지고 있다. 즉, 지역에서 선정·발굴된 특화사업(또는 산업)을 대상으로 수준 높은 기술을 개발하는데 중점 지원함으로써 발굴된 특화산업을 더욱 발전시키고 지역성장의 선도산업으로 삼아 지역경제 전체적인 향상을 도모할 수 있을 것이다.

셋째, 안정된 자금조달방안이 필요하다. 과학기술의 성공은 상품화이다. 따라서 번뜩이는 아이디어와 기술력을 바탕으로 이를 상품화하여 마케팅을 하는데 필요한 자금을 안정적으로 공급하는 일이 중요하다. 외국의 경우 지자체에서 벤처기업 투자전문의 벤처캐피털을 이용하여 직간접의 장기안정자금을 제공하는 등 보다 적극적으로 사업자금을 지원하고 있다.

넷째, 개발기술의 사업화 지원이 필요하다. 기업의 궁극적 성공여부는 개발된 신기술, 신상품을 토대로 국내외 시장진출이 가능하도록 사업화 비즈니스화하는 데 있다. 아무리 좋은 기술력으로 신상품을 개발하더라도 실질적으로 국내외서 활용되고 상품화되지 않고서는 사장되고 말 것이다. 따라서 창업교육, 자금지원 등도 중요하나 사업화에 성공할 수 있는 기반조성, 즉 해외시장개척활동의 지원, 벤처마트의 조성, 인터넷 전자상거래를 통한 제품소개 등 마케팅 측면에서의 지속적이고 적극적인 지원이 무엇보다 중요할 것이다.

제19장

첨단기술산업

오늘날 세계 각국은 치열한 기술개발 경쟁 속에서 경제활동을 영위하고 있다. 급속한 신기술의 발전을 중심으로 산업의 고도화가 이루어지고 있으며, 우리의 경제도 IMF 위기를 겪으면서 첨단기술을 통한 새로운 산업구조의 개편이 이루어지고 있다. 특히 기업들에게는 기존 한계사업의 정리, 유망사업 분야 및 첨단산업 육성 등의 필요성이 제기되었다. 이러한 분위기는 지방에서도 마찬가지이다. 따라서 여기서는 첨단기술산업의 의의와 실태 그리고 지방의 첨단기술산업 육성 및 활성화 방안에 대하여 살펴보기로 한다.

1. 첨단기술산업의 의의

가. 첨단기술산업의 개념과 범위

첨단기술산업(high-tech-industry)은 재래산업(low-tech-industry)과 대비를 이루는 산업으로 명확한 정의를 내리기는 쉽지 않다. 이는 용어자체가 학술적 용어라기보다는 실용적 용어로서 새로운 기술 바탕에서 혁신되어 가는 지식집약적이며 미래지향적인 산업을 지칭하는 포괄적인 개념이기 때문이다. 따라서 첨단기술산업이란 연구자·관련정책 입안자 등 상이한 입장에 처한 사람들에 따라 각기 다른 개념으로 정의될 수 있다.[1]

1) 모성은, 『지역경제론』, 지방행정연수원, pp. 191~195 참조.

외국에서도 첨단기술산업에 대한 정의는 일관되어 있지 못하다. 그러나 Malecki(1980)는 "새로운 상품과 생산공정의 개발, 쇄신적 상품과 서비스의 소량생산을 지향하는 탈전통적, 탈정형화된 경제행위에 기반을 둔 산업"이라고 매우 추상적이고 개연성이 내포된 정의를 내리고 있다. 반면에 첨단기술산업이란 간단명료한 정의를 내리기 쉽지 않기 때문에 이를 대리 측정할 수 있는 설명변수를 사용하여 첨단기술산업의 실체 혹은 실용적 정의를 구체적으로 시도하는 경우도 있다. 즉 Oakey, Rothwell & Cooper(1988)는 첨단기술활동의 투입요소로서 연구개발비(R&D) 지출비용이나 직업구성비를 측정함으로써 여타 산업 간의 격차가 현저한 산업군을 첨단기술산업이라고 정의하고 있다.

우리나라에서도 첨단기술산업에 대한 정의를 다양하게 내리고 있다. 그러나 일반적으로, 첨단기술산업은 기술집약적이고 쇄신성이 높은 첨단고도기술에 의해 제품주기가 짧은 신제품 혹은 신기술의 개발이 빈번하여 새로운 성장산업으로 부각되는 산업군을 의미하며 아울러 관련 산업에 긍정적 파급효과가 큰 산업군을 지칭한다.

〈표 19-1〉 첨단기술산업의 범위

산 업	범 위
마이크로 일렉트로닉스	첨단정보통신(컴퓨터, 통신기기, 멀티미디어, 소프트웨어, 전자의료기기), 반도체, LCD
메카트로닉스	NC공작기계, 산업용 로봇, CAD/CAM, PLC, CIM, 자동창고물류기기, 자동조립 및 검사기기, 핵심부품
신소재	신금속, 고분자신소재, 다인세라믹스
정밀화학	의약, 도료 안료 및 유연체, 농약, 향료, 계면활성제, 촉매
생물산업	의약품, 식품, 화학, 환경, 농업 및 해양, 에너지 및 자원 등에 응용
광산업	레이저 및 가공기, 광통신, 결상기기, 공계측기기, 광의료기기, 소재 및 부품
첨단섬유	고감성 패션제품, 고기능성 섬유재료
항공기	항공기, 엔진 및 부속기기
첨단자동차	전자화, 경량화, 신물질 등의 첨단기술이 적용된 제품

자료: 산업연구원 첨단기술산업분과위원회(1994), 「2000년대 첨단기술산업의 비전과 발전과제」.

나. 첨단산업의 특성

1) 경제적 특성

첨단산업은 첨단기술에 근거하여 새로운 제품이나 서비스를 생산하는 산업으로 시대에 따라서 첨단산업의 분류업종이 변화하고 있다. 이러한 첨단산업을 경제적 측면에서 보면 대체로 고도의 연구개발을 요하고 고급인력의 투입이 높으며 제품 및 공정의 수명이 짧다. 또한 고도의 자본투자가 소요되고 투자에 대한 위험이 높다. 첨단산업은 이외에도 에너지 절약형이며 부가가치가 높은 특징을 가진다.

2) 산업구조적 특성

첨단산업은 고도의 기술 및 지식집약적 산업이고 기술혁신의 속도가 빠르며 기술개발 후 산업화까지의 시간이 짧은 산업부문으로서, 향후 산업발전의 양상을 근본적으로 변화시킬 것이 예상된다.

즉 산업구조적 관점에서 산업자체보다는 재래산업에 광범위하게 응용됨으로써 방대한 시장 창출력을 지니게 되고 타 산업의 품질을 향상시키고 부가가치를 높여 재래산업을 첨단화하고 경쟁력을 높이는데 공헌한다.[2)]

3) 입지적 특성

첨단산업은 첨단기술에 기반을 두지만 일정지역에 첨단기술의 집적이 형성되려면 장기간을 요하게 된다. 특히 첨단산업의 육성과 집적을 위해서는 토지, 노동, 자본, 수송 이외에 정보, 기술개발, 경영상의 연계가 매우 중요하다. 따라서 첨단산업은 수송비가 입지결정에 중요한 요인으로 작용하였던 중화학공업과는 다른 입지결정요인을 가지는데, 이를 요약하면 다음과 같다.

① 관련 연구소 및 공동연구기관에의 접근을 통한 학술연구기능의 집적
② 대도시 및 이에 준하는 도시에의 접근을 통한 도시기능의 집적
③ 부품, 부재를 제작 · 가공하는 관련공업의 집적
④ 고도의 전문지식을 가진 기술자 확보의 용이성

---

2) 김종기, 「우리나라의 첨단산업의 실태와 지역적 발전여건」, 『도시문제』, 지방행정공제회, 1987, pp. 33~34 참조.

⑤ 높은 기술수준에 적응할 수 있는 노동력 확보의 용이성
⑥ 원료 및 제품의 유통 및 인적 자원 이동에서 신속성과 확실성을 이룰 수 있는 고속교통체계에의 근접성

다. 첨단기술산업의 지역파급 효과

첨단기술산업의 육성은 산업의 고도화와 신산업의 유치를 통하여 지역경제 자립기반 형성을 목적으로 한다. 이로써 사회, 경제, 문화 등 모든 분야가 균형을 이루면서 고르게 성장하는 효과를 거둘 수가 있다. 그 내용을 구체적으로 살펴보면 다음과 같다.

첫째, 첨단기술산업은 지역발전의 촉진을 가져온다. 첨단기술산업의 성패 여부는 고급두뇌인력의 확보에 달려 있기에 이들의 주거환경을 쾌적하고 수준 높은 삶의 질을 유지할 수 있도록 하여야 한다. 이러한 욕구에 도시가 적응하기 위하여서는 주거, 문화, 복지, 교육 등 도시기반시설과 나아가 도로, 항만, 공항 등 사회간접자본의 확충이 필요한 것이다. 따라서 첨단기술산업의 육성은 지속적인 도시 및 지역의 발전을 촉진시킨다.

둘째, 고용창출 등 직·간접적인 효과를 발생시킨다. 첨단기술산업은 기존의 취약한 재래산업 구조를 고도화하고 신산업을 유치·육성함으로써 저생산·저부가가치에서, 고생산·고부가가치 구조로 전환시킨다. 이때 고용증대를 꾀하고 지역소득증대를 가져올 수 있다. 또한 첨단기술산업도시의 경우는 R&D 기

〈그림 19-1〉 첨단기술산업의 지역파급 효과

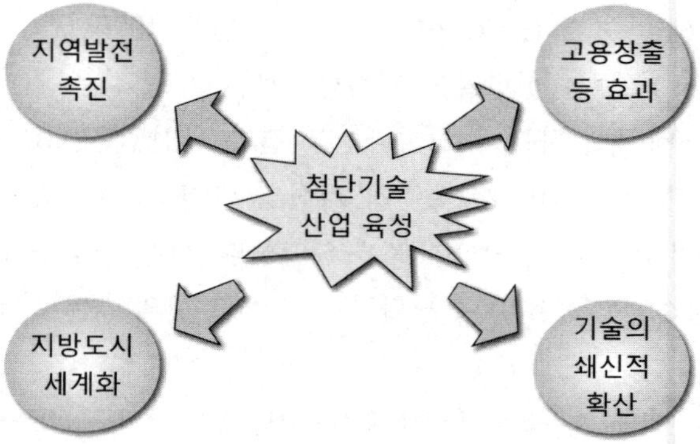

능과 생산기능이 병존하여 기술혁신의 역외 유출을 방지하여 생산기능을 지역 내에 내재시킨다.

셋째, 지방도시의 세계화를 야기한다. 첨단기술산업은 정보통신과 불가분의 관계에 있어 필연적으로 정보통신산업의 도시로의 발전을 가져올 수밖에 없고 발달된 정보통신으로 세계와 교류하여 지방도시의 세계화를 촉진시킨다.

넷째, 기술의 쇄신적 확산을 야기한다. 첨단기술산업은 일반적으로 일정공간, 특히 대도시에 집적하여 입지하는 성향이 높다. 첨단기술산업체의 집적을 유발하는 요인은 바로 집적이익(agglomeration advantages)의 향유가 쉽기 때문이다. 집적 그 자체가 기술적 하부구조를 확장하고 첨단기술산업의 생산에 있어 현저한 외부경제 효과를 제공할 뿐 아니라 지역의 총체적 기술 쇄신성을 높일 수 있을 것이다.

2. 첨단기술산업의 실태

가. 첨단산업 분야별 점검

1) 정보통신산업

전 세계적으로 정보통신산업이 국가경제에서 차지하는 비중은 점차 높아지고 있다. 또한 정보기술혁신이 매우 빠른 속도로, 장기간에 걸쳐 지속적으로 이루어져 정보통신산업뿐만 아니라 다른 모든 분야의 생산성이 증대되고 있다.[3] 우리나라에서 2007년 국내 정보통신산업의 총생산액은 약 267조원으로 전년대비 약 8%의 성장을 보였다. 그 동안 국내 IT산업은 1990년대 중반 이래 줄곧 연평균 20% 이상의 높은 성장률을 기록해 왔다. 이는 같은 기간 연평균 GDP 성장률에 비해 3배에 달하는 수치이다. 그 결과 IT산업은 GDP에서 차지하는 비중도 매년 증가하여 2010년 1/4분기 IT산업 GDP는 26.1조원이였는데 이는 우리나라 전체 GDP(242조원)의 10.8%에 해당한다. IT부문이 경제성장에 기여하는 정도는 IT 산업의 GDP비중보다 훨씬 큰데 2003년의 경우 IT산업의 GDP 성

3) 윤충한, 「첨단산업의 현주소와 우리의 과제-정보통신산업 연구개발투자 증대와 효율적 배분」, 『전경련(2001. 3월호)』, 전국경제인연합회, 2001, pp. 14~15 참조.

장기여도는 51%였고 단일 분야로는 국가경제에 가장 중요한 성장의 엔진으로 간주되고 있다.

2) 생명공학산업

21세기는 생명공학기술(BT)의 시대라는 말과 같이 바이오 벤처산업이 급증하고 있다. 20년 전에 예고되었던 유전공학시대는 어김없이 우리 앞에 찾아왔고, 5년 전부터 미국 등에서 유전자변형 면화, 옥수수, 콩 등이 대량 재배되기 시작하여 우리나라에도 수입되기에 이르렀다.[4]

생명공학 관련 세계 생물산업시장 규모는 2005년에 910억 달러였다. 유전자 조작 농산물이 양산되고 인간 유전자와 질병의 관계가 밝혀져 치료제가 개발되는 2010년에는 고성장이 계속되어 생명공학관련 시장은 주변산업까지 포함하여 약 1,540억 달러에 달할 것이다. 인체유전체 염기서열의 완전해독이 발표되었고 동물복제의 가능성이 커지면서 의약, 보건 분야에서 활기를 띠고 있지만, 농업분야에서는 생명공학에 의한 녹색혁명이 이미 세계적으로 조용히, 그러나 전폭적으로 진행되고 있다.

이러한 식물 바이오테크놀러지의 발달은 다루는 유전자의 형질에 따라 그야말로 무궁무진하다. 그러나 우리나라의 경우 거의 접근을 하지 못하고 있는 실정이다.

3) 환경산업

우리나라의 대표적인 환경산업체인 환경오염방지 시설업은 2009년 기준 1,020개소이며, 이밖에 폐기물처리업, 분뇨 오수 축산폐수 처리시설 설계시공업, 환경영향평가 대행업, 폐수처리업 등이 있다. 오염매체별로 보면 수질분야가 거의 절반을 차지하고 있으나, 대기 폐기물분야가 급속한 성장을 보이고 있으며 장기적으로는 토양정화 관련 산업, 환경서비스 부문의 시장이 큰 폭의 성장세를 나타낼 것으로 전망된다.[5]

국내 환경산업은 2007년 말 기준 사업체수 28,198개, 종사자수 408,273명,

---

4) 김병동, 「첨단산업의 현주소와 우리의 과제-바이오 녹색혁명에 적극적으로 참여해야」, 『전경련(2001년 3월호)』, 전국경제인연합회, 2001, pp. 18~19 참조.

5) 정윤철, 「첨단산업 현주소와 우리의 과제-환경산업 21세기 전략산업으로 중점 육성해야」, 『전경련(2001년 3월호)』, 전국경제인연합회, 2001, pp. 23~24 참조.

매출액은 약170조 원으로 그 중에서도 환경부문 종사자수는 180,079명으로 나타났다. 특히 환경부문 매출액은 2004년 약21조원에서 34조원으로 증가하였는데 매년 꾸준히 증가하고 있는 추세이다.

나. 첨단산업 육성현황 및 문제점

1) 지방 행정조직 및 전문행정인력 부족

현재 우리나라 자치단체수준에서 지방산업육성 및 지원과 관련한 경제 혹은 상공행정을 담당하고 있는 조직은 지역별 차등성이 없이 거의 일률적으로 구성되어 있다.[6]

그러나 이들 부서가 담당하고 있는 업무의 대부분이 지방산업을 진흥하는데 필요한 일반적 기능을 담당하고 있을 뿐 첨단기술산업을 지원하는 기능은 수행하지 못하는 실정이다.

한편 자치단체의 지역경제행정, 특히 지방공업행정을 담당하고 있는 인력은 현재 대부분이 일반직 공무원으로 구성되어 있다. 따라서 전문적 지식과 경험을 요구하는 첨단기술산업 관련 업무를 처리하는 데는 전문성 확보가 시급한 실정이다.

2) 지방의 독자적 금융·세제지원시스템 부재

지방에 이전 또는 창업을 하는 첨단기술산업체의 설비 및 운용자금의 원활한 공급을 위해서는 자치단체의 독자적 금융지원방안이 필요하다.[7]

특히, 지방첨단기술 중소업체의 외부금융 과다의존현상을 감안한다면 우선적으로는 지방금융자본의 조성 및 역내환류를 촉진하는 방안이 마련되어야 한다. 그러나 현재와 같이 관련권한과 기능이 중앙에 집중되어 있는 상황 하에서는 자치단체가 독자적으로 추진할 수 있는 능력이 없다. 또한 취약한 지방재정상태를 감안할 때 첨단기술산업을 지원하기 위한 독자적 정책금융지원을 대폭 확충할 만한 재정여력도 미흡한 것으로 나타난다.

한편, 지방기업의 유치와 육성을 위한 현행 조세감면제도의 운용은 중앙정

6) 한표환, 「첨단기술산업의 지방유치와 활성화」, 한국지방행정연구원, 1996, pp. 137~141 참조.

7) 상게서, pp. 145~149 참조.

부차원에서 결정되고 있기 때문에 지방자치단체가 감세조치를 할 수 있는 자율적 권한이 제한되어 있다. 더욱이 감면혜택의 대상도 지방세 위주로 구성되어 있어 세제지원을 강화할 경우 자칫 지방재정기반을 약화시킬 우려가 있다. 즉, 자치단체가 첨단기술산업체의 지원을 위해 필요한 최소한의 금융지원시스템조차 부족한 것을 알 수 있다.

3) 지방의 기술개발 지원기능 미흡

우리나라의 기술개발 관련 권한 및 수단은 중앙에 집중되어 있어 자치단체의 기술개발행정은 과학기술담당부서의 부재 혹은 취약성, 지방공무원의 인식 및 전문지식 부족, 미약한 재정적 지원능력, 열악한 기술혁신 하부구조와 그 연계체제의 비효율성 그리고 감독규제 위주의 행정과 정책 등으로 독자적으로 기술개발을 지원할 수 있는 능력이 취약하고 수단도 보유하고 있지 못함은 널리 알려진 사실이다.

지방주도의 과학기술을 추진하는데 현실적으로 당면하는 문제는 관련조직 및 전문적인 행정인력의 부족이다. 특히 기술개발업무가 갖는 전문성, 장기성 그리고 복잡한 기관연계성 때문에 이들 분야의 업무를 효율적으로 추진하기 위해서는 기술행정인력의 확보가 필수적이나 그렇지 못한 실정이다.

4) 첨단산업육성에 대한 정책의지 부족

첨단산업은 그 특성상 막대한 투자자금이 소요되고 위험부담이 크기 때문에 민간기업의 입장에서 선뜻 투자하기는 쉽지 않다. 그렇지만 첨단산업이 향후 세계 산업을 주도할 것이므로 이 부문에 대한 투자는 필수적이다. 이에 선진국에서는 첨단산업을 육성하기 위하여 정부가 기술개발에 대한 적극적인 지원책을 수행하고 있다.

우리나라에서도 정부부문의 첨단부문에 대한 연구개발투자의 비중이 높아지고 있다. 그러나 실제로 매년 정부가 부담할 첨단산업 기술개발투자 소요규모에 비해 턱없이 부족한 예산이 배정되어 첨단산업육성에 대한 정부의 정책의지가 아쉽다. 특히, 최근 중소기업의 채산성 악화는 중소기업 최고 경영자의 R&D 투자의지 위축현상과 직결됨에 따라 중소기업 기술개발투자지원을 위한 근본적인 대책마련이 시급하다.

3. 지방의 첨단기술산업 육성방안

가. 첨단기술산업 활성화 기본 방향

최근 지방화시대의 도래와 함께 지방의 창의와 자율이 중시되고 있다. 지역산업진흥의 독자적 영역확보가 점차 신장되는 분위기하에서는 전략적 주력산업의 유치 육성은 자율성과 독창성을 토대로 내발적으로 이루어져야 한다. 이러한 측면에서 첨단기술산업의 지방유치 및 활성화를 위한 기본방향은 다음과 설정할 수 있다.[8)]

먼저, 지역특성에 적합한 주력업종의 선정과 동시에 지역간 적정배분이 이루어져야 한다. 지역마다 첨단기술산업의 백화점식 업종유치나 총망라하는 형태의 업종선정은 지양되어야 한다. 따라서 지역별 주력업종의 선정은 업종별 입지인자와 지역별 입지여건을 상호 대비시켜 객관적·인위적으로 적정화시키는 방안이 강구되어야 국가자원배분의 왜곡과 지역간 과다경쟁을 미연에 방지할 수 있을 것이다.

다음으로, 첨단기술산업의 지방유치 및 활성화를 위해서는 중앙과 지방간의 적절한 역할분담 및 긴밀한 협조가 절실히 요구된다. 그리고 이를 통해 지방

〈그림 19-2〉 지방의 첨단기술산업 육성 방향

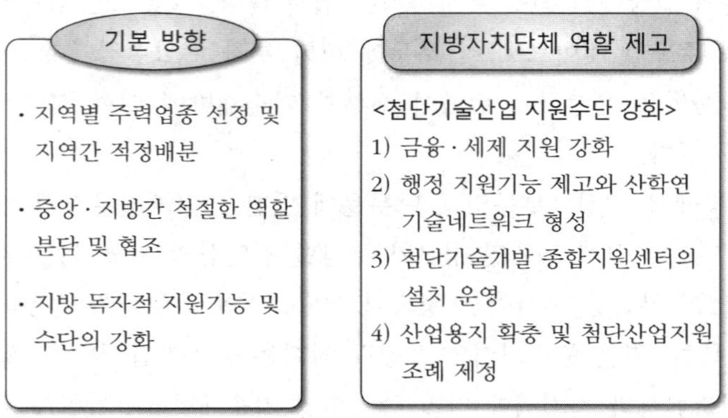

8) 상게서, pp. 97~100 참조.

주도적으로 유치되고 육성되어야 한다. 따라서 지방의 창의와 자율에 입각하여 지방 스스로가 지역의 특성과 입지잠재력에 부합하는 지역산업을 독자적으로 발굴 육성할 수 있도록 중앙·지방간 권한의 합리적 배분과 지원수단의 지방화가 이루어져야 할 것이다.

아울러, 지역특성에 부합하면서 산업활동에 실질적인 기여를 할 수 있는 독자적 지원기능 및 수단의 강화가 이루어져야 한다. 산업정책을 둘러싼 중앙·지방간 권한과 기능이 합리적 배분이 이루어진다 하더라도 이를 기초로 자치단체가 첨단기술산업체를 유인하고 육성하는 데 필요한 지원기능이나 구체적 지원 프로그램을 자율적으로 마련해야 할 것이다.

나. 지방자치단체의 역할 제고

지금까지 첨단기술산업은 산업구조상 차지하고 있는 높은 위상에도 불구하고 지역적 차원에서 독자적 계획영역을 확보하지 못했다. 그리고 정책적 필요에 의한 일과성 계획 혹은 다기화된 지역산업진흥계획의 특정부문에서 첨단기술산업의 육성시책이 추진되어 왔다.

이제는 자치단체가 미래지향적이면서 기술집약적인 첨단기술산업을 독자적으로 육성할 수 있는 계획적 접근이 필요하다. 지방의 창의와 자율을 바탕으로 해당지역의 첨단기술산업의 전략적 혹은 집중적 육성을 위해서는 가장 먼저 자치단체가 첨단기술산업 발전계획의 독자적 수립·집행 권한을 지녀야 한다.

현재와 같이 국가가 단독으로 첨단기술산업 활성화 관련계획을 수립해 대상지역을 획일적 기준하에서 지원하기보다는, 광역자치단체가 지역의 실정에 맞도록 첨단기술산업발전을 위한 법 제도적 개선이 이루어져야 한다. 다만 중앙정부는 첨단기술산업의 장기발전방향에 부합한 계획수립을 지원하는 기능을 수행하여야 한다.

광역자치단체는 중앙의 계획수립지침에 의거하여 첨단기술산업발전의 목표 및 업종별 발전 전략, 첨단기술산업 관련 기반시설의 확충, 각종 지원사항, 첨단기술산업단지 설정 및 조성방안 등의 내용을 포함하는 기본계획을 수립하여 종합적이고 체계적인 접근을 시도하여야 한다.

다. 첨단기술산업 지원수단 강화

자치단체가 첨단기술산업의 지방유치 및 활성화를 주도하기 위해서는 독자적 계획수립권한의 확보 외에도 정책집행의 실효성이 제고될 수 있도록 지원수단의 지방화가 이루어져야 한다.[9]

1) 금융·세제 지원 강화

자치단체가 첨단기술산업체의 금융지원을 강화하기 위한 방안으로 담보력 확충기능과 정책금융기능으로 구분하여 살펴볼 수 있다.

먼저, 지방소재 첨단기술중소업체의 외부금융활동 시 담보제공능력을 제고시켜주는 일이다. 지역신용보증조합을 통해서 지역의 첨단기술중소업체에 보증한도를 확대해 주는 일이다.

다음으로, 자치단체의 정책금융지원을 강화하기 위하여 중앙정부 보조금의 지방이양과 함께 자주재원 확충을 통한 자체 산업지원금의 절대적 규모를 확대하여야 할 것이다. 그리고 자치단체가 독자적으로 운영할 수 있는 자금지원을 강화해야 한다. 또 일정 규모 이상 자체적으로 조성된 재원을 확보하여 첨단기술산업 분야의 이전 및 창업기업에 대한 무상양여형태의 각종 보조금 지급이 가능하도록 해야 할 것이다.

한편, 지방기업 관련 조세감면제도에 있어 자치단체가 지역여건에 따라 독자적으로 운영할 수 있는 재량범위를 확대하는 방향으로 개선되어야 할 것이다.

이와 동시에 자치단체의 조세감면제도를 차별화 및 장기화 운영방식을 도입하여 지역실정에 맞게 운용하여야 할 것이다. 즉, 현행 조세감면기간은 기업이전 및 신설 자체에만 초점을 둔 일과성 운영방식에서 이전 또는 창설 후 지역경제에 대한 실질적인 기여도를 지원기준으로 삼아야 할 것이며, 조세감면폭도 업종별로 차등화하여 기술집약업종의 지방이전 및 창설을 우대하는 방식으로 운영할 수 있을 것이다.

2) 행정 지원기능 제고와 산학연 기술네트워크 형성

기술혁신 잠재력을 증대시키기 위해서는 자치단체가 독자적으로 기술개발

---

9) 상게서, pp. 142~161 참조.

을 지원할 수 있는 능력을 제고하여야 한다. 무엇보다도 자치단체가 기술발전정책과 행정기능을 보강하여 첨단기술산업 발전의 바탕이 될 기술개발 내지 기술혁신 능력을 배양해야 한다. 아울러 앞으로 지방자치단체가 독자적으로 첨단기술산업의 종합계획을 수립·추진할 경우를 대비하여 전문적인 소양과 지식을 갖춘 전문행정인력을 확보해야 한다.

또한 자치단체의 기술개발 지원기능을 강화하기 위해서는 정책적 수단의 확보가 필요하다. 즉 기술개발을 중앙에 의존하지 않고 기술개발촉진을 위한 자금지원 그리고 기술개발 인력지원을 가시적으로 제공해 줄 수 있는 실효성 있는 지원수단을 자치단체가 보유해야 한다.

자치단체는 지방 첨단기술산업체의 기술개발을 지원하기 위해서 지역 내 대학, 연구기관, 산업체간의 공동기술개발활동, 특히 원천기술개발을 촉진시키기 위한 지역 산학연 컨소시엄사업 네트워크 구축에 주도적인 역할을 수행해야 할 것이다.

자치단체는 산학연 공동연구의 효율이 극대화될 수 있도록 각종 지원을 강화하고 이들간의 유기적인 채널이 잘 형성되도록 매개적 역할을 수행하여야 할 것이다.

3) 첨단기술개발 종합지원센터의 설치 운영

지방의 첨단기술산업 활동에도 자금, 판로, 기술, 인력, 정보 등의 각종 행정 및 생산지원서비스가 필수적이다. 이들을 역내에서 쉽게 조달하여 비용과 시간절감 효과를 얻음으로써 기업경영과 생산의 측면에서 효율성을 제고할 수 있다. 일반적으로 지방의 경우는 각종 정보 및 지원서비스 등의 역내 조달 정도가 낮아 이에 따른 시간 비용부담이 크며 지원서비스산업의 파급효과도 크게 기대할 수 없다. 더구나 기업지원서비스 제공기관이 여러 곳에 분산 입지되어 있어 이의 종합적 이용이 불편하다고 볼 수 있다. 따라서 지방에 입지한 기업들에게 필요한 각종 정보나 생산지원서비스를 역내에서 원활히 제공하기 위해서 지방대도시나 지방중소도시 및 그 주변지역을 하나의 제공권으로 묶어 첨단기술산업의 종합적 기업활동 지원서비스센터를 건립하는 방안이 바람직하다. 그러나 이러한 지원센터를 새로이 설치하는 데는 자치단체의 재정적 부담과 첨단기술산업의 중소규모위주의 산업조직을 감안할 때 기존에 이와 유사한 기능을 수행하는 중소기업종합지원센터의 기능을 보강하여 본래의 취지를 달성할 수 있을 것이다.

4) 산업용지 확충 및 첨단산업지원조례 제정

첨단기술산업의 지방유치 및 육성을 위한 물리적 하부구조, 특히 산업용지의 공급능력의 확보는 매우 중요하다. 이는 첨단기술산업 자체의 특성이 연구 및 기술개발로부터 상품화로 이어지는 시간적 간격이 기존 산업보다 훨씬 짧기 때문에 제시간에 생산공간을 확보하지 못하면 제품경쟁력을 상실할 우려가 높은 데 기인한다.

기업은 입지속성상 대도시 및 선진지역 지향적이기 때문에 기업의 지방유치는 대도시 집적경제 효과를 상쇄할 수 있는 입지적 장점을 인위적으로 창출해야 한다. 따라서 비교우위를 확보할 수 있도록 물리적인 인센티브나 유인 프로그램을 경쟁적으로 제시할 수밖에 없다. 보다 종합적이고 체계적인 유인·지원체제를 구축하고 실천수단의 확보를 위해서는 제도적 근거가 필요하다. 즉, 첨단기술산업 기업유치조례를 제정하여 이를 실천요강으로 활용할 수 있도록 해야 한다. 조례를 토대로 유치기업에 고용, 금융, 세제, 기술개발, 용지공급 등의 여러 분야에서 독자적인 지원조치를 감행하는 한편 이전 및 창업기업의 재정부담 경감을 위한 다양한 공장용지 및 건물의 분양방식을 구체적으로 포함시킬 수 있다. 특히 어려운 재정상황에 처해 있는 자치단체의 경우 효과적인 기업유치를 위해서는 해당지역의 각종자원을 활용하는 특색 있는 유인시책을 마련할 수 있다.

제20장

중소기업 IT化

디지털시대의 도래로 경제활동에서 정보기술(IT: information technology)에 대한 의존도가 급격히 증대되고 있다. 이러한 환경 변화에 따라 지방의 중소기업들에게도 IT化 노력이 절실해지고 있다.

IT化는 기업활동 전반에 정보기술을 접목시켜 업무효율과 생산성을 높이는 제반활동을 의미하는 것으로, 디지털 시대에 경쟁력의 필수적 요소로 대두되고 있다. IT는 특히 노동비용 상승, 기술력 부족 등으로 어려움을 겪고 있는 지방 중소기업들에게 더 찬란한 모습으로 비춰지고 있다. 즉, 정보화를 통해 지방기업은 비용절감, 생산성 향상, 판로 확대 등의 다양하고 긍정적인 효과를 기대할 수 있기 때문이다.

본 장에서는 IT化의 의의, 중소기업의 IT化 실태 그리고 지방중소기업의 IT化 촉진방안에 대하여 정리하고자 한다.

1. IT化의 의의

가. IT化의 개념과 필요성

정보기술(IT: information technology)의 발전과 진전은 모든 산업의 패러다임을 급속히 변화시키고 있다. 이러한 변화는 꾸준히 진행되어 온 경제활동의 세계화를 통한 네트워크의 확산에 의해 주도되고 있다. IT化 및 정보화는 단순한 기술혁신에 그치는 것이 아니라 정치, 경제, 사회의 모든 면에서 패러다임 자체를 바꾸고 있는 것이다. IT化 및 정보화가 진전될수록 기업들은 새로운 상품, 새로운 생산 및 경영방법, 새로운 고객 등을 창조하여야 경쟁에서 살아남을 수 있다. 기존 사업 간의 구분영역이 허물어지고 모든 분야의 경쟁에서 이길 수 있는 근본적인 변혁을 추구하지 않으면 안 된다.

IT化는 기업활동 전반에 정보기술(IT: information technology)을 접목시켜 업무의 효율과 생산성을 높이는 활동을 의미한다.[1] IT化는 기존의 정보화와 동일한 개념으로 사용되고 있으며, 최근에는 e-business[2]라는 용어로 사용되기도 한다.

이러한 IT化는 기업 정보화가 디지털 경제시대의 중요한 경쟁력 요소로 인식되면서 대두되었다. 즉, 노동비용의 상승, 기술력 부족으로 어려움을 겪는 중소기업들도 정보화를 통해 비용절감, 생산성 향상 및 판로 확대 추진이 절실히 필요하게 되었고 경쟁기업들의 IT化를 활용한 경쟁력 제고와 국내 대기업도 거래 시 IT化를 요구하는 등 거래환경의 변화에 따른 중소기업의 IT化는 생존을 위하여 불가피하게 되었다.

나. 기존산업 IT化의 단계

기존산업의 IT化는 일정한 단계를 거치면서 달성된다. 즉, 일반적인 중소기업의 IT化는 1단계: 정보화 인프라 ⇒ 2단계: 기업 내 정보화 ⇒ 3단계: 외부

〈표 20-1〉 IT化 발전단계

IT化 수준 / 구분	1단계	2단계	3단계
발전단계	IT 기반구축	사내정보화	외부정보화
수 단	H/W, S/W, 인력 등	개별기업 경영정보화	전자상거래, SCM
효 과	–	프로세스 개선을 통한 비용절감	구매비용 절감, 판로 확대, 수익률 향상

자료: 이재훈(2001), 「1만개 中小企業의 IT化 支援 對策: 推進背景과 內容」, 산업자원부·중소기업청, p. 3. 을 근거로 재작성.

1) 이재훈, 「1만개 中小企業의 IT化 支援 對策: 推進背景과 內容」, 중소기업청, 2001, p. 3.
2) e-business란, 인터넷과 정보기술을 결합시켜 기업의 비즈니스를 혁신적으로 변혁시킴으로써, 생산성과 경쟁력을 키우고 고객관리 및 신규 수요창출을 극대화하는 새로운 비즈니스방식을 말한다(한재술, 「e-비즈니스 현황」, 재능대학인터넷창업보육센터·인천산업용품유통센터, 2000, p. 2.).

정보화(전자상거래) 순으로 발전한다. 단, IT化의 효과는 1단계의 정보화 인프라 구축만으로 생산성 제고 및 판로 확대가 곤란하고, 기업 내 정보화 및 외부 정보화(전자상거래)까지 추진해야만 구매·판매·생산비용 절감 등을 통한 경쟁력 강화가 가능하다. 즉, 단계가 거듭될수록 IT化의 효과가 크게 나타난다고 할 수 있다.

다. 중소기업 IT化의 기대 효과

지방중소기업의 IT化를 통해서 얻을 수 있는 기대 효과는 사내정보화 촉진과 전자상거래 활성화 등 두 가지 경로를 통해 궁극적으로 국가경쟁력 강화와 경기 활성화를 이루어 낼 수 있다.

첫째, 중소기업의 사내 정보화 촉진을 통해 경영효율성을 제고할 수 있으며, 이는 운용비용을 절감하고 투명경영을 촉진시킬 수 있고, 재고비용을 감소

〈그림 20-1〉 IT化의 기대효과

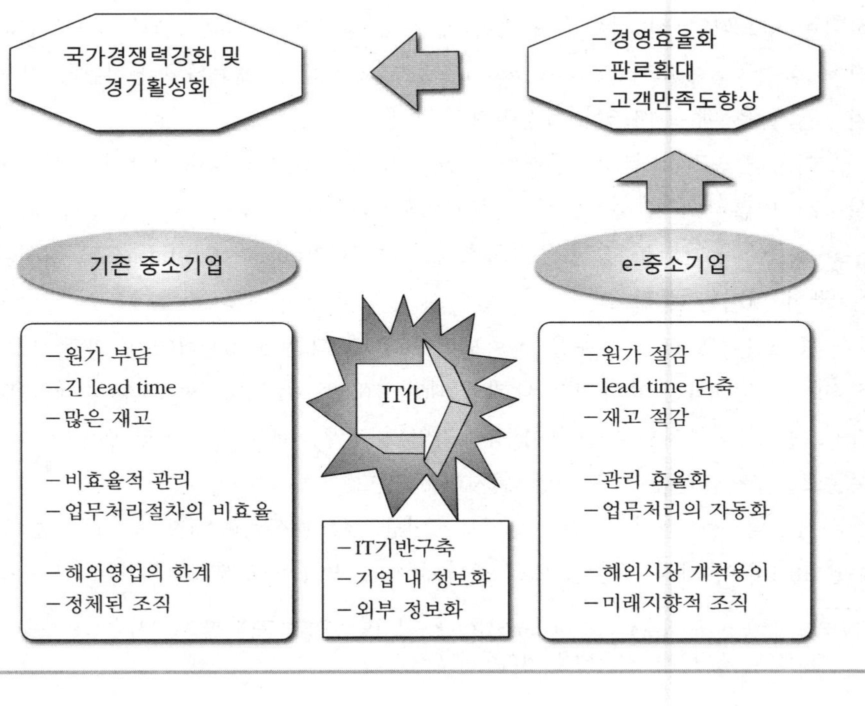

시킬 수 있다.

둘째, 중소기업의 전자상거래 활성화를 통해 유통비용을 절감하고 판로를 확대시킬 수 있다. 이는 곧 고객 만족도를 향상시킬 수 있는 지름길이기도 하다.

셋째, 중소기업의 IT투자 확대는 곧 IT 벤처기업의 수요확대를 가져와 시중의 경기를 활성화시킬 수 있다. 그리고 IT化는 중소기업의 신용도 제고와 자금조달 여건의 개선을 통해 중소기업의 경쟁력을 향상시키고, 이는 곧 국가경쟁력 강화를 이룰 수 있는 것이다.

2. 중소기업의 IT化 실태

가. 중소기업의 IT化 현황

우리나라 중소기업에 있어 PC설비·홈페이지 구축 등 정보화 인프라 측면은 비교적 양호한 실정이다. 그러나 초고속통신망·인력 등 사내 정보화 측면은 취약하다. 중소기업을 중심으로 회계관리 사무자동화 관련 정보시스템을 활용하고는 있으나 아직 미흡한 수준이다. 특히 경영효율성 제고 및 전자상거래 추진에 필수적인 ERP(enterprise resources planning: 사내정보자원 통합관리시스템)[3]의 보급률은 매우 저조한 실정이다.

아울러 전자상거래는 구매비용 절감 및 판로확대의 중요수단인 전자상거래 실시가 미흡하여 전자상거래 실시기업도 인터넷 쇼핑몰 등 B2C(business to customer)에 국한되어 경쟁력 강화효과가 큰 B2B(business to business) 실시기업은 극히 미미한 실정이다.

중소기업의 IT化 수준을 살펴보면 2007년 기준 52.04점(100점 만점)으로 점진적으로 상승하는 추세인데 대기업 대비 70.8% 수준(대기업 73.53점)에 해당한다. 그중 정보화지원사업 참여 중소기업의 경우, 65.79점(대기업 대비 89.5%)의 수준으로 '기업간협력' 단계에 위치하고 있다.

산업별로는 전반적으로 비슷하나 이중 정보통신업(62.4점)이 가장 높고 운수업(48.3점)이 가장 낮은 것으로 조사되었다. 또한 중소제조업의 정보화 수준은

3) ERP(enterprise resources planning)이란, 기업의 경영활동에 필요한 사내정보자원을 통합적으로 관리하는 시스템을 의미한다.

〈표 20-2〉 중소기업 정보화 수준 (단위: 점, %)

구 분	2004	2005	2006	2007
중소기업	47.91	50.33	51.42	52.04
대기업	70.23	70.24	70.39	73.53
대기업대비 비율	68.2	71.7	73.1	70.8

자료: 중소기업청, 「2008년도 중소기업 정보화 수준평가」.

〈표 20-3〉 기업 정보화의 발전 단계(정보화 수준 점수의 의미)

발전단계 / 구 분	정보화도입 Initiation	단위정보화 Automation	통합정보화 Integration	기업간협력 Collaboration	전략적혁신 Innovation
정보화점수	~ 30점	30 ~ 50점	50 ~ 60점	60 ~ 70점	70점 ~
업무특성	개인정보화	단위업무정보화 업무효율화	전사업무 통합화(수평적) 경영계층간 통합(수직적)	기업 간 업무 정보화	신규사업 창출 신시장 개척 신고객 발굴 New Biz process Process Innovation New Service & Product
주요솔루션	PC	단위 애플리케이션	ERP, KMS	SCM, SRM	e-BIZ

자료: 중소기업청, 「2008년도 중소기업 정보화 수준평가」.

52.4점으로 대기업 대비 71.2% 수준인 것으로 나타났다.

나. 중소기업 IT化 애로요인

중소기업 IT化를 위해 애로요인을 다음과 같이 정리할 수 있다.

첫째, 중소기업의 미래에 대한 불확실성과 벤치마킹할 수 있는 모델이 없다는 점이다. 즉, 세계적 경기의 침체는 기업들의 변신에 또 하나의 걸림돌이 되고 있다. 그리고 국내는 물론 전 세계적으로 중소기업의 IT化 경험이 아직 일천하여 수범될 사례가 찾기 힘들다는 점이다. 이러한 상황에서 기업들의 IT化 내지 정보화에 대한 인식이 낮기 때문에 어려움은 가중되는 것이다.

둘째, 기업의 IT化·정보화에 대한 올바른 개념정립이 미흡하다는 점이다. 기업의 IT化는 기술적 차원의 문제가 아니라 기존기업과 산업의 모습이 IT와 인터넷 기술을 접목하여 새롭게 변신해 나가는 것이 핵심이다. 즉, IT化 내지 정보화는 규범적 판단이 요구된다. 다시 말해, 규범주의적 개념정립은 오랫동안의 과정과 경험을 통해 이룰 수 있기 때문에 IT化에 대한 분명한 개념정립이 단기간에 어려운 것이다. 더욱이 이러한 상황에서 IT化 · 정보화를 위해 실천할 법적 · 제도적 뒷받침을 갖추기는 용이하지 않는 일이다.

셋째, 정부에 대한 불신과 기업간의 불신이 팽배한 상황에서 경제주체 상호간의 협력 가능성이 제한되고 있다는 점이다. 정부 직접지원의 현실적 한계와 정부역할에 대한 비판이 커지고 있을 뿐 아니라 기업과 정부, 기업과 기업 간의 불신풍조로 인해 상호간의 협력체계 구축이 어렵다는 점이다. 특히, IT化 내지 e-business화에 있어서는 상호간 협력이 사업성공의 필수적 요소라는 점을 미루어 볼 때 심각한 애로요인이 아닐 수 없다.

한편, 중소기업청이 발표한 IT인력 수요[4]에 따르면, 정보화 추진 시 애로사항으로 전문인력 부족과, 정보화도입자금 부족 및 정보화교육 부재로 나타나 정보화 전문인력 확보곤란이 주된 애로요인으로 밝혀졌다.

여기서, 정보화 추진인력 소요분야로는 홈페이지 제작, 인터넷과정, 전자상거래, 사무자동화, ERP 등 기초분야에서 응용분야에 이르기까지 다양한 인력을 필요로 하고 있다. 아울러 전문인력들의 중소기업 취업기피로 중소기업 자체 정보화가 곤란함을 알 수 있다.

그리고 중소기업이 겪고 있는 경영상의 문제로는 자금력의 부족으로 정보화투자비용 조달에 애로를 겪고 있으며, 세금증가 우려로 회계정보의 노출을 기피하는 경향과 정보 S/W의 활용경험과 능력 부족의 문제를 안고 있다.

아울러, 정보화 효과의 문제로는 가시적인 성과가 나타나는 데 많은 시일이 소요되고, 투자대비 효과에 대한 확신이 부족하며, 경영관행과 비즈니스 프로세스 혁신 미흡 시 효과가 반감되는 등의 문제를 가지고 있다.

마지막으로, 정보화 인프라의 문제로는 정보화에 대한 CEO 및 종사자의 마인드가 부족하고, 초고속 정보통신망의 구축 미흡과 설치에 따른 부담과중, 정보화 전문인력의 부족 등으로 중소기업은 국가경제의 근간이나, 정보기술(IT)의 활용에는 사각지대에 놓여 있음이 파악된다.

---

4) 중소기업청, 『'08년 중소기업 인력실태조사 보고서』, 2008.

3. 지방중소기업의 IT化 촉진방안

가. 기존산업의 정보화 인프라 확충

기존산업의 정보화를 촉진하기 위해서는 정보화 전문인력의 확보, 초고속 통신망 등 인프라가 중요하다. 따라서 사내정보화 및 전자상거래 지원, 공통의 정보화 인프라 확충을 지원하여 자체 정보화 추진역량을 배양하여야 할 것이다.[5)]

1) 정보화 추진의지 고양

지역경제 주체들의 정보화 마인드 제고를 위해 전자상거래 정책토론회를 개최하여 지역 실정에 맞는 전자상거래 추진방향을 모색해야 한다. 그리고 중소기업체 및 IT 업체가 참석하는 세미나 등을 개최하여 시책홍보 및 중소기업의 정보화 붐을 조성하여 할 것이다.

한편 기존산업 IT化 추진의 성공여부는 CEO 및 최고책임자의 마인드에 좌우된다고 할 수 있다. 따라서 성공사례 중심으로 정규과정을 편성하고 CEO정보화 교육과정을 내실 있게 운영하여야 할 것이다.

2) 정보화 인력 확보 지원

단기적으로 IT 전문인력 양성을 위해 전자상거래 전문교육장을 설치하고 중장기적으로 자립화가 가능토록 지원함으로써 지역 전자상거래 핵심센터로 육성하여야 할 것이다.

아울러 전자상거래 관련 교육을 추진하되 지역 기업체를 대상으로 정보화 및 전자상거래와 관련하여 기초에서 고급과정까지 무료교육을 실시함은 물론, 기업체에서 요구하는 맞춤교육을 시행함으로써 정보화인력의 저변확대를 위해 노력하여야 한다.

장기적으로 고급 전문인력양성을 위하여 외국의 우수한 전문교육기관을 지역 내 대학과 네트워크 구축을 통해 사이버 e-business 인력양성 방안을 강구하여야 할 것이다.

---

5) 윤병석, 「既存産業의 IT化 推進方案: 인천광역시 제조업체를 중심으로」, 2001.

3) 네트워크·H/W·S/W 등 기초 정보 인프라의 확충

기존산업이 밀집한 산업단지에 우선적으로 저가의 초고속 정보통신망을 구축하고 중소기업의 정보화 설비 S/W 구입 시 자금지원을 확대하여야 한다.

또한 지역정보화 구축사업의 일환으로 산업기술 지역정보망을 구축하고 중소기업의 기술개발과 애로해소 지원체계 구축 및 종합기업서비스망과 통합을 추진해야 한다. 아울러 기존 웹시스템과 DB갱신 및 보완사업을 지속적으로 추진하여야 한다.

나. 기업내부 정보화 촉진

기업 내 정보화를 위한 다양한 수단 중 생산성 향상 및 전자상거래로의 발전을 위해서는 ERP가 핵심이다. 그러나 대다수의 중소기업은 전문인력과 많은 비용을 수반하는 ERP의 활용능력은 매우 미흡하다. 따라서 사내정보화 능력이 취약한 중소기업에 대해서는 ERP의 사전단계로서 기초정보 S/W를 보급하고, 기초적인 사내정보화 능력을 갖춘 중소기업은 ERP을 활용하도록 컨설팅 및 S/W 구입비를 지원하여야 한다.

1) 기초정보 S/W의 보급과 ERP 구축 지원

기존산업의 전반적인 업무프로세스 개선과 경쟁력 강화를 위해 설계된 경영관리 소프트웨어를 무료로 보급해야 한다. 그리고 소프트웨어 도입업체에 대한 교육 및 컨설팅을 지속적으로 추진하기 위한 사후관리를 철저히 해야 할 것이다.

기존산업이 ERP를 구입하거나 아웃소싱 방식을 통해 활용하는 경우 컨설팅·S/W구입비용 등 실제 도입비용을 지원하고, ERP의 사내구축 또는 아웃소싱을 희망하는 중소기업을 대상으로 기업의 신청을 받아 선정 지원하여야 할 것이다.

또한 정부의 불법 S/W 단속으로 중소기업들에게 상당한 혼란 및 경제적 어려움을 야기하고 있는 현실을 감안하여 정품 S/W 공동구매 사업을 추진하고, 이를 저렴하게 이용토록 하여야 할 것이다.

2) 기술지원 및 지도

전산 전문인력 및 장비의 미비 등으로 어려움을 겪는 기업 등을 위해 홈페이지 무료 제작 서비스 및 웹 호스팅 사업을 추진하여야 한다.

또한 중소기업의 경쟁력 강화를 위해 기술개발, 정보제공 및 특허정보기술서비스를 확대 추진하고 중소기업 공동상표 추진, 개발기술의 특허 출원 등 중소기업 지식재산권 갖기운동의 확산사업을 적극 추진하여야 한다.

다. 기업외부 정보화 지원

전자상거래를 위해서는 업종별 표준화(분류체계, 식별코드 등)와 규모의 경제확보가 중요하다. 따라서 업종별 B2B 시범사업과 기존 산업단지의 디지털화를 통하여 중소기업의 전자상거래 실시기반을 구축하여야 한다.

1) 전자상거래 활성화와 사이버 무역사업 지원

B2B 시범사업을 통해 전자상거래 활성화와 전자상거래 시스템 기반구축을 지원하여야 한다. 아울러 수출입업체 DB 및 상품 카다로그 제작, 무역관련 각종 정보제공 등을 위한 번역 S/W를 보급함으로써 사이버상에서 외국어 번역 지원을 받을 수 있도록 지원해야 한다.

또, 공무원 · 시의원 · 사계전문가 · CEO · 대학교수 · 전자상거래지원센터 및 중기청실무자 등으로 구성된 전자상거래 실무협의회를 구성하여 지역 전자상거래 추진 관련 정책을 검토하고 자문을 실시해야 한다.

2) 지역 IDC 설립 추진

지방공단 및 지역기업을 대상으로 하는 인터넷 데이터센터(IDC: Internet Date Center)[6]를 설립하여 각 기업들이 저렴하고 경쟁력 있는 정보시스템을 활용토록 지원해야 한다. 그리고 중소기업들이 최소의 비용으로 첨단의 시스템과

---

6) 인터넷데이터센터(IDC)란, 개별기업에서 관리 운영하는 부담이 큰 서버장비 및 통신장비의 운영과 관리를 대행하는 곳으로, 최첨단 시설과 보안, 완벽한 통신 네트워크가 구성되어 있는 곳을 의미한다. 즉, 고객은 서비스 관련 장비를 IDC내에 위치시킴으로써 서비스의 안정성 및 효율성을 높일 수 있으며, 경제적인 측면에서 운영비용을 절감할 수 있다. 반면 IDC는 업체별로 운영 · 관리해 온 관련 장비를 한 곳에 모아 통합관리하기 때문에 개별업체보다 관리 및 운영비용을 절감할 수 있다.

최신 정보처리업무 서비스를 제공하기 위한 업무지원서비스(ASP: Application Service Provider)의 제공을 통하여 기업의 경쟁력을 극대화시킬 필요가 있다.

3) 디지털 산업단지 조성과 전자물류 체계 확립

디지털 산업단지를 조성하고 전자물류 체계를 확립시켜야 한다.

디지털 산업단지 조성이란, 기존 산업단지 내 입주기업에게 경영·산업정보 및 B2B 전자 상거래 등을 지원하는 종합정보화 네트워크 구축사업이다. 즉, 산업단지 등 중소기업 밀집지역을 대상으로 공동 DB구축, 온라인 행정서비스, B2B 전자상거래 등 종합정보화서비스를 제공하는 산업단지의 디지털화 사업을 의미한다. 특히 원·부자재의 공동구매 및 유휴설비 판매 등 B2B를 통해 중소기업의 구매비용 절감 및 판로확대 지원에 중점을 두고 있다.

새로운 수출경쟁력의 원천으로 부상하고 있는 전자무역(e-Trade)[7]과 전자물류는 디지털시대를 맞이하여 수출의 지속적 증대를 위해서 필수적이다.

따라서 지역의 물류조사를 시행, 인터넷을 활용하여 시민 및 물류기업 등에 그 기반자료를 공개하여 물류활성화를 도모해야 한다. 그리고 소화물 집배송센터의 건립 및 관련제도의 개선으로 전자상거래 확대를 통하여 급증하는 소화물의 일관수송 활성화를 도모하여야 할 것이다.

라. IT 파급효과 극대화

1) 중소기업 IT化 성공사례 발굴 및 홍보강화

중소기업 IT化가 성공을 거두기 위해서는 수범사례를 발굴·홍보함으로써 IT化에 대한 확신감을 고취하고 IT化 방법론을 제시하는 것이 필요하다. 따라서 중소기업청 주관으로 분기별로 각 분야별 IT化에 성공한 중소기업을 발굴하여 시상하고, 이들 중소기업에 대해서는 각종 지원제도상의 인센티브를 부여하여야 한다. 이는 기업정보화의 유인을 제공하고 우수사례의 발굴, 확산을 통해 정보화 인식을 제고시키는 중요한 역할을 하기 때문이다.

또한 분기별로 중소기업 IT化 경험교환의 장을 개최하고, 산업기술 인터넷

7) e-Trade란, 전자무역이라 하며, 무역정보수집, 상담, 계약에서부터 금융, 통관, 운송계약과 대금결재에 이르기까지 모든 무역절차가 인터넷환경에서 ONE-STOP으로 처리되며, 궁극적으로는 국가간 무역네트워크 구축으로 확대되어 Global e-Trade가 실현되는 것을 의미한다.

방송국 등 인터넷과 VTR 등 매체를 활용하여 성공사례를 타 중소기업에게 확산 홍보시킴으로써 파급효과를 극대화시켜야 할 것이다.

2) 연계기업간 협업적 IT化 지원

현재는 개별 중소기업 차원의 IT化에 초점이 맞추어져 있다. 그러나 중소기업의 IT化 효과를 높이고 지속적으로 활용하기 위해서는 공급망을 형성하는 연계기업간의 e-비즈니스 등 협업적 IT化에 대한 지원 필요성이 증대되고 있다. 따라서 향후 공급망상의 기업들이 컨소시엄을 구성하여 정보공유 또는 전자상거래를 위한 시스템 구축 등 협업적 IT化 사업을 추진하고자 할 경우 별도의 지원이 필요하다. 즉, 컨소시엄에 참여하는 중소기업에 대해서도 교육·컨설팅 등의 부문에 대해 ERP구축 지원과 동일한 수준에서의 지원이 요구되고 있는 것이다.

3) 중간평가 및 사후관리 체제 구축

기업의 정보화를 촉진하기 위해서는 지속적으로 정보화수준을 평가하고 그 결과에 따라 정보화 추진전략을 탄력적으로 수립·추진하여야 한다. 따라서 중소기업 IT化가 소기의 지원성과를 거두기 위해서는 구축과정뿐 아니라 구축 후에도 일정기간 철저한 사후 관리가 필요하다. 이를 위해서는 중소기업진흥공단 내에 '중소기업 IT化 지원사업단'을 설치·운영하고 전문 감리요원을 확충하여 철저한 관리체계를 마련하여야 할 것이다. 특히, 분기별로 IT化 지원을 받은 중소기업이 해당 IT업체를 평가하고 그 결과를 공개하여 타 중소기업들이 IT업체를 선정하는 데 참고하도록 해야 한다. 또 지원사업단을 통해 매년 말 IT업체별 실적 및 중소기업의 활용도를 조사하여 다음 연도의 사업 참여 가부를 결정하는 데 활용하여야 할 것이다.[8)]

4) 지원방식의 개선

IT化 기업에 대한 지원 절차를 간소화해야 한다. 이는 분명한 IT化 의지가 있는 중소기업의 신청을 유도하고 단기간 내 집중적인 계약체결을 유도함으로써 발생하는 과당경쟁의 방지 등을 위해 필요하다. 현재는 기업이 먼저 IT化 지

---

8) 정보통신부(現지식경제부), 『2001 기업정보화수준평가 및 컨설팅 사업 추진계획(안)』, 2001.

원신청 → 현장실사를 거쳐 지원여부 심사 → IT업체와의 계약체결 및 구축토록 하고 있는 것을, 앞으로는 지원신청 전에 우선 IT업체와 가계약을 체결한 후 지원신청을 하도록 전환시켜야 할 것이다.

또한 일관되고 효율적인 사업집행을 위해 지경부, 중기청, 중진공, 대한상의 등으로 분산 운영되고 있는 지원형태를 그 기능과 역할 조정을 통해 보다 종합적이고 일관된 지원이 되도록 해야 할 것이다.

제21장

벤처기업

지방의 벤처기업들이 서울로 향하고 있다. 자금·인력·정보 등 벤처기업 성장에 필수적인 인프라가 지방에는 턱없이 부족하기 때문이다. 지방에서는 우선 자금조달이 어렵다. 서울에 있는 벤처기업들은 창투사나 개인 투자자들로부터 액면가의 수 배 이상 높은 '할증료'를 받아 운영자금과 투자자금으로 쓰고 있지만 지방에서는 어려운 일이다. 고급인력들도 지방근무를 기피한다. 지방에 있던 인력마저 서울에 있는 기업들에게 모두 빼앗기고 만다. 지방에서는 업계정보에 어두워 새로운 조류를 따라 잡는 것도 힘들다. 더욱이 벤처기업의 꿈이라 할 수 있는 코스닥 등록이 지방에서는 사실상 어려운 실정이다. 사전준비와 인맥형성, 관련기관 접촉 등 준비과정에서부터 벽에 부딪친다.

이에 따라 지방자치단체에서는 벤처기업에 대한 새로운 지원대책이 필요하게 되었다. 대대적인 경영 및 자금지원 계획과 함께 벤처집적단지를 조성하는 등 우수한 벤처기업을 붙잡아 둘 수 있는 특단의 조치가 필요한 것이다.

본 장에서는 벤처기업의 지역 경제적 의의와 함께 지방벤처기업 지원 방안을 살펴보고자 한다. 단, 벤처기업에 대한 지원은 크게 비즈니스지원, 자금지원, 입지지원 등으로 나눌 수 있으나 여기에서는 비즈니스지원과 자금지원을 중심으로 살펴보고자 한다.

1. 벤처기업의 의의

가. 벤처기업의 개념과 특성

벤처기업이란, 첨단기술 · 신기술을 바탕으로 하여 위험도는 크나 고수익을 얻을 수 있는 혁신적인 신생 중소기업(New Business with High Risk-High Return)을 의미한다. 따라서 고도의 기술력과 장래성을 가지고는 있으나 자본과 경영기반이 취약하여 성공여부가 불확실한 모험기업 중에서도 창조적 사업활동과 새로운 기술로 성공하고자 하는 기업 전체를 포괄하여 규정한다.

한편, 벤처기업은 기본적으로 다음의 4가지 특성을 가지고 있다.[1] 첫째, 벤처기업은 공통적으로 신기술 · 고기술의 개념을 포함한다. 둘째, 벤처기업은 신생기업 혹은 창업기업을 의미한다. 셋째, 벤처기업은 높은 위험부담과 성공할

〈표 21-1〉 각국의 벤처기업에 대한 법적개념

국 가	개 념	법 규
미국	• New Business with High Risk －High Return	Small Business Investment Act
일본	• R&D비율이 3%이상으로 창업 5년 내의 기업	중소기업의 창조적 사업활동촉진에 관한 임시조치법
대만	• 기술집약형 기업(2년마다 정부에서 지정)	벤처기업 촉진산업조례 제 8 조
OECD 국가	• R&D집중도가 높은 기업 또는 • 기술혁신이나 기술적 우월성이 성공의 주요 요인 기업	
한국	• R&D비율이 총매출액의 5% 이상인 기업 • 창투사 등이 자본금의 20% 이상을 투자하였거나 총주식의 10% 이상을 인수한 기업 • 특허권, 실용신안권, 의장권 등을 사업화한 매출이 총매출액의 50% 이상인 기업 • 신기술 · 지식집약산업 등 대통령이 정하는 13개 기술개발사업에 의한 매출이 총매출액의 50% 이상인 기업	벤처기업 육성에 관한 특별조치법

1) 권오혁, 「지방자치단체의 벤처기업 육성방안」, 한국지방행정연구원, 1998, pp. 11~12 참조.

경우 높은 기대이익이 예상되는 기업이다. 넷째, 벤처기업은 기본적으로 중소기업이다.

벤처기업은 신기술을 가진 창업인이 기술혁신의 아이디어를 상업화하기 위해 설립한 중소기업이다. 그러나 그 성공 여하에 따라서는 인텔이나 마이크로소프트, 애플, 네스케이프와 같이 급성장할 수도 있고 단시간 내에 세계적인 대기업으로 도약할 수 있다. 하지만 전형적인 벤처기업은 이러한 성장 이전 단계의 기업을 말하는 것이다.

일반적으로 벤처기업은 모험적 사업에 도전하려는 창의적 기업가정신을 가진 기술자들에 의해 주도된다. 벤처기업가는 신기술 능력을 갖춘 엔지니어들로서 기술의 상품화를 통해 성공을 꿈꾸는 사업가들이다. 그들은 자본이 아니라 기술을 자산으로 하여 창업한 기업가들이며, 왕성한 기업가 정신으로 가득 차 있다.

나. 벤처기업의 중요성과 역할

벤처기업의 중요성과 그 역할에 대해 살펴보기로 하자.

먼저, 벤처기업의 중요성으로 지식기반경제에 적합한 산업형태라는 것이다. 과거와는 달리 지식과 기술이 가치창출의 핵심원천으로 떠오르게 되었다. 따라서 과거의 임금과 같은 단순 비교우위요소를 기반으로 한 경쟁우위는 더 이상 기대할 수 없다. 이러한 시점에서 지식·기술 집약성을 내포한 벤처기업의 중요성이 부각되고 있는 것이다. 따라서 벤처기업은 상대적으로 규모가 작고 기술성이 우수한 중소기업이 기술혁신, 변화에 대한 적응, 민첩성 등에서 대기업보다 유리하다.

다음으로, 벤처기업은 새로운 성장을 선도하는 산업주체이다. 우리 경제는 그 동안의 모방적 기술에 의존한 성장방식이 구조적 한계를 보여 왔다. 따라서 이를 대체할 수 있는 새로운 성장 동력을 추구하지 않을 수 없게 되었다. 이러한 측면에서 새로운 분야에 새로운 기술로 도전하는 신규성과 역동성을 갖는 벤처기업이 한국경제의 새로운 성장 활력을 불어넣을 성장 주체인 것이다.

이상과 같은 벤처기업의 중요성 이외에도, 벤처기업은 다음과 같은 측면에서 한국경제를 떠받치는 역할을 할 것으로 기대된다.[2)]

2) 이장우 외, 「벤처기업의 현황과 발전방향」, 『공업기반기술 개발사업 연구보고서』, 1997.

첫째, 수출경쟁력을 제고시킨다. 기술집약적 벤처기업의 경우 기술력에 경쟁기반을 두기 때문에 경쟁력 있는 수입대체 제품들을 개발·생산함으로써 국제수지 개선에 도움을 준다. 또한 기술혁신에 의한 차별화를 시도함으로써 고부가가치 분야에서 국제경쟁력을 획득하는 데 유리하다.

둘째, 경제의 효율성을 제고시키고 분권화된 경제구조를 실현하는 데 기여한다. 신생 벤처기업들은 기존 기업들과는 차별화된 새로운 아이디어와 경영방식으로 승부하려 하기 때문에 다른 기업들이 더욱 효율적으로 움직이도록 자극하며, 이를 통해 경제 전체의 생산성을 증대시킨다. 경험적으로 보더라도, 새로운 사업을 대기업이 수행하는 것보다 독립 벤처기업들이 수행하는 경우 손익분기점에 더 빨리 도달하며 더 높은 수익을 거두고 있다. 또한 벤처기업들이 경제 전체에 차지하는 실질적인 비중을 높이는 것은 대기업에 편중된 경제구조를 개선하고 경제정의를 실천하는 데도 기여할 수 있다.

셋째, 한국인의 잠재력을 극대화하는 데 기여한다. 독립심이 강하고 신속성을 좋아하는 한국인의 기질에 벤처비즈니스는 매우 적합하다. 특히 한국인은 주인의식을 가지고 일할 때 신바람을 내는 속성이 있다. 따라서 공동체적 조직문화를 강조하는 벤처기업의 경영방식은 한국인의 창의성과 열정을 이끌어내는

〈그림 21-1〉 벤처기업의 역할

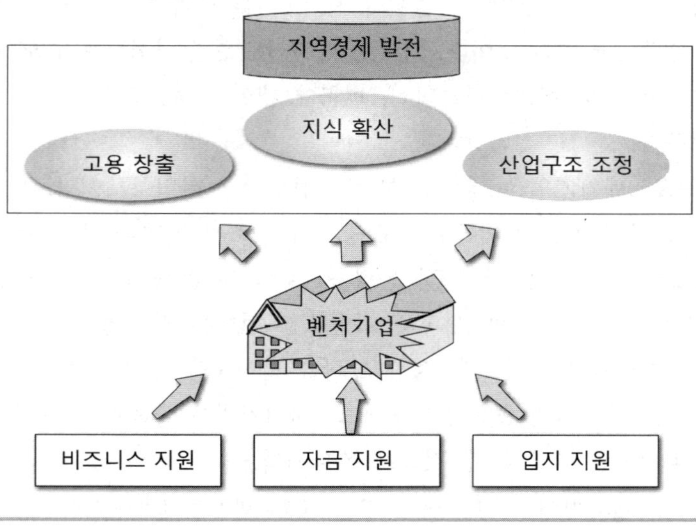

데 매우 효과적이다.

다. 벤처기업과 지역경제 파급효과

한편 벤처기업의 파급효과는 전술한 국민경제뿐만 아니라 지역경제에 있어서도 지대한 영향을 미친다.

첫째, 지역의 고용창출을 선도한다. 벤처기업들은 중소기업들이지만 고급인력을 필요로 하고 성장잠재력이 크기 때문에 높은 고용창출효과를 가지고 있다. 뿐만 아니라 대기업이나 연구소 등에 고용되어 있는 인력이 수시로 신생 벤처기업으로 이동하는 등 인력시장에서의 유동성을 높여주는 역할을 한다.

둘째, 지역산업의 기술개발 촉진 및 지식확산효과이다. 벤처기업은 무엇보다도 신기술을 대상으로 한다. 벤처기업의 기술개발은 대기업에 의해 이루어질 수 없는 순발력과 유연성이 필요한 부문에서 이루어질 수 있다. 벤처기업의 활성화는 지역 내 기술개발을 촉진하고 지식을 확산하여 보다 미래지향적인 산업부문에 대한 관심을 부추긴다.

셋째, 지역의 산업구조를 고도화시킨다. 신기술 창업을 활성화함으로써 제조업 전반에 걸친 구조조정이 자연스럽게 이루어질 수 있다. 신기술에 바탕을 둔 기술창업의 활성화는 기존의 산업구조를 개선해 나갈 수 있는 계기를 마련해 주는 것이다. 벤처기업은 산업 내·산업간 상호경쟁을 촉진하기 때문에 고급기술인력을 필요로 하며 고도의 기술을 바탕으로 하는 벤처기업의 성장은 산업구조를 고부가가치화하는 기능을 한다. 즉, 벤처기업은 고비용·저효율 산업구조를 젊고 역동적인 구조로 개편시킨다. 뿐만 아니라 대기업 위주의 외형적 생산확대 위주의 경제성장 전략에서 첨단기술과 아이디어·지식으로 무장된 성장잠재력이 높은 중소기업을 산업 선도세력으로 육성함으로써 지역의 지속성장을 도모하는 역할을 한다.

2. 벤처기업의 현황과 육성시책

가. 벤처기업 현황

우리나라의 벤처기업은 2009년 6월 기준으로 총 17,393개가 있다. 그 중 서울과 경기 지역에 대부분 입지하고 있으며, 업종별로는 제조업(76%), 정보처리S/W(13%)업종이 대다수를 이룬다.

〈표 21-2〉 시·도별 벤처기업 현황 (단위: 업체 수)

구분	서울	부산 울산	대구 경북	광주 전남	대전 충남	경기	인천	강원	충북	전북	경남	제주	계
업체수	4,048	1,245	1,660	761	1,235	5,153	985	296	467	410	1,104	29	17,393
(%)	23.27	7.16	9.54	4.38	7.10	29.63	5.66	1.70	2.68	2.36	6.35	0.17	100

자료: 벤처기업협회(2009).

〈표 21-3〉 벤처기업 업종별 현황 (단위: 업체 수)

구분	제조업	정보처리 S/W	연구개발 서비스	건설 운수	도소매업	농·어·임 광업	기타	계
업체수	13,255	2,286	161	307	309	40	1,035	17,393
(%)	76.21	13.14	0.93	1.77	1.78	0.23	5.95	100

자료: 벤처기업협회(2009).

〈표 21-4〉 벤처기업의 사업실적

구 분	벤처기업	중소기업(제조업)	대 기 업(제조업)
매출증가율(%)	13.8	7.8	10.2
매출액대비영업이익율(%)	6.8	4.5	6.7

자료: 통계청(2007).

나. 벤처기업 육성시책

벤처기업을 위한 육성시책은 다양하다. 중소기업청과 지식경제부 등을 중심으로 벤처기업을 육성 · 지원하고 있으며, 다양한 신규지원 방안도 강구하고 있다. 연구 활동비에 대한 소득세를 비과세 혜택을 주고, 창업 후 3년 이내 기업은 법인세·소득세 50% 감면해 주는 등의 세제혜택과 벤처집적시설의 대체초지조성비 전액 감면 그리고 병역특례지원우대 등 지원·육성시책을 시행하고 있다.

〈표 21-5〉 벤처기업 육성시책

구 분		주요지원내용	근 거
창업	법인설립	• 설립자본금 5백만원 이상 *일반기업은 5천만원 이상	벤처육성특별법 제10조의2
	교수·연구원 창업	• 연구원이 벤처기업을 창업하거나 임원으로 근무하기 위한 휴직 가능 • 교수·연구원의 벤처기업 대표자 또는 임직원 겸임·겸직 가능	벤처육성특별법 제16조, 16조의2
	신기술 창업 전문회사	• 대학 또는 연구기관이 보유한 기술·인적·물적 자원을 중소기업의 창업과 사업화에 활용하기 위하여 보유 기술의 사업화 지원	벤처육성특별법 제11조의2
	산업재산권출자	• 벤처기업에 대한 현물출자 대상에 특허권, 실용신안권, 의장권 등의 권리 포함	벤처육성특별법 제6조
기술	산업분야	• 항공우주산업에 관한 사업에 참여 자격 우대	항공우주산업개발 촉진법 시행령 제7조의2
		• 벤처농업 육성 지원(벤처형 농업기술개발 지원)	농업·농촌기본법 제26조 및 시행령 제24조
		• 생명공학관련 벤처기업의 창업지원	생명공학육성법 제11조
		• 환경친화적자동차의 개발에 관한 사업에 참여 가능	환경친화적자동차의 개발 및 보급 촉진에 관한 법률시행령 제15조
		• 자연재해저감기술의 실용화를 촉진하기 위한 벤처기업 지원	자연재해대책법시행령 제46조
		• 벤처기업에 대한 산업디자인 개발사업 지원	산업디자인 진흥법 제5조
인력	스톡옵션	• 부여대상 확대(외부전문인력, 발행주식 50%까지)	벤처육성특별법 제16조의3
	유한회사	• 벤처기업인 유한회사의 경우 사원총수가 300인까	벤처육성특별법 제16

		지 가능(일반기업은 50인 이하)	조의5
	기업부설 연구소 설립요건 완화	• 벤처기업이 기업부설연구소를 설립하는 경우, 연구전담요원 2인(일반기업: 5인)	기술개발촉진법시행령 제15조
	병역특례	• 병역특례 연구기관으로 지정받을 수 있는 신청기회 2회 부여 (중소기업: 1회)	병역법시행령 제73조
	사외이사 수의 예외	• 자산총액 1천억 원 미만의 벤처기업은 사외이사수의 제한이 없음(일반코스닥 상장기업 사외이사: 이사의 1/4 이상)	증권거래법시행령 제84조의 23
금융	투자지원	• 벤처투자를 목적으로 설립된 조합 또는 회사에 출자하는 모태조합의 결성·운영	벤처육성특별법 제 4 조의2
		• 창투사(조합)의 투자대상에 벤처기업은 업력제한 없음 * 일반기업은 창업 후 7년 이내 기업만 해당	창업지원법 제 7 조
	연기금	• 과학기술진흥기금에서 벤처기업에 대한 투자가능	과학기술기본법 제22조
		• 보험회사는 창투조합 및 한국벤처투자조합에 출자가능	보험업법시행령 제49조
		• 국민연금기금은 벤처기업에 대한 투자와 창투조합 및 한국벤처투자조합 출자가능	국민연금법 시행령 제52조
		• 우체국보험적립금의 1% 이내에서 창투조합 출자가능	우체국보험특별회계법 제 6 조 및 시행령 제 4 조의 4
		• 사립학교교직원연금기금은 벤처기업에 대한 투자가능	사립학교교직원연금법 시행령 제87조의 2
	은행	• 산업은행 및 중소기업 은행은 다른 법인에 대한 주식취득을 15%로 제한하고 있으나, 벤처 기업, 창투조합 등의 주식은 예외	한국산업은행법 시행령 제35조의 6 중소기업은행법시행령 제30조의3
	신용보증	• 벤처기업에 대한 기보의 우선적 신용보증 • 신용보증 심사 시 우대(보증, 한도확대, 보증료율 0.2% 감면 등) • 기술력 및 신용도 우수 기업에 대한 연대보증 기준 완화	벤처육성특별법 제 5 조 신·기보 보증운영규정

입지	창업입지	• 실험실 창업 허용(교수 · 연구원의 300m² 이하 실험실 공장등록 허용)	벤처육성특별법 제18조의 2,3
		• 대학 또는 연구기관 부지 내 창업 · 벤처기업의 사업화 공간인 신기술 창업집적지역 설치 가능	벤처육성특별법 제17조의2
		• 대학 안에 설치된 실험실공장에 대한 지원	산업교육진흥및산학협력촉진에관한법률시행령 제26조
	집적시설	• 벤처 집적시설의 특례(국공유재산 매각 및 시설비용 지원, 건축금지 배제, 개발부담금 등 8개 부담금 면제)	벤처육성특별법 제19~22조
		• 벤처기업에 대해 토지와 그 정착물의 대부기간 연장(1~5년→20년) 및 대부료 분할 납부 가능	공유재산 및 물품관리법 제30조 및 제32조
		• 인구집적 유발시설대상에 벤처집적시설을 제외하여 설립을 용이	수도권정비계획법시행령 제 3 조
		• 벤처집적시설의 대체초지조성비 전액 감면	초지법시행령 제16조의3
M&A	주식교환 및 합병	• 벤처기업의 경우 임의적 주식교환 가능(전략적 제휴의 경우, 신주발행을 통한 부분적 주식교환의 경우) * 상법은 포괄적인 주식교환만 가능 • 반대주주의 주식매수청구권 행사기간 단축(주총 승인일로부터 20→10일내) • 합병절차 간소화 * 채권자 보호기간(합병결의일로부터 1개월→10일), 주총개최 통지기간(14일→7일)등	벤처육성특별법 제15조, 제15조의2, 제15조의3
세제	소득세 감면	• 투자신탁의 이익 및 배당금에는 벤처기업 주식(출자지분)거래나 평가로 인한 손익은 불포함(비과세)	소득세법시행령 제23조
		• 벤처기업의 기업부설연구소에서 연구활동에 직접 종사하는 자가 받는 연구보조비 또는 연구활동비 중 월 20만원 이내 금액에 대한 소득세 비과세	소득세법시행령 제12조
	창업세제	• 창업 후 3년 이내 벤처기업으로 확인을 받은 기업(창업벤처중소기업)의 경우 법인세, 소득세 50% 감면 * 조세특례제한법 부칙제 3 조(창업중소기업 등에 대한 세액 감면에 관한 적용례)제 6 조의 제 2 항의 개정규정은 이 법 시행('08. 1. 1.) 후 최초로 벤처기업으로 확인받는 분부터 적용	조특법 제 6 조

		• 창업벤처중소기업이 벤처확인일로부터 4년 이내 취득하는 사업용 재산의 등기에 대한 등록세 면세	조특법 제119조
		• 창업벤처중소기업이 벤처확인일로부터 4년 이내 취득하는 사업용 재산에 대한 취득세 면제	조특법 제120조
		• 창업벤처중소기업이 사업을 영위하기 위해 소유하는 사업용 재산에 대해 벤처확인일로부터 5년 간 재산세 50% 감면	조특법 제121조
	지방세	• 벤처집적시설 사업시행자가 취득하는 부동산에 대해 취득세 및 등록세 면제와 재산세 50% 감면	지방세법 제276조
		• 과밀억제권역 내에서의 벤처집적시설 입주기업에 대한 취득세, 등록세, 재산세 중과 배제	지방세법 제280조
	부가 가치세	• 창투조합 및 한국벤처투자조합에 제공하는 자산관리·운용 용역의 공급에 대하여서는 부가가치세 면제	부가가치세법시행령 제34조
	M&A세제	• 주식회사인 법인이 벤처기업과의 전략적 제휴를 위한 주식교환 시 발생하는 양도차익에 대해 처분시까지 과세이연	조특법 제46조의2
		• 벤처기업의 합병 시 이월결손금 승계를 통한 법인세 감면	조특법 제47조의3
	법인세 감면	• 벤처지주회사가 자회사인 벤처기업으로부터 받은 수익금에 대해 익금 불산입	법인세법시행령 제17조의2
기타	코스닥 상장	• 상장심사 시 우대 * 자본금 및 자기자본 이익률 기준 하향 적용, 설립 후 경과년 수 및 부채비율 적용면제 등	유가증권협회등록규정 (증권업협회)
	방송광고	• 벤처기업에 대해 TV, 라디오 광고비 70% 감면	방송광고공사내부지침

주: 2010년 현재 중앙정부의 벤처기업 지원시책임.
자료: 벤처기업협회 홈페이지 참조.

3. 지방 벤처비즈니스 지원 전략

벤처기업 지원을 수행하는 지자체는 산업활동에 필요한 각종 하부구조를 마련해 주는 등 기업들의 노력에 힘을 보태주고, 공정한 시장경쟁 질서를 유지하는 데 충실해야 한다.[3] 여기서는 우선 지방의 벤처비즈니스 지원 전략에 대

3) 지태홍, 「경기도의 벤처기업 육성 정책방향」, 『경기21(통권 제17호)』, 경기개발연구원,

하여 살펴보고, 벤처기업 자금지원 전략은 다음 절에서 다루기로 한다.

가. 벤처비즈니스 자문제도 도입

벤처기업가는 대부분이 엔지니어 출신이다. 이들 엔지니어들은 경영전략에 대한 컨설팅 지원을 가장 갈급해 하는 것으로 나타났다. 즉, 직접금융시장을 통해 자금을 확보하려 해도, 인터넷을 통해 공모하려고 해도, 외국에 나가 기술을 판매하려 해도 엔지니어 출신들은 기업경영과 관련된 지식격차를 극복하기가 쉽지 않다. 따라서 창업기업이나 벤처기업의 경영자문을 하고 기술집약기업이 경영상 직면하는 여러 가지 문제를 해결하기 위해 지역 내에 창업 및 경영자문 부서를 두고 지원할 필요가 있다. 영국에는 비즈니스링크제도가 있는데 여기서는 각 기관에서 실시하는 지원시책을 일원화된 창구를 통하여 홍보하고 지원하는 것이다. 지역별 특성에 맞게 사업계획서 작성, 기술, 금융, 외국과 관련업무 등 다방면에 대하여 경영자문을 실시함으로써 창업기업을 성장시키고 벤처캐피털이 연계되도록 유도할 수 있다.

나. 벤처비즈니스의 인프라 구축

지방자치단체는 벤처산업의 발전을 위하여 직접적인 정책보다 간접적이며 장기적인 지원계획을 가지고 벤처비즈니스의 인프라 구축에 힘써야 한다.[4] 지역의 산업에 맞는 벤처대학 또는 벤처학과의 설치를 모색하여 벤처기업가를 대학에서 양성하는 것이 필요하다. 그리고 지역 내 대학과 산업체를 연계하는 방안으로 대학 캠퍼스에 공간을 활용하여 기술보육센터 또는 창업보육센터를 설치하는 것이다. 한편 지역의 벤처기업 관련 홈페이지를 개설하여 기업의 사업계획이나 지원시책 정보 등 각종 정보교환을 가능하게 할 수 있다. 그리고 기업인 만남의 광장 · 기업상담코너 · 기업정보 등을 통해 기업가와 지원자와의 만남을 촉진할 수 있다.

1998, pp. 23~40 참조.

4) 홍성도, 「벤처캐피털의 육성 및 경기도 벤처기업과의 연계방안」, 『경기21세기(통권 제17호)』, 경기개발연구원, 1998, pp. 41~65 참조.

다. 벤처기업 입지지원 및 집적단지 조성

벤처기업이 타 기업과 구별되는 핵심특성은 창업된 신생기업이라는 점과 독창적인 첨단기술을 보유한 기술집약적·지식집약적이라는 점을 들 수 있다. 따라서 벤처기업의 입지적 특성은 창업의 입지적 특성 및 첨단산업의 입지적 특성이 결합된 형태로 나타난다.[5)]

즉, 벤처기업은 기업의 창업 및 첨단기술의 개발, 정보교류 등이 유리한 지역을 선호하고 이러한 지역에 집중적으로 입지하게 된다. 따라서 벤처기업의 입지는 유사업종의 공간적 집적, 연구개발기능 및 전문기술인력의 확보 가능성, 교통 접근성, 지역적 쾌적성, 혁신적 기업가정신을 고양하는 지역 분위기, 신생기업의 창업을 지원하는 각종 사회적 제도 등이 관건이다. 그러나 이러한 적지를 지방에서 찾기란 쉬운 일이 아니다. 따라서 지방에서는 인공적으로 이러한 지역과 유사한 환경을 조성해 주어야 한다.

이렇듯 벤처기업이 입주하기에 유리한 지역을 만들어 벤처기업이 집적될 경우 벤처캐피털의 흐름도 원활해질 수 있다. 「벤처기업육성특별법」에서는 연금, 기금 및 은행, 투자신탁, 증권회사 등 모든 금융기관이 사실상 벤처기업에 직접투자할 수 있도록 되어 있기 때문이다.

라. 산학연 협동 및 생산 네트워크 형성

지방의 벤처기업이 서울로 이동하려는 요인 중의 하나가 산학연 협동 네트워크가 부족하다는 점이다. 산학연 협동 네트워크는 벤처기업을 경영하는데 자금, 기술, 시장개척 등에 있어 엄청난 도움으로 작용하기 때문이다. 협동 네트워크는 외국의 실리콘밸리나 사이언 파크처럼 일차적으로 벤처집적단지를 조성하면 자연적으로 구축될 수 있다. 그러나 벤처단지 밖에서도 협동 네트워크는 구축될 수 있다. 그것은 순전히 지자체의 적극적인 노력이 뒤따라야 한다. 산학연 협동 네트워크뿐만 아니라 벤처기업과 관련 산업들이 상호 긴밀히 연계되는 생산네트워크(전문기업지구) 구축도 추진해야 한다.[6)] 지방뿐만 아니라 우리나라

5) 박철수, 「경기지역 벤처기업 육성을 위한 입지전략」, 『경기21세기(통권 제17호)』, 경기개발연구원, 1998, pp. 81~94 참조.

6) 권오혁, 전게서, pp. 125~146 참조.

벤처기업들의 근본적인 과제는 기술수준을 고도화하는 것이다. 이 경우 벤처기업 지원정책은 단지 벤처기업만을 육성하기 위한 개별적 접근이 아니라 지방적 산업전문화를 통한 벤처기업 성장의 토대구축의 전략이 된다.

마. 창업분위기 조성

기존의 벤처기업 지원방식 이외에도 새로운 벤처기업이 지속적으로 탄생할 수 있도록 지역단위에서의 창업분위기 조성이 필요하다. 기업·연구소 등 기존 조직에서 일정기간 근무한 경험을 바탕으로 창업하는 사람에게 창업을 지원하는 프로그램을 마련하는 것이 필요하다. 능력 있는 자들이 사업을 하도록 분위기를 조성하는 것이다. 또한 대학의 교과과정에 창업교육을 강화하여 기업가정신을 고취시키고 경영마인드, 기술개념을 함양토록 하여 사회적으로 기업가가 우대 받는 분위기를 조성할 필요가 있다. 또한 실패 시에도 재기할 수 있도록 직접금융 활성화, 담보 및 보증제도 개선 등으로 경영환경이 미국과 같이 유한책임제도가 활성화되고 우수한 인적자원이 자아실현의 장으로 창업하도록 유인책을 마련하여야 한다.

4. 지방 벤처기업 자금지원 전략

지방 벤처기업의 지원시책 중에서 자금지원 전략을 빼놓을 수 없다. 좋은 기술은 가지고 있으나 지방에서는 자금을 조달할 방법을 찾지 못해 서울로 이동하는 경우가 많기 때문이다.

가. 인터넷 공모를 통한 직접금융시장 가용성 제고

미국의 경우 나스닥이 벤처기업의 유력한 성장 경로로 기능하고 있다. 그러나 우리나라 벤처기업들은 기존의 주식시장이 갖고 있는 현실적인 한계로 인하여 직접금융시장에 접근하기가 용이하지 않다. 거래소시장은 물론 코스닥시장은 상장요건이 엄격하여 대부분 벤처기업이 요건을 충족시키기 곤란하며, 제3시장도 코스닥시장의 전 단계 성격을 갖는다는 점 등 때문에 건전한 벤처기업의 자금조달시장으로서의 역할을 제대로 수행하지 못하고 있다. 따라서 벤처기업의 직접금융시장 가용성을 제고하는 것도 중요하다.[7] 벤처기업이 직접금융시장에서 자금을 원활히 조달할 수 있도록 기존 시장의 상장조건들을 완화하거나 인터넷 공모를 지원할 수 있다. 인터넷 공모의 경우 10억 미만의 자금을 공모할 때에는 금융감독원에 제출하는 유가증권 발행신고서 제출이 면제된다. 따라서 지자체가 공모에 따르는 간단한 컨설팅 지원을 하면 지역 벤처기업의 자금조달도 용이할 것으로 판단된다.

나. 지역 투자조합 결성

벤처캐피털회사의 투자조합 결성에 일정 금액을 출자할 경우, 출자금의 운영에 직접 관여할 수 있다. 이 경우 지역의 유망 벤처기업으로 투자를 유도할 수 있다. 즉, 지방자치단체의 지방 중소기업 육성자금을 벤처캐피털회사의 투자조합에 출자하는 방안이다. 현재 각 시도에 있는 정책자금이 홍보부족과 담보 등의 문제로 제대로 운용되지 않는 경우가 있다. 이러한 자금으로 조합을 결성하고 투자조합 규약에 투자와 운용에 관하여 지역 소재 벤처기업에 투자의무 규정을 정하면 벤처기업의 투자가 활성화되고 벤처기업의 성장으로 얻은 자본소득이 조합의 재산을 증식하고 또 재투자할 재원을 마련할 수 있는 것이다.[8]

다. 지역신용보증재단과 연계지원

벤처기업에 벤처캐피털이 자금지원을 할 경우 지역신용보증재단에서 채무의 일부를 보증하는 방안이다. 일본의 지방자치단체는 벤처캐피털이 지역기업에 투자할 경우 투자금액의 일부를 지급보증해 주는 사업을 실시하고 있다. 우리나라도 지역의 벤처기업에 투자와 자금공급을 유도하기 위하여 지역신용보증조합과 벤처캐피털회사가 연계하여 전환사태나 약정투자 시 투자분의 일부에 대해 보증하는 방안이 가능할 것이다.

라. 지역소재 벤처기업의 정보관리 및 홍보

지역에 소재하는 벤처기업에 대하여 설립일, 업종, 자본금, 매출액 등에 대

7) 조영삼, 「한국형 벤처기업의 육성전략」, 『경기21세기(통권 제17호)』, 경기개발연구원, 1998, pp. 7~22 참조.

8) 홍성도, 전게서, pp. 41~65 참조.

한 기업관련 자료를 정리하여 자료를 재역 내에 비치하는 방안이다. 인터넷을 통하여 자료를 관리하는 것은 물론, 유망기업을 선정하여 벤처캐피털회사 등에 홍보 또는 중소기업진흥공단을 통하여 벤처마트와 같은 행사를 주기적으로 실시하는 등 기업의 정보관리와 홍보를 통하여 벤처캐피털과 벤처기업이 쉽게 연계되도록 하는 방안도 가능할 것이다.

마. 벤처캐피털·엔젤·벤처기업간의 연계주선

자금 공급자와 수요자의 정기적인 모임을 지자체가 주선을 하고 이들의 모임을 정례화 함으로써 신규 창업기업을 탄생시키고 투자를 촉진시킨다.[9] 즉, 매월 또는 분기별로 지자체가 주관하는 정기적인 벤처 기업가들과 자금 공급자들의 모임을 갖고 이러한 모임에 투자가들과 신규 창업가들, 그리고 모든 사업 아이디어 및 계획서를 가지고 있는 개인 또는 기업에게 그들의 계획을 발표하고 자금공급원을 구할 수 있는 기회를 제공할 수 있다. 즉, 창업자가 사업계획을 전문가 또는 벤처캐피털, 엔젤, 패널 앞에서 설명하는 사업개발 워크숍을 정기적으로 운영하는 것이다.

---

9) 이상훈, 「경기벤처기업 자금지원전략」, 『경기21세기(통권 제17호)』, 경기개발연구원, 1998, pp. 66~80 참조.

제 3 편

이미지 마케팅과 문화관광

제22장 지역이미지
제23장 공동브랜드
제24장 지역축제
제25장 스포츠마케팅
제26장 문화산업
제27장 관광산업
제28장 관광기념품

제22장

지역이미지

지방화·세계화 추세로 지구촌의 지역간에는 끊임없는 경쟁이 이루어지고 있다. 특히 선진각국들은 시대에 부합하는 방향으로 지역 이미지를 형성시키기 위해 보다 많은 노력을 기울이고 있다. 지역의 이미지를 외부에 홍보하고 각인시키기 위해 해당지역만의 문화적 특성과 고유한 강점을 계승 발전시키고, 우수한 상품을 개발하는 등 다양한 노력을 경주하고 있다. 이와 같은 지역활성화 전략을 지역이미지(C.I.: community identity) 전략, 또는 장소마케팅(place marketing) 전략이라고 부른다.

이제 우리의 지방자치단체에서도 기업이미지(C.I.: corporate identity) 전략을 본따 지자체 고유의 정체성을 바탕으로 차별적 이미지를 전달하는 지역이미지(C.I.: community identity) 전략을 세워야 한다.

1. 지역이미지 전략의 의의

가. 이미지 전략의 개념

인터넷에 들어가 편지를 보내려 해도, 쇼핑을 하려해도 ID가 없이는 불가능한 일이 된다. ID 없이 현대생활이 어려워지는 것처럼, 기업이나 조직도 자신의 정체성을 갖지 못하면 사회나 고객으로부터 배제 당하는 아이덴티티(identity) 필수시대로 접어들고 있다. 즉, 아이덴티티는 이제 선택적 문제에서 벗어나 필수 생존의 요건으로 그 중요성이 높아지고 있다.

원래 아이덴티티(identity)는 심리학이나 철학, 문학 등에서 인간사회의 본질을 규명할 때 주로 사용하는 용어이다. 동서고금을 통해 우리 인류는 역사상 "나는 누구인가?"라는 의문을 가지고 왔으며, 그것이 바로 개인이나 조직이 아이덴티티를 끊임없이 연구하고 발전시킨 계기로 작용해 온 것이다.

지역이미지(CI: community identity) 전략은 이러한 아이덴티티 문제를 조직 차원에서 전략적으로 확보하고 활용하는 종합적인 방법론을 의미하는 것이다. CI 전략은 다음과 같이 크게 두 가지 방향에서 정의할 수 있다.

먼저, CI 전략이란 지역의 이미지 통일화를 의미한다. 이는 디자인 중심의 CI가 활발하게 진행되어 온 70년대부터 불리어 온 개념으로 조직 내 모든 디자인 적용을 통일감 있게 한다는 것이다. 그리고 기업의 실체에 맞는 이미지를 개발해 내부역량과 이미지를 일체감 있게 만든다는 의미도 가진다.

다음으로, CI 전략이란 정체성의 확립을 의미한다. 이미지 통일화보다 진일보한 개념으로서 조직의 평판과 이미지에 영향을 미치는 다양한 요소들을 전략적으로 재정립해 나가는 발전 전략 일체형 CI를 일컫는 개념이다.

현재 기업이나 지자체의 CI 전략은 이 두 가지 개념을 혼합사용하고 있다. 그러나 어느 개념에 무게를 두느냐에 따라 CI 전략의 내용과 깊이는 달라진다.

나. 이미지 전략의 필요성

그러면 이러한 지역이미지(CI: community identity) 전략은 왜 필요한 것인가?

우선, 지자체간에 정치, 경제, 사회, 문화 등 다방면의 경쟁이 치열해지는 가운데 해당지역의 특성과 잠재력 있는 자원을 발굴해 이미지 선점을 추구할 필요가 있다. 이때 지자체가 선점한 이미지는 지역발전의 촉매제가 되기 때문이다.

다음으로, 지역주민들의 다양한 목소리를 조화롭게 수용하고 통합함으로써 지역발전을 위한 비전을 제시해 자긍심을 높이는 것이 중요하다. 따라서 지역의 비전을 과학적으로 제시하고 실천하게 하는 지역 CI 전략이 필요한 것이다.

또한, 지역의 유무형 자원을 경쟁력 있는 상품으로 개발해 국제무대와 전국을 대상으로 판매하는 전방위 마케팅시대가 도래하고 있다. 이때 지역의 세계화와 전국화가 필요한 바 이를 위한 CI 전략이 필요한 것이다.

다. 지역이미지 전략의 효과

지역이미지(CI: community identity) 전략의 효과는 또 다른 경영·행정 혁신이나 전략과 맞물릴 때 극대화된다. 그러나 항상 조직에 동일한 효과가 나타나는 것은 아니다. 특히, 비용과 기간보다는 추진하는 사람의 노력에 좌우되는 경향이 있다. CI 전략의 구체적인 성과는 최고 책임자의 의지와 구성원의 동참 등 가변적 조건에 따라 달라진다. 하지만 전략 포인트가 분명하고 합리적인 절차를 갖춘 CI 전략은 통상 다음과 같은 성과를 나타내게 된다.

첫째, 인지도와 지명도가 향상된다. CI 전략은 지역이나 기업의 지명도가 낮거나 지역명칭과 상징체계가 분리되어 인식될 때 이를 극복해준다. 즉, 지역의 지명도를 높이고, 지역명칭과 상징체계의 괴리현상을 연결시켜 주는 역할을 하는 것이다.

둘째, 지역혁신이 가속화된다. CI 전략을 계기로 새로운 지역의 비전을 설정하고 세부전략을 수립해 실천함으로써 지역의 기업과 공직사회의 변화속도를 높일 수 있는 것이다.

셋째, 광고효과가 상승한다. 시각디자인 개편과 더불어 광고의 메시지 등이 지역이념을 바탕으로 전개되어 지역에 대한 신선한 감동과 연상도를 높이게 된다. 따라서 지역이 추진하는 다양한 사업에 대해서도 지역의 이미지가 연쇄적으로 홍보·전파되는 효과가 발생하는 것이다.

넷째, 조직의 활성화 및 구성원의 사기가 앙양된다. CI 전략을 통해 구성원의 애로를 청취하고 개선하는 계기가 마련되어 사기가 높아지고 자긍심을 고취시켜 근로의욕을 높이게 된다.

다섯째, 경제발전 및 주민소득이 증대된다. 지역 CI 전략이 전술한 다양한 효과뿐 아니라 지역기업의 브랜드가 형성되게 하고 이는 지역기업의 신제품 개발, 원가 절감, 영업력 강화 등을 수반하는 계기가 되어 매출 및 이익 상승을 가져온다. 이는 다시 지역주민의 소득증대를 수반하는 것이다.

2. 지자체의 이미지 전략 실태

가. CI개발의 유형과 실태

이렇게 다양한 효과를 거양할 수 있는 전략이 과거에는 없었던 것인가? 그렇지 않다. 다만 우리가 눈여겨보지 않았을 뿐이다. 그러면 여기서 우리의 지방자치단체가 추진하는 CI 전략의 유형을 살펴보고 유형별 실태에 대해 알아보기로 한다. CI 전략은 크게 4가지 유형으로 구분할 수 있다.

첫째, 디자인 개발형을 들 수 있다. 디자인 개발형이란 주로 민선 1기 시절 지자체 독립에 즈음하여 '붐'을 이루었던 유형이다. 해당 지자체의 지리적·문화적 특징을 심벌마크 등으로 상징화한 것을 의미한다. 도입의 범위는 심벌마크, 로그타입, 색상체계를 비롯한 기본요소 디자인과 서식류, 사인류, 차량류, 유니폼 등 응용항목 디자인으로 구성된다.

이 유형은 단기간에 전국 지자체가 일시에 디자인을 도입하느라 심층적 검토나 비교분석 없이 전개되었다는 점이 문제로 지적된다. 대부분 지자체들이 디자인 소재를 역내의 산, 강, 바다 등 자연환경에서 찾는 바람에 공무원들조차 심벌마크가 어느 지자체의 것인지 구분하기 어려울 정도이다. 아울러 일부 지자체에서는 체계적인 계획도 없이 도입에만 치중하느라 동단위에도 심벌마크와 깃발을 제작토록 하는 등 CI의 오용과 남용이 심한 편이다.

〈그림 22-1〉 지자체 심벌마크

[서울시 심벌마크]

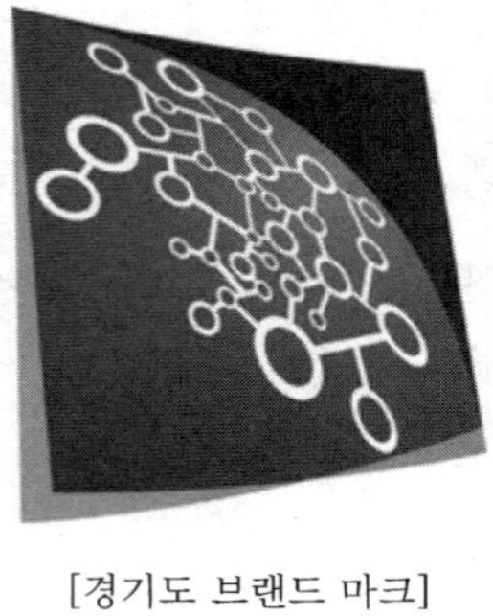
[경기도 브랜드 마크]

〈그림 22-2〉 지자체 캐릭터

[서울시 해치]

[청도군 카우와 붕가]

둘째, 캐릭터 개발형을 들 수 있다. 이 유형은 지자체가 지역상징이나 특산물 등을 형상화시킨 캐릭터를 만들어 상표로 활용하거나 지역홍보, 수익사업에 활용하는 CI 전략이다. 이 유형은 주민들의 일체감과 공동체 의식을 강화하는 동시에 큰 비용 없이 지역의 중소기업 육성과 특산물 판촉을 지원할 수 있다는 장점이 있어 최근 큰 붐을 이루고 있는 상황이다. 캐릭터의 주된 소재는 지역출신의 역사적 인물이나 민담, 소설, 전설 등의 주인공, 추상화된 특산물의 이미지, 역내의 동·식물 등 매우 다양한 편이다.

그러나 캐릭터 개발이 유행처럼 번지면서 구체적인 활용계획이나 체계적

〈표 22-1〉 주요 지자체의 캐릭터 개발 및 활용

지 역 별	캐릭터 대상·명칭	활용 계획
서울특별시	해태(해치)	민간업체를 선정, 시계와 열쇠고리, 티셔츠, 휴대폰 악세사리 등의 상품을 제조 판매
부산광역시	태양(부비)	민간업체를 선정, 시계와 열쇠고리, 티셔츠, 휴대폰 악세사리 등의 상품을 제조 판매
전북 남원시	춘향과 이도령, 흥부와 놀부, 옹녀와 변강쇠	각종 업무장표와 행사에 활용
전남 진도군	진돗개(진돌이)	특산물 판촉 및 축제 등에 활용
전남 장성군	홍길동	특산물 판촉 및 축제 등에 활용
경북 청도군	소(카우와 붕가)	특산물 판촉 및 축제 등에 활용
경북 봉화군	송이(봉이)	특산물 판촉 및 축제 등에 활용
경남 고성군	공룡(고룡이)	특산물 판촉 및 축제 등에 활용
제주도	돌하루방	제주도 홍보 및 기념품 등에 적용

인 전략도 없이 무분별하게 도입하는 경우도 많아 또 하나의 졸속을 낳는다는 비난도 생기고 있다.

셋째, 축제·이벤트 개발형을 들 수 있다. 축제·이벤트 개발형 CI는 예로부터 전승되어 온 지역의 문화적·경제적 자원을 발굴하고 이를 축제 또는 각종 행사로 활용하는 CI 전략을 말한다. 이 유형의 CI 전략은 내부적으로 역내 주민들의 단합과 자부심을 고취시키고, 외부적으로는 지역 홍보와 문화관광 진흥, 특산물 판매 확대 등 실질적인 성과를 가져올 수 있다는 장점이 있다.

반면에 캐릭터 개발형 CI 전략과 마찬가지로 지자체마다 우후죽순식으로 생겨나는 바람에 한편으로는 식상하다는 점과 특별한 내용이 없어 실망을 주는 사례도 많다. 현재 전국 지자체에서 1년 동안 개최하는 지역축제는 약 800여 개에 달하지만, 테마의 참신성과 운영방식에 있어 많은 문제점이 있는 것으로 드러나고 있다. 그 중에서 성공적인 평가를 받고 있는 이색적인 내용들을 소개하면 다음과 같다.

넷째, 발전전략 연계형을 들 수 있다. 발전전략 연계형 CI는 축제나 이벤트 등 단기적인 사업뿐만 아니라 지자체의 장기적인 발전방안 수립과 연동해 종합

〈표 22-2〉 주요 지역축제 이벤트

축제명칭	개최시기	장소 및 주최	주요 행사내용
한국 전통주·떡축제	3월 하순	경주 보문단지, 경주시	떡집·주막 재현, 떡·술 전시판매, 타악기 공연, 밀양백중놀이 등
진도 영등제	4월 하순	진도군 일대, 진도군	축하의 밤, 영등살 놀이, 무형문화재 공연 및 공연예술행사
함평 나비축제	5월 초순	함평읍, 함평군	나비날리기, 전통가축체험, 환경농업체험, 재래농기구체험
보령 머드축제	7월 중순	보령시 일원, 머드축제위	머드씨름대회 등 각종 머드행사, 비치발리볼, 제례의식 등
이천 도자기축제	9월 중순	이천온천 광장, 도자기축제위	국제전통도예전, 도자기 판매, 전통옹기전, 기타 도자기체험 프로그램
안동 국제탈춤 페스티발	9월 하순	안동시 일원, 국제탈춤위	국내외 탈춤공연, 세계 탈 전시회, 기타 민속축제 등
내장산 단풍축제	10월 하순	내장산, 정읍시	단풍아가씨 선발대회, 농악 및 민속공연, 학생국악경연, 단풍분재 전시

〈표 22-3〉 CI 전략의 방향과 수단

성 격	목 표	소 재	방 법
경제성	지역경제 활력 제고	특산물·특화산업, 관광자원 등	특산단지 개발, 특화산업 육성 지원, 관광시설 개발 등
문화성	문화적 자긍심 고취	문화적 소재·인물	박물관, 극장 등 문화시설물 건축, 문화의 거리, 문화예술지구의 조성, 문화특구 지정 등
역사성	역사적 전통성 보전	역사적 장소·사건·인물	역사적 사건이나 상징을 지닌 건물이나 장소의 보전, 역사적 인물의 생가 보전 등

적이고 미래지향적 CI 시스템을 구축하는 것을 말한다. 이 유형의 범위에는 해당지역의 조직 및 이미지 진단과, 발전목표 및 중장기 실천전략 수립 그리고 지역 특산물의 브랜드 개발 및 판촉방안 수립도 포함된다. 뿐만 아니라 지역발전 방향에 맞는 디자인시스템 개발은 물론 CI 전략 심화 실천 프로그램 개발 등도 포함된다. 이것은 향후 우리 지자체들의 CI 추진에 큰 방향타가 될 것으로 예측된다.

나. 지자체 CI 전략의 문제점

CI 전략의 유형별 문제점 이외에도 지방자치단체가 추진하고 있는 CI 전략의 총괄적인 문제점을 찾아 볼 수 있다.

우선, 지방자치단체가 추진하는 CI 전략에 정통성이 확보되어 있지 못하다는 점이다. CI는 지역문화와 정서에 걸맞고 의식변화 전략에 가장 핵심이 되어야 한다. 그러나 지역을 상징하는 CI가 너무 경쟁적으로 급조되는 바람에 지역특성과 맞지 않는 경우가 발생하고 있다. 이는 지역을 둘러싸고 있는 여건과 환경을 의식하지 못한 상태에서 CI가 제정되었기 때문이다. 뿐만 아니라 로그, 마크 스타일의 CI를 감각에만 얽매이거나 지나친 유행에만 편중되어 제정하는 바람에 지역의 전통이나 기운을 담는 정통성이 확보된 CI 전략이 불가능했던 것이다.

다음으로, 특색 있는 이미지 소재의 개발이 부족하다는 점이다. 지방자치단체의 지역축제 및 문화관광 이벤트는 2010년 3월 기준으로 813개에 이르나, 대부분 지역단위 수준으로 미흡한 실정이다. 외국인 관광객의 특성을 고려하지 않고 단순히 내국인을 위한 잡다한 백화점식 행사 구성으로 특색과 균형감이 결여된 축제를 시행하고 있다. 지역관광상품도 고궁, 사찰, 산 등에 바탕을 둔 단조로운 소재가 대부분이다. 지역의 역사, 문화, 레저, 스포츠, 쇼핑, 페스티발, 쇼, 연주, 맛있는 음식 등 사람의 5감을 충족시켜주는 복합적 상품개발이 미흡하다.

또한, 지역주민의 인식이 부족하다는 점이다. 지방자치단체가 이미지 제고를 위한 세부 사업추진 계획을 수립할 경우, 전문가나 업계관계자 및 주민들과 긴밀하게 협조하여 사업을 원활히 수행하여야 한다. 또한 지역 주민의 요구를 과학적, 심층적으로 분석하여 반영한 추진 전략을 세워야 한다. 그러나 우리의 현실은 그렇지 못하다. 자치단체에서는 행사를 치르려고 동분서주하지만 지역주민은 행사내용이 무엇인지도 제대로 파악하지 못하고 있는 실정이다. 아울러 주민들의 친절, 환대, 청결, 위생, 양보, 질서, 공중도덕심 등이 뒤따르지 못해 지역의 이미지 제고에 오히려 악영향을 끼치고 있는 실정이다.

그리고 홍보가 미흡하다는 점이다. 지역의 이미지 제고 전략은 당해 지역의 특성과 좋은 점을 타지역으로 홍보·전파시키는 전략이라 할 수 있다. 그러나 지방자치단체에서는 홍보 전략에 그다지 큰 힘을 기울이지 않고 있는 실정이다. 관광객은 스스로가 알아서 찾아오는 것이고, 지역에 대한 이미지는 외치기만 하면 되는 것으로 알고 있는 것이다. 지역 이미지 제고 관련행사를 지역신문이나 지역방송매체만을 활용하여 홍보하고 있는 것이 바로 그 사례이다.

3. 지역이미지 전략방향

그러면 앞으로 지역이미지 제고 전략은 어떠한 방향으로 모색되어야 하는가?

첫째, 지역의 정통성 확보와 주민참여를 확대하는 방향으로 나아가야 한다. CI 전략은 무엇보다 지역의 정통성이 담겨야 한다. 이를 위해서는 무한한 잠재력과 비전을 제시하면서 미래상이 가시화될 수 있는 CI가 제정되어야 한다. 따라서 CI는 제정 당시부터 소속원이나 주민들이 자부심과 애착을 갖고 참여할 수 있도록 충분한 연구가 이루어져야 한다. 지역이미지 제고를 위한 각종 사업이나 행사에는 폭넓은 주민참여로 지역의 정통성과 이미지가 최대한 반영되도록 해야 할 것이다. 일정부문에 국한된 인력의 참여로 호응을 얻을 수 없거나 지역의 특성이 나타나지 않는 이미지 사업이라면 절대 성공할 수 없다. 또한 지역주민의 적극적인 참여는 행사에 대한 인식이 달라짐으로써 질서를 확립하고 친절하고 깨끗한 행사 분위기 조성에도 기여하게 될 것이다.

둘째, 지역이미지의 차별화에 중점을 두어야 한다. CI 전략은 지역의 특성을 최대한 살려 보편성을 탈피함으로써 다른 지역이나 자치단체와 차별화하는 것이 필수적이다. 강한 인상을 줌으로써 오래 기억하게 하는 것이 절대 필요한 것이다. 일반적인 이미지는 쉽게 잊혀지고 그 가치로서도 인정될 수 없어 오히려 장애요인이 될 수 있다. 따라서 다양한 고객의 욕구에 대응하는 일반적인 이미지보다 특화된 이미지 즉, 차별화된 CI 전략이 요구된다. 색다른 이벤트나 특화상품으로 품격이나 희소가치를 높임으로써 이미지 차별화를 기할 수 있을 것이다.

셋째, 지역이미지 전략은 종합적인 시각에서 접근되어야 한다. 앞으로 지자체의 CI 전략은 단순한 디자인 개발 위주의 전략에서 탈피하여야 한다. CI 전략을 통해서 특산물 판매 강화, 주민의 소득증대, 문화관광의 진흥, 공무원의 의식혁신 및 조직 활성화 등 당면 과제의 직·간접적 연계가 되어야 한다. 즉, 지역의 각종 발전계획과 연계된 CI 전략이 되어야 하는 것이다. 한편, 활용대상 측면에서도 종합성을 갖도록 노력해야 한다. 종합적 CI 추진의 결과 도출된 성과물이 사장되지 않도록 현업부서로 이관되어 업무계획에 반영되고, 그 추진결과가 한 곳으로 집중되고 평가될 수 있도록 종합적 메커니즘이 시스템화되어야 할 것이다.

마지막으로, 적극적인 홍보활동과 활용방안이 강구되어야 한다. 지역이미지를 제고하기 위해서는 관련 사업이나 이벤트에 대한 대대적인 홍보가 필요하다. 이를 위해서는 홍보 체계를 확립하고 홍보활동의 다양한 방법을 강구해야 한다. 치밀하고 내실 있는 계획과 지속적인 활동전개로 지역주민은 물론 관련업체뿐만 아니라 국내외의 모든 사람들에게 널리 알려 충분한 이해와 참여가 유도되어야 할 것이다. 한편, 지역이미지 제고를 위한 각종 상징 이미지와 이벤트 그리고 지역특산품 등을 폭넓게 발굴하였다 하더라도, 이를 적절히 활용하지 못한다면 허사에 불과한 것이다. 따라서 지역이미지를 살릴 수 있는 각종 방안을 폭넓게 찾아 개발·육성하면서 적극적으로 활용되어지도록 노력해야 할 것이다.

제23장

공동브랜드

소니(SONY)는 1948년 일본 최초로 트랜지스터 라디오를 개발하였다. 당시 스위스 불로바사가 소니 총자본금의 몇 배에 달하는 라디오 10만개를 OEM(주문자상표부착) 방식으로 주문을 했지만 기어이 독자상표 사용을 고집하여 오늘날 세계최고의 독자브랜드를 갖게 되었다.

만약 우리에게 SONY, IBM, PEPSI와 같은 브랜드가 단 하나만이라도 있었다면 IMF외환위기를 겪지 않았을 것이다. 그것은 이들 브랜드의 자산가치가 수백 억 달러가 넘기 때문이다. 앞으로는 더욱 기업이미지, 브랜드, 상표 등 무형자산이 기업의 새로운 경쟁원천이 될 것이다.

본 장에서는 공동브랜드의 개념과 의의 그리고 우리나라 지역공동브랜드의 현황과 문제점을 살펴보고 그 발전방안을 모색하고자 한다.

1. 공동브랜드의 의의

가. 브랜드의 개념

브랜드(brand)라는 단어의 어원은 「달구어 지진다」, 「화인(火印)한다」는 뜻으로 사용한 노르웨이의 고어 「brandr」로부터 시작되었다. 오늘날과 같은 브랜드의 기능은 중세 동업조합(길드)의 조합원에 의한 상표의 사용에서 그 유래를 찾을 수 있다.[1]

1) 중기청, 『공동상표의 이해』 참조.

현대 경영에 있어 브랜드는 다음과 같은 다양한 기능을 가진다.

첫째, 출처표시 기능이다. 브랜드는 한 기업의 제품이 다른 기업의 제품과 구별될 수 있도록 상품의 출처를 표시하는 기능을 갖는다.

둘째, 브랜드는 소비자와 생산자 모두에 대해 품질보증 기능을 갖는다. 소비자가 특정브랜드를 선택하는 근거는 그가 선택한 브랜드가 소비자의 기대감을 만족시켜 주리라는 판단 때문이다.

셋째, 광고 및 판촉 기능을 가진다. 브랜드가 새겨진 상품이 시장에 출하되거나 광고되면 브랜드가 구매자의 두뇌에 기억되어, 구매자는 브랜드 자체에서 상품의 이미지를 생각해 낼 수 있게 된다. 이러한 작용을 광고 기능이라 한다. 이 광고 기능은 대중매체를 통해 브랜드 자체를 선전하고 브랜드를 구매자에게 인지시킴으로써 판매촉진을 꾀하는 것도 가능하다.

넷째, 브랜드는 자산 기능을 가진다. 브랜드의 자산 기능은 브랜드를 상표법에 의해 등록브랜드가 되었을 때 발생되는 기능으로 브랜드소유자(trademark owner)의 성가(goodwill)가 인정되는 자산 기능과 법적 보호 기능을 포함한다.

나. 공동브랜드의 개념과 경제적 역할

공동브랜드란 다수의 중소기업이 참여하여 공동으로 개발·공유하는 상표를 말한다.

공동브랜드 사업은 품질·디자인 등의 공동관리를 통해 브랜드이미지를 부각시켜 제품을 고부가가치화하는 것은 물론, OEM 방식에서 벗어나 국내외 독자적인 시장을 확보하기 위한 마케팅 전략의 하나로 추진된다. 그리고 자기브랜드체제로 전환하는데 소요되는 비용과 실패위험을 최소화할 수 있는 효율적인 브랜드 개발방법을 말한다.[2]

공동브랜드(Joint Brand)[3] 는 외국에서 1970년대 초반 일본의 안경테, 견직물 및 식탁기구 등에 활용한 바 있고, 미국에서는 Sunkist(오렌지), 이태리에는 Premax(가위, 칼) 등의 공공브랜드가 있다.

공동브랜드의 핵심은 고유브랜드 개발에 따른 초기 고정투자를 절감시키고, 소비자에게 브랜드를 인지시킨 후 그 효과 및 이익을 공유하는 것이다. 공

---

2) 중진청, 상게서 참조.

3) 공동브랜드는 이밖에 Collective Brand, Collaborative Brand 등으로 불리고 있다.

동브랜드의 경제적 역할은 다음과 같이 요약할 수 있다.

첫째, 비용 및 위험의 분담이다. 브랜드개발 및 시장개척의 막대한 비용과 위험을 분산시킬 수 있고 신제품 및 디자인을 공동 개발할 수 있다.

둘째, 브랜드 이미지 상승효과를 들 수 있다. 참여업체간 상호 보완을 통하여 제품의 종류를 다양화함으로써 광범위한 소비자 계층에 브랜드를 인식시킬 수 있고, 또한 상품이 다양해짐에 따라 대리점 모집 등 판매망 구축을 쉽게 할 수 있다.

〈표 23-1〉 브랜드 유형별 장·단점 비교

구 분	장 점	단 점
자사 브랜드	• 제품의 우수성 및 광고를 통한 제품에 대한 독점적 포지션 확보 • 소비자의 신뢰에 의한 지속적이고 높은 수익확보 • 브랜드 등록에 따른 자사개발 브랜드의 법적인 보호가능 • 국제 경기변동 시 독자적 대응 가능	• 브랜드 선정, 판매조직구성, 유통경로 관리에 많은 비용소요 • 제품 판로 선정의 제한 및 시장 기회상실 위험 초래 • 해외시장에 대한 독자적 정보 수집 능력, 기술 및 디자인 개발 요구 • 마케팅에 직접적인 투자 필요
공동 브랜드	• 브랜드개발을 위한 막대한 초기투입비용 절감, 실패위험 최소화 가능 • 자사브랜드의 라이센스 제공 가능 • 마케팅 비용의 공동부담 가능 • 다품종 소량 생산 제품 요구에 부응 • 생산품목의 전문화, 수출시장의 자율배분으로 과당경쟁 방지 • OEM하청업체가 입게 될 피해 방지 • 독자영역구축으로 생산성 향상	• 브랜드 선정, 판매조직구성, 유통경로 관리에 많은 비용소요 • 제품판로 선정의 제한 및 시장기회 상실위험 초래 • 해외시장에 대한 독자적 정보수립 능력, 기술 및 디자인 개발요구 • 참여기업의 품질 및 기술수준의 균질성 확보필요
주문자 브랜드 (OEM)	• 시장진입 시 추가적인 부담 없이 판매력 보완을 통한 수출량 증대 • 대량생산에 의한 생산비용 절감 • 수출상대국의 수입규제장벽 활용 • 적은 판매경로유지비 및 광고선전비 • 기술과 품질관리의 급성장 • 자사브랜드 수출보다 적은 위험성	• 선진국의 하청업체화 우려 • 최종 소비자 확보 곤란 • 수출 채산성의 한계 • 핵심기술전수의 한계 • 고유브랜드 개발 지연 • 국제적인 신제품개발 지연 • 해외 마케팅 경험축적의 곤란

자료: 도기만(2001), 「공동브랜드 쉬메릭(CHIMERIC)의 활성화를 위한 마케팅 전략」, 경북대학교, p.13.

셋째, 시장변화에 대한 능동적 대응이다. 참여업체간의 협조체제가 원만히 이루어질 경우 품목의 전문화 및 브랜드 이미지 제고를 통한 다품종 소량생산 방식을 통해 시장변화에 탄력적으로 대응할 수 있다.

넷째, 자기 브랜드 수출체제의 조기구축을 들 수 있다. 지금까지 의존해온 OEM 수출방식에서 조기에 벗어나 자기브랜드 수출체계로 전환할 수 있는 계기를 마련할 수 있다.

그러나 다수기업이 공동으로 참여하기 때문에 이점 못지않게 문제점도 많이 내포하고 있다.

다. 공동브랜드의 운영 종류

공동브랜드에 참여하는 주체나 브랜드권의 소유방식에 따라 ① 협동조합형 공동브랜드, ② 기업간 연합형 공동브랜드, ③ 선도기업개발형 공동브랜드, ④ 민관합작형 공동브랜드 등으로 구분할 수 있다.

첫째, 협동조합형 공동브랜드이다. 조합에서 판매를 담당하고 조합업체는 생산을 담당하는 형태로 분업이 이루어지며, 조합원은 원칙적으로 공동브랜드에 참여할 수 있는 자격을 갖게 된다. 협동조합형 공동브랜드는 참여기업과 비참여기업간의 경쟁이나 갈등이 해소될 수 있고, 정책자금의 활용도 용이하다는 장점이 있다. 그러나 다양한 수준의 기업이 같은 브랜드를 사용하므로 디자인, 제품 품질유지, 재고관리, 의견수렴 등에 문제점이 발생하기 쉽다.

둘째, 기업간 연합형 공동브랜드이다. 브랜드를 개발하려는 기업들이 모여 대등하게 일정한 약정을 체결하여 공동브랜드를 개발 공유하는 형태를 말한다. 이는 개별기업간의 연대를 통하여 공동브랜드의 이미지를 강화하고, 이를 바탕으로 시장진입을 효율적으로 할 수 있다는 장점이 있다. 그러나 참여업체들 간의 갈등을 중재하기 어렵고, 의견 수렴이 안 될 경우에 시장변화에 신속하게 대처하기 어렵다는 단점을 가진다.

셋째, 선도기업개발형 공동브랜드이다. 기존의 한 회사가 소유하고 있는 브랜드에 로얄티를 받고 여러 업체를 참여시켜 홍보와 영업비용을 절감하는 방법을 말한다. 이는 선도기업과 참여업체간 OEM 방식으로 전개되어 수직적 종속관계가 형성되는 형태를 이룬다.

넷째, 민관합작형 공동브랜드이다. 지방자치단체의 세수확보와 경제활성화를 목적으로 추진되는 방식을 의미한다. 지방자치단체가 주도적으로 각종 이벤트에 지역공동브랜드를 홍보하여 소비자의 인지도를 높이는 방식이다. 그러나 이는 지나치게 지역에 국한되어 전국적인 내수시장 개척이나 수출시장 확대가 진척되지 않는 경우가 많다. 그리고 참여업체와 자치단체의 의견대립이나 이해관계가 상충되는 경우에 사업자체가 부진해질 가능성이 많다.

2. 지역공동브랜드의 실태

가. 우리나라 공동브랜드 실태

최근 구두 · 핸드백과 가구에서부터 장례용품에 이르기까지 우리나라에는 다양한 형태의 공동브랜드가 개발되어 소비자들로부터 각광을 받고 있다.

처음에는 주로 피혁제품이나 신발, 가구, 안경테 등 브랜드화 친화력이 있는 패션 생활용품이 대부분이었으나, 최근에는 유통, 레저 상품분야까지 확산되고 있다.

공동브랜드는 선두 주자인 가구전문브랜드 [가보로]는 국내유명 백화점에 입점해 있고, 구두의 [귀족], 핸드백의 [각시번] 등도 유통망을 크게 넓혀가고 있다.

실크로 유명한 진주는 지역의 견직물 업체들의 주도로 수출용 브랜드인 [실키안]과 내수용 브랜드인 [진주기라]를 개발하였다. 그 중 넥타이, 스카프 등은 실키안을, 한복지 양장지들은 진주기라를 붙여 수출과 내수 진작을 시도하고 있다.

특이한 것은 최근 들어 공동브랜드 개발에 대한 지방자치단체들의 관심이 크게 고조되고 있다는 것이다. 지방자치시대와 함께 각급 지자체들은 지역의 우수한 상품의 경쟁력을 높이기 위한 방안으로 지방자치단체 · 경제단체 · 기업이 공동으로 참여하는 민관합작형 공동브랜드를 개발하기 시작하였다. 이에 대구광역시가 지난 '96년 지방자치단체 최초로 [쉬메릭](SHIMERIC)을 개발한 데 이어 경상북도가 [실라리안](SILLARIAN, 97. 12.)을 개발하여 판매망을 구축하고 있다(표 23-2 참조).

이 밖에도 서울 강동구의 [KD](Kang Dong: 의류, 가방, 타올 등), 강북구의 리노빌(RINOVIL: 섬유의류, 전기전자 등), 용산구의 [미르빌](MIRVIL: 종합) 등 기초자치단체단위 공동브랜드도 알려져 있다. 뿐만 아니라 이태원의 [틴빅](TINVIC: 가죽모피제품 브랜드), [가비앙](GAVIANT: 가방제품) 등 동 단위 공동브랜드도 있다. 그리고 울진군에서는 [우리珍]이라는 지역 농수산특산물 공동브랜드를 개발하였다.

나. 지역공동브랜드의 문제점

그러나 이들 지역공동브랜드 사업에는 다음과 같은 문제점을 내포하고 있다.

첫째, 통일된 브랜드의 컨셉과 이미지 정립이 미흡하다. 즉, 지역 공동브랜드는 일반적으로 제품의 다양성이 전제된다. 그러나 이러한 상품의 다양성을 배경으로 통일된 브랜드의 컨셉과 이미지 정립이 쉽지 않다.[4)]

둘째, 품질관리체계가 미흡하다는 점이다. 품질관리를 위해 연 2회 시중에 유통되는 제품을 수거, 공인품질 검사소에 시험의뢰 실시하고 있으나, 품질관리의 철저를 기하기 위해 제품생산라인의 샘플링 검사 등 품질검사가 미흡한 실정이다.

셋째, 경영자의 전략마인드 및 협력사업 경험의 부족을 들 수 있다. 기업들은 서로 제휴하고 협조하는 경영문화에 익숙하지 않아 전략적 제휴 자체에 소극적인데다 공동브랜드를 사용하는 업체 간의 시장배분문제, 비용분담문제, 브랜드사용권의 행사범위 등에 관한 의견충돌이나 참여기업의 중도이탈 등에 적절한 대응방안도 갖지 못하고 있다.

넷째, 해외마케팅 능력의 취약성이다. 해외광고, 해외 공동매장 설치 및 관리, A/S망 구축 등을 위한 투자자금 부족은 물론, 효과적인 해외홍보 기법이나 해외유통망에 대한 노하우가 부족하여 선진국의 유명 브랜드에 대항하여 우리제품의 고유영역을 확보하기 위한 기본적인 마케팅 능력이 취약한 것으로 보인다.

다섯째, 공동브랜드에 대한 낮은 인식도를 들 수 있다.[5)] 우리나라는 공동

4) 최홍곤, 전게논문, p. 140.

5) 노병수 · 곽종무, 「공생적 마케팅을 통한 지역공동브랜드 활성화 방안」, 『정책연구보고서

〈그림 23-1〉 지역공동브랜드 사례

[실라리안] [쉬메릭]

브랜드에 대한 적극적인 광고가 미흡하고, 브랜드와 제품간의 인지 · 연상 과정이 미흡하여 효과적인 브랜드 이미지 개척이 어려운 실정이다. 특히 비교적 규모가 큰 업체나 독자브랜드를 보유한 기업은 오히려 공동브랜드에 대하여 부정적인 견해를 가지고 있는 경우가 많으며, 또 공동브랜드에 대한 개발역사가 짧아서 소비자들의 인식도도 낮은 편이다.

여섯째, 공동브랜드 운영조직의 미흡을 들 수 있다. 즉, 상호이해 관계와 제품특성이 다른 이질적인 조직을 하나의 목적에 통합하여 집중시킬 수 있는 조직의 체계화가 미흡하다. 공동브랜드 사업을 주도할 구심점이 없으면 운영이 방만하거나 공동브랜드 사업의 활성화가 어렵고 공동브랜드 개발의 목적인 저비용, 고효율의 마케팅 성과도 달성하기 어렵게 된다.

〈표 23-2〉 민관합작형 공동브랜드 비교

구 분	대구광역시	경상북도
개발시기	'96.12월	'97.12월
브랜드명	CHIMERIC(쉬메릭)	SILLARIAN(실라리안)
브랜드 의미	'꿈같은', '환상적인, 뜻의 불어 'Chimerique' 에서 파생한 말로 고급스럽고 세련된 이미지로 세계품질을 추구	Silla(신라)+r+ian(사람들)의 합성어로 신라의 화랑정신과 끈기 있는 장인정신을 담은 신라인의 후예라는 뜻을 상징
운영형태	• 대구광역시, 대구상의가 공동육성사업 주관(홍보 및 마케팅지원 등) • 쉬메릭관리협의회에서 브랜드 관리, 운영방향 설정 • 쉬메릭협의회에서 육성에 관한 개선방	• 경상북도, 한국무역협회대구경북지부가 공동육성사업으로 주관 • 실라리안 협의회에 전문인 1명을 고용하여 보조사업 추진 • 개별업체에서 생산하고 공동으로 판매

99-07』, 1999, pp. 16~18 참조.

	안 모색 및 참여업체간 유대강화 • 개별업체에서 생산하고 공동으로 판매망 구축	망 구축
주관	대구시, 대구상의	경상북도, 한국무역협회
참여품목, 업체수	• 18개 품목, 21개 업체 ※섬유제품 중심의 토탈패션	• 16개 품목, 19개 업체 ※지역 내 완제품 중심
판매망	• 공동판매장2개소 • 개별판매장5개소: 개별업자가 품목별로 판매망 구축(백화점, 대형유통센터 등)	• 판매망 구축 중에 있으나, 아직 미미한 실정임
홍보방식	• 각종 언론매체 활용 • 관문야립광고(공항, 역 등) • 스포츠마케팅 방식 • 이벤트행사(패션쇼 등) • 인터넷홍보(홈페이지 등) • 각종협찬 광고 및 홍보물제작 배부 등	• 각종 언론매체 광고 • 이벤트행사 • 인터넷 홈페이지 • 각종 홍보물 제작배부 등
애로점	• 제품의 다양성으로 컨셉 및 이미지 통일 미흡	• 참여품목 관리 및 제품의 연관성 미흡

〈표 23-3〉 중소기업청 공동상표 지원목록

공동 상표명	추진주체	품 명	참여업체
가보로(GABORO)	(주)가보로	목재 가구류	68
집드리(JIBDURI)	고양시공예사업협동조합	목공예품	33
파스빌(FASVILLE)	한국공예협동조합연합회	귀걸이, 목걸이 등	20
아이비스(IBIS)	한국씽크공업협동조합	씽크대	12
하이바마(HIBAMA)	고효율조명기기제조협회	안정기, 램프류	7
폴라(POLA)	(주)피오엠	인테리어 소품 등	5
미나리(MINARI)	(주)제임스무역	공예품, 장식용품 등	5
천년미가	한국김치 · 절임식품공업협동조합	김치 · 절임식품	6
원네스(Oneness)	(주)원네스	패션의류, 악세사리	6
올스트(Ol1st)	대구견직물공업협동조합	직물	12
코비앙(COBIAN)	한국창업보육협회	센터입주업체 품목	14
메딘(Medine)	(주)레스테바이오컴코트	기능성 구두	5
명인주 특선	(주)가가디자인테크	전통주	5

반디엘리베이터	(주)신원기전	엘리베이터	6
씨크렛(C.cret)	한국의류판매업협동조합	의류	8
페르티바(Feretiva)	(주)세미성	귀금속, 디자인	9
하늘아래두뫼밀	춘천향토막국수영농조합법인	막국수 등 메밀식품	4
이크에크(IKEK)	대구경북봉제공업협동조합	의류	5
아이니(INY)	(사)교복협회	교복	5
실키안(Silkian)	경남직물공업협동조합	넥타이등 실크제품	15
진주기라(Chinjukira)	경남직물공업협동조합	넥타이등 실크제품	15
알파인(Alpine)	(주)나누리	등산용품	5
산들촌	(주)산들촌	친환경식품	6
포사벨라(Posavella)	(주)가보로	가구류	68
궁중삼우	영주한우유통(주)	한우가공	7
죽향예인	담양한과명진식품	(한과, 죽염 등)	5
고향미가	내고향식품영농조합법인	묵은김치 제품	5
마음에 고향	토박이순창식품(주)	장류	5
터앤터(Terenter)	피에리아커뮤니케이션	인터넷비디오 클립 등	5
가디스	나산실업	옥매트, 죽공예품	5
꽃필무렵	진영농원	화훼가공	6
쟈이리	남영가구산업(주)	사무용가구 등	6
남도예찬	유명수산	굴비가공	5
네오템플릿 (Neo Template)	(주)프리진	디지털콘텐츠	5
라이아트	대한도자기공업협동조합	도자기, 타일	5
한빛숯자기	남원한성목기	목기, 숯공예 등	6
예손(Yeson)	용산전자단지상점가	컴퓨터조립 등	7
궁's 푸드	남도명가김치	갓김치	5
한산들	전남생약농업협동조합	한약재	5
오코코즈(Okokoz)	(주)씨채널	안경테	6
7942TV	(주)7942TV	LCD모니터 등	6
이팽큐마트	한국체인사업협동조합	도소매	86
베네루체	한국전등기구공업협동조합	전등기구	5
엔토베토	(사)한국토너카트리지재활용협회	카트리지	5
제네오	한국계측기기연구조합	계측기	6

아리랑엘리베이트	대한엘리베이터사업협동조합	엘리베이터	5
겨비	한국한복공업협동조합	한복, 소품	5
청어당	(주)안동얼간재비	간고등어	5
잇사운드	한국전자공업협동조합	음향기기	17
라코	광주전남직물공업협동조합	타올	13
모헨	광명섬유	양말	5
케이폴	한국무인경비업협동조합	무인경비서비스	7
에코피이	광주전남프라스틱공업협동조합	폴리에틸렌관	15
오르셀	(재)한국귀금속보석기술협회	귀금속보석류	8
아리고	한국조리기계공업협동조합	주방기기	9
위제스	한국전기공업협동조합	중전기기제품	15
펌프로	한국펌프공업협동조합	모터펌프	6
코레드	한국광고물제작공업협동조합연합회	간판 118규격 품목	6
톨루트	주식회사 대흥케미칼	소석고, 스페셜왁스, 가성소다, 스케일생성억제재	5
60개			661개

자료: 중소기업청(2010. 3.).
* 공동상표 확인(등록)제도는 2006년도 고시개정으로 폐지.

3. 지역공동브랜드 사업의 발전방안

가. 전자상거래를 통한 공동브랜드 활성화[6)]

전자상거래가 시장규모에서 차지하는 비율이 급속하게 증가되었다. 중소기업의 입장에서 사이버마켓의 접근이 용이하므로 전자상거래를 지역공동브랜드에 접목시키는 것은 효과적인 전략으로 판단된다.

지역공동브랜드의 대상품목이 주로 특화상품에 집중이 되어 있고, 대상기업이 정보화기반이 허약한 영세한 중소기업이라는 측면에서 다음과 같은 전자상거래를 통한 공동브랜드 활성화 방안이 요청된다.

첫째, 공동브랜드를 관리하는 최고 경영자를 비롯한 전사적 차원에서 전자상거래에 대한 마인드를 고취하고, 장기적인 통합 전략하에서 단계적으로 전자

6) 노병수 · 곽종무, 상게논문, p. 44.

상거래를 도입 확대해 나가야 한다.

둘째, 개별기업 단위로 전자상거래를 할 능력이 부족하므로 공동브랜드 관리조직을 중심으로 제3섹터 방식이나 주도 능력이 있는 핵심기업과 연계하여 공동브랜드에 편입된 제품의 공동 전자상거래를 촉진해야 한다.

셋째, 공동 전자상거래를 제품의 기획개발, 가격설정, 물류관리, 광고촉진 등 전 분야에 걸쳐 공동브랜드의 마케팅 전략과 연계하여 통합·운영함으로써 시너지 효과를 증진시켜야 한다.

나. 이미지 통합 강화

오늘날의 소비자들은 상품 그 자체를 구매하는 것이 아니라 그 상품이 지니는 이미지를 구매한다고 한다. 즉, 소비자가 제품 및 브랜드에 대해 갖는 이미지는 소비자 태도에 중요한 요인이 된다.[7] 따라서 지역공동브랜드가 추구하고자 하는 컨셉과 통일된 이미지를 정립하는 것이 급선무라고 볼 수 있다.

지역공동브랜드도 역시 심벌·로그를 포함한 BI(Brand Image: 브랜드이미지 통합)와 응용 규정집도 있다. 그럼에도 불구하고 통일된 색깔이나 이미지가 잘 나타나지 않는 것은 품목이 다양하고 참여업체의 마케팅 전략이 서로 다른 이유가 가장 크다. 지역공동브랜드는 하나의 브랜드에 여러 세대를 목표세대로 하는 타 상품군의 복수기업들로 이루어진 브랜드이기 때문에 세대간의 독립적인 이미지를 하나의 개념 안에 표현해야 한다. 따라서 참여업체에서 디자인을 전담하고 있는 실무자로 구성된 가칭 '지역브랜드 디자인 실무협의회'를 구성하여 공동브랜드 제품간 컨셉 설정과 이미지 통합을 위해 실무차원에서 협의하고 추진하는 것이 바람직하다.[8]

다. 촉진·홍보 강화

지역공동브랜드는 지역에서 매우 높은 소비자의 인지도를 보이고 있으나, 전국에서는 매우 낮은 것으로 나타난다. 따라서 무엇보다도 지역성을 탈피한 전

---

7) 정형식 외, 「브랜드이미지와 점포이미지가 매장 내 감정 및 소비감정과 만족에 미치는 영향」, 2001, p. 306.

8) 도기만, 「공동브랜드 쉬메릭(SHIMERIC)의 활성화를 위한 마케팅 전략」, 경북대학교 국제대학원, 2001, pp. 63~73 참조.

국적인 인지도 제고와 함께 향후 해외홍보를 통한 글로벌 제품으로서의 이미지와 해외마케팅 강화에 역점으로 두고 홍보방안을 모색해야 할 것이다.

침체된 브랜드의 경우 인지도상에서 주로 문제가 되는 것은 인지도의 깊이라기보다는 인지도의 폭이다. 따라서 인지도 확대를 통해 브랜드자산을 강화하는 방법의 하나는 소비자들로 하여금 모든 상황에서도 그 브랜드를 떠올릴 수 있도록 함으로써 브랜드 인지도의 폭을 넓히는 것이다.[9)]

지역공동브랜드의 기존의 홍보전략은 팸플릿, 신문, 잡지 등 인쇄매체를 통한 단 채널의 평면적인 홍보였다고 볼 수 있다. 향후 지역공동브랜드 제품의 홍보는 브랜드의 인지가 브랜드 태도에 영향을 미치고, 직접적인 구매와 연결되도록 전략적이고 체계적으로 접근해야 한다. 또한 국내 및 해외시장, 연령 및 계층 등 다양한 시장구분(market segment)을 실시하여 단계적으로 홍보를 실시해야 한다.

라. 해외시장 진출과 지속적인 신상품 개발[10)]

공동브랜드도 지역을 거점으로 확고한 신뢰도를 구축한 후 전국적으로 브랜드 인지도를 제고한 상태에서 해외로 눈을 돌릴 필요가 있다. 가격과 품질에서 경쟁력이 살아있는 지역은 완제품을 수출하고, 그렇지 못한 지역은 브랜드와 디자인을 수출하여 현지생산방식을 통해 현지에서 내수판매하고 수출하는 선진국형 고부가가치 브랜드 산업으로 육성해야 한다. 브랜드와 디자인의 해외진출은 선진국보다 개발도상국 또는 후발개도국에서 사업을 하고 있는 교포사업자를 통해 현지에서 생산하여 현지 백화점이나 할인점 등에 공급하는 형태가 가장 이상적일 것이다.

한편, 공동브랜드 상품은 지속적으로 디자인 및 신상품을 개발하여 내수기반을 구축하고 경쟁력을 높여야 한다. 이를 위해 민·관·업체 합동의 디자인 및 신상품 개발을 협의하는 기구가 있어야 한다.

마. 효율적인 관리체제와 운영

지금까지 공동브랜드를 개발하는 이론적인 과정을 보면, 브랜드가 결정되

---

9) 안광호 외, 「전략적 브랜드 관리」, 학현사, 1999, p. 423.
10) 도기만, 전게논문, pp. 63~73 참조.

면 먼저 브랜드 관리회사를 만든 후 관리회사에서 모든 업무를 추진하는 형태를 취하고 있다. 물론 관리회사 설립 방법은 브랜드 성격에 따라 서로 다르다. 그러나 대부분 공동브랜드 관리회사가 파산했거나 어려움을 겪고 있다. 브랜드의 관리보다 비대해진 관리회사를 운영하는데 많은 비용과 인력이 필요했기 때문이다. 실제적으로 민간법인 관리회사가 운영할 경우 관리회사가 방대해지고, 민간관리의 단점, 특히 참여업체 관리의 어려움으로 실패한 사례가 많다. 따라서 초기에는 설립에 많은 비용이 들어가는 법인설립보다 홍보 및 마케팅 관리 전문가를 영입한 법인의 전 단계인 '사업본부'를 설치하여 운영하는 것도 효율적일 것이다.

바. 품질 및 참여업체 관리

공동브랜드 육성에 있어서 앞서 언급한 모든 홍보 및 마케팅 방안보다 우선하는 것은 바로 엄격한 품질과 참여업체 관리이다. 일반적으로 공동브랜드 육성에는 무엇보다도 참여업체의 참여의지와 공동체 의식이 강조됨에도 불구하고 공동브랜드는 다양한 품목과 업체들이 참여하고 있기 때문에 도덕적 해이나 무임승차 현상이 나타날 개연성이 크다. 공동브랜드의 경쟁력 제고는 업체의 지속적인 경영혁신이 없으면 불가능하다.

그 동안 공동브랜드 사업주체는 업체의 경영에 대한 자율적인 운영을 이유로 경영의 경쟁력 제고에 대해서는 크게 관여하지 않고 있다. 또한 미래 브랜드의 방향이 상당한 부분에 있어 상품을 생산하는 업체에 달려있음에도 불구하고 참여업체의 실질적인 참여의지는 미약한 실정이다. 따라서 공동브랜드의 소유권자는 품질유지를 위한 정기적인 품질검사를 철저히 실시하고 품질기준에 미달하는 업체나 적극적이지 못한 업체에게 권고를 주거나 퇴출시킬 수 있는 권한을 가지고 집행할 수 있도록 엄격한 통제규정을 만들어 두어야 한다.

사. 공동브랜드 시너지 효과 창출

공동브랜드의 이미지를 구축하고 신속한 시장침투와 유통경로의 확보를 위하여 공동브랜드에 적합한 광고촉진 전략, 가격설정 전략 및 물류 전략을 적절하게 믹스하여 시너지 효과를 창출해야 한다. 공동브랜드의 가치는 소비자의 브랜드에 대한 이미지와 인지도에 의하여 결정된다. 특히 스포츠, 공공이벤트, 인터넷사이트 등 다양한 매체를 통하여 전국적이고, 세계적인 상표로 소비자들에게 인식될 수 있도록 해야 한다. 공동브랜드 전용 전시장, 유명 백화점 및 체인점, 대형 할인점 등에 공동브랜드에 대한 광고와 함께 전시공간을 확보하여 소비자들에게 공동브랜드를 자연스럽게 인지하도록 해야 한다.[11]

기획제품의 개발과 차별화된 고부가가치 제품의 생산에 못지않게 제품에 대한 전략적인 가격설정과 운용도 시장 확보를 위하여 매우 중요하다. 따라서 목표시장에 대하여 기존 경쟁제품의 가격수준, 소비자 특성, 시장추세, 환율변화 등에 대하여 정보를 수집하여 적절한 가격전략을 채택하는 것이 필요하다.

공동브랜드에 의하여 제품을 유통시킬 경우에 물류시스템을 정비하지 않으면 과다한 물류비가 발생하여 경쟁력을 약화시키는 경우가 있다. 따라서 기존의 유통망과 연계시키는 방법 혹은 자체 물류시스템을 구축하여 효율화시킬 필요가 있다. 또 공동브랜드에 의하여 제품을 유통시킬 경우에 기존의 OEM 바이어나 도매상과의 마찰이 발생하여 유통에 애로가 발생하는 경우가 많다. 따라서 사전에 유통경로 확보방안과 기존 유통업자들과의 마찰에 대비할 필요가 있다.

11) 노병수·곽종무, 전게논문, pp. 48~51 참조.

제24장

지역축제

매년 5월에 개최되는 함평 나비축제에는 평균 100만 명이나 되는 관광객이 몰려 캐릭터 상품과 지역 농산물이 많이 팔려나간다고 한다. 나비생태관과 나비곤충표본전시관에서는 수억 원의 입장수입을 올린다고 하니 굉장한 일이 아닐 수 없다. 특히 특허청에 상표등록을 출원해놓은 'Nareda(나르다)'상품은 해가 거듭할수록 매출이 늘어나 그 부가가치가 크게 상승하고 있다고 한다.

얼마 전까지만 해도 대다수의 국민들은 함평이란 지명이 있었는지조차도 몰랐다. 그러나 나비축제를 성공적으로 치루면서 함평군이 국내의 대표적인 환경친화지역으로 알려졌고, 이를 통해 대대적인 지역홍보가 이루어졌다. 또 함평 군민들은 나름대로의 자긍심을 가질 수 있었고, 군수는 최고의 방법으로 군정과 자신을 홍보한 한 셈이었다.

이밖에도 부산의 국제영화제, 이천의 도자기축제 등은 우리나라에서 성공한 지역축제의 사례로 꼽힌다. 그러나 행사 주최 측에선 성공이라고 발표했지만 지역주민들은 전혀 다르게 여기는 축제들도 있었다. oo 국제꽃박람회가 그것이다. 외형적으로는 37개국 총 137개 업체가 참여하였고, 60억 원을 들여 87억 원의 수익을 거양하는 등 매우 만족스런 효과를 보았다고 발표했지만 지역주민들은 혹평을 하고 있다. 이뿐만 아니다. 현재 우리나라에는 약 800개의 크고 작은 지역축제가 열리고 있다. 그러나 그 중 많은 부분이 실패한 행사들이며, 해당 지역의 공무원들조차 그러한 축제가 있는지 모르고 있다.

여기서는 지역축제의 의의와 실태 그리고 우리나라 지역축제의 발전방안을 살펴보고자 한다.

1. 지역축제의 의의

가. 축제의 개념

축제의 개념정의에 대하여 많은 논란이 있어 왔다. 우리의 전통축제가 지닌 제의(祭儀)적 의미와 외국의 페스티발(festival)이나 카니발(carnival) 그리고 이벤트(event)의 개념이 혼합되면서 이러한 논란은 더욱 가중되고 있다. 축제(祝祭)의 사전적 의미는 1) 축하하여 제사를 지냄 2) 경축하여 벌이는 큰 잔치나 행사를 이르는 말로 정의되어 있다. 전통축제의 경우 전자의 의미에 가깝고, 오늘날의 지역축제는 후자의 의미에 가깝다고 할 수 있다.

축제는 예술적 요소가 포함된 제의를 일컫는 말이다. 축제는 옛날 성스러운 종교적 제의에서 비롯되었으나, 유희성이 강조된 나머지 오늘날에는 종교적인 의미가 거의 퇴색된 것이다. 그러나 축제는 분명히 축(祝)과 제(祭)가 함께하는 문화의 상생이라 할 수 있다.

지역의 다양한 문화현상을 포괄하고 있는 지역축제의 개념정의는 두 가지로 생각할 수 있다. 하나는 좁은 의미의 정의로서 지역과의 역사적 상관성 속에서 생성·전승된 전통적인 문화유산을 축제화한 것이다. 반면에, 넓은 의미로는 전통축제뿐 아니라 문화제·예술제·전국민속예술경연대회를 비롯한 각 지역의 문화행사 전반이 포함된다. 오늘날에는 넓은 의미로 받아들여 지역축제의 범위를 확대시키고 있는 추세이다.[1]

지역축제는 지방자치시대에 그 나름대로의 차별화된 의의를 가지게 된다. 그것은 지역축제라는 의미 그대로 특정지역의 역사와 전통의 연관성 속에서 공감대가 설정되어 지역민과 함께 호흡한다는 점 때문이다.

나. 지역축제의 효과[2]

1) 지역경제 효과

축제는 무엇보다 관광객을 유치하는 효과가 크다. 특히, 축제에 참여한 방

1) 문화체육관광부의 정의이다.
2) 김병철, 「강원도 지역축제의 활성화 방안 연구」, 『연구보고 98-R-03』, 강원개발연구원, 1998, pp. 17~22 참조.

문객들이 지출하는 규모는 순수 관광목적의 방문객들보다 훨씬 큰 경우가 많다. 독일의 맥주축제로서 세계적으로 유명한 10월 축제는 매년 평균 650만 명의 관광객들을 외지에서 뮌헨으로 끌어들이고 있다. 2003년 전문가들에 의하면 맥주로 인한 경제적 효과는 955백만 Euro(한화 약 1조 4,325억 원)에 달한다고 한다. 여기에는 직접적인 경제적 효과만 포함되어 있고, 소위 광고 효과 등은 고려되지 않은 수치이다. 뿐만 아니라 맥주축제로 지역에 미치는 고용 효과는 12,000명에 이른다.

이러한 과정을 거쳐 지역축제는 지역경제 전반에 있어 긍정적인 영향을 미치게 된다. 즉, 축제에 참여하는 관광객은 입장료 등 축제에 대한 직접적 지출과 숙박비, 교통비, 관광상품 및 특산품 등을 통한 간접적 지출을 통해 지역경제에 기여한다. 그리고 축제 이벤트를 개최하기 위한 각종 투자는 고용창출 효과를 발생시킨다. 이러한 관광객의 지출과 이벤트를 위한 투자는 지역주민에 대한 소득 효과와 지역 및 지역간 산업연관 효과를 일으켜 지역경제를 활성화시킨다.

이를 산업부문별로 살펴보면, 지역의 특화산업을 주제로 한 지역축제는 관광객 유치뿐만 아니라 지역의 특산물 판매, 재고품 정리, 지역의 특화산업 이미지 강화 등 지역특화산업의 발전에 직접적인 영향을 미친다. 그리고 지역축제는 지역문화관광산업을 촉진시킴으로써 지역경제 활성화에 기여한다.

2) 사회적 효과

지역축제는 먼저, 지역사회 구성원들로 하여금 소속감 내지 공동체의식을 가지게 한다. 그리고 다른 한편으로는 지역의 정체성을 형성케 한다. 즉, 지역축제는 지역민들을 하나의 공동체적 삶의 공간으로 묶음으로써 지역공동체의 발전에 순기능적인 역할을 수행한다. 지역주민들은 특정 지역축제가 자신의 지역에서 열리는 것에 대해 강한 자부심을 느끼고 그 결과 지역에 대한 애착심을 가지게 된다. 그리고 지역축제를 준비하고 집행하는 과정을 통해 지역주민들의 유대가 강화되며 공동체의식이 형성된다. 이러한 응집력은 궁극적으로 지역발전의 동기가 되는 것이다.

이와 함께, 지역축제는 지역의 이미지 제고 기능을 한다. 지역의 생활문화를 바탕으로 하는 지역축제는 지역의 문화적 이미지를 고양시키고 지역의 개성을 창출하는 훌륭한 미디어이기 때문이다. 이러한 지역이미지 부각효과는 지역 내·외의 교류를 촉진시키는 촉매제로서의 역할을 한다. 각종 축제 및 이벤트의 개최는 해외를 포함한 지역 외부로부터 사람과 물자 그리고 정보가 교류할 수 있는 장을 마련하여 해당 지역의 국제화에도 기여할 수 있다.

3) 문화적 효과

지역축제는 지역문화의 저변을 확대시키는 기능을 한다. 즉, 지역축제는 지역문화를 활성화하고 발전시키는데 있어 매우 중요한 역할을 한다. 주민들에게 다양한 문화·예술과 접촉할 수 있는 기회를 제공함으로써 지역주민들의 문화 향유 기회를 확대시킨다. 그럼으로써 주민들은 문화·예술에 대한 관심을 가지게 되고 이는 지역문화의 저변을 확대시키는 역할을 하는 것이다.

또한 지역축제는 지역문화예술인의 지역간·국가간 상호협력 및 교류를 촉진하여 문화교류를 활성화시킨다. 이러한 문화교류의 활성화는 지역문화를 발전시키는 새로운 계기로 작용한다. 한편, 지역축제는 지역의 문화보전적 기능을 하기도 한다. 지역축제에서는 전통문화적 요소들이 재연되고 전승됨으로써 전통문화를 보존하고 계승하는 역할을 수행하는 것이다.

〈표 24-1〉 지역축제의 효과

구 분	지역 내 효과	지역 외 효과
경제적 효과	• 방문객 소비지출로 인한 주민의 소득효과 • 축제 투자에 의한 신규고용창출 • 세수 증대 • 관련 산업의 발전(숙박, 교통, 관광, 특화산업 등) • 지역경제 활성화	• 경제교류의 확대 • 주변지역의 경제발전 • 세수 증대
사회적 효과	• 지역에 대한 자긍심 고취 • 소속감 내지 공동체의식 제고 • 유대강화 및 응집력 제고 • 지역의 정체성 확립	• 지역이미지 제고 • 지역의 개성 창출 • 국제화 및 사회적 교류 증대
문화적 효과	• 문화예술 향유기회의 확대 • 문화에 대한 인식 제고 • 지역문화의 보전 • 지역문화의 발전	• 지역간 문화교류의 확대 • 전통문화의 보전 및 계승

2. 지역축제의 현황[3)]

가. 광역자치단체별 지역축제 현황

문화체육관광부 자료에 의하면 우리나라의 지역축제는 총 813개가 있는 것으로 조사되었다(2010년 기준). 전국 813개의 축제 중 경상남도가 112개(13.8%)로 가장 많았고, 경기도와 강원도는 93개(11.4%)의 축제를 개최하고 있는 것으로 파악되었다. 한편 광역자치단체 중 축제의 수가 가장 작은 지역은 광주광역시로 모두 13개(1.6%)에 불과했고, 대전 16개(2.0%), 울산 21개(2.6%)인 것으로 파악되었다.

〈표 24-2〉 광역단체별 지역축제

지 역	빈 도	백분율	지 역	빈 도	백분율
전 국	813	100.0	경 기	93	11.4
서 울	69	8.5	강 원	93	11.4
부 산	44	5.4	충 북	51	6.3
대 구	24	3.0	충 남	76	9.3
인 천	23	2.8	전 북	62	7.6
광 주	13	1.6	전 남	34	4.2
대 전	16	2.0	경 북	51	6.3
울 산	21	2.6	경 남	112	13.8
			제 주	31	3.8

자료: 문화체육관광부(2010. 3.).

나. 특성별 지역축제 현황

문화체육광관부에서는 지역축제를 그 특성에 따라 크게 전통민속축제, 문화예술축제, 관광특구 · 특산축제 그리고 기타축제로 구분하고 있다. 먼저, 전통민속축제란 지역의 전승설화나 풍습에 유래하여 개최되는 축제로서 전통적인 제례의식, 전통예술 및 민속놀이 위주로 구성된 축제를 의미한다. 문화예술축제

3) http://www.mct.go.kr

〈표 24-3〉 특성별 지역축제

특성 구분	빈 도	백 분 율
총 계	813	100.0
전통민속축제	115	14.2
문화예술축제	257	31.6
관광특구 · 특산축제	335	41.2
기타축제	106	13.0

자료: 문화체육관광부(2010. 3.).

는 문학, 미술, 음악, 연극, 무용 등 현대적인 전시예술 및 공연예술 위주로 구성된 축제와 서구문화적인 축제를 가리키며, 관광특구 · 특산축제에는 관광특구, 관광특산, 지역특산, 특산물 관광축제가 포함된다. 총 813개 축제 중 이러한 관광특구 · 특산축제가 335개(41.2%)를 차지하고 있다. 한편, 기타축제는 위에서 분류된 내용 이외의 축제형태를 의미하며, 기타, 주민화합, 경연, 사업, 생태자원, 평생학습, 향토, 역사인물, 지역특성화 축제들로 분류되어진다.

다. 개최시기별 지역축제 현황

지역축제의 개최시기는 10월에 개최되는 지역축제가 220개(27.1%)로 전체 지역축제 중에서 가장 많은 것을 알 수 있다. 다음으로 4월에 개최되는 축제는 104개(12.8%), 9월에 개최되는 축제는 102개(12.5%), 5월에 개최되는 축제는 81개(10.0%)로 파악되어 봄과 가을철에 개최되는 축제가 전체의 약 60%에 해당되

〈표 24-4〉 개최시기별 지역축제

시기구분	빈 도	백분율	시기구분	빈 도	백분율
총 계	813	100.0	7월	59	7.3
1월	28	3.4	8월	72	8.9
2월	28	3.4	9월	102	12.5
3월	36	4.4	10월	220	27.1
4월	104	12.8	11월	22	2.7
5월	81	10.0	12월	20	2.5
6월	41	5.0			

자료: 문화체육관광부(2010. 3.).

는 것을 알 수 있다.

라. 예산규모별 지역축제 현황

지역축제의 예산규모는 축제의 성격 및 전체 규모를 결정하는 중요한 구성요소이다. 예산규모의 구분은 모두 4개의 기준으로 나누어 분류하였다. 총813개의 축제 중 1억 원 이상 3억 원 미만의 예산이 투입된 축제는 전체의 29.8%로 가장 많았고 5천만 원 미만의 예산이 투입된 지역축제는 전체의 24.8%, 5천만 원 이상 1억 원 미만의 예산이 투입된 축제는 16.1%, 그리고 3억 원 이상의 예산이 투입된 축제는 전체의 29.3%를 차지했다.

〈표 24-5〉 예산규모별 지역축제

구 분		5천만원 미만	~1억원 미만	~3억원 미만	3억원 이상
개수	(813)	202	131	242	238
비율	100.0	24.8	16.1	29.8	29.3

자료: 문화체육관광부(2010. 3.).

마. 소재별 지역축제 사례

우리나라 지역축제 중에서 성공적인 축제로 꼽히는 사례를 소재별(주제별)로 구분하면 크게 7가지로 분류할 수 있다. 지역의 전통민속이 후대에 와서 제

〈표 24-6〉 소재별 지역축제

소 재 별	축제사례
전통놀이	청도 소싸움축제, 당진 줄다리기, 양주 소놀이굿, 강동구 호상놀이
세시풍속, 민간신앙	강릉 단오제, 법성포 단오제, 은산 별신제, 진도 영등제
역사적 인물	영월 단종문화제, 충주 우륵문화제, 용산구 남이장군대제, 고양시 행주대첩제, 제천 의병제, 남원 춘향제
향토특산물, 지역산업	낙안 남도음식축제, 김제 지평선축제, 이천 도자기축제, 보성 다향제, 영양 고추축제, 진영 단감제, 대구 섬유축제
지역 문화·예술	경주 세계문화엑스포, 부산 국제영화제, 부천 국제판타스틱영화제, 춘천 마임축제, 광주 비엔날레, 밀양 아랑제, 명동 축제
관광자원	성산 일출제, 강화 참성단축제, 광주 남한산성문화제, 부산 바다축제
환경자원	함평 나비축제, 무주 반딧불축제

의(祭儀)적 요소가 약화되고 놀이적 요소가 강조되어 발전된 전통놀이를 소재로 한 축제, 세시풍속과 민간신앙을 결합한 축제, 역사적 인물을 소재로 한 축제, 향토 특산물이나 지역산업을 중심으로 발전시킨 축제, 지역예술을 소재로 한 축제, 관광자원을 소재로 한 축제, 환경자원을 소재로 한 축제 등이 그것이다.

3. 지역축제의 문제점

가. 축제의 지역성 결여

우리나라의 지역축제 프로그램의 경우 전야제, 공개행사, 전통문화행사, 현대적 문화예술행사(공연, 백일장 등), 체육행사, 부대행사(특산품판매, 난장개설, 미인선발대회, 노래자랑) 등의 공통인자로 구성되어 있다. 이는 각 지역축제들이 처해 있는 여건이 서로 다름에도 불구하고 축제 프로그램의 구성에 있어서는 획일적인 양상을 보이고 있는 것이다.

한편, 지역축제의 생명은 지역성(차별성)이다. 지역이 갖는 지방적 특수성을 확인하고 이를 바탕으로 개성 있는 축제를 창출하는 것이 지역축제로서의 가치를 확보하기 위한 가장 필수적인 조건이라 할 수 있다. 그러나 우리나라 축제의 대부분에서는 지역적 특성의 부재가 두드러지게 나타나고 있다. 축제 프로그램은 물론 축제의 주제에서 지역의 고유한 특성을 담지 못하고 있는 실정이다. 뚜렷한 이유와 독자성을 지닌 축제의 주제와 명확한 목적을 가지고 축제를 준비할 때 그 축제는 생명력을 지닐 수 있다.

나. 축제예산의 영세성과 의존성

빈약한 예산으로 지역축제의 발전을 기하기는 몹시 어려운 일이다. 물론 예산이 적다고 해서 반드시 축제의 질적 수준이 떨어진다고 할 수는 없다. 오히려 적은 예산을 가지고 짜임새 있는 축제를 만드는 일이 가능한 것도 축제기획만의 특성이다. 그러나 일반적으로 축제의 내용과 예산은 비례하게 된다. 뿐만 아니라 축제예산이 상급기관의 보조금(국비, 도비)에 대한 의존도가 매우 높고 공공부문에 절대적으로 의존하고 있는 것으로 나타난다. 이처럼 축제예산의 외부 의존도가 높은 한 축제의 자생적인 발전은 불가능하게 된다.

다. 축제 개최시기의 문제

지역축제의 문제점의 하나가 개최시기의 집중화이다. 우리나라 지역축제의 상당수가 봄·가을철에 집중되어 있다. 특히 종합형 지역축제들은 대부분이 이 시기에 밀집되어 있다. 9~10월은 시기적으로 농어민들이 생업에 한창인 때여서 농촌지역 주민들의 자발적인 참여를 유도하기 어렵다. 축제에 참여할 수 있는 학생들도 마찬가지이다. 그리고 전국적으로 각 지역에서 동시다발적으로 행사가 집중 개최되고 있으므로 개별 축제에 대한 지역 안팎의 관심이 분산될 수밖에 없다. 뿐만 아니라 축제 개최시기의 설정에 있어 지역적, 역사적, 민속적 의미나 특색 그리고 특정한 시기의 상징성을 나타내지 못하고 있다는 점도 들 수 있다.

라. 축제의 관광자원화 미흡

앞으로 자연관광자원 위주의 관광구조로는 경쟁력을 가질 수 없다. 즉, 하드웨어적인 자연관광자원과 소프트웨어적인 문화관광자원이 어우러져 조화를 이루어야 한다. 이러한 관점에서 볼 때 지역의 고유한 개성을 지닌 지역축제의 관광상품화는 매우 시급한 과제이다. 그러나 우리나라의 경우 지역축제를 매력 있는 관광자원으로 개발하고 상품화하려는 노력이 부족하다는 점을 들 수 있다. 그것은 대부분의 지역축제 관계자들이 지역축제의 관광잠재력에 대한 인식자체가 부족하며, 관광축제를 지향하는 축제들도 구체적인 실천노력이 미약한 실정이다. 지역축제의 행사나 프로그램의 기획·입안하는 과정에서부터 관광객을 위한 고려가 거의 없다. 그리고 지역 내의 타 관광자원과 연계된 패키지 관광상품의 개발, 관광객 수용태세의 확립 등과 같이 적극적인 관광마케팅 활동은 구체화되지 않고 있는 실정이다.

마. 지역주민의 참여성 결여

본래 축제는 지역민들이 모두 참여하여 함께 놀고 연희하던 집단적 대동제에 바탕을 두고 있다. 그럼으로써 지역축제는 지역주민들의 삶과 문화의 질에 기여하는 것이다. 또 그로 인해 지역주민들이 축제를 통해 지역에 대한 일체감을 느끼고 자긍심을 갖게 되며 축제에 자발적으로 참여하게 된다. 그러나 우리나라의 경우 아래로부터의 자생적 축제이기보다는 위에서 주어진 관주도의 인위적 축제가 대부분이다. 이러한 관주도의 축제는 행사 위주, 실적 위주로 형식화되고 개최시기와 공간이 가을의 운동장 행사로 모아지는 결과를 초래했다. 이러한 인위적 지역축제는 축제의 대동적 본질과도 어긋나고 지역주민의 자발적인 참여를 구조적으로 저해하는 요인이 된다. 주민이 자발적으로 참여하는 민간주도의 축제운영이 정착되어야 지역축제가 지역 내부의 응집력과 추진력을 유도하고 이를 통해 지역 활성화를 이룰 수 있는 것이다.

4. 지역축제의 활성화 방안[4)]

가. 지역관광업계와의 효과적인 연계

지역축제의 잠재성을 개발하는데 관광기관과 관광업계는 축제조직자의 훌륭한 파트너가 될 수 있다. 구체적으로 축제조직자의 업무를 직·간접적으로 도와줄 수 있으며, 향토축제의 관광매력을 더욱 촉진시키고 증진시킬 수 있다. 그리고 국내방문객은 물론 외래관광객 시장을 파악하고 유인하기 위한 시장조사와 마케팅 전략을 체계적으로 수행해 나갈 수 있다는 장점을 지니고 있다. 실례로 축제관광객이 호텔, 기념품점, 식당 등에서 쓴 관광지출과 축제개최장소 내에서 쓴 지출을 비교하면, 관광지출이 축제장소 내의 지출보다는 훨씬 높은 경제 효과를 창출한다. 예를 들면 베니스 카니발이 시작되면 2월의 관광비수기로 고전하던 호텔업계가 일제히 호텔요금을 올림에도 불구하고 100%의 객실점유율을 유지하게 된다. 전체 호텔 투숙객의 80%가 카니발을 보러 멀리 오스트리아, 독일, 미국, 일본 등지에서 온 국제 관광객들이다. 이들로 말미암아 베니스 지역의 식당들이 카니발 기간 동안 약 40% 고객증가 효과를 누리게 된다. 그러므로 지역축제를 기획함에 있어 축제 프로그램 자체에만 치우치지 않는 지역의 관광자원 또는 음식점 및 숙박업체 등과의 효율적인 연계가 매우 중요한

4) 정강환, 「지역활성화를 위한 이벤트와 지역축제 진흥방안」, 『지방행정연구(통권41호)』, 한국지방행정연구원, 1996, pp. 59~82 참조.

것이다.

나. 개선된 홍보 전략 수립

지역축제를 진행함에 있어 가장 심혈을 기울이면서도 한편으론 가장 미흡한 분야 중에 하나가 홍보 전략이다. 특히 지방축제의 경우 많은 경우가 프로그램 확정이나 이벤트 진행순서가 뒤늦게 결정되어 축제 시작에 임박해 본격적인 홍보 전략에 돌입하여 시간적으로 여유가 없다. 또한 홍보계획에서 중요한 것은 언론매체를 잘 이용하기 위한 대책과 전문가가 필요한데 이러한 노력과 노하우가 아직까지 미흡한 실정이다. 구체적으로 언론매체의 후원을 얻어내는 작업, 화제를 만들 수 있는 보도자료 작성 및 시기적절한 발표 타이밍을 정하는 작업 등에 세심한 노력이 필요하다. 그리고 축제안내서와 포스터도 보다 면밀하게 제작되어야 한다. 특히 국내의 축제안내서의 경우 지역을 처음 방문하는 방문객들을 염두에 두어 제작되어야 할 것이다. 함평 나비축제가 성공을 거둘 수 있었던 가장 큰 요인으로 홍보·광고 전략의 성공이라고 평가된다. 함평군수가 방송사 PD출신이다 보니 어떻게 해야 보도거리·방송거리가 되는지 맥을 바로 짚은 것이다.

다. 지역적 주제 설정

지역의 축제는 중심주제가 뚜렷해야 한다. 즉 방문객들에게 무엇을 호소할 것인가를 전제하고 축제의 모든 것이 이루어져야 한다. 지역의 문화와 지역주민들의 열망을 반영한, 지역 정체성을 갖고 있는 향토적인 것이 되어야 할 것이다. 지방화시대 개막과 함께 지역특성을 살릴 수 있는 축제가 요구되고 있다. 그런데 지역적 주제를 축제에 잘 반영시켜 홍보에도 큰 효과를 나타내기 위해서는 여러 가지 측면에서 고려해야 할 것이다. 우선 이벤트 자체의 명칭에서 반영되는 것이 가장 중요하다. 그리고 로고와 마스코트를 통해서, 이벤트 장소와 디자인을 통해서, 이벤트 활동과 이벤트의 매력물을 통해서, 음식과 음료를 통해서, 판매하는 기념품, 일관적인 광고형식과 스타일, 방문객들에게 이벤트의 특정혜택을 강조함으로써 축제의 주제반영에 효율을 높일 수 있다.

라. 독창적인 이벤트 개발

축제방문객들에게 매력적인 이벤트를 제공하는 데 가장 장애요인이 프로그램의 보편성이다. 매년 축제 프로그램 구성 및 내용에 전혀 변화가 없이 똑같은 내용을 반복한다는 것은 축제 방문객들의 만족도를 낮추는 요인이다. 특히 우리나라의 경우 종래 축제에 대한 개념을 바르게 인식하지 못하여 전국 어디서나 거의 유사한 종목들을 서로 모방해 행사를 급조했다. 그것은 결국 축제이름은 다르나 각 지역문화제의 프로그램 내용들이 미녀아가씨 선발대회, 농악, 노래자랑, 체육대회 등 공통인자들을 포함한 대동소이한 프로그램 구성으로 귀결되었다. 이벤트 프로그램 구성은 해당 지역의 문화적 배경 및 지역적 특성을 깊이 고려한 것이어야 한다. 다시 말해서 지역의 전통문화와 현대의 지역문화가 잘 반영된 독창적인 프로그램이 각광을 받을 수 있고 지역활성화에도 도움이 된다. 프로그램의 보편성 문제는 축제 방문객의 기호변화를 간파하지 못하여 생길 수 있다. 시간이 지남에 따라 축제방문객들의 기호는 행사장에서 앉아 단순히 예술공연을 구경만 하는 수동적인 형태를 벗어나 이제는 좀 더 역동성이 느껴지는 프로그램을 원하고 있다. 따라서 축제의 형태도 직접 체험할 수 있는 적극적 참여형태로 변하고 있다. 이천 도자기축제의 경우 방문객들이 직접 체험하고 참여할 수 있는 코너를 만들어 도자기를 단지 구경만 하는 관전 위주의 소극적 축제 분위기를 전환시키고 있는 사례이다.

마. 개최시기의 조절

대부분 우리나라의 지방축제들은 봄·가을에 집중되어 있다. 다시 말해 관광성수기에 집중되어 있는 것이다. 그러나 외국에서는 오히려 지역관광 비수기에 대한 적극적인 해결책으로 침체기인 겨울에 축제를 개최하여 성공시킨 사례들이 나타나고 있다. 이러한 성공 사례로는 캐나다 퀘백의 '겨울축제'를 들 수 있다.

따라서 기존에 행해지던 전체 축제들을 대상으로 개최시기를 전면적으로 재검토할 필요가 있다. 필요한 경우 지역사회의 합의절차를 거쳐 새로운 축제개최시기를 설정하는 것이 바람직하다. 축제 개최시기는 우선 중복되거나 경합하는 것을 피해야 하고, 지역의 관광자원과 연계시키는 방안이 모색되어야 한다.

그리고 축제의 전통적·민속적 의미를 부각시키는 방향으로 개최시기를 조정해야 한다. 한편 역사성을 고려할 필요가 없는 경우는 방문객들이 참가하기 쉽고 인원동원이 쉬운 시기를 선택해야 한다.

바. 지역주민들의 자발적 참여유도

외국의 경우 성공적인 이벤트의 원동력을 살펴보면 이벤트 프로그램 외에도 자발적 참여가 중요하다는 것을 알 수 있다. 우리나라 축제 및 문화 이벤트를 통한 지역활성화가 제대로 이루어지지 못하는 것도 지역주민들의 자발적인 참여가 부족하거나, 관주도적 행사로 인원동원 관점에서 마지못해 참여하기 때문이다. 그것은 이벤트에서 '지역주민 참여'의 중요성이 무시되고 있거나, 지역주민 측면에서는 참여의 즐거움과 이벤트 상품을 통해 얻는 관광수익이나 지역경제 활성화 효과를 이해하지 못하기 때문이다. 외국의 경우 자발적 참여자의 순수한 봉사동기도 있겠지만 무엇인가 유·무형적으로 장단기적인 혜택이 있기 때문에 참여하는 것이다. 그러므로 지역 주민들을 대상으로 이벤트의 중요성 및 효과를 교육, 설득시키는 프로그램을 실행함으로써 자발적 참여를 유도하게끔 해야 할 것이다.

자발적인 참여는 지역주민들에게만 한정되지 않는다. 어느 지역사회나 대도시로 떠난 그 지역민들의 향우회 등이 있다. 이들의 애향심과 공동체 의식이 강화될 수 있는 전략이 바로 축제 이벤트의 자발적 참여이다. 향우회의 향토축제에의 적극적 참여는 지역주민의 축제참여를 크게 고무할 것이고 축제 분위기의 형성에도 크게 기여할 것이다. 또한 지역주민들의 자발적 참여를 유도할 수 있는 이벤트 프로그램 구성도 중요하다.

그러나 주민참여로 시작된 많은 축제들이 규모가 커지면서 관 주도적 운영, 정교한 이벤트를 위한 특정기관의 참여로 점차 지역주민들이 축제로부터 멀어지게 된 경우도 있음을 기억해야 한다.

사. 민간주도의 조직구조로 개편

우리나라의 경우 지역축제의 대부분이 관 주도적으로 이루어지고 있다. 그러나 최근 지역축제와 각종 지역이벤트의 중요성이 대두됨과 동시에 전문기술과 운영능력을 요하는 일이 되었다. 시민참여를 유도하기 위한 프로그램의 운영, 재원조달을 효과적으로 해내야 하는 경영 마인드의 발휘, 복합적 산업연관 효과를 극대화하기 위한 이벤트 요소에 대한 분석을 요하는 등 과거와 같은 관 주도의 추진체계로는 역부족인 상황이다. 따라서 상시 이벤트를 준비하는 민간 주도의 상설기구가 필요하다. 이러한 민간주도의 기구를 토대로 자연스럽게 축제에 대한 시민참여를 보장하게 되며 애착심을 고양시킬 수 있다.

아. 중앙정부의 지원

지방축제는 중앙정부의 지원이 중요하다. 특히 관광 및 지역경제 활성화의 잠재성이 있는 축제나 이벤트를 재정적인 면이나 홍보 및 기술적인 면에서 보완해 준다면 축제 효과가 배가될 수 있을 것이다. 우리나라의 경우 문화체육관광부가 향토축제를 지원하는 몇 가지 사업 중에서 특히 성공적인 사례로 꼽히는 문화관광축제사업 등이 확대되어야 할 것이다. 이 밖에도 지역축제와 관련된 통계와 자료의 업데이트 관리가 시급히 요구되고 있다.

제25장

스포츠마케팅

끊임없는 분쟁과 이기주의의 긴장감 속에 있는 지구촌에서 스포츠를 통한 커뮤니케이션은 필요성이 더욱더 증가하고 있다. 스포츠이벤트를 통해 서로간의 공감대를 형성하고 상호 교류를 확대할 수 있는 분위기를 조성할 수 있기 때문이다.

서로의 정치체제나 이데올로기가 다른 국가들의 경우 스포츠외교라 불리는 스포츠이벤트를 통해 접근방법을 찾는다. 중국과 미국의 경우 이른바 '핑퐁 외교'라 불리는 탁구 대회를 통해 둘 사이의 긴장된 대립을 완화시킬 수 있었다. 여기에서 중요한 것은 스포츠이벤트가 가지는 접근성이다. 스포츠이벤트에 참여하는 국가들은 서로가 접근할 수 있는 의견을 교환하게 되고 상대방의 입장을 더욱 잘 이해할 수 있고 보다 유연한 태도로 협의에 임할 수 있는 것이다. 상호 이해와 협력을 통해 서로간의 신뢰를 구축하고 협력 분위기를 확대하여 종국에는 유익한 결실을 맺을 수 있는 것이다.

이러한 논리는 지역경제에도 동일하게 적용된다. 지역의 특성을 알리고 지역의 상품을 홍보하며, 이를 통해 지역경제 활성화를 도모할 수 있는 지역 스포츠마케팅이 부각되고 있는 것이다.

여기서는 스포츠마케팅의 개념과 의의 그리고 지방자치단체가 추진 중인 스포츠 이벤트를 통한 지역마케팅의 사례를 살펴보고 그 내용을 분석한 후 지역스포츠마케팅의 발전방안을 제안하고자 한다.

1. 스포츠마케팅의 개념과 의의

가. 스포츠마케팅의 개념

스포츠마케팅이란 스포츠를 이용하여 제품판매의 확대를 목표로 하는 마케팅 기법을 의미한다. 스포츠마케팅을 통해 회사 및 회사제품의 인지도를 높이고 이미지를 개선하거나 유지하는 등 일차적으로는 커뮤니케이션 효과를 얻기 위한 목적을 갖고 있으나 최종적으로 제품판매의 확대가 목표이다.[1)]

스포츠 의류 및 용품 생산업체에게는 매출과 직결되는 마케팅활동이고, 스포츠팀과 경기연맹 등 스포츠 단체에게는 보다 많은 재원을 확보하기 위한 마케팅활동이며, 일반기업에게는 스포츠를 이용하여 기존의 광고 또는 홍보활동 등을 보조해주는 강력한 마케팅 커뮤니케이션 도구이다.

스포츠마케팅은 스포츠 자체의 마케팅과 스포츠를 이용한 마케팅 두 분야로 구별된다. 스포츠 자체의 마케팅은 스포츠 경영학의 시각으로 관람스포츠와 참여스포츠에서 많은 관중이나 회원을 확보하기 위한 활동이고, 스포츠 제조업 분야에서 스포츠용품이나 시설 및 교육프로그램을 판매하기 위한 마케팅활동이며, 각종 스포츠단체가 재원을 확보하기 위해 집행하는 마케팅활동을 의미한다.

스포츠를 이용한 마케팅은 경영학의 마케팅 및 기업의 관점에서 볼 때 스포츠 후원을 의미한다. 스포츠 후원은 기업이 현금이나 물품 또는 노하우, 조직적 서비스를 제공함으로써 스포츠스타, 팀, 연맹 및 협회, 스포츠행사를 지원하여 마케팅 커뮤니케이션의 여러 목표를 달성하기 위해 기획·조직·실행·통제하는 모든 활동을 나타낸다. 즉, 상업적 목적을 달성하기 위해 스포츠활동에 재정적 또는 이에 상응하는 지원을 제공한다.

스포츠를 이용한 마케팅의 다양한 활동은 크게 직접사업과 간접사업으로 구분한다. 직접사업에는 스포츠 방송중계의 광고를 독점하는 계약 형태로 방송사가 중계권료를 행사주관자에게 지불하는 방송후원과, 행사비용을 부담하는 대가로 행사타이틀 사용권, 휘장사용권 등을 얻는 이벤트후원, 그리고 경기장 안의 펜스·플로어·스코어보드나 인쇄물 등에 특정기업의 광고를 게재하는 매

---

1) 두산백과사전.

체상품화 등이 있다.

간접사업은 광고나 제품판매를 위해 운동선수 · 팀 · 단체 등의 이미지를 이용하는 것이다. 자사제품광고에 특정 선수 · 팀 · 단체를 등장시키는 광고이서(Advertising Endorsement), 선수 · 팀 · 단체이름 · 사진 · 사인 로고 · 심벌 등을 제품에 부착하여 판매하는 제품이서(Product Endorsement) 등이 있다.

나. 스포츠마케팅의 의의

스포츠마케팅은 스포츠이벤트를 마케팅 측면에서 본 것으로서 스포츠 비즈니스라고도 한다. 일본에서는 스포츠마케팅이란 용어 대신에 '스포츠 비즈니스'라는 용어를 사용하는데 스포츠 비즈니스란 스포츠를 테마로 한 PR, 광고, 판매촉진 등과 연결된 모든 활동으로, 구체적으로는 경기대회, 경기단체에 관한 대회 개최권, TV 방영권, 장내 광고권, 공식용품 제공권, 마크 사용권 및 선수 영상 사용권 등을 의미한다.[2)]

스포츠가 하나의 상품으로서 큰 가치를 발휘하게 되자, 그것을 제작 · 판매하고 활성화시키는 기법도 갖가지 이벤트를 통하여 만들어져 소비자인 관중과 팬들에게 판매되고 있다. 스포츠이벤트는 스포츠가 가진 생동감, 건강함, 활동적이고 다이나믹한 감각과 이미지를 기본으로 스폰서하는 기업이나 팀 그리고 연맹 단체들의 강력한 커뮤니케이션 도구가 되고 있는 것이다.

스포츠마케팅의 장점은 첫째, 방송법 · 언론법에 나타난 기존 커뮤니케이션 장벽을 피할 수 있다는 점이다. 둘째, 특정 스포츠종목이나 스포츠이벤트를 통해 보다 쉽게 시청자 또는 독자에게 접근할 수 있다. 셋째, 비상업적 상황에서 대상 집단에게 접근할 수 있다. 후원은 광고와는 달리 인위적으로 실시되기 때문에 광고를 기피하는 대중에게도 거부감 없이 자연스럽게 받아들여진다. 넷째, 스포츠의 이미지 및 스포츠에 대한 관심을 커뮤니케이션의 목적에 이용할 수 있다.

즉, 스포츠마케팅은 대중들이 인식하거나 이해하고 있는 그 이상의 무엇인가를 제공한다. 국제규모의 이벤트만이 국가나 지역사회에 기여하는 것이 아닌 동네 축구와 같은 소규모의 이벤트도 나름대로의 의미를 갖고 지역사회에 이바

2) 지방행정연수원, 「지역스포츠이벤트 개최를 중심으로 한 지역경제 활성화 방안」, 『고위정책과정 제3분임, 고위정책과정 분임연구보고서』, 2009, pp. 11~12 참조.

지하고 있다.

다. 지역스포츠마케팅

스포츠이벤트 자체의 기능과 자치단체의 각종 스포츠 지원정책에 따르는 성과 등은 지역스포츠마케팅을 이해함으로써 극대화될 수 있다.

지역스포츠마케팅에 관한 몇 가지 중요사항을 알아보면, 첫째, 지역스포츠마케팅은 지역에 부합하는 스포츠 또는 스포츠이벤트를 매개로 한 마케팅을 실행하는 것으로, 지역의 환경과 조건을 고려한 현실성 있는 마케팅을 말한다. 스포츠시설의 확보 및 지역공공기관의 스포츠정책 등이 뒷받침되어야 한다.

둘째, 지역스포츠마케팅은 인간의 욕구를 충족시키고 극대화하기 위한 활동이다. 주민들의 의견을 반영하여 스포츠를 활용한 지역주민들의 공동체의식 확인이나 지역소속감, 연대감 고취 등의 인간의 욕구를 실현하는 데 기여할 수 있다.

셋째, 지역스포츠마케팅을 통하여 자치단체 및 지역사회 스포츠단체는 자생능력을 확보하여 지역 정체성 확립과 지역발전에 기여 할 수 있다. 통합적인 스포츠마케팅 전략 또는 마케팅 도구를 이용하여 독립적인 수익구조를 창출하고 기반시설의 확충에 영향을 준다.

넷째, 지역사회의 다양한 조직 및 기구들이 수행하는 지역스포츠마케팅은 지역사회의 이익을 추구하고 공공영역의 활성화와 참여의 장을 제공한다. 스포츠이벤트를 통한 방문객의 유입이나 연계상품의 활용은 지역 소비지출을 촉진시키고 시설의 활용도를 높이며 궁극적으로 지역민과 함께하는 이벤트 문화를 만들 수 있다. 지역발전을 위해 스포츠마케팅 활동은 다양하게 이루어질 수 있다.

라. 지역스포츠마케팅의 효과

스포츠이벤트는 지역화를 추구하는 지방자치단체에서 강력한 커뮤니케이션 도구로 활용될 수 있다. 스포츠마케팅을 이용한 스포츠이벤트는 지역발전 측면에서 어떠한 효과가 있는지 알아보자.

첫째, 스포츠이벤트를 성공적으로 개최함으로써 얻는 경제적 효과가 크다. 투자 및 소비지출이 증대되며 지역경제가 활성화된다.

〈그림 25-1〉 스포츠이벤트와 시설에 대한
자치단체의 자금조성에 관한 투자와 수익의 기본모형

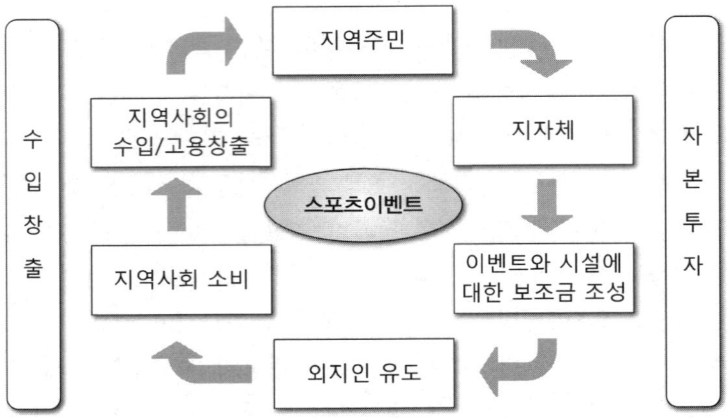

자료: Howard(1995), p.60.

둘째, 커다란 규모의 이벤트를 치르면 치를수록 관광객이 증가하고 지역홍보 효과를 가져온다. 각종 매체에 의한 퍼블리시티의 효과를 기대할 수 있다.

셋째, 이러한 홍보 효과는 스포츠이벤트의 종료와 함께 사라지는 것이 아니라 장기적으로 지역이미지를 상승시키고 연관 상품의 매출에 도움이 된다.

넷째, 스포츠이벤트의 경기장 건설, 교통망 정비 등 사회 인프라를 구축하여 얻어지는 효과를 통해 지역민의 삶의 질을 향상시킨다.

2. 지역스포츠마케팅 사례분석

가. 종합적 사례: 제주도 스포츠마케팅

1) 스포츠 대회 유치

2000년에 들어 제주도는 스포츠 대회를 꾸준히 유치해왔는데 그 결과 매년 스포츠 대회 유치 건수가 증가해왔다. 그런 가운데 2008년도에는 총 118개 대회를 유치하였고 17만여 명의 관람객 유치와 1,504억 원의 스포츠 대회 유치

파급 효과가 발생하였다. 2009년도에는 36종목의 125대회가 유치되었고 이중 엘리트 체육은 70건, 생활체육은 55건에 달하였다.

이렇듯 제주도는 지방자치제도 실시이후 국내 지자체 중 가장 활발한 활동으로 수많은 스포츠대회의 유치를 통하여 지역경제 활성화를 꾀하고 있다. 제주도의 경우 천혜의 자연환경을 바탕으로 잘 갖추어진 경기시설 속에 수많은 경기대회를 지속적으로 개최하고 있는 실정이며 무공해 고부가가치산업인 스포츠이벤트를 매년 확대 유치함으로써 세계자연유산 제주 브랜드 홍보와 스포츠대회를 통한 국제교류 증대를 통한 국제자유도시 기반을 구축해 나가고 있다. 이는 스포츠산업을 21세기 제주 제3의 지주 산업으로의 육성과 제주 지역경제 활성화에 견인차 역할을 하고 있는 것이다. 이처럼 많은 대회개최를 통해 제주도를 찾고 있는 제주도 스포츠 관광의 특징은 체류기간이 보통 4~5일 정도로 일반 관광객(평균 2박 3일)보다 긴 장기체류형이 대부분이며, 스포츠인들이 경기개최 후 연맹 차원의 집회 또는 동호인별·클럽별 단합행사와 관광 등 부대비용 지출이 많아 부가가치가 높은 편이다. 지난해에는 아시아유도선수권대회를 비롯하여 아시아레슬링선수권대회 등 베이징올림픽출전 선수 선발전을 겸한 대규모 스포츠이벤트로 치러져 스포츠산업이 아시아 최고 수준의 국제 자유도시를 지향하는 「제주특별자치도」를 지속적으로 홍보해 나가고 있다.

〈표 25-1〉 스포츠대회 유치 현황 (단위: 건)

연 도	합 계	국제대회	전국대회	비 고
합계	788	247	541	–
2000	23	6	17	–
2001	38	10	28	–
2002	42	13	29	–
2003	61	23	38	–
2004	74	26	48	–
2005	80	29	51	–
2006	105	33	72	–
2007	122	33	89	–
2008	118	36	82	–
2009	125	38	87	–

제주도는 연례적으로 상설 개최되며 대회 규모가 크고 기간이 긴 동시에 제주의 자연환경을 활용한 부가가치 및 지명도가 높고 가급적 관광 비수기에 개최되는 스포츠이벤트를 중점 유치해 나가고 있다. 특히, 대회 유치 시에는 제주의 자연환경 활용과 경기장 시설 여건이 부합되는지, 또한 참가 규모와 개최 시기가 적정한지, 기간이 충분한지 등을 종합 검토하여 시행하며, 대회기간이 2일 이하이거나, 참가 인원이 5백 명 미만의 소규모 대회, 관광 성수기에 개최되는 스포츠대회는 가급적 유치를 지양하고 있다. 이러한 스포츠이벤트의 유치 절차는 6~7월에 가맹경기단체 · 생활체육종목별연합회 및 유관 기관, 단체 등에 대회를 8월까지 유치 신청토록 하고, 취합된 자료를 9월에 예산확보 신청과 제주특별자치도 체육진흥협의회에 심의를 받아 유치 대상사업을 확정하여 도를 비롯한 유관단체 등과 합동으로 국제연맹 및 중앙 경기단체를 상대로 대회 유치 활동과 예산확보에 주력해 나가고 있다.

제주도의 스포츠이벤트대회의 사업비 지원 기준으로는 참가 인원수 등 대회의 규모, 경기 기간, 부대행사, 그리고 부가가치와 파급효과 등을 감안하여 사업비를 책정하고 있으나, 대회가 권위가 있고 부가가치가 있을 경우 타 시 · 도 또는 타 시 · 군 · 구에서 많은 금액을 제시함으로써 대회 유치금액이 높아지는 등 반드시 일정하지는 않으며 특히, 경기 종목의 특수성을 감안하여 사업비를 차등 지원하고 있다. 즉 투기 경기인 경우, 시합장 시설비가 추가 필요하며 시설 사용료가 많이 드는 수영대회 · 볼링대회, 방송 중계가 수반되는 경기인 경우, 경기 용품 및 장비, 재료가 많이 소요되는 경기인 아이언맨 대회 · 철인 3종 경기대회, 울트라 마라톤대회와 같이 자원봉사자가 많이 필요한 대회 등은 다른

〈그림 25-2〉 제주도 유치 스포츠대회

종목대회보다 사업비를 더 지원하고 있다. 하지만, 대회 사업비 지원은 전년도 등 예년 수준에서 지원하고 있으며, 대규모 스포츠 대회인 경우 대회의 준비 및 홍보사업을 원활히 추진하기 위하여 홍보 포스터 제작, 국내·외 홍보 활동 사업, 스타 선수 및 귀빈 초청 등 최소한의 일부 사업비를 책정하여 사전에 지원해나가고 있다.

2) 전지훈련 유치

제주도 전지훈련의 경우 동계 전지훈련 축구대회가 제주시와 서귀포시 등 도일원에서 열림에 따라 축구를 비롯한 태권도·야구·배구 등 국내·외 스포츠 대회를 매년 지속적으로 확대 개최함에 따라 전지 훈련팀 유치를 위한 One-Stop서비스, 각종 인센티브 제공 등 사계절 전지훈련 홍보활동에 힘입어 매년 지속적으로 증가추세에 있다. 이러한 증가세를 지속 유지하기 위해서 주요 추진 사항으로 항공료 및 숙박료 할인은 물론 경기장 및 훈련장 무료 사용 훈련 중 부상 선수에 대한 응급처지, 상비약품 비치 등 의료 서비스 지원과 선수단 이동 차량 제공 지원 및 관계공무원, 관련부서 등 함께 참여하는 종합 상황실 운영 등 스포츠관광객에 대한 각종 편의시책을 추진해 나가고 있다. 2008년도 전지훈련 실적은 33종목 3,641팀 65,011명으로 2007년도 63,516명 대비 2.3%, 2006년도 50,027명보다 무려 30%가 각각 증가하였다. 또한, 전지훈련은 작년도의 경우, 3,641팀 6만5천여 명이 대부분 12일 정도 체류하면서 여관·민박 등 숙박업소를 비롯한, 식당 등 요식업소, 렌터카, 여행업체, 이·미용업소, 쇼핑센터 등을 많이 이용하고 있어 비수기 지역경제 전반에 골고루 도움을 주고 있는 것으로 나타나고 있다. 특히, 베이징 올림픽에 참가하는 외국 선수단들이 경기 개최지와 시차가 적고 쾌적한 환경과 훈련 여건이 좋은 제주를 선호하여 영국을 비롯한 독일·미국·일본·남아공 등에서 트라이애슬론·수영·싱크로나이즈·축구 등 31개국 53개 팀 1,056명의 외국인 전지훈련 선수단이 방문하여 제주가 전지훈련의 최적지임을 입증함과 동시에 세계자연유산 제주 브랜드를 지구촌에 알리는데 크게 기여한 것으로 나타났다.

3) 골프관광객 유치

2008년도 골프장 이용객 연간 등록인원은 144만 명이며 이 중 제주도민 이

〈그림 25-3〉 제주도 골프장

용객 53만 명을 제외한 제주를 찾아 골프장에 등록된 연인원은 91만여 명으로 연간 골프관광객은 약 66만여 명으로 추정되고 있다. 이에 따라 2007년 47만여 명 대비 19만여 명이 늘어나 26.5%가 증가하였다. 2007년도 제주도내 골프장에 등록된 연인원은 119만여 명이며 제주도민 이용객 47만 명을 제외한 제주를 찾아 골프장에 등록된 연인원은 72만여 명으로 연간 시 · 도 및 외국인 골프관광객은 약 52만여 명으로 추정되고 있어 2006년 47만여 명 대비 5만여 명이 늘어나 10.6%가 증가하였다. 이러한 골프이용객이 크게 증가한 원인은 2008 유러피언투어 발렌타인 챔피언십을 비롯한 2008 유러피언투어 여자골프 챔피언십 등 골프 빅 이벤트와 KPGA, KLPGA 등 국내최고의 수준 높은 경기를 매년 지속적으로 제주에 유치함은 물론 매년 상설 개최하는 전국 단위 동호인 골프대회, 학생 골프선수권대회 등 규모 있는 30여개의 국내 · 외 골프대회가 잇따라 열림으로써 「골프의 파라다이스 제주」를 국내 · 외에 널리 홍보하여 사계절 골프 전지훈련장화 홍보와 골프 관광객 유치에 크게 기여하고 있는 것으로 분석되고 있다.

제주는 온화한 날씨와 EPGA, KPGA 등 대규모 골프 이벤트가 잇따라 제주에서 열리고, 골프장 가격 인하 등의 영향으로 골프관광객이 증가하였으며, 특히 도지사배 전국 주니어 골프대회는 출전 선수들이 겨울방학 동안 제주에서 현지 적응 훈련과 학부모, 골프 지도자 등이 동반 참여하여 매년 60억 원 이상의 소득을 창출함으로써 비수기 제주지역 경제 활성화에 크게 도움을 주고 있다.

나. 분야별 지역사례

1) 부존자원 활용형: 태안 샌드비스타 마라톤 대회

충남 태안군 남면 청포대해수욕장과 몽산포해수욕장 간 백사장(8km)에서는 '백사장 맨발마라톤대회'가 개최된다. '2009 에코원 태안 샌드비스타마라톤대회'로 이름 붙여진 이 대회는 대전에 본사를 둔 소주업체인 선양이 피서철을 맞아 기름피해 이전의 모습을 되찾은 태안지역 해수욕장을 널리 알리기 위해 마련한 행사로, 이번 대회에는 전국에서 모두 3만여 명의 관광객이 참가했다. 또 이날 청포대해수욕장에선 태안지역의 전통 물고기잡이 방식인 '독살'체험을 비롯해 황토머드 체험, 맨발 도장 찍기, 조개 캐기, 노을 음악회 등도 펼쳐졌다. 이번 대회는 물고기, 사람, 새를 형상화하여 자연과 사람이 조화된 지구의 컨셉을 가지고 치러졌다.

이벤트 기획의 세부내용으로는 전체예산이 5억 원이었으며, 이 중 지자체의 예산은 10%였다. 에코원 선양 마라톤 조직위원회의 예산 1억 2천 114만 5천원이 홍보 및 마케팅으로 사용되었으며, 에코원 선양마라톤 조직위원회가 대회를 프로모션하였다.

2) 축제행사 연계형: 세계여자 비치발리볼 월드투어대회

2006년부터 시작한 '세계 여자 비치발리볼 월드투어대회'는 하이서울페스티벌 행사기간 중의 하나로 바다에서 개최된다는 기존 개념을 탈피, 한강에서 개최하는 것이 특징이다. 세계 정상급 선수들의 참여와 야간경기 개최 하이 서울 페스티벌 기간 중 열린 세계여자비치발리볼 대회는 축구의 월드컵 대회와 비교되는 비치발리볼의 최고 대회로 세계 1위~100위까지의 선수에게만 출전자격을 부여한다. 2009년의 경우, 전 세계 29개국 122명의 선수가 참여하였다. 한강 모래축제의 장으로 스포츠대회 개최를 통한 서울 및 한강의 브랜드 가치 창출의 컨셉을 가지고 세계 정상급 선수와 국내외 방송사와 많은 시민들이 참여한 대회였다. 대회개최를 위한 프로모터의 활용으로써 (주)우리에스앤피에 의뢰하였으며, 대행금액은 4억2천6백만 원을 차지하였다. 방송 및 언론사, 인터넷, 기자설명회, 포스터, 리플렛, 입장권을 이용하여 홍보하였으며, A보드, 판넬, 깃발 등에 광고를 실시하였다. 대회 총 예산은 12억5천6백만 원이었으며, 이 중

〈그림 25-4〉 세계 여자 비치발리볼 월드투어대회

지자체 예산이 66% 스폰서십 예산이 33%로 4억2천6백만 원을 차지하였다.

3) 자연경관 연계형: 인제 내린천 마라톤대회

강원도 인제군의 맑고 수려한 내린천 자연계곡코스에서 개최되는 인제 내린천 마라톤대회는 매년 5월경 전국 마라톤 동호인을 대상으로 진행된다. 2005년부터 시작한 이 행사는 매년 1,800여명이 대회에 참가하여 아름다운 자연경관과 어우러져 경기를 진행한다. 대회를 통하여 지역 축제, 행사 등과 병행하여 전통과 규모를 갖춘 전국마라톤대회로의 승격과 인제군 홍보에 주력하였으며, 인제군의 모험레포츠(래프팅, 산악자전거, 번지점프 등)과 농촌체험관광 등 인제군의 관광자원을 홍보하였다. 또한 대회 개최를 통하여 청정지역 인제군의 농축산물의 홍보 및 숙박, 주유소, 음식점 등 경제 활성화와 선수 및 지역주민들에게

〈그림 25-5〉 인제 내린천 마라톤대회

마라톤대회의 성격을 넘어 화합과 축제의 분위기 조성으로 인제군에 대한 호평이 이어졌다. 대회 세부기획 내용으로는 전체예산 4억2천5백만 원이었으며, 이는 모두 지자체 예산이었다. 공동주최회사로서 설악레저와 농어민신문사에서 각 3천만 원의 스폰서십을 체결하였다.

4) 타 문화행사 연계형: 군산 새만금 전국마라톤대회

군산 새만금 전국마라톤대회는 '오감이 만족하는 군산 새만금 전국마라톤대회'라는 컨셉을 가지고 2004년부터 매년 개최되고 있다. 2009년 대회에서는 코스의 정비를 통하여 full코스 신설과 대한육상경기연맹의 공인을 취득하였으며, 대회코스의 변경과 출발장소의 변경 그리고 SUB-3패 제작 등 기존의 대회와 차별화된 색다른 이벤트, 푸짐한 먹을거리를 준비하였다. 마라톤 이외의 문화행사로서 대북공연, 특공무술, 벨리댄스, 난타공연, 에어로빅공연, 다도시연, 무료건강검진, 맨손으로 고기 잡기, 떡매치기, 무료시음회, 스포츠마사지, 스포츠테이핑, 이혈·수지침, 유명연예인 사인회 개최와 유명 마라토너가 함께하는 즐거운 레이스를 실시하였다.

대회기획의 세부내용으로는 총 3억 원의 예산으로 기획하였으며, 이중 약 15%정도가 지자체 예산이었다. 4500만원의 스폰서 체결을 하였으며, 농협, 전북은행, 대한통운, 금강방송 등이 스폰서 기업으로 참여하였다. 이벤트마케팅 대행사인 문화기획이 대행하였으며, 비용은 9천만 원이었다.

5) 민간 주도형: 부산오픈 국제남자 챌린저 테니스대회

7회째 열린 2009 부산오픈 국제남자 챌린저 테니스대회는 2009년 5월 8일(토)부터 5월 16일(일)까지 9일간 열린 대회로서 테니스를 사랑하는 모임, ATP, 국제신문이 공동주최하고, 대한테니스협회, 부산광역시테니스협회가 공동주관했다. 이 대회에 참가한 인원은 총29개국 98명에 이르고, 자원봉사자 수는 108명이 참가했다. 이 대회의 가장 큰 특징은 동호인이 직접 주최하고 주관했다는 점이다.

〈그림 25-6〉 부산오픈 국제남자 챌린저 테니스대회

6) 네티즌 주도형: 광주 빛고을 울트라마라톤대회

2009년 개최한 광주 빛고을 울트라마라톤대회는 빛고을 울트라 조직위원회가 주최하여 총 220명의 선수가 참여하는 서바이벌대회이다. 생활체육 동호인을 대상으로 2003년도부터 개최되기 시작하여 2009년 7회째를 맞이하였으며, 난코스로 유명세를 타기 시작하여 현재는 전국적인 지명도가 있는 광주를 대표하는 울트라마라톤으로 거듭나고 있다. 특히 이 대회는 접수 홍보 광고 등에 대하여 인터넷을 활용하므로 네티즌을 중심으로 행사를 개최한다는 것이 가장 큰 특징이다.

3. 지역스포츠마케팅 발전방안

지역스포츠를 통한 지역마케팅의 발전방안으로 다음과 같은 대안을 제시하고자 한다.

첫째, 지역 특성에 맞는 스포츠 대회가 유치되어야 한다. 지역의 경기장 시설과 인프라를 파악하고 이에 적합한 종목의 스포츠를 개최하여야 한다는 것이다, 특히, 지역의 자연환경과 기후조건, 지형조건 등을 충분히 고려하여 지역특성을 살릴 수 있는 특색 있는 스포츠이벤트의 개최를 하여야 할 것이다. 오늘날 개최되고 있는 수많은 지역 스포츠이벤트 사이에서 참가자들의 흥미를 유발하고, 지역을 홍보 할 수 있는 이벤트가 되어야 한다는 것이다.

둘째, 장기적인 측면에서 계획된 차별화된 스포츠이벤트를 개최하여야 한다. 사전 연구를 통하여 대회 개최의 철저한 준비가 뒷받침 되어야 할 것이다. 타 지역의 스포츠이벤트 대회와의 차별성을 위해, 장기적인 측면에서 스포츠이벤트 대회를 준비하고 그에 따른 발전방안을 모색해야 한다는 점이다. 여기에는 지역 축제와 연계를 통한 테마가 있는 스포츠이벤트 대회를 만들 수가 있으며, 지역스포츠이벤트 참여자들의 특성 파악을 통하여 대회 개최이전 참여자들을 만족 시킬 수 있는 다양한 방법을 준비하여야 한다. 또한, 지역스포츠이벤트 대회의 개최가 지역경제에 기여하고 지속가능하며, 차별화된 지역스포츠이벤트인지의 여부를 통하여 스포츠이벤트가 개최되어야 할 것이다.

셋째, 다양한 지역스포츠이벤트 프로그램의 개발과 활발한 홍보활동을 하여야 한다. 다양한 스포츠이벤트 프로그램의 개발을 통하여 참여자들의 만족도를 증가시킬 수가 있으며, 스포츠이벤트 외적인 부분에 대한 만족도 증가는 스포츠이벤트에 대한 만족도를 함께 높일 수 있을 것이다. 또한 지역스포츠이벤트를 적극적으로 홍보하여, 보다 많은 이들이 대회를 관전하고 참여할 수 있도록 하여야 할 것이다.

넷째, 지역 상품과의 연계와 다양한 이벤트 상품개발이다. 지역 상품과의 연계는 지역에서는 스포츠이벤트 개최를 통하여 지역 상품을 홍보하고 판로를 개척 할 수 있는 기회의 장으로 이용할 수가 있으며, 참가자들에게는 지역 상품을 믿고, 저렴한 가격에 산지에서 직접 구입할 수 있는 좋은 기회가 될 것이다. 또한 지역스포츠이벤트 대회와 관련된 상품의 개발과 판매 또한 중요한 부분이다. 현재 시행되고 있는 대부분의 스포츠이벤트 대회에서는 관련 상품에 대한 제작과 판매가 아주 적으며, 대회의 참가자들의 욕구를 충족시키고 추억할 수 있는 상품의 개발이 반드시 필요하다. 이벤트 관련 상품의 개발은 대회 참가자들에게는 추억을 되새길 수 있는 좋은 수단이 될 것이며, 대회를 홍보하고, 마케팅 할 수 있는 하나의 방안이 되기도 할 것이다.

마지막으로, 지역스포츠이벤트 효과 분석을 통한 사후 관리 시스템 구축이다. 이는 지역스포츠이벤트 활성화의 가장 중요한 부분이며, 올바른 대회의 평가를 통하여 이후에도 더욱 발전된 스포츠이벤트가 될 것이다. 우선, 스포츠이벤트의 파급효과의 분석을 통하여 대회에 대한 전체적인 경제 효과를 파악하고,

〈그림 25-7〉 지역스포츠이벤트 개최를 통한 지역경제 활성화 방안

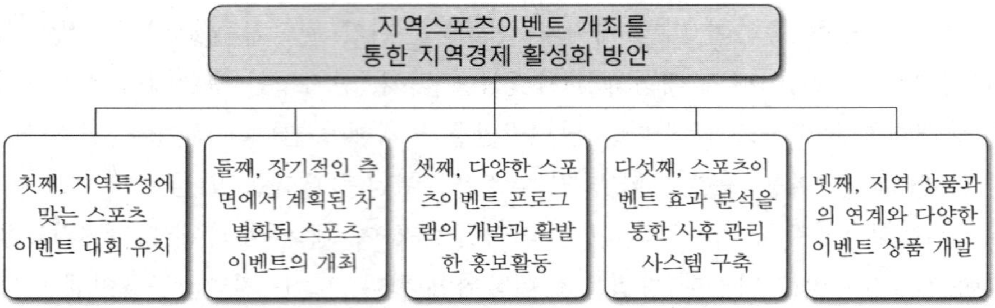

지역주민과 언론에 알림으로써 스포츠이벤트 대회에 대한 올바른 평가를 받을 수 있을 것이다. 또한, 대회개최이후 참여자들의 만족도 조사를 통하여 시행된 스포츠이벤트 개최의 문제점과 시사점을 도출하고, 다음 대회 개최 시 적극 반영함으로써 더욱 발전하는 스포츠이벤트가 될 수 있어야 하겠다. 이러한 과정을 통하여 지역스포츠이벤트는 더욱 활성화 될 것이며, 이를 통하여 지역 경제 또한 발전할 수 있을 것이다.

제26장

문화산업

지식기반경제에 있어 문화산업은 중추적 위치를 차지하게 될 것이다. 이와 함께 문화의 개념이 정적(靜的)문화에서 동적(動的)문화로 완전히 이행하게 될 것이다. 정적문화란, 이제까지 우리가 문화를 이야기할 때 가지고 있던 개념으로서 문화엘리트의 창의력에 의해 문화의 결과물이 창조되며 일반대중은 이러한 문화의 결과물들을 단지 감상하는 정도의 개념이다. 그러나 경제여건이 윤택해지고 일반대중의 문화인식이 높아짐에 따라 동적인 문화로 그 개념이 변화한다. 즉, 동적문화란 일반대중들이 직접 참여하고 문화가 산업으로서 인식되는 것을 의미한다. 결국 지금까지 경제가 문화에 대한 수요를 창출하는 것이었다면 이제부터는 문화가 국부를 창출하는 시대로 전환하고 있다는 것을 의미한다.

1. 문화산업의 의의

가. 문화산업의 개념

그 동안 문화와 산업은 서로 조화되기 어려운 대립적 현상으로 인식되었다. 문화는 일반적으로 정신적 가치에 중점을 둔 것임에 반해, 산업은 물질적 가치에 중점을 둔 것으로 인식했기 때문이다. 특히 문화·예술인들의 입장에서 문화의 산업화는 곧 문화의 질적 저하를 의미하는 것으로, 결코 바람직한 현상으로 받아들일 수 없었던 것이다.

'문화산업'(Kuitur Industrie)이라는 용어는 아도르노(Theodor Adorno)와 호르

크하이머(Max Horkheimer)의 『계몽의 변증법』(1947)이라는 책에서 유래한다. 그들은 문화산업을 비판적인 입장에서 접근했는데 이윤추구를 목적으로 인간의 감각적 쾌락을 자극하는 반계몽적인 것으로 보았다.[1)]

이후 1970년대 유네스코(UNESCO)를 중심으로 문화산업의 경제적·사회적 분야의 긍정적인 측면이 재조명되기 시작했다. 기본적으로 문화산업이란 문화의 영역이 상품의 생산 및 분배의 법칙하에 놓이게 되는 것을 의미한다.

일반적으로 광의의 문화산업이란 문화·예술 분야를 상품화한 모든 산업을 의미한다. 따라서 광의로 해석하는 경우에는 산업화의 단계에 들어서 있지 않거나 산업의 수준에는 미치지 못하지만 상품화된 문화 예술품이 모두 포함된다. 한편 협의의 개념으로는 문화와 예술을 상품의 소재로 삼되 일부 특정계층이 아닌 일반대중의 정서적인 수요를 충족시키기 위해 상품과 서비스를 대량으로 생산 또는 판매하는 모든 산업영역을 의미한다. 그러나 이는 또 그 범위가 자의적으로 설정될 우려가 있으며 시대변천과 기술변화를 제대로 반영하지 못할 수 있다.

문화산업에 대한 정의는 국내법규로도 정의되어 있다. 문화예술진흥법과 문화산업진흥기본법이 그것이다. 문화예술진흥법 제 2 조 2항에 의하면 '문화산업은 문화예술의 창작 또는 문화예술용품을 산업의 수단에 의하여 제작, 공연, 전시, 판매를 하는 업으로 영위하는 것'으로 규정하고 있다. 그리고 문화산업진흥기본법 제 2 조 1항에서는 '문화상품의 생산·유통·소비와 관련된 산업'으로 정의하고, 문화상품은 '문화적 요소가 체화되어 경제적 부가가치를 창출하는

〈표 26-1〉 문화산업의 분류 및 범위

	유네스코 분류	한국문화예술위원회 분류	문화산업비전21	일반적 범위
문화산업의 분류·범위	도서, 신문, 잡지, 음반, 라디오, 텔레비전, 영화, 새로운 시청각제품과 서비스, 사진, 미술품 복제, 광고	도서출판 및 인쇄, 음악, 미술 및 조형, 공연예술, 영화, 방송, 광고, 뉴미디어, 문화재	영상산업, 게임산업, 음악산업, 출판산업, 기타 문화상품	이벤트산업, 테마파크산업, 관광산업, 공연산업, 영상산업, 음반산업, 게임산업, 애니메이션산업, 전시산업, 디자인산업, 출판산업, 문화정보산업, 컨벤션산업, 문화인력산업

1) 김호상, 「문화산업을 기반으로 한 21C 한국 경제의 비전과 전략」, 한동대학교 경영경제학부.

유 · 무형의 재화와 서비스 및 이들의 복합체'로 규정하고 있다.

문화산업의 개념을 보다 구체화하기 위해서 다음의 〈표 26-1〉에서는 국내외 유관기관에서 설정하고 있는 문화산업의 범위를 정리하고 있다.

나. 문화산업의 특성

문화산업은 다음과 같은 특성을 가지고 있다.

첫째, 문화산업은 그 어느 산업보다 창의성이 강조된다는 점이다. 장인이 예술품을 창작하거나, 유명한 영화감독이 영화를 기획할 때 그것은 대부분 정형화될 수 없는 창의성으로부터 시작하는 것이다. 따라서 문화산업은 경제학이론에서 설명되는 이른바 지대(rent)의 개념이 적용되어 창의력에 기반을 둔 높은 부가가치가 형성되는 산업이다. 따라서 문화산업은 지식산업 중에서도 창의력이 가장 강조되는 산업이라 할 수 있다.

둘째, 문화산업은 단선적인 유통경로를 가지고 있는 일반상품과는 달리 다양한 경로로 접목되어 있고, 그 유통과정이 거듭될수록 무한한 수요가 창출된다는 점이다. 현재의 문화산업은 급속히 발달하는 미디어 기술과 접목되어 하나의 컨텐츠를 제작하면 이를 단계별 유통과정을 통해 분배하면서 수많은 수익을 창출하는 것이 일반적이다. 이로 인해 최초 상품의 판매시점에서 수익이 발생하는 것에 그치지 않고 오랜 기간 동안 투자수익이 발생하는 산업이다.

셋째, 문화산업은 다른 지식기반산업과 마찬가지로 네트워크 효과가 부각되는 산업이다. 즉 문화상품이 미디어 컨텐츠로 접목될 경우 판매경로의 수가 늘어날수록 새로운 이익원이 창출되며, 특히 컨텐츠를 네트워크에 연계하는 경우 수익은 수확 체증적으로 증대한다. 따라서 사업범위를 전 세계적으로 확대할수록 수익의 규모가 커진다.

다. 문화산업의 경제적 효과

문화는 주민의 정서적 측면뿐만 아니라 지역경제를 발전시키는 원동력이다. 문화는 독창성과 창조성을 바탕으로 경제발전의 필수요소인 '혁신'을 불러온다.

문화산업의 효과는 실로 다양하다. 그러나 여기서는 대표적인 경제적 효과만을 들어보기로 한다.

첫째, 문화산업은 지역의 산업구조 고도화 효과를 발생시킨다. 지역경제의 지속 발전을 위해서는 지역의 산업구조 고도화가 필요하다. 산업구조는 환경오염이 없고 생산성이 높은 지식기반 산업구조로 바뀌어야 한다. 문화산업은 지식기반산업의 대표적인 경우이다. 따라서 지역 문화산업의 발전은 지역의 산업구조를 자연히 고도화시키는 기능을 한다.

둘째, 문화산업은 높은 부가가치를 창출하는 효과를 지닌다. 영화 한 편 만드는 것이 수십만 대의 승용차를 생산하는 것보다 훨씬 높은 부가가치를 창출한다는 것은 이미 널리 알려진 이야기이다. 그리고 게임메이커인 닌텐도(NITENDO)와 세가(SEGA), 그곳에 근무하는 인력은 3천 명 정도이고 장비라야 수십 대에 불과한 입체 그래픽 컴퓨터가 전부이다. 그러나 이들이 한 해 동안 벌어들인 순수익이 우리나라 경제를 선도하고 세계시장을 석권하는 반도체 3사가 전성기 때 벌어들인 수익과 맞먹는 액수이다.

셋째, 문화산업은 수출증진 효과를 지니고 있다. 일반 제조업체에 비해 문화산업의 수출경쟁력은 매우 우수하다. 문화상품 자체가 한국의 독창적이고 상징적 의미를 가지기 때문이다.

넷째, 지역이미지 효과를 들 수 있다. 이제는 문화산업을 통한 '지역이미지 제고'로 지역의 경쟁력 향상이 가능하다.

다섯째, 지역 전통문화의 발전과 세계화를 들 수 있다. 전통문화의 세계화는 지역문화의 독창성과 가치를 재발견하고, 이를 바탕으로 우리 문화가 인류의 보편문화를 창조하는 데 기여하는 것에 그 목적을 둔다. 지역의 고유문화를 팔고 전파하는 일이야말로 우리 문화의 경쟁력을 확고하게 확보하는 길이 된다.

2. 지역문화산업의 현황 및 문제점

가. 문화산업의 시장규모

우리나라의 문화산업 규모는 지속적으로 증가하여 매출액이 2005년 약 54조원에서 2007년 약 59조원으로 증가하면서 전체 GDP의 6.1%를 차지했다. 2007년 한국 문화산업 규모는 세계 문화산업시장에서 9순위를 차지하였다. 부문별로 보면 출판 분야가 전체 문화산업 매출규모의 37.3%를 차지하고 있고 다음으로 방송 18.7%, 광고 15.3%, 게임 8.6%, 캐릭터 8.6%, 영화 5.1% 순서이다. 그러나 나머지 대중문화산업의 경우 세계시장의 0.5%이하의 수준으로서 매우 낮은 규모를 보이고 있다.

〈표 26-2〉 한국 문화산업 규모 (단위: 백만 원)

구 분	2003	2004	2005	2006	2007	총합계
출판	15,521,150	18,921,018	19,392,156	19,879,255	21,595,539	95,309,118
만화	759,100	505,867	436,235	730,072	761,686	3,192,960
음악	1,793,500	2,133,155	1,789,875	2,401,309	2,357,705	10,475,544
게임	3,938,700	4,315,000	8,679,800	7,448,900	5,143,600	29,526,000
영화	2,344,418	3,022,403	3,294,820	3,683,627	3,204,570	15,549,838
애니메이션	269,980	265,015	233,855	288,564	311,166	1,368,580
방송	7,136,569	7,772,805	8,635,200	9,719,862	10,534,374	43,798,810
광고	7,063,954	8,026,040	8,417,779	9,118,059	9,434,625	42,060,457
캐릭터	4,808,519	4,219,258	2,075,893	4,550,932	5,115,639	20,770,241
에듀테인먼트	–	878,973	992,488	117,989	155,861	2,145,311
합계	43,635,890	50,059,534	53,948,101	57,938,569	58,614,765	264,196,859

〈표 26-3〉 세계 문화산업 규모 (단위: 백만 달러, %)

순 위	국 가	문화산업 규모	GDP	GDP 비율
1	미국	387,960	13,132,900	3%
2	일본	89,435	4,365,900	2%
3	영국	66,831	2,395,500	3%
4	독일	54,676	2,913,200	2%
5	프랑스	41,674	2,248,000	2%
6	중국	33,937	8,755,500	0.4%
7	이탈리아	32,278	1,850,900	2%
8	스페인	23,192	–	–
9	한국	21,911	888,000	2%
10	호주	15,471	–	–

주1: 문화산업(총 6개 산업) – 영화, 방송, 음반, 출판, 게임, 광고.
주2: GDP 출처는 OECD 홈페이지, 중국 GDP는 IMF 홈페이지.
자료: Price Waterhouse Coopers(PWC, 2007).

나. 지역문화산업의 현황

1) 지역문화산업의 현실

지금까지 문화산업의 현황을 살펴보면서 국가 전체에 대한 현황에 대해서만 살펴보았다. 그것은 지방의 문화산업이 거의 미미할 뿐만 아니라 지역문화산업에 대한 통계자료가 구비되어 있지 않기 때문이었다. 단, 지역관광산업 그리고 문화축제이벤트의 일부는 예외로 들 수 있다. 그러나 관광산업과 축제·이벤트 산업은 해당 분야에서 다루기로 한다.

2) 지역 문화·예술 부문 예산

문화재보호법은 중요 무형문화재의 보존·전승경비를 비롯하여 국유 문화재 및 시·도 지정문화재의 보존경비를 국가 및 지방자치단체가 부담하도록 규정하고 있다. 그리고 대한민국예술원법, 도서관및독서진흥법, 박물관및미술관진흥법, 지방문화원진흥법 등에서도 국가와 지방자치단체의 재원지원을 의무화하고 있다. 따라서 가뜩이나 어려운 지방자치단체의 재정형편상 지방의 문화산업을 지원하고 주도해 나가기가 어려운 실정이다.

3) 지역문화산업의 여건

오늘날 문화예술은 생활의 질을 가름하는 척도이자 사회적 공공재로서 그 중요성이 강조되고 있다. 그러나 한국지역의 경우 경제수준에 비하여 문화척도가 매우 취약한 것은 문화·예술의 중앙편중이 심화되어 수도권을 제외한 지방 문화·예술의 시설 및 전문인력과 재원 부족으로 어려움을 겪고 있다. 한편, 도시화 및 공업화로 전통촌락의 훼손에 따른 거주주민 재구성으로 향토문화자원의 점진적 소멸도 들 수 있다.

4) 지역 문화·예술공간 현황

2009년 12월말 기준으로 우리나라 공연시설은 639개(공연장, 영화관 등), 전시시설은 707개(박물관, 미술관), 문화보급전수시설은 390개(문화원, 문예회관), 도서관은 644개로 파악된다. 그중 지방의 비중은 다음의 〈표 26-4〉와 같다.

〈표 26-4〉 지역문화·예술공간 현황

구 분	계	공연시설	전시시설	문화보급 전수시설	도서관
전국(A)	2,380	639	707	390	644
지방(B)	1,435	292	440	284	419
비중%(B/A)	60.3	45.7	62.2	72.8	65.1

주: '지방' 정의: 수도권정비계획법시행령 제 2 조에 의거(수도권은 서울특별시, 인천광역시, 경기도를 말한다.) 수도권 이외의 지역으로 정함.
자료: 문화체육관광부(2009. 12.) 홈페이지.

다. 지역문화산업의 문제점

첫째, 한국의 지방 문화산업의 경우 그 기본 현황조차 파악할 수 없을 정도로 관련통계와 정보가 부족하다는 점이다.

둘째, 자본·기술의 취약과 전문인력과 사회적 인식부족을 들 수 있다. 선진국에 비해 문화산업에 투자하는 자본도 부족하고, 기술력도 떨어지는 실정이다. 문화산업에 대한 전문적 지식을 가진 고급 전문인력의 부족도 큰 문제이다. 그리고 무엇보다도 문화산업에 대한 잘못된 인식은 국가는 물론 지방의 문화산업 발전을 가로막는 걸림돌이다.

셋째, 지역의 문화산업 진흥을 위한 재원의 절대적 부족을 들 수 있다. 문화산업을 위해서는 과감한 투자가 필수적이다. 이에 대한 중앙 및 지방정부의 정책의지가 미약하고 투자우선 순위에서 밀리는 실정이다.

넷째, 세계시장동향에 대한 정보 및 마케팅 능력부족을 들 수 있다. 이는 다시 문화산업에 대한 정보축적과 지식공유체제가 미흡하다고 설명할 수 있다.

3. 지역문화산업의 발전여건 조성

가. 문화산업발전 종합계획 수립과 인식 제고

문화산업의 육성을 위한 종합적인 마스터플랜이 수립되어야 한다. 마스터플랜의 수립을 위해서는 지역문화산업에 대한 통계자료의 정리가 급선무이다.

그리고 문화산업의 육성은 장기적인 관점에서 체계적으로 이루어져야 하며, 지역의 여건, 현재 문화산업의 발전 추세, 수요자의 기호 등을 면밀히 분석한 뒤 지역의 전략부문을 선정하고 집중 육성하여야 할 것이다.

여기서는 문화산업이 갖는 '창구 효과'를 최대화할 수 있는 방안이 강구되어야 할 것이다. 아울러 '문화산업발전=지역경제발전'이라는 인식을 가지고 지역의 경제 활성화 전략을 수립해야 할 것이다.

나. 지역사회의 유기적인 협력체제 구축

문화산업은 대부분 전문적이고 기술적인 기초를 요구한다. 특히 지역의 문화이미지 구축과 문화관광산업의 육성을 위해서는 주민들의 지지가 필수적이라 할 수 있다. 따라서 주민과 학계, 사업체, 문화예술계, 행정부문이 함께 자신의 역할을 정립하고 체계적이고 조직적으로 활동할 때 소기의 성과를 거둘 수 있을 것이며 각자의 역할에 대한 광범위한 논의와 동의가 이루어져야 할 것이다.

다. 문화컨텐츠 개발능력 배양

문화산업의 경쟁력 향상을 위해 문화컨텐츠의 창작·개발 부문의 인재를 적극적으로 발굴하고 육성해야 한다. 문화산업발전의 핵심요소는 문화컨텐츠이다. 양질의 컨텐츠를 개발하기 위해서는 교육 등을 통해서 창조성과 다양성 그리고 상상력이 있는 문화산업적 마인드를 가진 인력을 양성하는 것이 필요하다.

이를 위해서는 인디(indi)문화를 활성화하여 산업으로 연결시킬 수 있어야 한다. 인디문화는 독창적·자발적 문화공동체로서 인터넷과 친화력을 갖는 문화컨텐츠이다. 특히 인디문화는 통제가 아닌 지원 중심의 원칙이 전제가 되어야 한다. 즉, 아마추어나 비영리 예술단체의 문화활동이 폭넓게 확대되도록 여건을 조성하는 것이 필요하다.[2)]

라. 지역의 문화산업 기반 조성

문화산업의 기반이 되는 문화예술 창작활동 및 문화예술 전문인력 양성을 위한 별도의 정책적 지원을 지속적으로 추진해야 한다. 예컨대 지방대학에 다양

2) 이홍재 외, 「지식기반경제 발전을 위한 문화산업 활성화」, 『정책과제99-17』, 한국문화정책개발원, 1999, pp. 65~79 참조.

한 출판, 인쇄, 디자인, 대중음악, 영상 등의 문화예술관련 학과를 설립하고, 디지털시대에 인터넷을 통한 문화관련 전문화교육 방안도 강구해야 한다. 서울에 비해 빈약한 지방의 도서관, 박물관, 공연장 등 문화예술 기반 조성에 많은 노력을 기울여야 한다.

그리고 다양한 문화예술 프로그램 운영 등으로 지역민의 문화 향수층을 확대해야 한다. 특히 지방의 다양한 문화산업을 알릴 수 있는 문화행사가 내실있게 추진되도록 하고 이를 바탕으로 문화산업의 활성화가 이루어지도록 해야 한다.

한편, 문화산업진흥기본법을 근거로 지방의 조례를 제정하여 지역문화상품에 대한 지방세지원 등 행·재정적 지원도 필요할 것이다. 이외에도 광역자치단체의 경우, 문화산업관련 기업의 창업 및 상품생산, 테크노마켓, 테크노파크 등의 복합기능을 수행할 문화산업단지 조성도 가능할 것이다.

4. 지역문화산업의 발전 전략

가. 문화의 산업화 분위기 조성

지역문화의 산업화 분위기 조성이 필요하다. 문화의 산업화 분위기 조성은 '지역문화상품 10선'과 '문화이미지상품 베스트10' 그리고 '지역상징 10대 CI(cultural identity)선정'[3)]을 추진하는 등 문화의 상품화를 위한 붐 조성이 선행되어야 할 것이다.

여기서 '문화상품'은 캐릭터, 패션디자인, 전통 및 현재 공예상품을 의미하는 협의의 개념을 말한다.

그리고 국제행사에 대비하여 나전칠기, 도자기 등을 수출전략상품으로 지정 개발하는 등 지역문화상품의 개발이 필요하다.

한편, 지역문화상품의 판매공간 지원도 필요하다. 지역별 문화상품 판매장터를 개설하고 있으나 공예문화상품을 전자상거래를 통해 판매하는 지원도 필요하다. 그리고 폐교, 폐동사무소를 활용, 지역특화 공예공방을 설치함으로써

3) 문화체육관광부, 「문화산업비전21」〈요약〉, 2000, p. 15.

문화상품 제작공간을 지원할 수 있을 것이다.

나. 지역문화 컨텐츠 개발(문화유산의 상품화)

지역문화유산을 상품으로서 가치를 인정받기 위해서는 각 개체마다 그 지역의 독특한 지역성이 가미되어야 하고 아울러 현대의 생활패턴과 감각에 맞는 실용성과 대중성을 살려 나가야 한다. 그리고 지역을 대표할 수 있는 시장·군수나 관련단체 기관장이 품질을 인정하는 품질인증제를 적극 도입하고, 견실한 중소업체를 선정, 공식 휘장사업체로 지정하여 지원해야 할 것이다. 또한 지역의 무형문화재 작품과 박물관 소장품 등 전통문화 응용상품 개발도 필요하다.

외국관광객이 우리나라에 와서 가장 보고싶어 하는 것은 한국적이면서도 토속적이고 우리민족의 애환과 삶이 서려 있는 현장일 것이다. 그것은 5천 년의 역사를 통해서 선조들이 우리에게 남겨 준 삶의 모습이기 때문이다. 민속촌의 개발이나 전통 재래시장의 육성 그리고 원형이 잘 보전되어 있는 전통마을을 보전·육성하고, 전통 민속 공연, 제례행사, 도자기, 갯벌 등을 이용한 생활체험 공간을 마련하여 상품화하는 것도 바람직하다.

〈※ 문화 컨텐츠 개발 방법〉

지역문화유산을 상품화하기 위해서는

첫째, 문화유산의 의미화가 필요하다. 의미화는 문화유산에 내재된 의미 즉, 보편성과 지역성(특수성)을 찾아 가꾸어야 한다.

둘째, 주제화가 필요하다. 즉, 개개 유산의 의미를 최대한 찾고 밝혀낸 이후 테마별로 간추려야만 활용하기가 쉽고 보다 더 강한 의미를 찾을 수 있다.

셋째, 디자인화가 필요하다. 문화유산의 보존도 이제 디자인의 도움 없이는 효율적인 활용과 감동을 줄 수 없을 것이다. 그리고 디자인을 통해 부가가치를 제고시켜 나갈 수 있다.

넷째, 정보화가 필요하다. 지역의 문화유산을 전세계로 전파할 수 있는 인터넷 등의 정보화가 필요한 것이다.

다섯째, 마케팅화가 필요하다. 최대한의 원형보존을 근간으로 한 마케팅화가 이루어져야 진정한 부가가치의 제고를 누릴 수 있을 것이다.

다. 전략산업의 선정 및 집중육성

모든 지역이 모든 부문의 문화산업을 육성할 수는 없다. 당해지역 여건에 맞는 전략상품을 개발하여야 한다. 이미 전략부문을 선정하여 앞서나가는 지역들이 나타나고 있는 상황을 볼 때 얼마든지 자기 지역의 매력을 살리는 '틈새상품'의 개발이 가능할 것이다.

지방의 잠재역량을 감안하여 발전 가능성이 있는 부문을 집중적으로 육성함으로써 지방 문화산업 발전의 선도적 역할을 할 수 있도록 집중지원하는 것이 바람직하다.

이때 전략적 지원대상은 가시적인 성과와 잠재력이 있고, 성장가능성이 보이는 산업을 기준으로 하여야 한다. 이러한 맥락에서 볼 때 지역차는 다소 있겠으나 전통문화산업, 애니메이션산업 등이 우선 대상으로 적절할 것이다.

라. 지역전통문화상품 개발

지역전통문화상품은 우선 지역이미지와 관련하여 육성시킬 필요성이 있다. 그리고 전통문화상품은 상품성을 개발하면서 기획 및 마케팅 능력을 보완하여 중점 지원할 경우 국제경쟁력이 기대되는 부문이다.

지역과 한국의 상징을 응용한 각종 전통문화상품을 개발하고 디자인을 개발토록 한다. 이러한 문화상품에 대해 해외수출을 적극 장려하고 국제전시회·박람회개최 및 참가, 홍보 및 전문인력 지원을 강화함으로써 전통문화산업을 국제화시켜야 한다. 보다 적극적으로 국제박람회를 국내에 유치하고 세계 유명판매망과의 제휴를 통해 전통 문화상품 판매 공간을 확충하는 조치를 취해야 한다. 그리고 지역의 우수 전통공예품을 지정·표시하는 제도를 도입하고 상품의 홍보 및 판로를 지원하는 다양한 조치를 지속적으로 취해야 한다. 그리고 이와 함께 지역을 상징하는 캐릭터 상품을 개발하거나 패션디자인 상품을 개발할 수 있을 것이다.

제27장

관광산업

인류의 역사는 농업사회, 산업사회를 거쳐 바야흐로 정보·레저사회로 발전되어 왔다. 새로운 정보·레저시대에 관광산업은 성장산업으로서, 사회복지수단으로서 그리고 국민문화생활로서 새롭게 인식되고 있다. 이에 따라 관광산업에 대한 지방의 역할과 기능의 제고가 더욱 요구되고 있다.

여기서는 관광산업의 의의와 지역 관광산업의 실태 그리고 지방의 관광산업 발전 방안을 모색하되 관광상품과 지원체계를 중심으로 살펴보고자 한다.

1. 관광산업의 의의

가. 관광산업의 개념

관광산업이란 관광객이라는 주체와 관광자원이라는 객체를 의도적으로 연결해 주는 기업 모임을 지칭한다. 구체적으로는 다종다양한 업종으로 구성된 관광산업 중 관광행위에 직접 대응하여 영리추구를 주목적으로 하는 관광교통, 숙박, 유흥오락, 서비스 등의 사기업적 사업을 말한다.[1)]

일반적으로 관광산업은 정보산업의 일부로서 제 3 차 산업에 들어간다고 하지만 관광관련 산업 중에는 그것이 여러 가지로 복합되기 때문에 원시적인 것도 있고, 공업관계의 것도 있다. 따라서 관광산업 및 관광관련 산업은 현재 일

1) 서태양, 『관광학원론』, 법문사, 1996, p. 405.

반산업의 분류 방법으로는 불가능하다. 그 때문에 이들은 산업으로서 양면성을 가지게 된다.[2)]

관광산업과 관광관련 산업을 명확히 구별하기는 어렵다. 그러나 이를 개략적으로 구분해 보면 관광산업은 여객운수산업, 숙박산업, 여행산업, 관광정보산업, 토산품산업, 그리고 주로 관광객을 대상으로 하는 음식산업 또는 각종 유흥오락산업(카지노, 레저, 랜드시설업)등을 말하며, 그것이 가진 기능이 관광행위의 가능성과 편익성을 부여하는 산업을 말한다.

이에 비해 관광관련 산업은 관광용품제조 및 판매업, 여행보험 및 여권관련금융업, 스포츠시설업, 사진업 등으로 그 업종은 독립하면서 관광객에게 편익성을 부여하는 산업을 말한다.

나. 관광산업의 경제적 특성

관광산업은 관광지의 기후 조건, 교통의 편리성, 관광지의 유형, 관광자원의 개발 상황 등 관광공급 측면과 관광객의 수준, 소비성향 등 관광수요 측면에 따라서도 크게 영향을 받는 산업이다.[3)]

관광산업은 성수기와 비수기가 뚜렷하고, 더욱이 관광상품의 경우 생산과 소비가 동시에 이루어지는 것이 많아 탄력적 경영이 어려운 속성을 지니고 있

〈표 27-1〉 지역 관광산업의 효과

긍정적 효과		부정적 효과
• 경제적 효과	–지역소득의 증가 –고용창출 –국제수지의 개선 –산업연관효과를 통한 지역발전	• 지역주민의 일상생활에 혼란 초래 • 외지인 유입에 의한 범죄의 증가 • 지역문화의 해체 및 왜곡 • 서비스 산업에 의한 경기불안 • 개발이익의 편중 배분
• 정치적 효과	–인적교류 증대를 통한 친선교류 효과	
• 사회적 효과	–여가기회의 제공과 사회안녕 유지 –새로운 체험을 통한 교육적 효과 –문화자원보존 효과	
• 자연보호 효과	–자연훼손 방지 –동식물 생태계의 보존	

2) 오정환, 『관광사업개론』, 도서출판 기문사, 1995, p. 107.
3) 이상직 외, 「관광산업의 발전방안」, 산업연구원, 2000, p. 7.

다. 여기에다 관광산업은 국제정세, 경기동향, 환율, 소득수준 등의 변화에 매우 민감한 업종이며, 관광수요는 관광에 소요되는 가격과 관광객 개인의 가처분 소득에 매우 탄력적인 경향을 보이고 있다.

또한, 관광산업은 그 범위가 넓고 또한 세계화·지방화시대에 지역경제에 미치는 긍정적 영향이 점차 확대되고 있음을 알 수 있다.

다. 관광산업의 경쟁력

관광부문에서의 경쟁력은 곧 지역특유의 관광상품 개발과 세계적인 관광인프라 구축 그리고 관련 기업들의 지식지향을 통한 고부가가치 창출에 달려 있다 할 것이다.[4]

관광의 경쟁력은 관광지의 기후, 가용 숙박업소수, 관광객 이용·편의시설, 식당의 형태와 수 등 물리적 특성에 영향을 받을 뿐 아니라, 서비스수준의 차이즉, 청결성, 신변안전도, 문화적 요소 등에 의해서도 크게 영향을 받는다.

향후 관광상품 공급자들은 국제관광에 관한 지식과 관광경험이 풍부한 국제관광수요자의 취향에 신속히 적응하고, 나아가 경쟁대상과의 차별화를 위해 끊임없는 혁신이 요구되고 있다.

지식기반사회에서 관광산업의 경쟁력 강화는 우리의 관광산업을 지식지향적, 미래지향적으로 육성함으로써 이룰 수 있다. 지식지향적 관광산업의 발전은 관광자원의 선진화 및 관광인프라의 구축을 포함한 지식, 문화 및 첨단정보기술을 투입하는 관광산업, 컨벤션센터, 고급 문화관광이벤트 및 특색 있는 지역관광산업의 발전을 의미한다 할 것이다.

2. 지역관광산업의 실태

가. 지역관광행정 및 정책추진 실태

1) 지역관광 행정조직의 현황

우리나라의 관광 행정조직은 중앙조직인 문화체육관광부와 지방조직인 지방자치단체로 구성되어 있다. 그리고 문화체육관광부 장관의 지도감독을 받고

4) 이상직 외, 상게서, pp. 8~10 참조.

있는 한국관광공사와 한국관광협회가 보조행정 기능을 담당하고 있다. 지방관광행정조직은 16개 광역자치단체의 경우 문화관광 및 경제담당국 산하 관광과, 관광정책과, 관광개발, 관광기획과 등에서 관광행정을 수행하고 있다. 그리고 기초자치단체인 시군은 관광계, 관광개발계 또는 문화관광계, 문화재계 등에서 관광행정을 담당하고 있다.

지역관광산업의 잠재력 및 지역 성장에 대한 높은 기여도에도 불구하고 현행 관광행정조직은 충분한 대응을 하지 못하는 실정이다. 더욱이 지방자치단체의 관광행정조직은 지역 관광특성에 적합한 조직 체계를 갖추지 못하는 등의 문제점을 가지고 있다.

2) 관광산업정책에 대한 인식

관광산업은 오랫동안 사치·소비성 산업으로 분류되어 각종 불이익을 받아왔다. 이는 관광관련 민간기업 활동에 혼선을 불러올 뿐만 아니라 장기적인 안목에서 관광산업발전에 장애요소가 될 수 있다. 즉, 관광을 경제적 수입이 발생되는 생산적인 측면과 수출적인 측면에서 이해하기보다는 소비적 차원의 활동으로 보는 인식이 여전히 남아 있다. 이 같은 인식은 관광산업이 하나의 산업으로서의 위치를 굳히는 데 어려움이 따르는 것이다.

그 사례로는 외래관광객을 주로 상대하는 관광호텔의 설비와 비품 중 특정한 것은 생산설비임에도 불구하고 특소세를 부과하는 경우를 들 수 있다. 그리고 외국 항행 선박 및 항공기에 공급되는 재료 또는 용역 등에는 부가가치세 영세율이 적용되는 반면에 관광호텔의 외국인 이용 객실 및 식음료에 대해서는 영세율 적용이 배제되는 것도 국제경쟁력을 약화시키는 사례가 될 수 있다.

3) 『관광진흥법』과 규제완화

최근 들어 관광부문의 규제완화가 넓은 범위에 걸쳐 이루어진 것으로 평가된다. 그러나 아직도 관광산업 분야의 불필요한 규제는 여전히 상존하고 있고, 이는 결국 개별기업의 경비부담으로 관광상품의 가격을 높이는 결과를 가져오고 있다고 할 수 있다.

특급호텔의 경우 신축하는 데에만 35개 법[5]의 86개 조항을 통과해야 하는

5) 관광호텔업 관련 규제법령 35개는 다음과 같다. 관광진흥법, 도시교통정비촉진법, 국토의계획및이용에관한법률, 수도권정비계획법, 환경영향평가법, 폐기물관리법, 문화재보호법,

등 복잡한 행정적 규제가 따른다. 그리고 각 부처별로 관광사업 관련 규제가 중복되어 있어, 부처별 규제의 정도가 부처별로 상이하게 나타나고 있다.

『관광진흥법』은 관광관련 사업계획의 승인, 등록 및 감독만을 규정하고 있다. 그러나 시설의 신개축이나 사업경영에 관한 상황은 관계법령에 의해 타 부처의 인허가를 별도로 받아야 하는 이중적 규제가 존재하고 있다. 『관광진흥법』은 진흥이 아닌 규제를 하나 더 추가하는 데 그치고 말았다는 지적이 확대되는 이유도 이 때문이다.

4) 관광지 지정 정책의 비효율성

관광특구제도와 마찬가지로 지정만 해 놓았을 뿐 별다른 지원과 전략이 실행에 옮겨지지 않는 특정지역 육성제도는 지역주민과 관광관련 업자들에게 혼선과 불편만을 주는 비효율적인 정책의 사례가 된다.

나. 지역관광산업의 문제점

1) 마케팅 능력 부족

관광상품은 일반제조업 분야의 상품과 기본적으로 유사하다. 관광상품을 개발만 하고 시장을 개척하는 판매자나 상품을 찾는 소비자가 없다면 그 상품의 가치는 없어지는 것이다.[6)]

보통 관광상품에 대해 갖는 그릇된 인식 중의 하나가 상품으로 개발만 해 놓으면 그것으로 소임을 다했다고 생각하는 것이다. 개발에 따른 관광수요와 상품성에 대한 사전기획과 개발이후의 지속적인 보완 노력이 개발주체에 의해 이루어져야 할 것이다. 일반 상품과 마찬가지로 관광상품에 대한 수요를 창출하려는 노력을 기울이지 않는다면 상품개발의 의미가 없어질 것이다.

2) 관광상품의 단순성

관광산업을 인식할 때 기억해야 할 점은 관광목적의 방문객들만이 관광산

사방사업법, 수도법, 건축법, 공중위생관리법, 식품위생법, 수질및수생태계보전에관한법률, 소방기본법, 주차장법, 도로법, 사도법, 소음·진동관리법, 담배사업법, 산림법, 초지법, 공유수면관리법, 공원법, 지적법, 군사기지및군사시설보호법, 철도법, 주세법, 외환관리법, 인삼사업법, 학교보건법, 우편법, 농지보존및이용법, 체육시설의설치·이용에관한법률, 오수분뇨및축산폐수처리법 등 이다.

6) 이상직 외, 전게서, pp. 73~77 참조.

업과 관광상품의 대상이 되어서는 안 된다는 것이다. 관광상품은 이러한 협의의 관광객뿐만 아니라 학술목적, 문화교류목적, 예술교류는 물론 각종 이벤트관련 참가를 목적으로 방문하는 사람들의 경우도 관광수요자에 포함될 수 있는 것이다.[7]

순수관광객만을 대상으로 하는 우리 관광산업의 좁은 인식의 틀과 함께, 관광상품의 경우도 고궁, 사찰, 역사유적지, 민속촌 등 유형적인 자산만을 고집하는 경우가 대부분이다.

3) 수도권 위주의 관광

여행사의 수익성이라는 한계 때문에 관광루트가 지방관광에까지 확산되지 못하고 서울이나 수도권 일원에만 국한되는 것은 한국관광의 큰 한계라 할 수 있다. 뿐만 아니라 제주나 부산, 경주 등을 제외하면 지방에 외래 관광객들이 머물만한 적합한 관광숙박시설이 부재하고 쾌적한 식음료 업소가 부족한 것도 한 원인이다.[8]

일본, 중국, 동남아 등 주요시장으로부터 항공편 직항이 연결되는 국제공항이 서울 이외의 지방에서 제 역할을 못하고 있다는 것도 문제이다.

4) 지역 특징 관광상품 부족 및 상품간 연계화 미흡

수도권 이외 지역에서는 특히 핵심상품의 개발이 요구된다. 일단 관광객들을 현지에 오도록 하는 매력적인 상품이 필요하다. 우리나라와 같이 교통편 연결이 좋지 않고 지방의 숙박시설이 없다면 그 지역을 일부러 찾아올 관광객들은 아무도 없다. 유네스코를 통해 세계문화유산으로 지정된 석굴암, 불국사 등과 같은 문화유적이 있거나 천혜의 이국적인 자연경관을 갖추고 있는 제주 같은 경우가 아니라면 해당지역의 지명도를 높일 수 있는 핵심 관광상품부터 개발하고 그것과 연계시킬 수 있는 보조적 상품의 수를 늘리는 데 주력하여야 할 것이다.

5) 해설·설명기능 부족

한국 관광상품이 최대 약점 중 하나는 해설기능이 취약하다는 것이다. 아

7) 상게서, p. 77.
8) 상게서, p. 78.

무리 역사성이 뛰어나고 자원가치가 뛰어난 희귀 동식물이나 경관이 있어도 그 가치와 역사적인 유래를 전해주는 인간의 음성이 없다면 그 자원은 매우 단조롭고 평면적인 경험만을 제공할 수밖에 없다. 그럼에도 불구하고 우리나라의 경우는 전문적인 해설인력과 시설의 부족으로 해설판이나 브로셔 등으로 해설기능을 대신하고 있다.

3. 지역관광산업의 발전방향

가. 지역관광의 경쟁력 · 유인력 제고

1) 지역관광 인프라 구축

관광 인프라는 관광산업을 지원하는 관광기반시설을 말하며, 국제회의시

〈그림 27-1〉 지역관광산업 발전방향

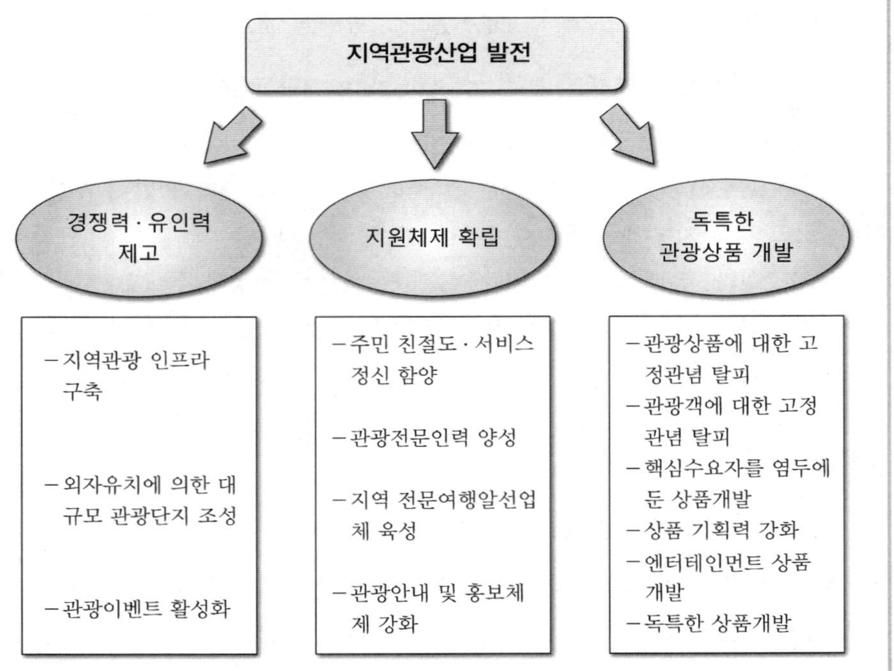

설, 숙박시설, 관광교통망, 관광안내시설 등이 포함된다. 이러한 관광 인프라의 지역적 구축을 위해 컨벤션센터 건립과 관광도로 개설을 추진할 필요가 있다.[9]

현재의 취약한 지역관광시설을 정비·확충하고, 지역특색과 자연환경이 조화될 수 있는 중저가 관광시설, 체험 민박촌 등을 개발하여야 한다. 그리고 지식정보화사회는 인터넷을 통해 모든 정보가 전달되는 디지털시대이다. 따라서 지역관광산업을 전산화하여 인터넷을 통해 관광지 교통편, 숙박시설, 음식점 등의 안내 및 예약이 동시에 이루어질 수 있는 체제가 되어야 할 것이다.

2) 외자유치를 통한 대규모 관광단지 조성

관광단지를 지역적인 규모에서 탈피하여 국제적인 규모로 확대시킬 필요가 있다. 즉, 국내기업의 투자는 물론 외국자본의 투자를 유치하는 국제관광단지를 개발할 필요가 있다. 국내경기 후퇴와 함께 국내기업의 투자가 애로를 겪고 있다. 이때 행정적으로 민간투자에 대한 수익성 보장과 개발투자에 대한 최대한의 인센티브를 줄 수 있도록 제도적 장치가 마련되어야 한다. 그 예로서 외국인 투자를 활성화하기 위해서 대단위 관광개발지역을 외국인 투자자유지역으로 지정하여 세제감면과 금융지원을 확대할 수 있을 것이다.

3) 관광이벤트 행사의 활성화

관광객 유치를 위한 좋은 방안으로 관광이벤트 개최를 들 수 있다. 주민이 참여하지 않는 축제에 외부관광객이 찾아오지 않는다. 따라서 지역의 관광이벤트 행사는 행사주관을 민간주도로 하여 주민의 참여를 끌어들여야 하고, 행사내용도 지역의 역사성과 특색을 살려 차별화하여야 한다. 그리고 이벤트는 연중행사로 연계시켜 관광객이 계절에 관계없이 찾아오도록 해야 한다.

나. 관광산업 활성화를 위한 지원체계 확립

1) 지역주민의 친절도 및 서비스 정신 함양

지역의 관광산업을 활성화하기 위해서는 무엇보다 중요한 것은 주민의 친절도 및 서비스 정신의 함양이다. 싱가포르에서는 1990년대 후반부터 국가경쟁

---

9) 이준화, 「21세기 지역관광산업의 활성화방안」, 『제19기 고급간부과정 연구논문(Ⅲ)』, 지방행정연수원, 1999, pp. 54~55 참조.

력 향상 방안으로 국민의 말과 표정을 바꾸는 운동을 범국가적으로 추진하고 있다. 싱가포르 국민이 사용하고 있는 싱가포르식 영어를 세계표준 영어로 바꾸고 평소 엄격한 생활규범으로 굳어진 싱가포르 국민의 표정을 밝게 하는 운동을 하고 있는 것이다. 이와 같이 지역의 관광경쟁력 제고를 위해서는 주민들의 의식수준이 따라야 한다.

2) 관광산업 종사 전문인력 양성

관광산업은 하드웨어와 소프트웨어 및 휴먼웨어가 복합적으로 작용하는 종합산업으로서의 성격을 갖고 있다. 따라서 고도의 기술과 지식을 가진 전문인력이 투입되어야 비용을 최소화하면서 수익을 극대화시키고 또한 관광객을 성공적으로 유치하여 관광산업을 활성화할 수 있을 것이다. 지역에서는 주로 2년제 과정으로 기능인력만 양성하고 있다. 앞으로 4년제 과정의 신설과 산학관민이 공동으로 연구하고 토론할 수 있는 지역 관광전문 연구단체의 구성도 필요할 것이다.

3) 지역 전문 여행알선업체 육성

관광산업을 활성화하기 위해서는 전문여행 알선업체의 육성이 필요하다. 현재 지방에 등록된 여행알선업체 대부분이 해외관광 알선에 종사하고 있고, 대부분 영세업체로 관광산업발전에 기여하지 못하고 있는 실정이다. 지역의 관광산업을 활성화하기 위해서는 지역 내 관광을 전문으로 하는 업체를 육성하여 많은 외국인과 외래관광객을 지역에 유치하여야 할 것이다. 이를 위해서는 외래관광객 유치 실적에 따라 세제혜택 또는 금융지원 등 인센티브 등을 부여하여 전문업체를 육성해야 할 것이다.

4) 지역관광발전협의회 구성

지역을 방문한 관광객에게 최고의 만족을 주기 위해서는 종합적인 대응방안이 요구된다. 그 예로 아무리 관광숙박업이 질 높은 서비스를 제공한다고 하여도 근처의 소매점이 불친절한 느낌을 안겨준다고 하면 관광객의 완전한 만족은 요원하기만 하다. 따라서 관광산업을 활성화하기 위해서 현재 관광진흥법에 따른 관광협회의 가입대상 범위[10]를 확대하여 관광객의 소비와 관련된 모든 업

10) 우리나라는 관광진흥법에 기초하는 관광협회가 광역단체수준에 설립되어 있다. 이에 비해

종을 대상으로 하는 지역관광발전협의회의 구성이 필요하다.

5) 관광안내 및 홍보체제 강화

관광안내센터는 관광객 만족도를 판가름하는 결정적 요소가 된다. 우리나라 외국관광객 중 절반 이상이 일본·중국 등 한자문화권 사람들이다. 우리나라 도로 표지판은 한글과 영어로만 표기되어 있다. 앞으로 관광산업을 활성화하기 위해서는 도로표지판을 포함한 각종 관광안내판을 외국관광객이 편리하게 바꾸어야 한다. 뿐만 아니라 지역관광 홍보의 범위도 국내에만 한정할 것이 아니라 해외시장에까지 직접 찾아 나서야 한다.[11]

다. 지역의 독특한 관광상품개발 전략

1) 관광상품에 대한 고정관념 탈피

관광상품에 대한 일반적인 고정관념을 버리고 관광상품의 다양화를 추진하여야 한다.[12]

한국고유의 관광상품이란 개념도 수정되어야 할 것이다. 우리 고유의 것은 당연히 상품화되어야 한다. 그러나 '고유의 것'이라고 할 때 우리는 우리의 전통문화나 역사, 생활방식에만 의존한다. 우리 고유의 상품은 우리의 전통문화와 관계없이 매력적인 아이디어에 의해서도 개발될 수 있는 것이다.

2) 관광객에 대한 고정관념 탈피

관광객에 대한 고정관념도 바뀌어져야 할 것이다. 업무상 목적으로 단 하루를 출장 온 직장인도 관광객이다. 운동선수로서 지역의 스포츠행사에 참가하고자 하는 외지인 관광객이다. 한국의 의류수입을 위해 입국한 외국의 바이어들도 관광객인 것이다. 따라서 관광산업이라고 할 때 입국신고서의 입국목적 항목 중에 관광목적 입국자만을 대상으로 한 상품개발의 시기는 이제 지나갔다. 그만

일본에서는 관광협회가 시·정·촌은 물론 마을단위까지 설립되어 있으며, 회원의 범위도 관광객의 소비와 관련된 모든 사업체가 소속되어 있다.

11) 인근 일본만 하더라고 중앙정부 차원에서 운영하는 일본 국제관광진흥회에 구마모토현, 나가사키현, 니기타현, 오이타현, 도야마현, 후쿠오카현 등이 관광홍보 사무소를 서울에 개설하고 있으며, 미국의 경우도 알래스카, 올라도, 하와이 등이 관광홍보사무소를 두고 있다.

12) 이상직 외, 「관광산업의 발전방안」, 『산업연구원 정책연구자료 2000-67』, 2000, p. 189.

큼 관광상품개발의 주제 또한 다양해졌다는 것이다.

3) 핵심수요자를 염두에 둔 마케팅

관광상품의 개발과정에는 그 상품을 이용할 수요자가 누구인지를 파악하여 이를 적극적으로 연결시켜야 한다.[13)]

예를 들어 한국의 무속신앙을 관광상품화한다고 해서 무당이 점보는 집이나 굿하는 장면을 외국인들이 볼 수 있도록 하는 것만으로 상품개발의 성공은 보장되지 않는다. 실제 동양의 무속신앙이나 무속적 행위예술에 관심을 두고 있는 외국인들이 어떤 사람들인지를 파악하여 그들이 스스로 한국에 찾아올 수 있도록 마케팅 활동을 하여야 할 것이다. 무속을 학술적으로 연구하는 단체나 무속에 흥미를 두고 있는 동호인 모임 등을 상대로 한국의 무속신앙을 상품화하여 흥미와 관심을 불러일으켜야 하는 것이다.

4) 상품 기획력 강화

이제는 상품을 개발 한다기보다는 기획한다는 자세를 가져야 한다.[14)]

상품의 존재 숫자를 늘리는 것은 의미가 없다. 그 상품이 어느 정도의 유인력을 갖출 것인가 그 상품으로 인해 찾아올 방문객들은 어떤 사람들인가를 파악하여 서비스 내용이나 홍보에 초점을 맞추어야 할 것이다.

관광상품은 사전적 기획력이 관건인데 특히, 축제와 같이 시간적 한정성을 갖는 경우에는 더욱 그러하다. 흩어져 있는 관광자원을 선형으로 연결하는 경우에는 그것을 경험하는 시간과 공간의 사이에서 감동을 느낄 수 있도록 연출해야 한다. 유인력은 자원 자체가 갖는 특성도 중요하지만 그것을 어떻게 매력적으로 개발하고 연출하느냐가 관건이기 때문이다.

5) 엔터테인먼트상품의 개발

관광상품 개발의 기본 전제는 관광객의 다양한 욕구를 충족시키는 것이다.[15)]

일반적으로 관광상품의 개발이라고 하면 우리는 볼거리만을 떠올린다. 그

---

13) 이상직 외, 상게서, pp. 184~187 참조.

14) 상게서, pp. 192~193 참조.

15) 상게서, pp. 190~191 참조.

러나 낮시간에 보고 즐길거리만을 개발하는 데 치중해서는 안 될 것이다. 특히, 우리나라의 경우 야간관광의 핵심이 되는 엔터테인먼트상품이 부족하다. 카지노가 있는 특정 호텔의 상설쇼를 제외한다면 외래 관광객들을 위한 인지도 있는 쇼 비즈니스산업이 형성되어 있지 않다.

따라서 우리의 독특한 엔터테인먼트상품을 개발하여야 한다. 야간관광의 활성화를 위해 엔터테인먼트상품이 구축되기 위해서는 사회의 음성적인 부분으로 치부되는 것들도 미풍양속을 해치지 않는 범위 내에서 충분히 관광상품이 될 수 있다는 사고의 전환이 필요하다.

6) 지역 특색을 살린 독특한 관광상품 개발

지역간의 관광산업 경쟁에서 관광객을 성공적으로 유치하기 위해서는 지역특색을 살리고 관광객에게 감동을 주는 독특한 관광상품을 개발하여야 한다. 앞으로는 가족중심적이고 녹색관광, 생태관광을 선호하고 있다. 따라서 지역의 관광산업도 여기에 맞는 상품을 개발하여야 할 것이다. 함평의 나비축제, 무주의 반딧불 축제, 양양 연어축제, 인제 빙어축제가 바로 좋은 예가 될 것이다. 그리고 유네스코에 등록된 문화관광자원과 역사적 자원, 정치적 사건을 서로 연계시킬 필요가 있을 것이다.

제28장

관광기념품

세계관광협의회(WTTC)는 2019년까지 관광산업이 세계 GDP의 9.5%로 성장하고, 세계총고용의 8.4%가 관광관련 산업에 종사할 것으로 전망하고 있다. 또한 세계관광기구(UNWTO)가 2018년까지 동아시아 · 태평양지역이 유럽지역에 이어 두 번째로 높은 수준의 관광객을 유치할 것으로 전망함에 따라 동아시아 · 태평양지역의 관광객 유치경쟁은 더욱 심화될 것으로 예상되어진다.

문화체육관광부에 따르면 2008년 우리나라를 찾은 외래 관광객수는 689만명으로 전년대비 6.9% 증가하였으며, 이들이 지출한 금액은 90.2억 달러로 조사되었다. 그러나 관광기념품 구입 등 쇼핑이 여행에서 차지하는 비중이 큼에도 불구하고 국내 주요 관광지에서 판매되고 있는 관광기념품의 다수가 중국 등지에서 생산된 국적불명의 저가 상품이고 국내 관광기념품의 많은 부분을 차지하고 있는 공예품에 대한 실태조사 등이 이루어지고는 있으나, 관광기념품에 대한 기초조사와 그에 따른 데이터베이스가 전무한 실정이어서 관광기념품 정책 수립에 어려움이 있다.

관광기념품산업은 제조업을 기초로 하는 관광산업으로 전통적 제조업과 관광산업이 결합하는 복합산업으로 볼 수 있다. 하지만 국내에는 아직 지역을 대표하는 관광기념품의 생산과 판매가 미흡하여 그 경제적 효과가 지역에 파급되고 있지 못한 실정이다.

1. 지역특화 관광기념품의 개념

관광기념품은 관광상품의 한 영역이며 특정 지역의 문화를 함축하고 있는 문화상품이지만, 그 개념에 대해서는 명확히 정리되어 있지 않은 실정이다.

국어표준대사전에서는 '관광'을 '다른 지방이나 다른 나라에 가서 그곳의 풍경, 풍습, 문물 따위를 구경함'으로, 기념품을 '기념으로 주거나 사는 물건'으로 정의하고 있다. 관광기념품과 관련이 깊은 용어로는 토산품, 공예품, 민예품, 특산품 등이 있으며 영어로는 Souvenir, Gift 등을 사용하고 있다. 'Souvenir'는 '특별한 경우나 방문지를 기억하기 위해서 사거나 간직하는 물건[1]'을 뜻한다.

관광기념품은 공예품이나 특산품 외에도 농림수산물에서부터 첨단전자제품에 이르기까지 매우 포괄적인 개념이며, 특히 공예품, 민예품, 토산품, 특산품

〈표 28-1〉 관광기념품의 여러 정의

구 분	정 의
Smith(1978)	여행의 유형적 증거물이자 추억을 상기시키기 위해 구매하는 상품
Boyton(1986)	강한 상징적 가치를 가지고 있는 눈에 보이는 관광경험의 증거이며 진정함을 찾을 수 있는 것
Spooner(1986)	관광자의 여행경험의 일부분으로서 그가 발견한 고유성(authenticity)의 가시적 증거물로서 또한 일상생활과 유리된 비일상적 생활체험의 기념물
Dervase(1990)	관광지를 기념하기 위하여 여행 중에 구입한 것
안종윤(1985)	상품이건 사진이건 간에 지나간 여행을 회상하도록 하는 물건
허갑중(2001)	생산하는 장소나 사용한 주요 소재는 가능한 제한을 두지 않고 한국의 전통적인 특성 및 다양한 기능을 살려 제작한 제품으로 한정하되 생산주체는 한국인이어야 하며 판매장소의 제한이 없는 것
이관률(2003)	지역 특유의 이미지, 재료, 가공기술 등의 전통성을 지닌 민예·공예품 등의 토산품과 일용품을 포함한 관광객이 관광지를 방문했던 감흥을 추억하기 위해 구입·취득하는 모든 상품이며, 그 지역의 특색과 예술성, 품질과 가격 면에서 차별성이 충분히 담겨져 있는 특징을 지녀야 함
곽행구, 이덕림 (2008)	관광지의 문화와 전통을 상징하고 관광지에서의 추억을 상기시켜줄 수 있는 기념품으로서 관광객이 취득 가능한 상품

1) an object that you buy or keep to remind yourself of a special occasion or a place you have visited(Longman Dictionary).

과 혼용되고 있어 이에 대한 구별이 먼저 필요하다. 관광기념품의 다양한 개발을 위해서도 관광기념품에 포함될 수 있는 다양한 용어의 정의를 명확히 하는 것이 필요한 것이다.

표준국어대사전에 따르면 '공예품'은 '실용적이면서 예술적 가치가 있게 만든 물품', '민예품'은 '민간에 전해 오는 민속 예술품'을 의미한다. 그리고 '특산품'은 '어떤 지역에서 특별히 생산되는 물품', '토산품'은 '그 지방에서 특유하게 나는 물품'을 의미한다.

2. 관광기념품 관련 정책

가. 국내 관광기념품 관련 정책

1) 국내 관광기념품 관련 법규

관광기념품과 관련된 법규는 『관광기본법』, 『관광진흥법』, 『관광진흥개발기금법』 등의 관광관련 법령과 『부가가치세법』, 『관세법』, 『조세특례제한법』 등 조세관련 법령이 있다.

'문화체육관광부와 그 소속기관과 직제' 및 그 시행규칙에 의거 관광기념품의 개발·육성 및 유통에 관한 사항은 관광산업국 국제관광과에서 담당하고 있는데 『관광개발진흥기금법』에 의거 우수관광기념품에 대하여 관광개발진흥

〈표 28-2〉 관광기념품관련 주요 법령

담당부처	법 령	내 용
문화체육관광부	관광기본법	관광진흥의 방향과 시책에 관한 기본적 사항
	관광진흥법	외국인전용관광기념품판매업 등록 등
	관광진흥개발기금법	우수관광기념품 개발을 위한 관광진흥개발기금 대여
	문화체육관광부와 그 소속기관과 직제	관광기념품 등 관광상품의 개발·육성 및 유통에 관한 업무분장
기획재정부	부가가치세법	외국인전용기념품판매업 영세율 적용
	관세법	보세판매장 등에 관한 사항
	조세특례제한법	사후면세점 등에 관한 사항
	기타	주세법 등

기금을 대여하고 있다.

『관광진흥법』에서는 관광사업의 하나로 관광객이용시설업 중 외국인전용 관광기념품판매업을 규정하고 있는데 『부가가치세법』에 의거 외국인 등의 이용객이 구매한 물품에 부가가치세 영세율을 적용하고 있다. 또한 『관세법』, 『조세제한특례법』 등에 의하여 면세점 및 사후면제점 제도를 운영하고 있다.

2) 관광기념품산업 진흥 정책

정부는 관광산업의 국제경쟁력 제고를 위해 범정부적 지원 대책을 추진하고 있다. 2008년 12월 국가경쟁력강화회의에서 마련된 '관광산업 경쟁력 제고 방안'은 15개 관련 부처가 합동으로 마련한 대책으로 관광자원 개발, 인프라 확충 및 마케팅 방안에 집중하고 있다.

첫째, 관광산업 경쟁력 제고 방안으로 '한국 고유음식의 고부가가치 관광상품화', '관광객이 많이 찾는 주요 거리와 명소를 중심으로 도시관광 여건 강화', '관광한국 이미지 창출을 위한 인프라 구축'이 있다.

둘째, 관광기념품 개발 및 유통 진흥 정책으로 '관광진흥개발기금 대여[2)]', '전국관광기념품공모전 개최 및 사후지원', '한국관광명품점 운영', '외국인전용 관광기념품판매업을 관광사업으로 인정', '관광토속주판매업을 관광사업으로 인정', '관광기념품 관련 인증제도[3)]'가 있다.

셋째, 관광기념품 소비촉진 정책으로는 '면세제도', '관광시장 지정 및 문화관광형 시장 조성지원', '코리아 그랜드 세일(Korea Grand Sale) 캠페인', '국민관광상품권제도'가 있다.

3) 공예품 및 특산품 관련 주요 정책

지식경제부, 농림수산식품부, 행정안전부 등에서는 특산품, 공예품을 중심으로 활성화 지원사업을 전개하고 있다. 지식경제부에서는 중소기업청을 통한 공예품산업 진흥정책을 펼치고 있으며, 농림수산식품부에서는 전통식품을 중심으로 특산품 진흥정책을 펼치고 있다. 특히, 농림수산식품부에서는 농어업과 식품산업의 연계를 통한 지역의 전통식품 활성화 사업을 전개하고 있다. 행정안전부에서는 1지역 1명품 지정제도와 지역특산품 홍보 및 판매 지원사업을 시행하

2) 우수관광기념품에 대한 융자와 외국인전용기념품판매업체 융자제도가 있다.
3) 한국관광명품인증, 우수산업디자인(GD, Good Design)마크, 으뜸상품인정제가 있다.

〈표 28-3〉 중앙부처별 공예품 및 특산품 관련 주요 정책

부 처	업무추진내용
문화체육관광부	• 한국공예문화진흥원을 통한 공예문화상품 인프라 기반조성 및 진흥사업 지원
지식경제부	• 산업적 차원에서 공예산업 지원(단지조성, 전자상거래 구축 등) • 중소기업청을 통한 공예중소기업 지원, 전국공예품대전 시행 • 한국디자인진흥원을 통한 공예디자인 분야 지원 • 지역특구 지정 및 지원
농림수산식품부	• 농어촌 특산단지사업 지원 • 생활자기, 목공예 등에 대한 가내 수공업 시설비 지원 • 전통식품 명인 지정 • 지리적표시제 지정 및 지원 • 농수산식품 R&D 활성화 • 국가식품클러스터, 전통·발효식품 산업화로 농어업과 식품산업의 연계 강화
노동부	• 한국산업인력공단을 통한 전문 인력 양성 차원의 명장지정 제도 운영
조달청	• 전통공예품을 중심으로 공예문화상품 구매·조달 업무
행정안전부	• 지역특산물 지정·운영(1지역 1명품) • 한국지역진흥재단을 통한 지역특산품 홍보 및 판매 지원

자료: 문화체육관광부(2009), 『2008 문화산업백서』 / 각 부처 업무계획 등 참고.

고 있다. 또한 노동부에서는 명장지정제도를 운영하고 있으며, 조달청에서는 공예문화상품 구매조달 업무를 맡고 있다.

4) 지역관광 활성화 관련 정책

중앙정부는 국무총리실을 중심으로 12개 중앙부처가 협력하여 관광을 통한 지속가능한 지역발전 실현을 위해 '지역관광 활성화 방안'을 수립하였다. 이는 ① 민간투자 촉진을 위한 제도적 환경 조성, ② 관광 접근성 향상 및 관광 인프라 확충, ③ 지역 관광매력을 높이는 관광자원 확충, ④ 관광부문 미래 환경변화 대응 녹색 성장 실현, ⑤「정부-지자체-민간」사업추진 시스템 개선을 목표로 시행하고 있다.

지역공예공방 및 전시판매장 설치 지원 사업은 문화체육관광부에서 2000년부터 추진해 온 사업으로 폐교 및 폐동사무소 등 지방자치단체의 유휴공간을 활용하여 공예품 제작 및 전시판매 공간을 조성하는 사업으로 공예품 기반시설

을 확충하고 공예품 제작을 지원하는데 그 목적이 있다.

각 광역자치단체는 관광산업, 향토산업, 공예산업 및 전통문화산업을 육성하기 위한 여러 정책을 펼치고 있는데 각 광역지자체의 관광기념품 관련 주요 정책으로는 공모전·전시회 개최, 판매장 운영, 특산품 연계한 식품산업 육성 등이 있으나 주로 공예품 육성 지원 사업에 집중된 경향이 있다.

나. 외국의 관광기념품 관련 정책

세계 각국도 우리나라와 마찬가지로 관광기념품만의 뚜렷한 정책이 정해져 있는 것은 아니며 주로 공예산업 정책과 연계되어 있는 실정이다.

1) 미 국

미국의 공예산업 지원에 대한 연방정부기관은 NEA(The National Endowment for the Arts)이며, 공예를 포함한 모든 예술 활동을 지원하는 것으로 전통 공예를 지원하는 'Heritage Fellowships[4]'을 운영하고 있다. 각 주정부에서는 관광산업과 공예산업의 관련성을 인정하여 관광부서에서 공예산업 활동을 지원하고 있다.

미국의 공예산업 관련 비영리 기관은 ACC(American Craft Council)와 HIA (Handmade in America) 등이 있다. ACC는 1943년에 설립된 전국규모의 비영리 교육기관으로 현재의 미국 공예산업에 대한 이해와 평가를 증진하는 역할을 수행하고 있는데 공예인을 위한 잡지를 발행하고 관련 소매 및 도매 행사, 전시회, 세미나, 워크숍 등을 진행하고 있고 미국 내는 물론 해외의 공예인뿐만 아니라 교사, 학자, 수집가, 갤러리 등 다양한 분야의 전문가를 회원으로 두고 있다.

HIA는 "지역경제의 활성화는 현대적인 산업뿐만 아니라 감춰진 문화유산과 공예의 활성화와 깊은 연관이 있다"는 인식 아래, 공예를 통해 서부 노스캐롤라이나의 지역경제를 활성화시키고자 1993년에 설립된 비영리단체이다. 공예품의 제작 교육이나 생산 및 판매를 하는 것이 아니라 공예인과 공예산업의 지원사업을 진행하고 있다.

---

4) 'Heritage & Preservation'을 통해 민속 및 전통 예술에 대해 지원하고 있으며, 기금의 40% 이상을 예술기관, 커뮤니티기관 및 협회에 제공하고 있다.

2) 영　국

영국의 공예 관련 공식기구는 '공예위원회(Crafts Council)'이며, 영국과 해외에서의 공예품 위상 제고, 공예인 지원, 공예 관련 경제 체제를 강화·발전시키는 것을 목표로 활동하고 있다. 공예위원회의 활동목적은 ① 공예산업의 강화와 기반 확충, ② 공예 인구의 저변확대, ③ 최고의 공예품을 생산하도록 공예인을 지원하는 것으로 공예위원회가 보유한 런던 행사장에서 매년 '첼시공예박람회'와 다른 여러 가지 행사들을 개최하며, 국제박람회에 참가하는 영국 참가단의 활동을 지원한다.

각 지역별 공예단체나 관련 기관이 공예정책을 추진하고 있는데 '공예포럼 웨일즈(Craft Forum Wales)'는 웨일즈 공예인 단체를 지원하고 있고 독립된 공사인 '크라프트웍스(Craftworks)'는 북아일랜드의 공예개발기관이다. 북아일랜드 예술 위원회는 공예 발전을 촉진하기 위한 자금을 지원하고 있다. 한편 스코틀랜드에서는 스코틀랜드 예술 위원회에 설치된 공예부가 공예의 발전을 촉진하고 공예가들을 지원하고 있다.

3) 일　본

일본은『전통적 공예품 산업의 진흥에 관한 법률』에 근거하여 전통적 공예품을 육성·관리하고 있다. '전통적 공예품 지정표시제도'에 의거 경제산업장관이 '전통공예품'을 지정하고 있으며 법적으로 인정받은 전통적 공예품은 총 210품목으로 '전통적공예품산업진흥협회'의 사용승인과 소정의 사용료를 내면 전통증지 및 전통마크를 공예품에 부착할 수 있다. 또한 진흥계획을 작성하여 경제산업장관의 승인을 받아 필요한 사업비를 지원 받을 수 있다.

일본 관광청에서는 VJC(Visit Japan Campaign)의 일환으로 '매력 있는 일본의 선물 콘테스트'를 매년 개최하고 있다. 외국인의 관점에서 품질과 디자인을 심사하여 매력 있는 선물을 골라, 일본선물의 발굴육성과 지역명품 진흥에 이바지함과 동시에 선물을 통한 일본방문의 촉진을 목적으로 한다.

전통적공예품산업진흥회는 전통공예품에 대한 등록 및 홍보, 판매지원 등의 활동을 전개하고 있는데 웹사이트[5]를 통해 재료별, 업종별, 지역별로 전통공

---

5) www.kougei.or.jp

예품을 찾아 볼 수 있도록 하고 있고 품목마다 제품의 역사, 개요, 특징, 갤러리, 작업절차, 작가 등에 대한 상세한 소개를 하여 일반인은 물론 외국인도 일본의 전통공예품에 대한 정보를 습득할 수 있도록 하였다.

3. 관광기념품 국내·외 사례

가. 국내사례

1) 지역의 역사·문화자원을 활용한 사례

전라남도는 2008년도에 3월부터 10월까지 약 7개월간 25종 64품목의 관광기념품을 개발하였는데 주요 테마로 인물(윤선도, 윤두서, 김영랑, 초의선사 등)과 지역테마로 차, 명량대첩 등을 활용하였다.

2009년도에는 광주전남문화관광상품디자인센터와 공동으로 3월부터 8월까지 약 6개월간 14종 41품목의 관광기념품을 개발하였는데 주요테마로 김대중 전 대통령, 이순신 장군 등 대표적 인물 활용하여 청자인물상, 미니어처 등으로

〈그림 28-1〉 전라남도 관광기념품

[짱뚱어 오카리나]

[사각 찬기세트]

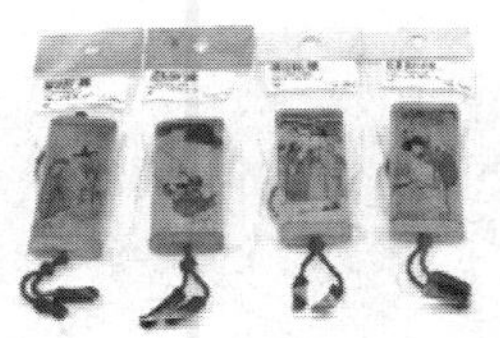

[대나무 휴대전화고리]

[자기 인물상]

[진도아리랑 오르골]

[일회용 녹차]

자료: 전라남도청

개발하였고 대표적 관광지인 낙안읍성, 금성산성, 순천만 등을 소재로 한 관광기념품을 개발하였다. 자연자원인 편백나무를 활용한 기능성 제품, 대표적 특산품인 천일염, 녹차 패키지 상품을 개발하였고 진도 아리랑 음원을 활용한 자동음원완구(오르골) 등도 개발하였다.

강원도 정선군은 아리랑창극컬러믹스인형액자, 화암8경 미니병풍, 도자기 창극 인형, 어름치 접시, 찰옥수수와 메주 모양의 휴대전화줄 등 모두 7종을 개발하였다. 특히 관광지의 특색을 살린 관광기념품으로 개발하여 방문한 관광객들에게 인기가 있는데 제작단계부터 선호도 등 세밀한 조사를 거쳐 개발하였고 고가제품인 경우 상품별로 소재를 달리하여 관광객의 선택의 폭을 넓혔다. 현재 레일바이크 탑승장, 정선5일장, 화암동굴, 문화예술회관공연장 등 정선군 인기 관광지에서 판매되고 있다.

2009년 5월까지 레일바이크 탑승객이 100만 명(누적)을 넘었고, 2008년 정선5일장 방문객이 22만 명으로, 대폭 증가한 관광객의 요구에 부응하는 상품을 개발한 것이 주요 성공요인이다. 정선군 5일장을 찾은 관광객 1인당 평균 57,000원을 장터나 정선관광에서 소비한 것으로 조사돼 총 128억7900만원의 지역경기 부양 효과를 창출하는 것으로 나타났다.

〈그림 28-2〉 정선군 관광기념품

[종합셋트]

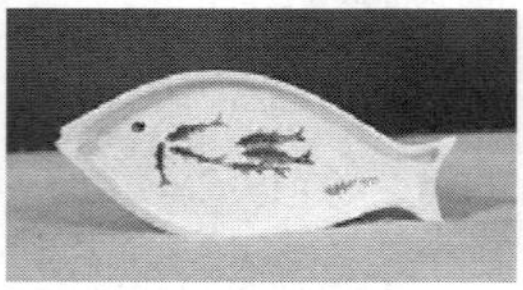
[어름치 접시]

[창극인형 액자]

[창극 인형]

[특산물 모형 휴대전화고리]

[화암8경 미니병풍]

자료: 정선군청 홈페이지.

2) 지역의 특산물을 활용한 사례

경북 고향장터 '사이소[6]'는 경북 지역에서 생산되는 농특산물을 판매하기 위해 2007년 출범하였다. 경상북도 위탁으로 경북중소기업지원센터에서 관리하고 있으며, 쇼핑몰, 커뮤니티, 농촌체험관광 등으로 구성되어 있다. '사이소'라는 경상도 사투리를 활용하여 '사이버(cyber)+장소(marketplace)'라는 개념의 쇼핑몰 브랜드를 개발하였다. 쌀·잡곡, 과일·과채류, 채소·버섯, 수산물·축산물, 꿀·인삼·건강보조식품, 가공식품, 신라리안상품·공예품·특산물 등의 카테고리를 구성하여 70여 품목을 판매하고 관광기념품과 관련이 깊은 '신라리안/공예품/특산물' 카테고리에서는 공예품, 의류, 침구류, 국수, 화장품/비누 등 110여개의 상품을 판매하고 있다.

보성녹차는 2002년 국내 최초로 지리적 표시 특산품으로 등록된 후 생산면적 및 생산농가 확대, 관광객 유입 증가, 지역경제 활성화 등의 성과를 이루었다. 군내에 녹차사업단을 구성하고 산학연이 연계되어 종합적으로 사업을 추진하였는데 녹차산업특구로 지정되었고 지역농업클러스트사업 모범 사례로 선정되었으며, 한국 최초의 우주인 음료로 선정되는 등 지역특산품을 활용하여 산업화한 사례로 여겨진다. 상품을 다양화하여 차류 외에도 각종 식품, 추출액 활용상품, 녹차성분 활용 생활용품, 차엽 부산물 활용 상품 등 60여종을 개발하여 일관체계를 구축하였다. 또한 대규모 다원을 중심으로 녹차 재배지를 관광상품화 하고 각종 체험상품 및 이벤트로 지역 인지도를 높이고 있다.

2004년 기준으로 약 5,128억 원의 지역 경제파급효과가 있는 것으로 파악되었는데 이 중 녹차관광의 파급효과는 약 1,281억 원으로 전체 파급효과의 약 25%를 차지하였다.

〈표 28-4〉 경북 고향장터 '사이소' 매출현황

연 도	2007	2008	2009.10
매출액(억원)	1.9	3.9	10.0
전년대비 증가율(%)	–	202	257

자료: 경상북도 보도자료.

6) www.cyso.co.kr

〈표 28-5〉 보성녹차 재배 면적 및 차엽 생산 추이

연 도	2001	2002	2003	2004	2005	2006
재배면적(ha)	461	518	551	646	885	1,111
농가수(가구)	174	170	274	537	982	1,358
생산량(M/T)	691	960	966	1,131	1,246	1,572

자료: 보성군청 보성녹차관 홈페이지.

나. 외국사례

1) 관광기념품 관련 시장 현황

미국은 역사가 짧은 이민자국가이기 때문에 인디언공예품 외에는 특별한 전통공예품은 없다. 우리나라와 비슷하게 가정에 기반을 둔 영세한 사업체가 주를 이루고 있는데 2008년 한국공예문화진흥원 조사에 따르면 공예산업의 경제적 영향력은 최소 123억 달러에서 최대 138억 달러에 이른다. 이러한 전통공예품의 수요는 꾸준하게 증가하고 있으며 관광지에서 주로 판매되고 있는데 주로 판매되는 품목은 에스키모 인형, 도자기, 보석, 전통의상, 스카프, 바구니세공품, 그림 등이 있으며 특히 보석, 양탄자, 옷 등을 소비자들이 많이 구매하고 있다.

영국의 공예품 생산업체는 80% 이상이 작은 개인 사업자로 구성되어 있어 그 규모를 정확하게 파악하기는 어렵다. 공예산업의 종사자수는 2007년 기준으로 109,700명으로 전체 문화산업 종사자의 5.5%를 차지하고 있다. 영국의 공예산업 규모는 8억 파운드로 추산되고 있고, 1994년부터 2004년까지 10년간 2배 이상 성장하였으며 약 60%의 성장잠재력이 있는 산업인데 한 해 평균 560만 점의 공예품이 거래되고 있으며 이 가운데 21%인 120만점은 런던에서, 나머지는 런던 이외의 지역에서 거래되는 것으로 조사되었다.

일본은 전통공예품 생산분야에서 23,356개의 기업이 활동하고 있는데 도자기가 4,487개로 19.2%를 차지하고 있으며 직물, 칠기, 염색제품 순이고 23,356개의 공예기업에 종사하고 있는 인력은 120,393명으로 한 기업 당 평균 94.4명이 종사하고 있다.

고대 가내수공업으로 시작된 태국의 공예산업은 관광 및 수출에 있어 중요한 역할을 하고 있다. 태국의 공예산업은 오랜 전통과 다양한 상품으로 태국의

〈표 28-6〉 일본 공예품 생산액 (단위: 억 엔)

연 도	2002	2003	2004	2005	2006
생산액	2,048	2,003	1,942	1,836	1,773

자료: 한국공예문화진흥원(2009), 「한국공예 해외마케팅 전략」.

독특한 문화를 알리고 있는데 불교문화 및 왕실문화에 영향을 받아 목공예와 금속, 섬유공예가 전체의 95%를 차지하고 있다. 국가문화위원회(Office of the National Culture Commission)는 소재에 따라 공예품을 도자기, 직물류·수예품, 조각, 금속공예품, 고리버들세공품, 건축, 그림, 선조세공(Filigree), 종이류, 기타 등으로 구분하였고 기타는 조화, 과일조각, 바나나줄기장식품, 칠기류, 악기제조, 기타장식품 등을 포함한다.

2) 주요 국가의 대표 관광기념품

주요 국가의 관광기념품은 전통공예품을 중심으로 와인 등의 식료품과 화장품, 의류 등의 생활용품, 보석 등의 장신구류가 주요 상품으로 판매되고 있다.

〈표 28-7〉 관광수입 상위 10개국(2007년 기준)의 주요 관광 기념품

국가	관광수입(10억$)	주요 관광기념품 품목
미국	96.7	인디언 공예품, 농림수산물 가공품 등
스페인	57.6	보석류, 카펫, 가죽제품, 수공예가구, 장난감 등
프랑스	54.3	화장품, 의류, 포도주, 향수 등
이탈리아	42.7	명품의류, 카메오 등 액세서리, 피혁제품, 공예품 등
중국	37.2	궁등, 면인, 칠기 등의 각종 공예품, 도자기, 향신료 등
독일	36.0	주방용품, 목각제품, 시계, 유리공예품, 스텐실그림 등
영국	38.6	위스키, 도자기, 크리스털, 타탄체크 의류 등
호주	22.3	메리노울, 비치웨어 등 의류, 모자, 부메랑, 보석류 등
터키	18.5	양탄자, 물담배, 피혁제품, 도자기, 수공예품 등
오스트리아	18.9	모직물, 도자기, 수제 유리제품, 모차르트 상품 등

4. 지역특화 관광기념품의 육성방안

앞서 살펴보았듯이 관광기념품의 개념은 공예품, 특산품 등의 용어와 특별히 구분되지 않고 사용되어 왔으며, 관광기념품의 범위와 그에 속하는 유형들이 명확하지 않았다. 또한 이러한 개념구분은 복합상품인 문화관광상품으로서 관광기념품을 정의하는데 한계가 있다.

공예품이 주를 이루는 관광기념품을 관리하는 주체로 문화체육관광부와 중소기업청이 중첩되어 있으며, 지역의 전시판매장 또한 관광협회에서 운영되거나 공예품전시관의 형태로 지역공예협동조합에서 운영되고 있어 그 주체 또한 불명확하다. 이는 관광정책의 특성상 완전히 해소할 수 없는 한계를 가지고 있는 것이 사실이다. 이에 관광 정책적 측면과 지역적 측면에서 관광기념품의 개념을 새롭게 정의함으로써 그에 따른 범위, 요건 및 유형을 명확히 하여 선택과 집중으로 실효성 있는 관광기념품 정책을 수립하여 추진할 필요가 있다.

또한 중앙정부차원의 정책적 지원이 필요한데 첫째, 관광기념품산업에 대한 더욱 세밀한 실태조사가 선행될 필요가 있다. 즉, 관광기념품 관련 생산 및 판매업체의 현황과 실태를 면밀히 파악하기 위한 조사를 전국적으로 실시할 필요가 있다.

둘째, 관광기념품산업이 발전하기 위해서는 중앙정부뿐만 아니라 지방자치단체의 지원역할도 매우 중요하다. 지역적 차원에서 공공기관과 업계가 활발하게 협력할 수 있도록 다양한 지원방안이 마련되어야 한다. 관광기념품전문판매업 등록, 관광기념품단지 육성, 관광기념품진흥센터 설치, 공동브랜드 도입, 인증제도 도입, 아이템 조사 및 DB 구축, 안테나숍, 전문판매점, 복합관광안내소 등의 설치 등 많은 계획이 지자체와 지역 단체의 협력이 없이는 추진이 어렵다.

셋째, 세부 실행계획별로 가능한 한 시범사업을 추진하여 이를 통해 사업을 실행·평가하고 계획집행의 내실을 기할 필요가 있다. 관광기념품단지 육성, 안테나숍 설치 등 대부분의 계획들이 지역별 단위사업으로 추진되어야 하는데 이를 전국적으로 동시에 실행하기에는 어려움이 있으므로 계획별로 시범사업을 선정하여 추진하되 평가하고 보완해 나가는 과정이 필요하다.

넷째, 각 계획이 조기에 집행되고 정착될 수 있도록 관련 법령의 개정 및 예산의 확보가 필요하다. 우선 『관광진흥법』의 개정을 통해 관광기념품전문판매업을 법정 사업화하여 지원사업의 법적 근거를 마련하고 사업을 실행할 관광기념품협회의 창립 근거를 마련해야 한다.

다섯째, 전국관광기념품공모전의 발전을 위한 적극적 대응이 필요하며 개최 방식 전환과 규모의 확장이 필요하다. 출품 분야 및 출품 대상을 변경하고 다양한 프로그램이 도입되는 관광기념품 박람회 형식으로 규모를 확대하여 공모전의 위상을 제고할 필요가 있다.

마지막으로, 관광기념품이 관광산업 발전 및 국가와 지역이미지 제고에 필수적인 요소라는 인식을 새롭게 할 필요가 있으며, 이를 바탕으로 정부의 전폭적인 지원이 있어야 한다. 농림수산업 및 제조업과 관광산업이 결합된 관광기념품산업은 지역이미지 제고와 지역경제 활성화라는 두 마리 토끼를 모두 잡을 수 있는 수단이 될 수 있으므로 이에 대한 전향적인 인식의 전환과 지원이 반드시 필요하다.

아울러 관광기념품산업이 지역경제에 더욱 큰 파급효과를 미치기 위해서는 앞서 제시한 산업관광과 도시브랜드관광이 함께 활성화될 필요성이 있는데 특히 세계적으로 성공한 포항제철, 현대자동차, 삼성전자 등을 활용한 산업관광과 서울시교통시스템, 청계천 사례, 새마을 운동 등의 사례를 활용한 도시브랜드(정책)관광 프로그램을 활성화할 필요가 있다.

제 4 편

고용확대와 투자촉진

제29장 실업관리
제30장 일자리 창출
제31장 커뮤니티 비즈니스(CB)
제32장 민자유치
제33장 외자유치
제34장 통상진흥
제35장 경영수익
제36장 지방재정
제37장 지역금융

제29장 실업관리

우리나라 연구기관들은 향후 수년간 국내 실업자가 줄어들지 않을 것이라는 전망을 내놓고 있다. 특히, 기업·금융·공공부문 구조조정에다 경기의 급속한 냉각과 계절적 요인까지 겹쳐 연초의 고용사정은 참으로 어려워질 것으로 예상된다. 그리고 30만 명 이상의 신규졸업자가 구직전선에 추가로 뛰어들기 때문에 일자리 구하기는 더욱 어려워질 전망이다.

또한 경기가 회복되더라도 실업자수는 일정 수준이 지속될 것으로 예상되어 실업문제가 이제 항시적인 사회문제로 남을 것으로 보인다.

여기서는 실업에 대한 기본적인 개념과 실업대책의 실태를 살펴보고, 지방자치단체가 이러한 항시적인 실업난을 어떻게 풀어 나가야 할 것인지 그 방안을 제시하고자 한다.

1. 실업에 대한 이해

가. 실업의 개념과 유형

1) 실업의 개념

실업이란 일할 의사와 일할 능력을 가진 사람이 일자리를 갖지 못한 상태를 말한다. 한 나라의 인구 중 일할 의사와 능력을 가진 사람을 통틀어 경제활동인구(economically active population)라 한다. 우리나라에서의 경제활동인구는

15세 이상의 인구 중에서 일할 의사가 없는 학생이나 주부 또는 일할 능력이 없는 노약자, 환자 등을 제외한 인구이다. 경제활동인구의 대상을 15세로 잡은 것은 의무교육기간이 끝나고 취업이 시작되는 연령이 15세이기 때문이다.[1)]

경제활동인구는 취업자(person employed)와 실업자(person unemployed)로 나누어진다. 취업자란 수입을 목적으로 주당 1시간 이상 일하는 사람이나 자기에게는 직접적으로 수입이 없더라도 가구주의 사업을 도와 주당 18시간 이상 일하는 가족종사자로 정의된다. 주부들이나 학생들은 원래 경제활동인구에 포함되지 않지만 파출부와 같이 가사를 돌보면서 부수입을 올리는 일을 하거나 학생이면서 신문배달을 한다면 경제활동인구에 포함되어 취업자로 포착된다. 한편 경제활동인구에서 취업자수를 공제하면 실업자가 되며, 실업자수가 경제활동인구에서 차지하는 비율을 실업률이라 말한다.[2)]

이러한 경제활동인구의 취업·실업의 구분은 국제노동기구(international labor organization: ILO)가 권고하는 기준을 따르고 있으나 다음의 두 가지 문제점으로 인하여 실업률은 실제보다 일반적으로 낮게 추정되는 경향이 있다. 첫째, 정식고용을 원하는 사람이 임시로 고용되어 실업통계에서 누락되는 경우(비자발적 단기간 근로자) 둘째, 오랫동안 일자리를 찾아다닌 끝에 지쳐서 당분간 구직활동을 포기한 사람 즉, 일할 의사가 없는 사람(실망실업자)으로 분류되어 실업통계에서 누락되기도 한다.

〈그림 29-1〉 고용·실업의 범위

<table>
<tr><td colspan="4">총인구(46,000천명)</td></tr>
<tr><td colspan="3">ⓐ 15세 이상 인구(36,000천명)</td><td></td></tr>
<tr><td colspan="2">ⓑ 경제활동인구(22,000천명)</td><td>비경제활동인구(14,000천)</td><td></td></tr>
<tr><td>취업자(21,100천명)</td><td>ⓒ 실업자(900천명)</td><td colspan="2">※경제활동참가율 : ⓑ/ⓐ × 100 = 61.1%
실업률 : ⓒ/ⓑ × 100 = 4.1%</td></tr>
</table>

1) 모성은, 「실업종합대책과 실업이론」, 『지방행정연수('98-6호)』, 지방행정연수원, 1998, p. 46.

2) 한국은행, 『알기쉬운 경제지표해설』, 1995, pp. 241~258 참조.

2) 실업의 유형

그러면 실업은 어떠한 종류가 있을까? 실업은 일반적으로 경기적 실업, 구조적 실업, 기술적 실업, 마찰적 실업, 계절적 실업, 자발적 실업, 비자발적 실업 등으로 구분된다.[3)]

먼저, 경기적 실업(cyclical unemployment)은 노동에 대한 총수요가 부족하여 일자리보다 노동자수가 많음으로써 발생하는 실업이다. 경제불황의 직접적인 원인은 유효수효가 부족한 데 있다. 유효수요가 부족하기 때문에 생산한 생산물이 잘 판매되지 않으므로 조업을 단축해야 하고 따라서 노동자를 해고해야 하는 경우가 발생한다. 이처럼 경제에 불황이 닥쳐와서 발생하게 되는 실업을 경기적 실업이라 한다.

둘째, 구조적 실업(structural unemployment)이란 산업구조가 변화함에 따라 노동에 대한 수요가 부족한(또는 노동이 초과 공급되어 있던) 산업부문 즉, 사양산업에서 발생하는 실업이다. 이는 기술이 진보함에 따라 노동이 기계로 대체되어 실업이 발생하기도 하는데 이를 기술적 실업이라고도 한다. 구조적 실업을 감소시킬 수 있는 효과적인 방법으로는 노동의 질을 높여주는 인력정책을 들 수 있다.

셋째, 마찰적 실업(frictional unemployment)이란 직업을 옮기는 과정에서 노동자가 고용기회에 관하여 완전한 정보를 얻지 못하여 발생하는 과도기적인 실업을 말한다. 마찰적 실업은 자발적인 실업인데 예를 들어, 보다 나은 고용기회를 찾기 위해서 고용정보를 수집하며 당분간 실업을 자발적으로 택하는 경우가 바로 마찰적 실업이다. 이 같은 마찰적 실업을 축소하기 위해서는 정부가 고용정보의 흐름을 원활히 하고 탐색과정을 줄이는 대책을 세우면 된다.

넷째, 계절적 실업(seasonal unemployment)이란 생산 또는 수요의 계절적 변화에 따라 발생하는 실업을 말하며, 농업 등은 그 성질상 계절적인 영향을 많이 받는데 계절에 따라 비생산기에 발생하는 실업을 의미한다.

다섯째, 비자발적 실업이라 함은 일할 능력도 있고 현재의 임금수준에서 일할 의사가 있음에도 불구하고 취업의 기회를 갖지 못하고 있는 상태를 말한다. 이러한 비자발적 실업이 사회·경제적으로 문제가 되는 실업이다.

---

3) 모성은, 전게논문, p. 47.

나. 일반적인 실업극복이론

실업을 감소시키고 고용을 증가시키는 정책으로는 다음과 같이 크게 3가지를 들 수 있다.[4)]

1) 총수요관리정책

총수요관리정책이란 정부가 수요부문에 영향을 주어 고용과 국민소득을 증가시키는 정책을 말한다. 총수요를 증가시키기 위해서는 정부지출의 증가, 통화량 증가, 조세감면 등의 확대 재정금융정책을 펴야 한다는 것이다. 불황이 극심하여 물가상승률은 매우 낮은데 실업률이 매우 높다면 확장적인 재정금융정책을 구사하여 총수요를 증가시키고 실업을 감소시킬 수 있을 것이다. 그러나 확장적인 재정금융정책을 사용할 경우 시중에 돈의 양이 많아져서 물가상승의 위험이 있다. 그리고 국내의 물가가 외국의 제품에 비하여 비쌀 경우 수출은 감소하고 수입이 증가하여 국제수지가 악화된다.

2) 인력정책

인력정책이란 고용의 구조적 측면에서 발생하는 실업을 해소하려는 정책이다. 구조적 실업을 해소하기 위하여 확장적인 재정금융정책을 펼 경우 인플레이션과 국제수지적자라는 새로운 문제를 발생시킬 뿐이고 구조적 실업은 해소되지 않는다. 왜냐하면 구조적 실업은 노동구조가 경제구조에 잘 맞지 않아서 발생하는 실업이기 때문이다. 그러므로 구조적 실업을 없애기 위해서는 노동의 수요(기업)가 원하는 대로 노동의 공급구조(노동자의 질)를 변화시키는 인력정책이 필요하다. 인력정책의 기본적인 내용으로는 첫째, 현재와 미래의 노동수급 예측정보를 노동자에게 홍보하는 방안 둘째, 장·단기적인 인력수급을 위해 교육을 실시하는 방안 셋째, 직업소개·취업알선을 실시하는 방안 넷째, 노동자의 지역적 이동을 촉진시키는 방안 등이 있다.

3) 총공급증대정책

스태그플레이션(stagflation: 인플레이션과 실업이 공존하는 현상)이 진행되고

---

4) 모성은, 상게논문, pp. 48~49 참조.

있을 때 실업을 감소시키기 위하여 총수요증가정책을 실시하면 폭발적인 인플레이션 문제에 부딪치게 되므로 총공급을 증가시켜야 한다는 이론이다. 즉, 이를 주장하는 사람들을 공급경제학자라고 하는데 공급경제학자들은 감세 특히, 소득세의 감면은 근로의욕과 저축의욕 그리고 생산의욕을 증대시켜(총공급을 증가시키고) 실업률과 물가상승률이 모두 감소한다고 보았다. 따라서 신기술의 도입과 자본축적을 증대시키는 정책도 총공급증대정책의 하나라 할 수 있다.

2. 정부의 실업대책

정부와 지방자치단체는 IMF경제위기 이후 대량 실업사태에 직면하여 일자리 창출, 직업훈련, 취업알선, 실업자 생활안정지원, 고용유지 등 다음과 같은 5가지 실업종합대책을 수립하여 추진하고 있다.[5)]

가. 일자리 창출(job creation)

정부는 실업대책의 일환으로 공공근로사업과 인턴제를 실시함으로써 단기적이고 임시적인 일자리를 창출하고 있다. 이러한 단기적 실업대책 이외에도 본

〈그림 29-2〉 5대 실업종합대책

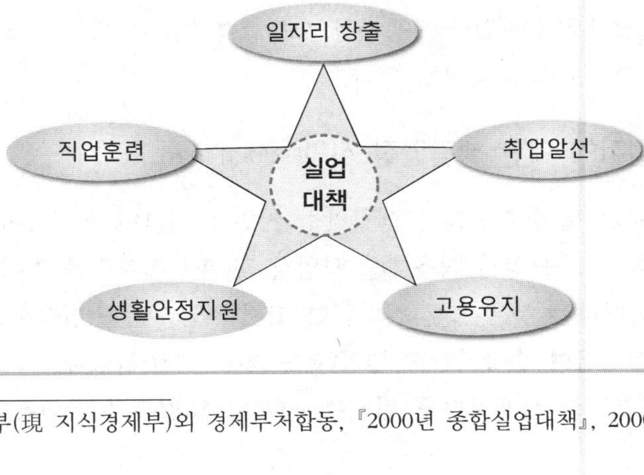

5) 재정경제부(現 지식경제부)외 경제부처합동, 『2000년 종합실업대책』, 2000, pp. 8~29 참조.

원적 일자리 창출을 위해 기업경영개선과 규제개혁을 통한 기업활동의 활성화를 꾀하는 한편, 외자유치를 통한 고용창출의 확대를 도모하고 있다. 이 밖에도 벤처기업의 창업촉진과 소상공인에 대한 현장밀착 지원을 위하여 소상공인지원센터를 설치하기도 하였다.

나. 직업훈련(job training)

근로능력 제고를 위해 사용자와 취업희망자가 원하는 수요자 중심의 취업훈련을 유도하고 있다. 사무직 실직자를 위하여 창업훈련을 실시하는 한편 대학·전문대학 등 학교시설을 이용한 훈련과정을 확대하고 무기능자에 대하여는 고용촉진훈련과 기능사양성훈련을 실시하고 있다. 그리고 이러한 직업훈련과 함께 훈련-자격검증 연계를 강화시키고 있다. 국가 직무능력표준을 제정하여 훈련기준과 자격을 연계시키고 훈련기준 일몰제를 도입하여 훈련과목, 시설, 장비기준 등을 주기적으로 검토하고 있다.

다. 취업알선 내실화(job networking)

취업알선의 내실화를 위해서 구인-구직 연계체계를 확충하고 있다. 구직수요가 많은 대도시 지역에 인력은행을 설치하고 민간전문 상담원을 증원하는 한편 One-Stop-Service를 제공하고 모든 정보를 데이터베이스화하여 통합관리시스템을 구축하고 민간 직업소개사업 활성화와 언론기관 등의 역할도 지원하고 있다. 그리고 시군구는 물론 읍면동에까지 고용안정정보망(Work-Net)을 보급하여 어느 기관에서든지 동일한 노동시장정보에 접근할 수 있도록 함으로써 지리적 한계를 극복하고자 노력하고 있다.

라. 실업자에 대한 생활안정 지원(social care)

한편 정부는 실업자에 대한 생활안정 지원을 위하여 실업급여 대상범위를 확대하고 있다. 고용보험의 적용대상 사업장 및 피보험자수를 최대한 적용하여 수혜대상을 확대하는 것은 물론 실업급여 최저 지급수준을 인상하고(최저임금의 70%→90%), 실업급여 수급기간도 연장(현재 최대 8개월)하였다.

또한, 저소득층 생계지원을 위하여 2000년 10월부터 국민기초생활보장법을 시행하여 최저생계비 이하 계층의 의·식·의료·교육 등 기본생활을 보장하고 있다. 주거급여를 신설하였고, 생계급여는 2010년 현재 1인 가구 기준 최저생계비 504,344원을 지급하고 있다. 특히 근로능력이 있는 자에게는 생계비 지급을 취업알선·직업훈련 등과 연계시켜 생산적 복지의 구현을 달성코자 노력하고 있다.

마. 고용유지(job keeping)

정부는 공공근로사업 등 단기 실업대책과 함께 기존의 고용을 최대한 유지하기 위한 시책도 병행하고 있다. 우선, 실업문제를 사전 예방적 차원에서 해결하기 위하여 전반적인 기업경영 여건을 개선하고 4대 부문의 구조개혁(금융, 기업, 공공, 노동)을 강도 있게 추진하고 있다. 그리고 기업의 고용유지노력을 지원하고 있다. 정부는 감원 없이 근로시간을 단축하여 고용을 유지(work-sharing)하는 기업에게는 근로시간단축지원금을 지원하며, 감원 대신 교육훈련으로 고용을 유지하는 기업에 대해서는 고용유지훈련지원금을 지원하는 등 다양한 고용유지 지원사업을 시행하고 있다.

3. 최근 노동시장의 실태

가. 고용의 불안정성 지속

IMF 위기의 회복 이후 실업률의 감소와 취업자의 증가, 임금근로자의 증가라는 노동시장의 회복 속에서도 오히려 임시·일용직이나 단시간 근로자 등 비정규고용은 계속 증가하여 왔다.[6)]

선진국의 경우 산업구조와 직업의 다기화에 따라 시간제·계약직이 증가하는 것이 일반적 추세이다. 하지만 이러한 비정규고용의 증대는 상당부분 자발적인 선택에 기초한 것이며, 이는 사실상 계속 고용을 가능하게 하는 직무중심의 노동시장, 사회보험 등 제도적 장치가 뒷받침되기 때문이다.

그러나 우리나라의 비정규고용의 증대는 기업의 정규직 고용기피와 실업대

6) 강순희, 「상반기 노동시장 평가와 하반기 전망」, 『분기별 노동동향 분석』, 한국노동연구원, 2000, pp. 5~8 참조.

책에 기인한 임시고용의 확산에 따른 것으로 비자발적인 형태이다. 이는 고용과 소득의 불안정으로 연결된다는 데 문제가 있다.

나. 장기 실업자 문제

사회안전망이 두터워질수록 장기실업자가 늘어나는 것은 당연한 이치이다. 통계청의 자료에 따르면, 직장을 퇴사한지 1년이 지난 장기실업자 수는 2010년 1월 현재 23만 명을 기록하고 있다.

더욱이 계속되는 취업실패로 구직활동을 단념하여 노동시장으로부터 이탈한 이른바 실망실업자가 상당수 존재하며, 또한 일정기간 동안 실업상태를 반복하여 경험하는 반복실업이 심화되고 있다는 문제이다. 이들 역시 사회적 취약계층이 상당수로서 지표상의 장기실업자는 아니더라도 사실상 장기적 실업에 빠진 사람으로 볼 수 있다.

다. 고용시장의 이중구조 … 실업난 속의 인력난

최근 감량경영에 들어간 업계들은 대량감원과 구인난이라는 모순된 이중고에 시달리고 있다. 특히 IT벤처 중심지에서는 필요한 인력을 찾아 해외로 나서고 있는 기현상 즉, 고용시장의 이중구조가 나타나고 있는 점이다.[7]

한편, 최근 십여 년간 한국의 교육수준은 급상승해 왔다. 이에 따라 석·박사학위를 취득한 사람이 실업상태에 있는가 하면, 이들이 취업전선에서 사용자가 요구하는 필요한 자격요건 보다 대부분 몇 단계 낮추어 응함으로써 능력계층 간 위화감을 조성하기도 한다. 그리고 이러한 노동시장의 이중구조 즉, 일자리-능력수준 불일치 현상은 앞으로 더욱 심화될 것으로 전망된다.

라. 실업대책의 획일성 및 대책추진의 이원화 문제

한국경제사에 있어 선진국형 실업대책 추진방향을 설정한 것은 IMF외환위기 이후라고 할 수 있다. 그러나 실업대책 추진과정에서 다음과 같은 몇 가지 문제가 지적되고 있다.

첫째, 정부의 획일적인 실업대책이다. 각 지방자치단체의 경제적 특성과 산

---

7) 한국경제, 「고급IT인력 품귀」, 2000년 12월 22일자 1면 기사.

업구조적 차이 그리고 근로자 인식에도 큰 차이가 있음에도 불구하고 전국적으로 동일한 기준에 의한 실업대책을 추진해 온 사실이다.

둘째, 실업대책을 추진하는 행정구조상의 비효율 문제이다. 예를 들어 취업알선의 경우, 지방노동사무소(고용안정센터 · 인력은행)와 지방자치단체(취업정보센터)가 서로 중복되는 업무를 하고 있는 셈이다. 특히, 지방의 실업문제는 지역성과 종합성을 가지고 있어 지방자치단체가 추진할 경우 행정이 효율적인 업무가 되는 것임에도 불구하고 노동행정구조의 이원화에 따른 실업대책의 비효율화를 발생시키고 있다는 점이다.

4. 지방의 실업해소·관리 전략

가. 지역 특성별 실업대책 추진

1) 지방자치단체 주도의 실업대책 수립

우리나라의 경우 지금까지 중앙정부의 획일화된 실업대책으로 전국의 지역이 동일하게 시행되고 있다. 그러나 실업의 양상은 참으로 다양하고 지역별 경제특성은 각자가 전혀 다른 실정이다. 따라서 앞으로는 지역의 경제적 · 사회적 특성에 따라 지방자치단체가 주도하는 실업대책을 펴나갈 필요가 있다.

이와 관련하여 중앙정부는 지방자치단체의 실업관리의 인력 · 예산 등에 있어서 중앙의 권한을 지자체에 이양하는 것이 필요하다. 그리고 중앙에서는 기본방향만 제시하고 나머지는 지방의 여건에 따라 적의 수행할 수 있도록 하는 실업대책을 수립할 필요가 있다.

2) 실업의 유형별 대책수립

실업의 형태별 또는 실업자의 유형에 적합한 대책을 마련하여야 한다. 즉, 실업대책의 성과를 높이기 위해서는 기능 · 연령 · 학력 · 생활수준 · 과거의 직업 등 실업자의 유형과 실업의 종류에 따라 대책이 수립되어야 할 것이다. 그리고 해당지역의 실업은 어떠한 특성을 지니고 있는지 면밀히 검토할 필요가 있을 것이다. 또한 앞으로의 실업문제가 단기적인 것이 아니므로 중장기 계획을 수립하

〈그림 29-3〉 지방의 실업해소·관리 전략

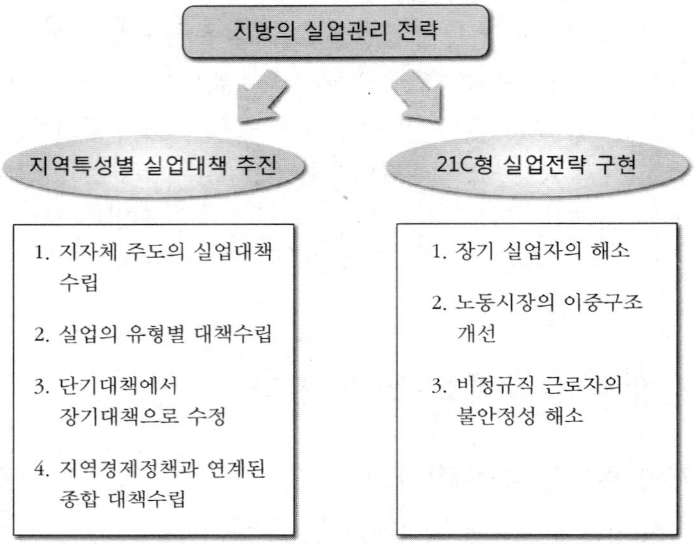

여 단계별 연차적인 시책을 수행하여야 할 것이다.[8)]
특히, 교육훈련 프로그램이 각 지방의 사회·경제적인 특성을 반영할 수 있어야 한다. 미국의 경우, 고용보험법이 각 주의 특성에 따라 자유롭게 제정되고 집행되므로 실업자들의 취업 및 직업훈련은 지역경제와 노동시장에 따라 차이를 보이고 있음은 좋은 사례라 하겠다.

3) 단기대책에서 장기대책으로 수정

지금까지 부정적 의견이 다소 제기되어 왔으나 향후 몇 년간의 실업전망치를 볼 때 공공근로사업 등 단기대책을 단숨에 폐지할 수는 없는 일이다. 그렇다고 해서 더욱이 이러한 단기 실업대책을 언제까지나 지속할 수는 없다.

따라서 공공근로사업의 경우 생산적 업무수요가 있는 분야에 실직자를 투입하여 활용하되, 단순한 생계보조가 아닌 생산적 근로에 의한 보상이 되도록 지방자치단체가 지역특성에 맞는 업무를 발굴, 추진해야 한다. 그럼으로써 단계적으로 장기대책으로 전환시켜가야 할 것이다.

8) 모성은, 전게논문, p. 49.

4) 지역경제정책과 연계된 종합대책 수립

지방의 실업대책은 지역의 거시경제정책과 연계된 종합적이고 입체적인 대책을 수립해야 한다. 사후적 대증요법식의 실업대책은 한계가 있기 마련이다. 즉, 사전에 실업발생을 최소화하고 고용을 유지할 수 있도록 지역의 경제정책과 연계된 종합대책이 필요한 것이다. 이는 당연히 지방중소기업의 지원시책과 연계하고 지방이 국제교류 및 통상업무와도 연관시켜야 할 것이다. 그리고 경우에 따라서는 지역의 노사관계, 사회복지, 지방재정업무와도 연관시킬 필요가 있을 것이다.

나. 선진국 실업전략 구현

1) 장기 실업자의 해소

우리는 국민특성상 실업공개를 기피하는 것이 일반적이다. 이로 인해 원활한 직업알선이 불가능하게 되고 궁극적으로 장기실업자와 실망실업자가 발생하게 된다. 그러므로 교육생들이 자유로운 시간과 공간을 활용하여 교육과 직업알선의 혜택을 받을 수 있도록 원격교육, 통신교육, 사이버직업알선 등을 대대적으로 확충해야 한다.

이와 함께 장기실업자의 해소를 위해 무엇보다도 노동의 질을 높이고 기술수준을 제고하는 장기적인 인력정책에 역점을 두어야 한다. 장기인력정책의 한 방안으로 대학, 공·사립교육기관간에 학점교류 및 학점은행제를 확대 실시함으로써 재직근로자는 물론 실직자와 모든 국민이 평생교육을 받을 수 있도록 하는 방안을 들 수 있다.

2) 노동시장의 이중구조 개선

우리나라 고용특성 중 하나인 일자리-능력수준의 불일치는 직업불만을 야기하고 국가자원의 비효율적 배분을 낳는 결정적인 요소가 되고 있다. 불일치 해소를 위해서는 우선 인력구조의 장기적 예측을 면밀히 분석함으로써 교육훈련에 있어서도 보다 과학적이고 구체적인 인력수급정책을 펴 나가야 할 것이다.

또한 직업교육제도의 운영과 관련하여 사용자의 의견이 존중될 수 있는 제도적 장치를 확대할 필요성이 있다. 그것도 현재는 제조업의 일부분야에만 국한되어 있는 '맞춤훈련' 방식을 서비스 등 전 분야에 이르기까지 확대할 필요가 있을 것이다.

3) 비정규 근로자의 불안정성 해소

유동화가 심화되는 지식정보화 사회에서 '실업 없는 노동이동'을 원활히 하기 위한 노동시장 정보체계의 효율화와 인력수급 불균형을 해소하기 위한 교육훈련제도와 직업알선기능의 개혁이 시급하다.

또한 생애능력개발이 중시되고 직장중심의 노동시장이 직무중심의 노동시장으로 전환되면서 공공 및 사업주 주도적 직업훈련체계를 근로자 · 개인주도적 직업훈련체계로 전환할 필요성 있다.[9]

이와 함께, 기존의 노동관련법과 4대 사회보험이 비정규직 근로자에게 실제로 적용 가능하도록 법제를 정비하고 근로감독지침을 강화함으로써 임금 및 근로복지 · 고용 등에서 부당한 격차와 차별을 해소하여 비정규직의 노동시장 불안정성을 최소화하여야 할 것이다.[10]

9) 김희숙, 전게서, p. 12.
10) 강순희, 전게논문, pp. 5~13 참조.

제30장

일자리 창출

세계는 지금 '일자리 창출'을 위한 전쟁 중이다. 유럽은 물론, 미주, 아시아에 이르기까지 '고용 없는 성장시대'를 맞이하여 일자리 창출에 급급해 있는 실정이다.[1]

일자리 창출이 우리경제에도 최우선 과제로 떠오르고 있다. 최근 경제지표의 호전에도 불구, 지방의 경기 침체는 지속되고 있다. 2009년 7월 이후 일부 지역은 제조업 증가가 여전히 감소세[2]에 있으며 취업여건이 악화되고 일자리 창출이 부진한 가운데 지방은 더욱 열악한 실정[3]이다.[4]

이에 우리나라도 일자리 창출을 위한 온 행정력을 집중시키고 있다. 부처별 업무추진에도 일자리 창출에 관심이 집중되어 있다. 지경부나 노동부의 업무계획은 당연히 일자리 창출에 '올인'하는 모습이고, 비경제부처도 유사하다. 이렇듯 정부 각 부처는 물론, 지방자치단체와 관계 유관기관에서도 일자리 창출을 위해 갖가지 노력을 기울이고 있다.

---

1) 모성은, 「지방의 일자리 창출방안 모색」, 지방행정지 게재 원고를 바탕으로 재작성.
2) 전국: 1.2%, 부산: -13.1%, 광주: -13.2%, 경북: -8.5%, 강원: -11.1%
3) 1998~2008년 동안 전국 취업자는 약 364만 명 증가하였는데 그 중 경기도가 약191만 명 증가(52.4%)하였다.
4) 김선기, 「지역일자리창출정책방향 - 선진국의 공동체 일자리 창출정책」, 한국지방행정연구원, 2010, pp. 39~40 참조.

1. 일자리 창출 시책

가. 기업지원조례개정

최근 지자체들은 기업 유치를 위해 인센티브를 강화하는 내용의 조례를 개정하고 있다. 광역자치단체 중 부산은 초기 정착보조금(5억 원)과 교육훈련보조금(2억 원) 등을 대폭 상향하는 방안도 검토하고 있을 뿐만 아니라 충청남도는 분양가 30% 이내 임대료 지원, 본사 1인당 30만원과 기업 당 2억 원 및 공장 10억 원 초과 3% 범위 내에서 이전보조금을 지급하고 있다.[5)]

〈표 30-1〉 지자체 기업지원 현황

구 분	내 용
부산	• '부산경제 활성화 공동협력체'를 구성, 기업 유치계획 • 입지보조금(현 100억 원) 외에 별도의 사옥 건축비 지원
충남	• 분양가 30% 이내 임대료 지원, 본사 1인당 30만원과 기업 당 2억 원 및 공장 10억 원 초과 3% 범위 내에서 이전보조금 지급
광주	• 인센티브 지원 폭과 대상을 확대하기 위해 투자유치 조례개정
충북	• 기업지원 조례개정 추진
제주	• 정부에 제주특별자치도의 법인세율 인하 요구

나. 조직정비

일자리창출을 위한 지자체 조직 개편의 골자는 경제관련 부서 확대개편이다. 과거 의회나 언론관계 등에 주력해 온 정무부지사(부시장) 자리에 기업인이나 경제관료 출신들을 영입해오고 이들에게 경제 분야를 전담케 하는 지자체가 증가하고 있다.

〈표 30-2〉 일자리 창출을 위한 지자체 조직정비 노력

구 분	내 용
울산, 대구, 전북	• 새로 영입한 정무부시장과 부지사에게 일자리 위주로 확대 개편된 경제 관련 부서를 맡겨 운영 중
충북	• 경제특별도 건설을 위한 첫 사업으로 투자유치단을 구성해 가동

5) 박은병, 「지자체 일자리 창출 지원」, 한남대학교, 2009, pp. 64~67 참조.

다. 지역경제 통합

최근 수도권의 대수도론과 규제완화 추진에 맞서 비(非)수도권 지자체끼리 경제권 통합을 시도하는 움직임이 활발하게 일어나고 있다. 특히 경북과 대구는 2006년 대구전시컨벤션센터에서 양측이 공동주최하는 '2006 대한민국 지역특구 박람회'를 개최하였다.

〈표 30-3〉 일자리 창출을 위한 지역경제통합

구 분	내 용
대구·경북권	• 대구와 경북도 내 시·군을 '대구광역연합'으로 경제벨트화해 기업유치와 고용창출, 지자체간 협력과 정책조정, 산업 인프라와 자원의 공동 활용 등의 업무를 공동으로 처리하기로 논의
충청권	• 대전과 충남·북이 경제협의체 구성 －충청권 지역간 불필요한 소모적 경쟁을 줄이고 광역경제벨트를 구축해 경제활성화를 촉진하자는 의도 • 광역교통체계 건설과 공동활용방안, 지역금융과 공동 투자조합 결성, 기업간 협력을 매개할 네트워크 중계기관 설립 등이 활발하게 논의

라. 기타 일자리 창출 시책

1) 유치포상금제

경남 마산시의 경우 기업 유치에 기여한 공무원에게 투자유치 자본금 규모에 따라 일정 비율의 포상금을 지급하고 있는데 자본금 20억 원 이상, 상시 고용인원 10명 이상의 기업을 유치하는데 공헌한 공무원에게 표창과 함께 포상금을 지급하고 있다. 또한 경남 거창군의 경우 중형기업 100개 유치, 일자리 5000개 창출을 목표로 정한 기업유치 전담반을 구성하고 과감한 포상금제를 도입하였다.

2) 지역기업사랑운동·친기업 마인드 확산

광주시는 유관기관단체와 지역기업과 '기업사랑협의회'를 구성해 광주에 공장을 둔 기아차사주기 운동과 삼성, 광주전자, 대우일렉트로닉스, 캐리어, 금호타이어, OB맥주 등 광주지역 생산제품 적극 사주기 운동을 실행 중이다. 또한 이 운동을 범시민 운동으로 펼쳐 실질적 효과를 거둘 수 있도록 해당 기업과 협조해 단계별, 기능별, 주체별로 다양한 판촉 전략을 마련해 시행하고 있을 뿐만 아니라, 지역혁신박람회장에 지역제품 홍보관 설치운영, 시청 등 주요기관 홈페이지에 홍보하고 공공기관 전광판 광고 등을 통해서도 지역제품 판촉활동을 하고 있다.

전남은 목포에서 기업사랑협의회를 창립하고 기업의 날, 기업애로 해소 대책위 운영 등을 골자로 범도민 기업사랑운동을 추진하고 있으며 광주시와 공동으로 '지역기업 우수제품 사주기 운동' 등 지역기업 사랑을 실천하는 'Buy 광주-전남'운동을 실시하고 있다.

3) 해외이전기업 역유치

경기도는 해외에 진출한 한국기업 가운데 현지에서 어려움을 겪고 있는 기업을 찾아 국내나 북한 개성공단으로 유치하고 있으며 국내로 다시 들어오려는 기업들에 정보제공과 함께 자금과 세제, 판로 등의 지원책을 마련하고 있다.

마. 외국의 고용안정 시책 사례

1) 미국의 사례

미국은 1930년대 대공항 이래 고실업 사태가 일어나게 되었다. 이때 주로 재정지출과 공공부문 투자확대를 통해 실업자를 구제하였다. 그 이후 실업대책의 효과에 대해 의구심이 생겨나 정책초점이 민간부문 고용창출과 교육훈련 쪽으로 이행되었다. 실업은 시장의 힘에 의해 발생하지만, 고용창출의 경우는 정부개입을 통해 어느 정도 여건을 조성할 수 있다고 본 것이다.[6]

미국에서는 매년 1~2백만 명이 대량 일시해고를 당하고 있다. 엄청난 숫자의 해고에도 불구하고, 고용은 경영권이라는 철학이 불변한 상태이다.

그러나 정부가 기업고용에 개입하지 않는다고 해서 사태를 방관하는 것은 아니다. 1995년 이후 사업장별 50인 이상 해고 건에 대해 실업보험 시스템을 활용, 취합 분석하는 MLS(Mass Layoff Statistics) 프로그램을 운영하고 있다.

즉, 미국은 MLS 프로그램을 근거로 고용창출 정책을 실시하고 있다. 첫째,

---

6) 선진외국의 사례는 삼성경제연구소, 「일자리 창출의 제약요인과 극복방향」의 내용을 인용하였다.

해고근로자 지원 및 교육훈련을 위해 주정부에 연방기금을 지급하고 둘째, 사양산업과 낙후지역에 대한 대책을 마련하며 셋째, 대량해고 원인과 해고근로자 인구속성을 파악하여 노동시장을 예측하며 넷째, 잠재 노동력 공급을 분석하는 등의 정책이다.

2000년대 전반 미국의 고민은 고용시장의 글로벌화와 '고용 없는 성장'이 나타났다는 것이다. 미국은 최근 고용시장의 역동성이 눈에 띄게 감소하고 있는데 이러한 상황에서 해외 아웃소싱이 가장 뜨거운 고용이슈로 등장하였다. 해외 아웃소싱 목적이 비용감축에서 우수인재 확보로 변화되었다. 향후 10년 내에 미국 내 사무전문직 일자리 330만개가 외국으로 유출될 것으로 예상된다.

미국은 아웃소싱으로 이익을 보고 있으나, 다른 한편으로는 보호주의적 색채도 표면화되고 있다. 즉, 미국의회는 2004년 1월22일 특정 정부기관이 발주한 사업에 대해서는 낙찰받은 기업이 해외하청을 줄 수 없도록 규제하는 법안을 통과시킨 사례가 그것이다.

미국 정부의 기본 입장은 일자리의 초국적 이동을 직접 제재하는 고용정책보다 교육에 기반을 둔 인력정책을 통한 문제해결을 선호하고 있다. 즉, 부가가치가 가장 높은 활동영역에서 자국의 이익을 확보하고 있는 것이다.

2) 유럽의 사례

유럽은 20년간의 만성적인 고실업에서 벗어나는 중이다. 70년대 말까지는 유럽의 실업률이 미국보다 낮았으나, 이후 급격히 높아져 1994년에는 EU 평균 11%를 상회하고 있다. 1990년대 전반에는 '고용 없는 성장' 문제가 대두되었다.

유럽의 실업문제는 한때 치유 불가능하다는 판정이 내려지기도 했으나 2000년대 들어 회복 단계에 진입하였다. 각국이 장기간 추진해 온 고용창출 대책의 효과가 뚜렷하게 나타나기 시작했다. 경기 하락으로 인해 경기 전망이 밝지는 않지만, 그래도 20년간의 긴 터널을 통과했다는 공감대는 형성되고 있다.

EU차원에서 고용창출 대책을 기획·주도하며, 개별 국가들은 적합한 정책에 집중하고 있다. 1997년 EU는 '유럽고용전략'을 수립하여 각국의 접근방식을 컨설팅하고 목표를 부과하였다. 80년대 말부터 운영하던 일자리창출정상회담(Job Summit)을 10년 만에 포기하였다. 각국은 자국 시스템과 문화에 적합한 방식으로 자원과 노력을 투입하고 있다. 글로벌화하는 일자리 시장에 대한 개별

국가의 대응에 한계를 느꼈고, 백화점식 정책나열을 탈피하여 효과적인 정책에 집중한 것이다. 특히 청년실업 정책의 선택과 집중은 수많은 시행착오 끝의 결실을 거둔 것이다.

유럽은 세계화와 고령화를 고용현안으로 규정하고, '투자하기 좋은 환경조성'을 일자리 창출의 최우선 과제로 설정하고 있다.

EU는 Wim Kok[7]에게 고용정책 기안을 위탁하였다. 그의 보고서 Jobs, Jobs, Jobs (2003)는 세계화와 고령화가 유럽 고용의 핵심 도전이며 모든 정책이 이를 전제로 수립되어야 한다고 주장하고 있다. 이 보고서는 일자리 창출의 최우선 과제는 다름이 아닌 기업투자 활성화라고 명시하고 있다. 따라서 인적자원의 활용도와 생산성을 높이는 것 이상의 고용정책은 없으며, 결국 '기업하기 좋은 환경'을 만들어야 한다고 강조하고 있다.

3) 일본의 사례

일본은 90년대 이후 장기불황 때문에 실업문제가 심화되고 있다. 일본의 실업률은 10년 이상 점진적으로 상승해 왔다.

〈표 30-4〉 일본의 실업률 추이

연 도	1980	1985	1990	1995	2000	2005	2008
실업률(%)	2.0	2.6	2.1	3.2	4.7	4.4	4.0

자료: IMF.

세계 최고령 국가라는 인구구조상의 부담까지 지고 있는 일본으로서는 고용문제가 폭발 수준으로 가기 전에 대책을 마련해야 할 상황이다.

그러나 일본 정부의 고용정책은 개혁적이지 않고, 보완수준을 유지하고 있다. 2002년 12월 일자리창출을 위한 노사정 합의를 도출하였고 고용 유지 확보 및 일자리 나누기에 대한 노사협력, 정부의 재취직 촉진지원, 취업형태 다양화를 위한 노동시장 개혁추진 등에 합의했다. 노동시장에 대해 혁신적으로 접근하지 않고 시스템 원활화 및 근로형태 다양화 등에 머물고 있다. 정부는 구인구직 정보시스템 업그레이드 등에 노력하고 있다.

7) 전 네덜란드 수상, 네덜란드 노사정 합의인 '바세나 협약(1982)'의 실행을 주도했고 1999년 수상 재직 시에는 유연성과 안정성을 조합시킨 'Flexicurity모델'을 도입한 바 있다.

일본은 외부노동시장에 비해 기업내부는 매우 유연한 상태이다. 일본의 노동시장 유연성은 수치로만 보면 미국에 크게 미달된다. 즉, 노동이동률의 경우 미국이 23.4인데 반해 일본은 3.3에 불과하다. 그러나 일본 기업은 기능유연성 측면에서 세계최고 수준이다. 특히 대기업들은 종업원의 다기능과 기능통합을 통해 수요변화에 원활하게 대응하고 있다. 임금의 유연성 면에서도 일본의 기업 내 유연성이 높은 편이다. 개별연봉제나 성과주의 보상이 아직 일반화되어 있지 않으나, 시장 상황에 따라 임금인상 폭을 조정하고 있고 임금피크제 도입이 일반화되어 있다. 그리고 활발한 계열사 이동, 자회사 전출을 통한 해고 억제 등으로 고용유연성을 확보하고 있다. 특히 감원을 하기보다는 종업원 재교육과 전환배치는 일본식 접근방법의 대표적인 예이다.

일본 대기업의 독특한 고용유연성은 고용조정을 추진하는 미국 대기업들에 의해 적극 수용되고 있다. 각국의 고용 관행이 일본식 팀제로 수렴할 것이라는 예측도 일본의 기업 내 유연성이 산출하는 높은 생산성에 근거한 주장이다.

그러나 일본식 내부유연성의 한계가 점차 드러나고 있다. 글로벌 경쟁 격화에 따라 내부유연성만으로는 기업경쟁력을 유지하기가 어려워진다. 2002년 대규모 감원 후 회생한 닛산, 사업부 구조조정이 불가피하다는 판단아래 2003년 2만 명 감원을 발표한 소니의 사례는 일본기업들이 활용하는 내부유연성의 한계를 드러낸 것이다.

2. 일자리 실태

가. 고용동향 및 예측

1) 고용동향

우리 경제의 일자리 창출 능력(Job Creation Capacity)이 점차 약화되고 있는 추세이다. 즉, 양적 투입 위주의 고도 성장기를 지나면서 성장잠재력이 점진적으로 하락하고 있는 모습이다. 또한 노동절약적 기술진보, 산업구조의 변화 등으로 성장에 따른 일자리 창출 효과도 점차 감소하고 있는 모습을 보이고 있다.

반면에 제조업, 농업 등에서 일자리 감소세가 지속되고 있으나, 서비스업에서는 연간 40만개씩 일자리가 증가하고 있다. 2003년부터 2008년까지 취업자 증감수를 보면, 서비스업은 233만 명이 증가한 반면, 농림어업은 38만 명이 감소했고, 광공업은 16만 명이 감소한 것으로 나타났다.

특히, '03년에는 내수위축에 따른 서비스업의 침체로 3% 내외 성장에도 불구하고 일자리는 오히려 3만개가 감소하는 현상을 보였다.

〈표 30-5〉 산업별 전년대비 취업자수 증감 (단위: 천 명)

구 분	2003	2004	2005	2006	2007	2008
전 체	−30	419	297	684	281	146
서비스업	126	460	362	780	388	215
광 공 업	−37	84	−55	−66	−48	−36
농림어업	−119	−125	−10	−30	−59	−33

자료: 통계청.

2) 고용전망

현 추세가 지속된다면 잠재성장률 수준인 5% 대 초반의 성장을 지속하더라도 향후 5년간 150만 개 수준의 일자리 창출에 그칠 전망이다. 반면, 구조개혁, 대외개방 등 경쟁력 강화노력이 차질을 빚어 잠재성장률이 4%대 중반으로 하락할 경우에는 향후 5년간 130만 개 수준으로 하락할 가능성이 예측되고 있다.

산업별로는 내수와 서비스 산업이 주도하는 일자리 창출 구조가 지속될 전망이다.

우선, 서비스업 중심으로 산업구조가 재편되고 있으며 선진국에 비해 추가 성장의 여지도 큰 상황이다. 그리고 건설업은 부동산 경기에 따라 일자리 창출의 변동폭이 크며, 정부의 SOC투자에 크게 영향을 받을 전망이다. 또 제조업은 투자활성화와 기간산업의 경쟁력 강화를 위한 특단의 노력이 있어야 일자리 감

〈표 30-6〉 제조업 고용증감

구 분	2003	2004	2005	2006	2007	2008
제조업 생산능력지수	92.3	96.8	100.0	104.1	109.7	115.3
제조업고용증감(천명)	−36	85	−56	−67	−48	−40

주: 제조업생산능력지수 기준년도 −2005년(100).
자료: 통계청.

소 추세의 반전이 가능할 것이다.

농림어업은 경쟁력 강화를 위한 구조조정 진전 등에 따라 일자리 감소 추세의 지속이 불가피한 것으로 예측된다.

3) 노동시장의 실태와 문제점

우리경제는 성장세가 둔화되면서 경기침체 심화에 대한 우려가 증폭되고 있다. 일자리 감소와 청년실업 등 노동시장에 대한 불안심리가 확산되고 있는 것이다. 또한 경제성장에 따른 일자리 창출 정도를 나타내는 고용탄력성도 지속적으로 하락하고 있어 '고용 없는 성장'에 대한 우려가 현실화되고 있다.

고용흡수력이 뛰어난 제조업 생산기지의 상당수가 중국 등 해외로 이전된 상태이며 최근 들어서는 첨단 고부가가치 산업의 생산기반까지도 해외로 이전되는 탈한국화 현상이 심각해지고 있다. 이런 가운데 중소기업의 3배에 달하는 대기업이 과도한 임금인상으로 대기업과 중소기업간 양극화 현상은 심화되고 있다. 이로 인해 대기업은 신규투자의 위축, 중소기업은 인력부족현상을 겪고 있는 실정이다.

최근 실업률은 다소 안정된 모습을 보이고 있으나, 지속된 경기 침체로 노동시장의 구조가 악화되고 있고, 청년실업이 지속적으로 증가하는 등 노동시장 전반에 걸쳐 위기감이 확산되고 있는 실정이다.

한편, 한국 실업의 문제는 세 가지 측면에서 원인을 찾아 볼 수 있다. 첫째, 경제성장의 전반적인 침체와 더불어, 산업구조의 변화에 따른 우리 경제의 고용흡수력이 감소했다는 점이다. 둘째, 대립적 노사관계와 과도한 임금인상, 경직된 고용보호규제 등 기업들이 고용부담 증가에 따른 신규채용을 기피하는 문제이다. 셋째, 구인·구직 알선을 위한 노동시장 인프라의 저효율과 산업계 수요에 부응하지 못하는 공급자 중심의 인력양성 체계 및 인력수급의 구조적 불균형 문제를 들 수 있다.

나. 일자리 제약요인 분석

1) '고용 없는 성장'(Jobless Growth) 시대의 도래

경제성장에도 불구하고 고용창출 여력이 줄어들고 있다. 불황이 취업난 심화를 초래한 측면도 있으나, 우리나라의 고용 창출 능력 자체가 감소하고 있기

〈표 30-7〉 GDP 성장률 및 취업자수 추이 (단위: %, 천 명)

구 분	2003	2004	2005	2006	2007	2008
GDP 성장률	2.8	4.6	4.0	5.2	5.1	2.2
취업자수	22,139	22,557	22,856	23,151	23,433	23,577
(증가율)	−0.1	1.9	1.3	1.3	1.2	0.6
제조업취업자수	4,205	4,290	4,234	4,167	4,119	4,079
(비중)	19.0	19.0	18.5	18.0	17.6	17.3

자료: 한국은행, 통계청.

때문이다. 따라서 향후 경제의 서비스화, 고령화 등에 대비한 노동수요 확보에 주력할 필요가 있다.

특히, 제조업 취업자는 2005년 이후 4년 연속 감소세를 보였다. 총 취업자 중 제조업 취업자 비중은 2003년 19.0%에서 2008년 17.3%로 하락하였다. 이는 국내기업들이 생산성 향상과 비용절감형 경영에 주력했기 때문이다.

섬유 등 노동집약산업을 중심으로 기업들이 생산비용이 저렴한 해외로 생산기지를 이전하고 있어 국내 고용 창출 여력이 축소되었다. 1990년 이후 제조업의 해외투자는 연평균 10.4% 증가했으며, 전 산업 대비 제조업의 투자비중은 절반(50.7%)을 상회하고 있다. 그리고 제조업 고도화, 고용창출이 낮은 IT, 산업의 비중 증대 등으로 인해 앞으로 우리경제의 고용흡수력이 정체 내지 감소가 전망된다.

2) 기업의 인력효율화 노력으로 고용창출 여력 감소

대기업의 고용창출능력과 고용기여도는 계속 하락하고 있다. 그러나 중소·벤처기업의 경우 고용기여도는 증가하고 있으나 기반이 취약한 실정이다. 이러한 가운데 기업에 대한 인위적인 고용확대 정책은 부작용이 우려가 된다.

하지만 외환위기 이후의 벤처기업들의 일자리 창출이 두드러졌다. 외환위

〈표 30-8〉 벤처기업의 고용인원 현황 (단위: 개, 명)

구 분	2001	2002	2003	2004	2005	2006	2007	2008
벤처기업수	11,392	8,778	7,702	7,967	9,732	12,218	14,105	15,401
평균종업원수	32.0	36.2	30.1	33.5	38.4	28.1	30.2	−

자료: 중소기업청(2009), 「2008년 벤처기업 정밀 실태조사 결과 보고서」.

기 직후 창업이 활발했던 것이 일자리 창출과 실업문제 완화에 크게 기여한 것으로 나타났고, 벤처기업이 부가가치와 고용에서 차지하는 비중은 증대하였다.

불황과 경쟁격화에 대처하여 기업들은 한계사업 매각, 구조조정과 함께 인력의 소수 정예화에 주력한다. 그리고 인력을 적게 쓰는 고부가사업 중심으로 전환을 하고 자동화, IT화, 아웃소싱 등을 추진한다. 이는 사회보험 가입의무, 불안한 노사관계 등을 이유로 추가고용을 기피하고 있는 것이다.

3) 경직적인 노동시장

노동시장의 경직성이 신규고용 창출과 경쟁력 제고의 걸림돌이 되고 있다. 따라서 기업 내 인력유연성과 외부 노동시장의 유연성 확보가 일자리창출에 관건인 것으로 나타나고 있다.

노동이동률은 4~5% 수준으로 큰 변화가 없으며 2003년에는 오히려 하락하였다. 1998년 정리해고법이 통과된 이후 2000년 노동이동률이 5.55%까지 높아졌다가 이후에 다시 낮아졌다.

우리나라의 고용보호 수준은 OECD 국가 가운데 8번째로 높게 나타난다. 노사합의 애로, 사회안전망 취약 등으로 인원을 합리화하기가 어렵기 때문이다. 이러한 경우 기업은 섣불리 고용을 할 수 없게 된다. 경기가 어려워 감원해야 할 때 내보내지 못하기 때문이다.

4) 일자리 미스매치(Miss-Match)

청년실업난 속에 기업의 인력난이 가중되고 있다. 인력 미스매치로 일자리 부족이 심화되고 있는 것이다. 경력직 선호로 인한 청년실업, 중소기업 인력난, 고급두뇌 부족, 여성 경제활동 참여 미흡 등의 경향이 나타나고 있다. 결국, 노동시장 인프라 개선을 통한 미스매치(Miss-Match) 문제해결이 요구되고 있다.

기업들은 인력을 양성하는데 시간과 비용이 드는 신규인력 대신, 즉시 활용가능한 경력직 인력을 선호한다. 그러나 경력직 인력은 부족한 실정이다. 뿐만 아니라 우리 사회는 고학력 경향이 짙어지고 있으며, 고학력자들은 대기업 등의 일자리를 선호하고 있으나 대기업의 신규고용이 없어 취업가능성은 매우 낮아지고 있다.

또한 실업자가 많은 가운데 처우가 낮은 중소기업들은 인력을 구하지 못하

〈표 30-9〉 기업들의 경력직 선호 경향

구 분	1997	1998	1999	2000	2001	2002	2003	2004
경력직채용비율(%)	39.3	54.7	72.9	78.3	78.7	81.8	–	79.0

자료: 통계청, 「경제활동인구조사」.

〈표 30-10〉 중소기업 인력의 미스매치 비율 (단위: 명, %)

구 분		전 체	사무관리	전문가	생산직			서비스직	판매관리
					기술자	기능직	단순노무직		
제조업	현재인원	2,162,019	477,817	60,494	154,661	576,828	815,035	17,251	59,933
	부족인원	59,603	3,473	2,740	4,610	22,084	25,056	303	1,337
	부족률	2.68	0.72	4.33	2.89	3.69	2.98	1.72	2.18
지식기반서비스업	현재인원	377,474	107,637	77,629	138,914	18,856	11,721	11,273	11,444
	부족인원	12,821	1,575	3,574	5,144	1,733	262	214	319
	부족률	3.28	1.44	4.40	3.57	8.42	2.18	1.86	2.71

자료: 중소기업청(2009), 「'08년 중소기업 인력실태조사 결과보고서」.

고 있다. 이는 대기업과 중소기업간 임금격차가 확대되어 대기업 선호경향이 심화되고 있는 것에 기인한다.

중소기업들은 사람을 구하지 못해 폐업하거나 생산기지를 해외로 이전하고 있다. 특히 기능직, 단순노무직 등의 3D 업종 인력이 절대적으로 부족한 실정이다. 다만, 40만 명으로 추정되는 외국인 근로자들이 부족인력을 채우고 있다.

반면에 고급인력은 수요가 있으나 제대로 공급이 되지 못하고 있다. 즉, 이공계 석·박사의 초과공급 속에 전문인력의 국제 경쟁력이 크게 열위에 있다. 과학기술 분야는 물론, 전문경영자 재무전문가 문화컨텐츠 등의 분야에서는 고급인력의 공급이 턱없이 부족한 실정이다. 고급인력에 대한 보상이 부족하여 그나마 존재하는 인력도 해외로 유출되고 있다.

5) 고임금 구조

2000년대 들어 임금인상의 폭이 노동생산성 향상을 상회하였다. 생산성 향상을 상회하는 임금인상이 기업 경쟁력을 약화시키는 요인으로 작용하며 이는 곧 새로운 일자리 창출의 걸림돌로 작용하고 있다. 70~80년대 고도 성장기에는 생산성과 실질임금이 비슷한 폭으로 증가하였다.

우리나라 제조업 생산직 근로자의 시간당 노동비용은 12.22달러(2006년 기준)로 경쟁상대인 싱가포르(7.40달러), 대만(5.62달러) 등에 비해서는 높게 나타나고 있다.[8] 이러한 단위생산 대비 노동비용의 증가는 국제경쟁력 저하를 초래한다.

따라서 우리나라 노동시장의 고비용 저효율 구조로 인해 저임금 일자리가 중국 등으로 옮겨가면서 제조업 분야 고용 인원이 지난 10년간 52만 개(10.9%)가 감소하였다.

3. 지방정부의 일자리 창출방안

지금까지 국내외 고용실태를 살펴보았다. 이제 지방자치단체가 향후 추진해야할 일자리 창출방안을 살펴보자.

첫째, 경기활성화를 통한 고용기반을 확충해야 한다. 실업을 해소하고 일자리를 만들기 위한 가장 근본적인 처방은 경제가 회복되고 투자가 활성화되어 고용기반이 확충되고 기업들의 고용수요가 되살아나는 것이다. 따라서 투자활성화를 통한 고용기반 확충이 일자리창출의 기본이 되는 것이다.

둘째, 신 성장동력을 구축하여야 한다. 이제 기존의 산업만으로 일자리를 창출하기에는 역부족이다. 따라서 21세기에 걸맞은 차세대 성장동력을 지방자치단체 차원에서 모색해야 한다. 이를 위해 지방자치단체에 적합한 산업경제비전을 수립해야 할 것이다.

셋째, 노사관계 안정 및 노동시장 유연성 제고가 필요하다. 그리고 인력수급의 불균형을 해소해야 한다. 고용을 저해하는 가장 큰 부담요인으로 지적되는 대립적이고 전투적인 노사관계가 안정되어야 한다. 지방단위에서도 노사안정을 위한 각고의 노력이 필요하다.

넷째, '사회적 일자리' 창출도 필요하다. 기업부문과 민간부문에서 해결하지 못하는 사회적 일자리는 지방자치단체 차원에서 적극 확대 추진함으로써 일

---

8) 2008년 1월 미국 노동통계국(BLS)의 「'06 시간당 임금의 국별비교」(제조업 및 미 달러화 환산 기준).

자리 창출의 견인차 역할을 담당해야 한다.

가. 지역경기 활성화 및 기업투자유치

1) 지역경기 활성화

경제가 살아야 일자리가 만들어진다. 즉, 경기가 회복되어야 기업들이 일자리를 늘리는 것이다. 반면에 경기가 나쁠 때 고용을 하면 기업은 부담을 느끼게 된다. 따라서 경기가 회복될 수 있도록 지자체 차원의 노력이 필요하다. 지방자치단체 예산을 가급적 경기회복에 적합한 시기로 선정하여 지출될 수 있도록 집행해야 한다. 이를 위해서는 재정투융자 심사 시 지역경제 활성화 및 지역경기 부양과 관련되는 곳에 가점을 주어 심사해야 한다. 필요한 경우 민선단체장이 매스컴을 통해 건전한 소비장려도 촉구해야 할 것이다.

2) 기업투자유치

그리고 지자체가 직접 외자유치에 뛰어들어 각고의 노력을 기울여야 한다. 그럼으로써 역내에 대규모의 외자가 유입되고 있다는 분위기를 확산시켜야 한다. 민선단체장보다 더 높은 연봉의 외국전문가를 영입하여 보다 적극적인 외국인 투자유치를 펴 나갈 수 있을 것이다. 그리고 외국인 투자행정도 원스톱 서비스가 가능하도록 지원하여야 한다. 분권화 시대에 걸맞게 말뿐인 통합서비스가 아니라 실질적인 업무지원창구로서 정책 및 행정권한을 지닌 통합적 조직을 설립해야 한다.

또 한편으로는 기업가의 투자 마인드를 자극하면서 고용이 부담되지 않도록 제반여건을 개선해야 한다. 기업가들이 미래를 긍정적으로 보아야 신규 고용을 할 수 있는 것이다. 이의 대안으로서 기술벤처 등 소규모 기업의 창업을 지원해야 한다. 벤처지원 정책의 재가동도 유효한 수단이 된다. 단, 지원금 지급 등 '공급 중심적' 정책이 아니라 제품서비스 사양, 품질, 세계적 설계 경쟁력을 갖추도록 하는 '수요 중심적' 정책이 필요하다.

나. 기업지원 및 투자환경 개선

1) 기업부담 완화를 통한 고용기반 확충

인력수요기반의 확대를 통한 일자리 창출 방안을 위해서 기업부담을 완화시키는 지원이 필요하다. 기업부담을 완화시키기 위해서는 우선 임금안정 여건을 조성하고 기업의 사회보장비용 부담을 완화시키는 것이다.

첫째, 임금안정 여건을 조성하는 방안으로는 지방 물가안정 노력을 기할 수 있다. 그리고 지역사회의 합의에 의해 대기업 근로자 임금을 억제함으로써 기업 간 임금격차 해소를 통한 고용창출 효과를 기대할 수 있다. 그리고 임금피크제를 도입하여 임금수준을 생산성에 맞춰 조정할 수 있도록 50세 이상 근로자에게 임금피크제의 도입을 추진할 수 있다.

둘째, 기업의 사회보장 비용부담을 완화하는 것이다. 기업이 부담하는 각종 준조세 형태의 부담을 철폐해야 할 것이다. 이 밖에도 기업 집적지 근처에 영유아 교육기관을 설립하고, 모성보호 및 육아비용의 일부를 지자체가 지원함으로써 기업 부담을 줄여줄 수 있을 것이다.

2) 기업투자환경 개선을 통한 기업 활력 제고

첫째, 불확실성 요인을 제거하고, 지역사회에서 친기업 분위기를 조성하는 것이다. 먼저, 지자체의 기업관련 정책에 대하여 사전예고제 등 정책의 예측 가능성을 증대시키는 것이 필요하다. 그리고 지역사회 각급 교육기관의 교과과정에 경제교육을 확대해야 한다. 국가와 지역사회의 발전을 위해 기업의 성공이 가장 중요한 역할임을 강조함으로써 반기업 정서를 해소해야 한다. 기업하기 좋은 지역을 홍보해야 할 것이다.

둘째, 제도개선을 통한 기업투자 촉진을 들 수 있다. 수도권 첨단공장 증설규제를 완화해야 한다. 국내기업의 지방이전보다는 해외이전을 초래하고 외국기업의 국내투자를 가로막는 수도권 공장 증설 규제를 완화해야 할 것이다.

다. 신 성장동력 및 지식 인프라 구축

산업구조가 고도화되어가는 요즈음 지역에서의 새로운 일자리 창출을 위해서는 기존 산업에 대한 육성만으로는 어렵다. 지역 특성에 맞고 시대적 요구에 부응하는 새로운 성장동력이 필요하다. 21세기형 신 성장동력을 적극 발굴·육성하여 고급인력들에게 일자리를 제공해야 한다.

새로운 성장동력을 발굴한 후 이에 대한 육성·지원책도 펴나가야 한다. 이를 위해서는 지역별로 구체적이고도 별개의 산업발전 계획 수립이 필요하다. 사상초유의 청년실업난에도 불구하고 2010년 시스템반도체 분야 석·박사 인력 수요는 962명에 달하는 반면에 공급은 804명에 그칠 것이며 2013년에는 수요 대비 공급 부족 인력이 1000명 수준으로 확대될 것이다. 또한 학사 인력까지 포함한 전체 인력 공급은 2012년까지는 공급이 수요를 초과하겠지만 2013년부터는 반전될 것으로 예상되어진다.[9] 이는 기존의 일자리가 없어지는데 비하여 성장동력산업의 일자리는 풍부하다는 것을 반증하고 있는 것이다.

미국의 일자리 창출 정책은 고급인력 양성과 과학기술 연구에 중점을 두고 있다. 미국과 유럽의 국가경쟁력 격차는 지식 인프라 투자의 차이에서 유래한다고 인식하고 있기 때문이다. 따라서 우리의 지역경제에 있어서도 지식 인프라 구축과 연계하여 일자리를 창출할 수 있다. 즉, 지역에 지식 인프라를 확충하여 산업구조를 고도화하고 지식관련 분야의 고급 일자리를 창출해야 한다. 지식 인프라가 국제경쟁력과 고임금 일자리 창출의 핵심인데도, 정책 우선순위와 투자 비중이 상대적으로 낮은 것이 사실이다. 고등교육기관, 연구기관, 지식서비스업 등에 대한 투자를 확대하고, 지자체와의 연계를 강화해야 한다.

한편 고부가가치 차세대 성장동력 산업에 대한 육성 외에도, 고용창출 효과가 큰 기존산업의 재생 전략도 새롭게 마련해야 한다. 기존산업과 제조업의 공동화 현상은 지역의 일자리의 공동화 현상을 불러온다. 따라서 기존 산업의 공동화 현상도 억제하고, 새로운 부가가치를 만드는 차원에서도 기존산업의 지식기반화 전략이 필요하다.

라. 민간투자제도의 활용

내수침체로 인한 경기 회복이 지연되고 있는 상황에서 사회적으로 가장 큰 이슈가 신규 고용창출 문제이다. 그러나 지방자치단체는 중앙정부와는 달리 재원이 부족하여 새로운 사업을 벌일 수 없는 실정이다. 즉, 새로운 일자리 창출을 위한 지방자치단체의 역할이 필요한 현 상황에서 지자체는 예산 제약하에서

9) etnews, 「시스템반도체 고급인력 올해부터 부족」, 보도자료 참조, 2010.

고용창출 효과를 극대화할 수 있는 방안의 모색이 시급하다.

이러한 당면과제를 해결하는 방안으로 상대적으로 고용효과가 큰 인프라시설의 투자 확대를 고려해 볼 수 있다. 특히, 인프라시설 건설에 민간투자제도를 활용할 경우 지방자치단체는 동일한 예산을 투입하고도 고용창출효과를 배가시킬 수 있다.

인프라시설의 일자리 창출 효과는 전 산업 평균인 10억 원 당 12.4명을 상회하는 17.9명(직간접 고용유발효과 포함)으로 경제 전반에 대한 파급 효과가 매우 크다. 따라서 인프라시설에 대한 투자 부담을 민간투자제도의 추진으로 지자체와 민간부문이 분담하게 될 경우 고용효과를 배가시킬 수 있는 것이다.

즉, 지방 SOC 예산 중 1조원을 민간투자사업으로 전환시킬 경우 3.3조원의 투자 효과(2.3조 증액효과)가 발생하는 것으로 나타났다. 그리고 직접적인 일자리 창출효과는 3만8천명(2만7천명 추가 고용창출효과)인 것으로 나타났다.[10)]

마. 지역 노동시장의 안정화

1) 노사 안정 및 민간 고용안정기능 제고

지방의 일자리는 대부분 기업들로부터 발생한다. 그러나 기업이 공장을 외국으로 이전시키거나 기업가의 투자의욕이 감소되면 일자리가 줄어들게 된다. 따라서 일자리 창출은 물론, 일자리 방어를 위해서도 노동시장의 안정이 필수적이다.

첫째, 안정적 노사관계와 노동시장의 유연성을 제고해야 한다. 지역 노사정위원회가 일자리 창출을 위한 대원칙에 합의하도록 유도해야 할 것이다. 즉, 노조 측에서는 비정규직 중소기업 근로자 대비 임금수준이 높은 부문에 대해 앞으로 임금안정을 약속하거나, 작업장 혁신과 품질 생산성 향상에 적극 협력해야 할 것이다. 그리고 기업 측에서는 투자 확대를 통한 일자리 창출에 적극 협조하고, 인위적 고용조정 등을 절대 자제할 것을 약속해야 할 것이다. 또 지자체는 행정규제의 철폐, 지방물가 안정 등을 약속해야 할 것이다.

둘째, 지방의 민간 고용안정기능 제고와 전문화가 필요하다. 공공 고용안정센터에서는 가급적 서비스 대상을 취약계층으로 특화하고, 전문적인 취업지원

10) 국토연구원, 『국토정책(제51호)』, 2004.

서비스는 민간센터를 활용하도록 지원해야 한다. 이에 반해 민간 파견대행업체와 직업소개소, 헤더헌터의 기능을 활성화하는 것이 필요하다.

2) 산업수요에 부응하는 인적자원 개발

첫째, 학교교육과 노동시장의 연계가 필요하다. 대학은 취업률을 공개하여 대학 간 경쟁을 유도하되, 산업수요를 반영한 교과과정이 되도록 개편하여야 한다. 그러기 위해서는 지방자치단체는 해당 지역에 소재하는 대학과 협조하여 기업이 원하는 인력을 공급하도록 유도해 나가야 한다. 이를 위해서는 지자체가 수요(기업) 측과 공급(대학) 측이 만날 수 있도록 정기적인 만남의 장을 만들어 줄 수 있을 것이다.

둘째, 일과 직업훈련과 자격검정사업의 연계를 통한 실업예방이 필요하다. 산업계 수요를 반영한 직업훈련과 자격검정체계 구축을 위해서 기업주도형 산업별 인적자원개발 협의체를 구성할 수 있을 것이다. 지역상의와 협의하여 자격검정시험 내용을 기업의 요구에 맞도록 개편하고, 또 이를 직업훈련원이나 학교 측에 전달해야 할 것이다.

셋째, 평생직장에서 평생직업의 개념으로 전환에 따른 평생학습체계를 구축해야 한다. 이를 위해서는 직장 내 고용안정성보다 개인의 취업능력 제고를 통한 노동시장 내 고용안정성 제고가 필요하다. 이를 위해서는 지자체가 노동시장 내에서 개인의 능력 제고 프로그램을 개발 지원하는 등 고용안정성 제고를 지원해야 한다.

3) 노동시장 수요-공급 측 미스매치 해소

청년실업이 극에 달한다고 보도되는 가운데 다른 한편에서는 중소기업 인력난을 호소하고 있다.

이러한 노동시장의 미스매치는 시간과 능력을 낭비하게 하여 장기적으로 큰 손실을 가져온다. 교육부문에서부터 파생되는 미스매치는 단기적으로 해결하기 어려운 만큼, 5~10년의 프로그램을 갖고 추진해야 한다. 일자리 미스매치 현상은 기업과 대학, 구직자가 모두 변해야 한다. 그럼으로써 노동시장과 교육기관간의 괴리를 좁혀야 한다. 이를 위해서는 연령대별 고용전략, 여성의 경제활동참가율 제고 방안 등을 실시할 수 있을 것이다.

그리고 지방자치단체 중재하에 인력 공급기관과 수요기관간에 상호 원하는 인력이 매치될 수 있도록 노력해야 할 것이다. 즉, 인력수급의 양적·질적 불일치를 야기하는 구조적인 문제점을 시정해야 할 것이다. 하지만 구직자들은 고급일자리, 괜찮은 일자리만을 고집하고 있다. 따라서 구직자들에 대한 직업관·의식교육도 지방자치단체가 일부는 담당해야할 부문이다.

바. 지역혁신체계와 혁신촉진적 학습 분위기

최근 지역경제부문에서 지역혁신이 새로운 유행어로 떠오르고 있다. 지역혁신체계는 단기적으로 지역의 일자리를 줄이는 것으로 나타난다. 그러나 장기적인 관점에서는 지역혁신체계가 지역의 일자리를 늘리게 된다. 그것은 기술개발로 자동차가 생겨났을 때 인력거를 끄는 사람의 일자리가 없어지지만 장기적으로 수많은 자동차 관련 직업이 생기기 때문이다. 따라서 지역에서도 혁신촉진적 학습 분위기 조성이 필요하다.[11)]

교육 및 기술정책이 일자리 창출에 대해 갖는 의미는 두 가지 측면으로 나눠 생각해 볼 수 있다. 하나는, 장기적으로 고성장 추세를 유지하는 국가가 일자리를 많이 만들어 낼 수 있다는 점이다. 선진국의 경우 경제성장의 주된 동력은 지식 및 기술진보에서 찾을 수 있는 것과 마찬가지이다. 다른 하나는 급속한 기술변화에 따라 사회에서 요구하는 지식 및 기능의 내용과 구성이 빠르게 변하고 있다는 것이다. 이로 인한 지역의 인력수급 불균형을 줄이기 위해서는 보다 효율적이고 유연한 학습 및 기술혁신 시스템을 갖추어야 할 것이다.

우선, 교육과 관련해서는 학교에서 직장으로의 이행을 원활하게하기 위해 중등교육 및 대학교육에서 직업교육을 강화하고, 변화하는 직업패턴에 잘 적응할 수 있도록 교육내용을 다양화하고 있다. 또한 가장 심각한 문제인 청년실업을 줄이기 위해서 유아 및 초등교육단계부터 취약집단 교육을 강화할 필요성이 강조되고 있다.

과학기술과 관련해서는 소수 하이테크 산업의 육성 그 자체보다는 새로운 지식과 기술이 신속하게 확산될 수 있는 여건을 마련하는 것이 더 중요하다. 또 새로운 지식기반 기업의 창업을 촉진하고 신 성장부문을 육성하려는 노력들이 전개되고 있다. 특히 일자리 창출효과가 큰 서비스부문의 활성화가 새로운 지식

11) 김석진, 「선진국 사례로 본 일자리창출 포인트6」, 『LG 주간경제』, 2004, p. 14.

기반 경제의 주요 과제로 떠오르고 있다.

한국은 주요 선진국 중에서 교육과 과학기술에 대한 투자를 가장 열심히 하는 나라에 속하지만, 투자의 효율성이 낮아 지식 창출의 성과는 비교적 저조한 것으로 평가되고 있다. 이는 우리의 교육이 급속히 변화하는 수요를 충분히 감당하지 못하고 있으며, 사회 안에서 지식이 확산되는 메커니즘이 발달하지 못하고 있음을 의미한다.

장기적으로 볼 때, 바람직한 학습 및 기술정책의 수립과 집행이 우리나라 지방의 일자리 창출 성과를 좌우할 가장 중요한 과제가 될 것으로 판단된다.

사. '사회적 일자리' 창출

지금은 '사회적 일자리' 창출에 대해 중장기적 전략을 새로 수립해야 할 시점이다. 사회적 일자리 창출정책의 기본적인 추진방향이 바뀌는 것이다. 지금까지 수행된 정책이 관성에서 벗어나야 한다. 저소득 취약계층에 대한 대책이 아니라 사회적 서비스 영역에서 사회적 기업을 중심으로 한 정상적인 일자리 창출정책으로 설정될 필요가 있다. 또한 한국의 경우 지역사회 서비스가 지금까지 별로 발전되지 않았기 때문에 장기적인 인구 및 사회구조 변동에 따른 사회적 서비스의 발전방향을 재정립해야 한다.[12)]

1) 지역사회구조 변동을 고려한 정책 추진

무엇보다도 급속한 고령화 진전에 대한 대응 방안을 모색해야 한다. 그리고 이에 기반을 둔 사회적 일자리 창출 전략을 추진할 필요가 있다.

현재 한국의 고령화가 빠르게 진행되어 총인구 대비 65세 이상 인구 비율이 2019년에는 14%에 이를 것으로 예상된다. 고령화의 진전은 보건 및 사회복지서비스의 급격한 수요 증대로 이어진다. 이를 충족하기 위한 인력의 공급은 여성의 경제활동 참여율 증대 및 이를 뒷받침하는 사회복지 서비스 공급에 크게 의존한다.

노인의 경제활동 참여증대는 고령화에 따른 국가의 복지부담 증가를 상쇄할 수 있는 생산적인 인력정책이 되는 것이다. 이를 위해서 사회적 일자리에 적합한 사회적 서비스의 새로운 영역을 지속적으로 발굴해 나가는 것이다. 사회복

12) 노동부, 「사회적 일자리 창출방안 연구」, 2003.

지 서비스는 고령화를 비롯한 인구구조와 가족구조의 변동에 따라 불가피하게 팽창해야 하지만 정부의 역할에 따라서 그 규모는 달라질 수 있다. 또한 지역사회서비스 수요의 경우 지금까지 제대로 드러나지 않은 경우가 많다는 점에서 일선 지방자치단체 차원에서 새로운 지역사회 서비스를 발굴해 나가는 것이 필요할 것이다.

2) '사회적' 기업을 통한 일자리 창출

중장기적인 '사회적 일자리' 창출정책의 초점을 취약계층에 대한 직접 지원으로부터 탈피해야 한다. 즉, '사회적' 기업의 육성을 통해서 '괜찮은 일자리'의 창출로 바꾸어 나갈 필요가 있다. 물론 취약계층에 대한 직접 지원정책은 자활대상자 등을 중심으로는 일정규모 유지될 필요가 있지만 이 경우에도 이러한 지원정책은 민간부문 일자리나 정상적인 사회적 일자리로의 전환을 목표로 한 단기적인 경과적 일자리 창출정책으로서 위상을 정립할 필요가 있다.

지역사회에 밀착된 사회적 기업은 비대칭적 정보하에서 공공부문 및 민간기업에 비해 사회적 자본에 근거한 잠재적 경쟁 우위를 지닐 수 있다. 그러나 사회적 기업이 잠재적 경쟁 우위를 현실화시키는데 실패할 경우 사회적 일자리의 질은 낮아지고 사회적 서비스 시장이 양극화될 우려가 있다. 따라서 잠재적 경쟁 우위를 현실화 할 수 있는 행위주체의 자발적인 노력과 이에 대한 지원이 필요하다.

3) 지역사회복지 서비스와 고용 서비스 전달체계의 연계 강화

공적인 전달체계 차원에서는 사회복지 및 고용 서비스 전달체계의 효율화와 연계해서 전달체계를 구축하는 것이 필요하다. 이를 위해서 중장기적으로 지역고용 서비스와 지역사회복지 서비스를 효율적으로 전달할 수 있도록 시군구 차원에서 원스톱서비스를 제공할 수 있는 전달체계의 도입을 추진할 필요가 있다.

현재 보건복지부에는 전국 15개 지역(시군구)을 대상으로 사회복지사무소 시범사업을 준비하고 있다. 이와 관련해서 사회복지사무소 시범사업의 일부를 고용안정센터와 원스톱으로 운영하는 방안을 추진하는 것을 적극적으로 추진할 필요가 있다. 이러한 사회복지 서비스 전달체계와 고용 서비스 전달체계의 긴밀한 연계방안에 대한 시범사업 결과를 모아서 장기적으로 효과적인 전달체계를 구축할 필요가 있다.

실업문제를 해결하라는 국민의 목소리가 커져가고 있다. 국가와 지방자치단체에서는 각종 대책을 내놓았지만 그다지 효과있는 것을 찾아보기는 힘들다.

여기서는 지방자치단체를 중심으로 일자리 창출 방안을 열거하였다. 그러나 우리의 실업문제가 어느 하나의 요인으로 발생하고 있는 것이 아니라, 경기침체, 노동시장에서의 인력수급 불균형, '고용 없는 성장' 추세 등이 복합적으로 작용한 결과이다. 따라서 경기활성화를 이루어내더라도 다양한 실업문제가 근본적으로 해소될 것 같아 보이지 않는다. 무엇보다도 산업구조의 고도화 추세의 결과물이라고 할 수 있는 '고용 없는 성장'이 현실화되고 있기 때문이다.

공공부문에서의 일자리 창출은 단기적 효과밖에 없다는 것이 역사적 사실이다. 즉, 지방자치단체는 지금까지의 단편적이고 '사회적'인 일자리 창출 노력에서 벗어나 이제 지역경제의 종합적인 접근이 필요한 시점이다. 지역의 경기를 부양하고, 기업활동을 지원하여 기업투자를 유도해야 한다. 노사안정을 도모하고 지역노동시장을 안정화시키는 것은 물론, 지방의 새로운 성장동력도 발굴하여야 한다. 자치단체 내의 지역경제 조직력을 확충하고, 지역경제 종합계획을 수립·추진하는 등 보다 다각적이고 종합적인 노력이 필요한 것이다.

제31장
커뮤니티 비즈니스(CB)

세계화 · 개방화가 가속화되면서 국내 지역간 관계보다는 글로벌 교역 체제 하에서 각 지역의 역할 및 위치의 확보방안이 지역발전의 핵심 주제가 되고 있다. 이런 가운데 지역경제 활성화 방안은 다양하게 존재한다. 그중 기업유치를 통해 투자와 고용을 촉진하는 외생적 발전 전략이 대표적인데 최근 들어 지역 전략산업이나 향토산업을 육성해서 일자리와 소득을 증대시키는 산업육성 전략이 활발하게 진행 중이다.

그러나 이러한 외생적 발전 전략은 성과와 함께 한계도 노출한다. 투자유치로 설립된 공장은 기업 및 산업 환경의 변화에 따라 신속하게 입지를 이전하는 등 지역에 대한 착근성(Embeddendness)이 부족하다.[1] 그리고 지역혁신 체계 구축을 통한 지역산업육성 전략은 시스템적 접근으로서 그 의미가 크나 단기간에 성과를 내기가 곤란하다.

따라서 외생적 지역발전과 내생적 지역발전의 조화를 이루고 실질적인 일자리 및 소득을 창출할 수 있는 정책 대안에 대한 검토가 시급한 실정이다.

1. 커뮤니티 비즈니스의 개념

가. 커뮤니티 비즈니스 등장 배경

우리나라는 지난 10년간 전국 인구가 약 260만 명 정도 증가했으나 수도권

1) 삼성경제연구소, 「커뮤니티 비즈니스 도입 및 활용방안 연구」, 2009, p. 1.

충청권과 동남권 일부 지역에서만 증가했을 뿐 그 외 대부분의 지역에서는 감소하고 있는 추세이다.[2)]

기업입지의 집중도는 심화되고 입지 패턴이 고착화되고 있다. 1998년에서 2007년까지 전국에서 창출된 일자리 가운데 63.4%, 증가한 사업체 수 중 65.6%가 수도권에 집중되어 있다. 또한 고령화율이 전국 평균 11% 정도인데, 군단위 지역은 20%를 상회한다. 현재와 같은 고령화와 인구감소가 지속될 경우 지역의 역사, 문화, 전통자원이 계승되지 못하고 단절될 우려가 있다.

과거, 정부가 지방에 집중 투자했음에도 불구하고 중앙정부에 대한 지방의 의존 성향이 높아 지방의 창의적이고 적극적인 대응이 곤란하게 되었고 국가 차원의 투자에도 불구하고 중앙정부에 대한 지방의 의존성이 상존하고 있다. 이러한 의존성의 심화로 인해 외부 재원확보 그 자체가 지역발전의 목표처럼 인식되는 부작용을 초래하였다.

경제위기 극복 또는 지역 활성화를 위한 지방주도의 자활대책이 부족한 실정에서 지역의 외부자원을 동원하는 외생적 전략과 지역의 내부자원을 활용한 내생적 전략의 조화가 필요하다. 이러한 가운데 CB(Community Business)는 공공성과 수익성의 결합을 통한 지역발전의 지속가능성을 담보하는 전략으로서 지방의 고용창출, 지역의 숨겨진 자원 활용, 경제적 효과의 지역 내 순환, 지방행정서비스의 효율화 등에서 의의가 크다 할 것이다.[3)]

나. 커뮤니티 비즈니스의 의의[4)]

CB는 1994년 Hosouchi Nobutaka가 제창한 개념이다. 지역사회의 현안을 비즈니스 방식을 활용해 해결하고 이를 통해 발생하는 이익을 지역사회에 환원하는 사업으로 community(지역공동체, 지역사회)와 business(사업, 기업)의 합성어이다. 즉, 커뮤니티에 기반을 두고 사회적 문제를 해결하기 위한 활동으로 지역 커뮤니티 기반의 지역사업, 지역자원을 활용한 지역사업 등을 포함한다. 또

2) 총 244개 시군구 중에서 인구가 증가한 지역은 94개에 불과하며 150개 지역에서는 감소하였다.
3) 삼성경제연구소, 상게서, pp. 11~13 참조.
4) 지역에 숨어있는 자원과 인재를 활용하여, 지역의 과제를 지역 주민 스스로가 비즈니스 수단을 사용하여 해결하고자 하는 활동(Kawaue Soichi, 2007).

한 비영리조직(NPO)[5] 등 지역주민이 자발적으로 결성한 조직이 주체가 되어 상가 활성화, 특산품 판매, 폐기물 재활용, 취업교육 등 지역의 현안 과제를 수익자 부담 원칙에 의해 해결하는 것이다.

CB는 소셜 비즈니스(Social Business)의 3대 속성인 사회성, 사업성, 혁신성을 충족시킴과 동시에 지역 기반을 토대로 하는 지역성이 추가되는데, 지역주민들이 지역의 자원을 이용해 지역의 과제들을 해결해나가는 지속가능한 사업 모델로서 CB에서의 '비즈니스'는 지속가능한 조직을 의미한다.

CB의 특징은 '① 지역주민이 주체이다. ② 이익의 최대화를 목적으로 하지 않는다. ③ 커뮤니티가 안고 있는 문제와 주민수요에 대응한 재화와 서비스를 제공한다. ④ 지역주민이 일할 수 있는 장을 제공한다. ⑤ 계속적인 사업 또는 사업체이다. ⑥ 행정으로부터 인적, 자금적 측면에서 독립한 존재이다. ⑦ 자발적이고 비경제적인 동기에 의한 참가형태이다.' 등 7가지로 나눌 수 있다.

〈그림 31-1〉 커뮤니티 비즈니스의 의미[6]

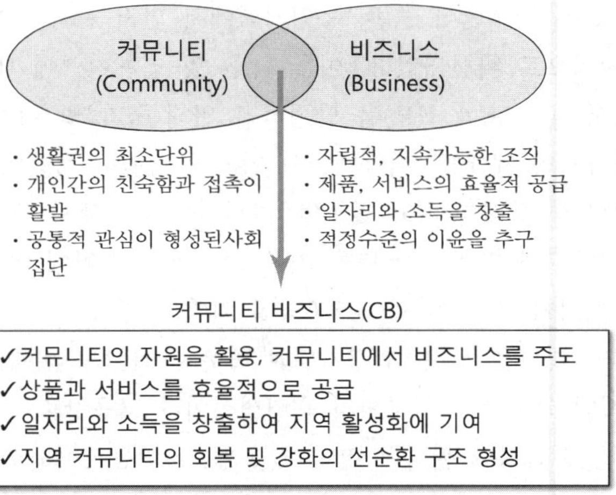

5) Non-Profit Organization.
6) 상게서, p. 18 자료 활용.

〈그림 31-2〉 커뮤니티 비즈니스의 위상 및 사업영역[7]

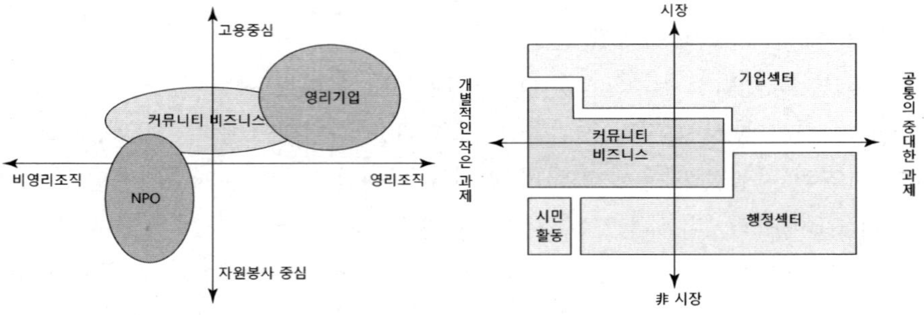

2. 커뮤니티 비즈니스의 해외 사례

가. 영　　국

영국의 CB는 1970년대 중반, 농업지역에서 먼저 등장했으나 1970년대 후반에는 도시지역으로 확산되었다. 이후 낙후 및 침체지역에 대한 집중 지원을 통해 도시 재생(지역공동체 회복)을 달성하기 위해 국가 및 지자체 차원에서 추진되는 등 취약지역 재개발, 취약계층의 일자리 창출이 목적이다. 이들은 전형적으로 지주회사의 형태를 띠고 있으며, 자회사들을 통해서 다양한 지역사회 프로젝트를 수행하고 있다.[8] 1995년을 기준으로 영국 전역에 약 400개의 커뮤니티 비즈니스 회사가 있으며, 약 3,500명이 일하고 있다.

영국 CB의 특징은 우선, 법적지위와 소유구조는 보증유한책임회사나 I&P 조합으로 조직의 목표를 지역차원의 숙련형성이나 고용창출, 서비스 제공 등을 통해 지역의 문제 극복에 둔다는 것이다. 또한, 지역농장에서부터 지역교통회사와 같은 다양한 형태를 취하고 있으며 지역사회 서비스의 제공과정에서 풀타임이나 파트타임 일자리를 창출하는데 지원 프로그램에 따라 여러 종류의 훈련을 제공하며 참여자로는 도심 및 농촌 낙후지역의 장기실업자, 청년, 소수민족, 여

7) 상게서, 2009, p. 20.

8) 한국노동연구원, 「사회적 일자리 창출사업 중장기 발전방안」, 2004, p. 144.

〈표 31-1〉 영국의 노동시장 통합형 사회적 기업의 규모 (단위: 명)

유 형	조 직 수	참여자수
노동자/사회적 협동조합	419	2,514
커뮤니티 비즈니스	400	3,500
사회적 회사	38	380
중간노동시장조직	65	5,300
준국가 사회적 기업	80	11,400
계	1,002	23,094

자료: Spear and Bidet(2003), pp.15~16 참조.

성이 있다. CB의 전국 네트워크가 있으며 내부에는 부문별 모임도 있다.

영국의 CB는 지역사회 서비스의 제공으로부터 얻은 수입이 주재원이며 이는 서비스 수혜자로부터 받거나 때로는 보조금으로 받기도 한다. 물론 지역 차원의 자원봉사 참여가 중요한 자원이며 창업단계에서 저임금을 통한 초기비용 절감이나 지방정부의 지원 프로그램, 중앙정부의 훈련 프로그램의 지원을 받고 있다.

공공정책과의 관계를 살펴보면 일부 지역에서는 커뮤니티 비즈니스를 인증하기도 하며 지역사회의 다양한 자원과 연계되어 때때로 지역 노동조합의 지원을 받기도 한다.

나. 캐 나 다[9)]

1) CB 지원체계

캐나다는 연방정부-광역-기초-커뮤니티 단위로 체계적인 커뮤니티 비즈니스 지원체계를 구축하고 있다.

광역차원의 퀘백주 경제개발기구(CED-Q)는 퀘벡지역 경제산업개발을 총괄하는 연방정부산하기구로서 57개의 커뮤니티 미래개발기구(CFDC)의 협조를 받아 지역 공동체와 함께 구상한 커뮤니티 활성화 프로그램을 지원한다. 금융지원, 정보제공, 자문제고 및 지도를 주요활동으로 하고 중소기업 특히 시민 경제기업, 비영리단체(NPO) 중 지역개발을 위한 제반 서비스를 제공하는 NPO, 지역공동체를 지원 대상으로 한다.

9) 삼성경제연구소, 전게서, pp. 37~48 참조.

CED-Q는 기업의 경쟁력 강화를 위해 최신 기업경영 기법(e-Business, 전략적 계획 기법), 생산과정 및 상품 관련 기술 혁신, 신상품의 상업화 및 수출 촉진, 지식 산업의 상대적 경쟁력 강화를 목적으로 한다.

기초차원의 커뮤니티 미래개발기구(CFDC)는 지역개발을 위해 비도시지역에서 활동하는 커뮤니티 개발기구로서 CFDC의 사업은 지역의 일자리 창출, 유지 및 확대를 위한 사업 및 청년층 유출 방지를 위한 지원 사업을 추진한다.

기초차원으로는 커뮤니티 경제개발기구(CEDC)도 있는데 CEDC는 침체된 도시지역에서 활동하는 비영리단체로서 CED-Q 산하에 현재 15개의 단체가 있다. CEDC는 사회적 경제기업(Social Economy Business)을 지원하며, 소규모 기업의 창업 및 운영, 개선을 통해 지역 일자리 창출에 기여한다. 또한 자문 및 교육, 기업서비스, 지역 커뮤니티 서비스를 제공한다.

2) 실행 프로그램

CB 관련 실행 프로그램으로는 커뮤니티 활성화 프로그램(CFP)과 지역제안 프로그램(LIP)이 있다.

CFP에서 FedNor는 커뮤니티 활성화, 비즈니스 환경 창출을 목적으로 하는 온타리오 지방에 설치된 연방지역개발기구로 북부 · 동부 온타리오 경제개발 프로그램, 국제 비즈니스 센터, CF 프로그램[10] 등을 운용한다. CFP에서 LAMBAC은 LaCloche Manitoulin 지방의 비즈니스 지원조직(CFDC)으로 LAMBAC을 포함한 CFDCs의 핵심 목표는 지역 고용 창출 및 유지이며 신사업 또는 기존 사업에 대한 컨설팅 및 투자 서비스를 통해 이를 달성하는 것이다. 또한 일자리 창출, 비즈니스 활성화를 목표로 지역의 기업가 정신 촉진, 소규모 비즈니스 자금 지원, 커뮤니티 활성화 등의 활동을 추진하고 있다.

다음으로 LIP는 지자체나 커뮤니티 그룹에게 매우 유효한 프로그램으로 지방경제에 도움을 주거나 지방 경제발전계획에 중요한 지역 프로젝트에 일정금액을 지원한다. 물론 자금 보조에 대한 실패 위험도 있으나 지역 고용창출에 기여하고 있다는 평가를 받고 있다.

10) FedNor의 'CF 프로그램'이 북부 온타리오 관내 24개의 CFDCs를 지원하는데 지속가능하고 자립적인 커뮤니티의 경제발전과 소규모 비즈니스 육성을 지원한다.

다. 일 본

1) 커뮤니티 비즈니스 등장 배경

일본의 경우 1990년대 중반 이후부터 NPO를 중심으로 다양한 CB가 전개되고 있는데 고령사회의 진전, 경제의 글로벌화, 소비자 기호의 다양화, 고용형태의 변화, 중앙정부 및 지방자치단체의 재정 악화 등의 다양한 요인이 배경으로 등장하게 된다. 특히 2000년 이후 지역활성화를 위한 마을 만들기 사업의 일환으로 본격적으로 시작되었는데 향후 2012년경 고용이 3,200명에서 30만 명으로 증가하고 시장규모도 2,400억 엔에서 2.2조 엔 정도 증가할 것으로 예상된다.

2) 커뮤니티 비즈니스 정책

일본 경제산업성의 대표적인 CB 활성화 관련 정책내용으로는 환경 커뮤니티 비즈니스 모델 사업, 지역 신사업 이전 촉진사업·마을 활성화에 전념할 젊은 층 육성사업, 지역 신사업 활성화 중간지원기능 강화사업을 들 수 있다.[11]

그중 환경 커뮤니티 비즈니스 모델 사업은 2003년부터 2007년까지 실시된 사업으로 참여주체가 기업적 경영감각을 가지고 생활의식에 기초해서 자신이 살고 있는 지역에서 경제적으로 지속가능한 비즈니스를 창출하고 그 비즈니스를 통해서 지역의 환경 문제 해결에 기여하는 것이다. 지원금액은 100만~400만 엔 규모인데 사업계획과 지원희망 금액의 내용을 심사한 후에 확정된다. 2003~2007년까지 5년간 응모한 557건 중 총 59개의 사업을 선정하여 지원하였다.

지역 신사업 이전 촉진 사업, 마을 활성화에 전념할 젊은층 육성사업은 CB 사업의 모델 및 노하우를 다른 지역의 사업자에게 이전해서 지역의 CB를 육성·지원하고 청년층 발굴 및 육성을 위한 사업이다.

지역 신사업 활성화 중간지원기능 강화사업은 질이 높은 중간지원기관의 육성 및 기존 중간지원기간의 기능 강화를 위해 활동하는 민간 사업자에 대해서 보조, 지원하는 사업으로 사업 분야는 '지역중간지원기관의 인재육성사업'과 '지역중간지원기관 핸즈온 지원사업' 등 2개 분야가 있다.

11) 日本 經濟産業省, 〈http://www.meti.go.jp/policy/local_economy/sbcb/indew.html〉

3. 국내 현황 및 문제점

가. 중앙정부 관련 정책

1) 부처별 추진 사업[12)]

정부부처별로 소관분야에 대해 다양한 마을만들기 사업 형태로 지역지원정책이 실행 중에 있다. 농산어촌 등 비도시 지역을 대상으로 하는 낙후 지역 지원사업의 형태가 대부분을 차지하는데 농촌마을종합계획과 녹색농촌체험마을(농림부), 농촌전통테마마을(농진청), 산촌종합개발사업(산림청), 문화역사마을가꾸기(문화부), 살기좋은지역만들기(행안부) 등이 대표적인 사업이다. 사업의 내용은 정주환경 개선, 농산어촌 체험 프로그램 제공, 도농교류기반 확대, 역사문화관광 자원의 개발 등이고 이러한 사업은 중앙의 소관부처에서 사업의 틀과 예산을 정한 다음에 지역 공모를 거쳐서 사업을 결정하고 지원하는 방식을 따른다.

도시 재생사업의 관점에서 CB 관련 사업이 추진되기도 하는데 도심 공동화에 따른 원도심(구도심) 재생, 재래시장 활성화, 저소득 계층을 중심으로 복지 및 의료, 문화적 수혜범위 확대, 자원 리사이클링과 같은 환경 문제 대응 등이 주요 목적이다. 특히, 2008년 경제위기 이후 사회적 일자리 창출 등을 위한 정부 예산 지원 사업이 증대되고 있다.

하지만 이러한 중앙정부의 마을만들기 사업은 자발성과 지속가능성이 부족하다. 정부지원이 중단될 경우 사업 자체가 중단되는 등 지속적인 선순환 구조의 구축이 곤란하고 정부의 직접적인 지원으로 인해 지역중심이 아닌 외부 지향적, 지속적 추진보다는 일회성, 주민의 다수 참여보다는 개별 주체 중심으로 흘러 CB의 성격과는 괴리가 있는 것이 현실이다.

2) 사회적 기업 현황[13)]

우리나라의 사회적 기업은 2003년부터 노동부가 재정지원 일자리 사업의 효율성 제고를 위한 모델로 사회적 일자리 사업을 도입하여 시작되었다. 비영리

---

12) 삼성경제연구소, 상게서, pp. 73~75 참조.

13) 상게서, p. 82.

법인·단체 등 제 3섹터를 활용한 안정적 일자리 창출 및 양질의 사회서비스 제공 모델로서 사회적 기업이 도입되었는데 2007년 사회적 기업을 제도화하고 「사회적 기업육성법」을 제정하여 시행하고 있다.

사회적 기업은 사회적 목적을 우선적으로 추구하며 영업활동을 수행하는 기업(조직)으로 정의될 수 있는데 사회적 기업의 주목적은 취약계층에게 일자리 또는 사회서비스를 제공하거나 지역사회 공익 등 사회적 목적의 실현에 있다.

2009년 11월을 기준으로 266개의 인증 사회적 기업을 대상으로 다양한 지원방안을 마련하고 시행하고 있는데 사회적 기업은 4년간 소득세·법인세 50% 감면, 사회적 기업 기부 민간기업은 소득의 5% 범위 내에서 기부금의 손금 산입을 인정해준다. 또한 사회적 기업이 사회적 일자리 창출사업에 참여 시 참여자 인건비(월78.8만원)와 사회보험료(인건비의 8.5%)를 2년 한도로 지원해준다.

뿐만 아니라, 전략기획·마케팅 등 전문인력 채용을 위한 인건비 지원(1인당 월 120만원, 2008년 49억 원), 사회적 기업 설립에 필요한 시설·운영비 대부(1개소 당 최대 4억 원, 2008년 50억 원), 사회적 기업 설립·운영기관을 지정하여 사회적 기업 및 예비 사회적 기업에 대한 경영컨설팅 서비스를 제공하고 있다.

〈표 31-2〉 지역기반의 사회적 기업 사례

기 업 명	지 역	설립 연도	주요사업
사회복지법인 온누리복지재단 번동코이노니아 장애인보호작업시설	서울시 강북구	2003	• 지적장애인들을 중심으로 자체 브랜드의 여성 의류 생산 • 예손작업장 • 경로/장애인 근로자 급식 • 지적장애인 화가 양성
(사)서해주민센터 서해출산육아돌봄센터	인천시 동구	1999	• 지역여성의 출산과 육아 도움 • 산후관리, 베이비시터, 가사관리
(주)컴원	경기도 화성시	2003	• 버려지는 컴퓨터 및 주변기기를 수거하여 재생, 재련원료 및 재이용부품 등으로 재활용 • 폐컴퓨터·전기전자폐기물 수거, 친환경 처리방식의 재활용
열린사회	경기도 광명시	2000	• 광명시 자연생태 학습장 조성 및 친환경농업사업

			• 주거개선사업을 통한 행복한 가정만들기 사업 • 청소년 방과 후 보호교육사업
포천 나눔의 집 행복도시락	경기도 포천시	2008	• 결식아동에게 무료급식사업 • 일자리 창출과 취약계층 고용 추진
안산의료 소비자생활협동조합	경기도 안산시	2008	• 지역주민이 참여하여 새안산의원과 한의원을 개원해 지역주민과 저소득층, 장애인, 이주노동자 등 취약계층에게 의료 서비스 제공
(주)두레환경	충북 충주시	2008	• 충주시 공동주택 재활용품 수거, 선별, 판매
(주)한백	울산시 북구	2008	• 현대자동차, 현대미포조선, 현대중공업, 현대호텔, 마우나오션리조트 등 울산 및 인근지역 사업장을 대상으로 사업현장에서 발생하는 산업용 세탁물 세탁 • 전체 근로자 15명 중 취약계층 13명
사회적 기업 청람	전남 영광군	2008	• 농촌형 종합생활 지원사업 • 환경지킴 공동체 사업 • 계층간 사회적 대통합 실현사업
새벽공동체 영농조합법인	전북 남원시	2007	• 도농통합형 소도시 전북 남원의 자급자족 생산조직 • 농축산업의 경영 • 농산물의 가공 및 판매 • 공동이용시설의 설치 및 운영
(주)사람과 환경	전북 전주시	2007	• 전주시 재활용품 수집·운반 및 재활용 선별시설 운영
부안낭주회	전북 부안군	2005	• 근로능력이 있는 부안지역 내 저소득층에게 공익성이 높은 사회적 일자리 제공 • 간병, 요양보호, 재가 서비스 • 청소용역
(사)우리가꿈꾸는세상	전남 목포시	2008	• 광주·전남 지역의 11개 병원과 협약하여 간병서비스 지원 • 결혼이주여성들이 직접 구운 각종 빵류 및 수제쿠키 판매
(유)나눔푸드	전북 진안군	2007	• 진안군 내 결식이웃 급식사업 • 외식사업, 유과 판매
사회복지법인 청수아리랑 김치	제주도	2008	• 근로의욕이 있는 저소득층에게 일자리 제공 • 지역사회와 연계를 통한 김치 및 밑반찬 판매 및 배달

(주)스마일우렁각시	전북 익산시	2008	• 익산실업극복센터와 연계하여 가사도우미, 청소 사업, 돌봄사업 진행

자료: 노동부·사회적기업연구원(2009), 「사회적 기업 개요집」.

나. 우리나라 CB의 한계

기존 CB관련 정책 사업은 대부분 중앙의 소관부처에서 사업의 틀과 예산을 정한 다음에 지역 공모를 거쳐서 사업을 결정하고 지원하는 방식을 따르기 때문에 자율적이고 창의적인 접근의 측면이 부족한 것이 현실이다. 한 곳의 마을에 5개 내외의 지원사업이 집중되는 현상이 발생하여 '선택과 집중', '중복지원의 비효율' 논란이 끊이지 않고 있으며 정부지원이 중단될 경우 사업 자체가 중단될 우려 또한 있다. 뿐만 아니라 인프라, 인건비 등에 대한 비용을 직접 지원함으로써 지원기관에 대한 의존도가 심화되고 있고 주민 전체에 실질적으로 효과가 파급되기 보다는 외지인이나 지역 내 소수의 계층에 지원 효과가 편중되고 있는 현실이다.

그리고 지역 자원을 발굴하고, 상품화하기까지는 성공하고 있으나 홍보, 유통, 판매에 있어서 CB의 역량이 극히 취약한 것으로 보인다. 따라서 추진체계 내에 비즈니스 경험이 풍부한 리더와 인적 자원이 있을 경우 성과가 크게 달라질 수 있을 것이다.

많은 지자체들이 커뮤니티 비즈니스에 대한 관심을 보이고 있으며 실제 지원들이 이루어지고 있는 실정이나 기초자치단체임에도 불구하고 부서마다 다른 대상과 유형으로 지원이 전개되고, 이를 총괄 조정하는 기능이 부재해 정책효율이 저조하다는 문제가 지적되고 있다.

4. 커뮤니티 비즈니스의 발전방향

주민과 행정 그리고 기업은 커뮤니티 비즈니스 활성화를 위한 3대 주체이다.

여기서 지역주민(NPO)은 CB를 직접 수행하거나 문화, 복지, 환경 활동을 CB와 연계하여 함께 수행하는 협력자로서 조직화되지 않은 지역사회나 지역주민도 CB의 주체로 참여가 가능하다. 행정은 사회복지 등 지역 공공서비스 중

적합한 분야를 CB에 위탁함으로써 수요를 창출하고 행정 효율을 제고하는데 CB 육성을 위한 중앙정부의 재정투자를 확대하여 취약지역의 활성화, 취약계층의 생활 안정화 대책으로 활용이 가능하다. 기업은 사회적 책임 활동(CSR)의 강화 및 지역 후원사업의 질적 전환을 가져오는데 지역의 자립을 지원함으로서 지속가능한 지역발전에 기여한다.

즉, 지역주민(NPO), 행정, 기업의 3각 이해주체의 경제사회활동이 만나는 접점에서 커뮤니티 비즈니스의 기회가 발생할 것이다. 그러기 위해 통합 거버넌스 구축전략, 이슈 공유 및 사회적 공감대 확산전략을 수립하여 CB 활성화를 위한 제도개선이 이루어져야 할 것이다.

CB 활성화를 위한 구체적인 방안으로 ① 지역정책의 패러다임 전환 및 CB 공감대확산, ② 광역별 '커뮤니티 활성화 계획' 수립 및 맞춤형 지원체계 구축, ③ CB 사업 기초 인프라 확충 및 분야별 시범사업 추진, ④ 주민 주도형 'CB 제안 프로그램' 도입, ⑤ CB 매니저(Incubating Manager) 양성 및 CB 중간지원 조직 활성화, ⑥ CB 재원조달 및 경영지원 활성화, ⑦ CB 클러스터 형성 및 주체별 역할 설정을 제안할 수 있을 것이다.

〈그림 31-3〉 지역 이해주체들의 성격과 CB의 포지셔닝

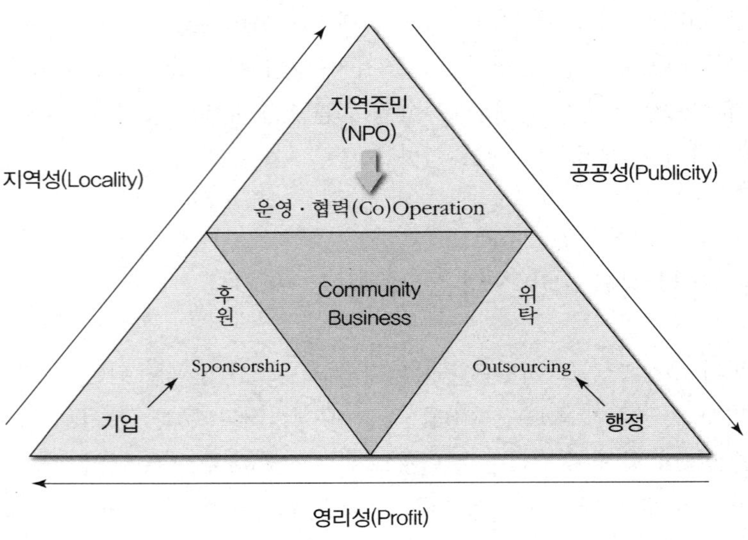

제32장

민자유치

사회간접자본(SOC) 등 기간시설에 대한 투자는 지방산업의 초석이 되고 지방의 경쟁력을 좌우하는 주요인이 된다. 이들 시설에 대한 사업은 고용창출효과가 높으며, 전후방 연관효과가 매우 크다. 반면에 이러한 사업은 엄청난 재원을 필요로 한다. 따라서 재원부족의 문제로 인하여 대부분의 지방자치단체에서는 엄두도 낼 수 없는 형편이다. 그러나 재원마련을 위한 전략으로 민간자본을 유치하는 방안이 있다. 여기서는 민자유치제도의 틀이 존재하고 있음에도 불구하고 민자사업이 활발히 이루어지지 못하는 원인을 분석한 후 민자사업 활성화 방안에 대하여 살펴보기로 한다.

1. 민자유치의 의의

가. 민자유치의 개념과 특징

민자유치(民資誘致)란 민간의 자본을 유치하는 것 즉, 민간의 투자를 유치하는 것을 의미한다. 최근에 정착되고 있는 일반적인 개념은 국가 또는 지방자치단체 등의 공공부문이 공공시설의 건설과 운영을 위하여 부족한 재원의 전부 또는 일부를 민간부문으로부터 조달하고 대신 민간부문에게 일정범위 내 공공시설의 운영 및 수익을 보장하는 제도라고 할 수 있다. 민자유치는 그 개념상 사업의 주체와 대상 그리고 사업방식 등에서 몇 가지 특징을 지니게 된다.

〈표 32-1〉 민자유치와 외자유치와의 비교

구 분	민자유치	외자유치
법적근거	사회기반시설에 대한 민간투자법('98. 12)	외국인투자촉진법('98. 11)
대상사업	SOC사업 중심(도로, 항만, 공항, 발전소, 상하수처리시설 등)	제조업, 산업지원서비스, 관광(종합휴양업) 중심
투자자	내국인 중심	외국인 중심
지원내용	수익률 보장 환리스크 해소 조세 및 재정지원 매수 청구권 보장	토지 임대, 매각(국공유지) 조세감면 재정지원

첫째, 민간자본을 유치하는 주체는 국가 또는 지방자치단체 등 공공부문이라는 점이다. 국가나 지방자치단체가 사업의 전과정을 주도하며 민자유치시설의 관리·감독권을 행사한다.

둘째, 민자유치방식으로 시행하는 사업은 공공성이 강한 개발사업 즉 공공사업을 대상으로 한다. 따라서 민간자본을 유치하여 공공시설을 건설·운영함으로써 궁극적으로 국민생활의 향상에 기여함을 목적으로 한다.

셋째, 민간부문은 민자사업참여를 통하여 공익사업에 소요되는 재원의 전부 또는 일부를 조달하는 대신, 일정범위 내에서 공공시설의 운영 및 수익권 등을 가진다. 일정수익을 보장하기 위해 민자유치에서 주로 사용하는 사업방식에는 영업권 허가방식과 BOT(Build-Operate-Transfer)방식 등이 있다.

나. 민자유치의 필요성

민간자본유치는 일반적으로 다음 네 가지에서 그 의의와 근거를 찾을 수 있다.[1)]

첫째, 부족한 투자재원의 확보를 가능하게 한다. 경제개발과 복지수준 향상을 위한 재정수요는 급격하게 증가하고 있다. 특히, 우리나라의 경우 이러한 재정수요가 인구나 소득 증가속도를 크게 상회하기 때문에 인프라시설의 공급에 필요한 재원부족문제에 시달리고 있다. 민자유치는 부족한 정부재정을 확대할 수 있는 하나의 대안이며, 재정압박을 완화해주는 효과를 가져다주고 있다.

1) 송병록, 「민간투자제도 및 사업추진실무」, 『2000지역개발정책과정 직무교과교재Ⅱ』, 지방행정연수원, 2000 pp. 63~181 참조.

둘째, 민간의 창의와 효율을 도입할 수 있다. 경제규모가 확대될수록 민간부문이 공공보다 높은 효율성을 갖는다. 민간부문은 혁신적 설계와 시공을 통해 사업비 감축이 가능하고 시설의 유지·보수 및 관리운영에 있어서도 효율성을 높일 수 있다. 특히, 민간기업은 공공부문에 비해 시장수요에 탄력적으로 대응할 수 있고, 창의와 효율을 발휘할 수 있는 경영방식을 도입할 수 있다.

셋째, 사업운영의 위험(risk)을 분산시키는 효과가 있다. 민자사업은 대부분 BOT 방식 또는 BTO, BOO 방식으로 추진되고 이러한 방식은 소위 프로젝트 파이낸싱(Project financing)으로 재원을 조달한다. 따라서 민자사업은 시설의 건설, 운영, 유지보수과정에서 정부가 부담해야할 각종 위험을 사업자와 금융제공자에게 분산시키는 효과가 있다.

넷째, 민간자본유치는 세대간 비용분담 및 사용자부담원칙의 적용이 가능하다. 현세대의 부담으로 모든 인프라시설 투자를 하는 것이 경제적으로 바람직하다고 볼 수 없다. 따라서 민자유치사업은 일정 부분을 현세대가 부담하고 나머지 일정부분은 후세대가 부담(후세대의 사용료 지불)하는 구조를 만들 수 있고, 사용자부담원칙을 적용할 수 있는 매우 유용한 수단이 된다.

2. 민자유치제도의 개관

가. 민자유치 대상사업과 사업방식

민자유치 대상이 되는 사업은 도로, 철도, 항만, 공항, 수자원, 통신, 에너지, 환경, 유통, 문화관광분야에 속하는 47개 시설사업이 이에 해당된다.[2)]

민간투자사업을 추진하는 방식은 BTO, BOT, BOO 방식과 기타 민자시설사업기본계획에서 제시하는(BLT, ROT, ROO) 방식으로 구분할 수 있다.[3)]

첫째, BTO(Build-Transfer-Operate) 방식이란 시설의 준공과 동시에 당해시설의 소유권이 국가 또는 지방자치단체에 귀속되며 사업시행자에게 일정기간의 시설관리운영권을 인정하는 방식이다.

---

2) 민간투자법 및 동법시행령, 2009년 민간투자사업기본계획 참조.

3) 김동주, 「사회간접자본시설에 대한 민간투자제도 및 투자 활성화 방안」, 『2000중견간부 양성과정 교재』, 지방행정연수원, 2000, p. 16.

둘째, BOT(Build-Own-Transfer) 방식이란 시설의 준공 후 일정기간동안 사업시행자에게 당해시설의 소유권이 인정되며 그 기간의 만료 시 시설소유권을 국가 또는 지방자치단체에 귀속시키는 방식이다.

셋째, BOO(Build-Own-Operate) 방식이란, 복합화물터미널과 같이 사회간접자본시설의 준공과 동시에 사업시행자에게 당해 시설의 소유권이 인정되는 방식이다.

한편, 기타 민간투자시설사업기본계획에서 제시한 방식으로서 BLT(Build-Lease-Operate)는 사업시행자가 시설준공 후 일정기간 동안 운영권을 정부에 임대하고, 임대기간 종료 후 시설물을 국가 또는 지방자치단체에 이전(예, 철도시설)시키는 방식을 말하고, ROT(Rehabilitate-Operate-Transfer) 방식은 국가 또는 지방자치단체 소유의 기존시설을 정비한 사업시행자에게 일정기간 당해 시설에 대한 운영권을 인정하는 방식이다. 그리고 ROO(Rehabilitate-Own-Operate) 방식은 기존시설을 정비한 사업시행자에게 당해 시설의 소유권을 인정하는 방식이다.

나. 민자유치사업 추진절차

민간투자사업은 크게 정부고시사업과 민간제안사업으로 구분할 수 있다. 먼저, 정부고시사업의 추진절차를 살펴보면 ① 대상사업 선정(기획예산처), ② 시설사업기본계획 수립 고시(주무관청), ③ 사업계획 접수 및 평가, ④ 협상대상자 선정, ⑤ 협상, ⑥ 사업시행자 선정(법인설립), ⑦ 실시계획 승인, ⑧ 준공확인 등의 단계를 거치고 있다.

한편, 민간제안사업은 ① 제안서 접수, ② 제안서 검토, ③ 제안내용 공고, ④ 협상대상자 지정, ⑤ 협상, ⑥ 사업시행자 지정, ⑦ 실시계획 승인, ⑧ 준공확인 등의 단계를 거치게 된다.

다. 민자유치사업 지원제도

민간투자유치 활성화를 위하여 민간투자사업 참여자에 대한 정부와 지방자치단체의 지원제도는 다양하다. 이는 금융지원, 조세감면, 부담금 감면, 재정지원, 최소운영수입보장, 환리스크 위험분담, 매수청구권 인정, 토지확보 지원 등으로 〈표 32-2〉와 같이 정리할 수 있다.

〈표 32-2〉 민간투자사업 지원제도

구 분	내 용
조세특례관련	• 사회기반시설투융자회사로부터 받는 배당소득에 대하여 투자원금 1억원 이하분에 대하여 6%(2009. 12. 31.까지 5%), 1억 원 초과분에 대하여는 14%로 분리세율 적용(2010. 12. 31.까지, 조세특례제한법 제91조의4, 소득세법 제129조 제1 항제2호)
법인세관련	• 민간투자법에 의한 산업기반신용보증기금의 구상채권상각충당금의 손금산입 인정(법인세법 제 35조 제1항, 동시행령 제63조 제1항 제3호)
지방세관련	• 민간투자사업 수행을 위해 수도권 내에 신설되는 법인에 대하여 등록세 3배 중과세에 대한 예외를 인정함(지방세법 제138조 제1항, 동법시행령 제101조 제1항 제3호)
부담금 관련	• 민간투자사업 수행을 위해 설치하는 일정한 시설에 대한 농지보전부담금, 대체산림자원조성비는 시설별로 전액면제 또는 50% 감면 가능(농지법시행령 제52조, 산지관리법시행령 제23조 제1항)
귀속시설에 대한 재정보조 · 융자지원 관련	• 국가 또는 지방자치단체는 민간투자사업심의위원회의 심의를 거쳐 예산의 범위 안에서 사업시행자에게 보조금을 교부하거나 장기대부를 할 수 있음
조기준공 인센티브 관련	• 주무관청은 공사기간 단축에 대한 인센티브를 부여하여 조기완공을 유도할 수 있음(조기준공기간동안 위탁 운영하는 경우 그 기간의 1/2 범위 내에 해당하는 기간에는 사업시행자 책임 하에 운영 가능하도록 인센티브 부여) ※'09년 착공사업에 한해 한시적 적용
사업시행자 토지확보 관련	• 사업시행자에 대한 토지수용권 부여(민간투자법 제20조)
독점규제 및 공정거래 관련	• 국가 · 지방자치단체, 정부투자기관, 특별법에 의하여 설립된 공사 · 공단 그 밖의 법인 등이 20% 이상 출자한 민간투자 사업법인에 대해서는 다른 회사와의 상호출자가 없고 출자자외의 자로부터 채무보증이 없는 경우에 한하여 동일인이 지배하는 기업집단의 범위에서 제외할 수 있음(독점규제및공정거래에관한법률시행령제3조의2 제2항 제1호, '99. 12. 31. 개정)
보험 · 증권거래 관련	• 보험회사는 SOC 비상장주식 등 모든 비상장주식을 총자산의 10%까지 취득 가능함(보험업법 제106조)
사회기반시설 투융자회사 관련	• 일반투자자들이 민자사업에 간접투자할 수 있는「사회기반시설투융자회사」 설립이 활성화되도록 「자본시장과 금융투자업에 관한 법률」에 대한 특별조항을 마련(사회기반시설에 대한 민간투자법, '05. 1. 1. 개정)
금융위원회 관련	• 민자사업에 대한 금융기관 대출자산 위험가중치 하향 조정(민자사업에

	대한 금융기관의 대출자산 위험가중치를 0%까지 적용 가능)
산업은행 특별융자 관련	• 산업은행 특별융자에 따른 실시협약 변경은 하지 않되, 산업은행의 채권자로서 지위확보를 위해 불가피한 경우는 실시협약 변경가능 • 산업은행 특별융자를 받은 사업의 경우 특별융자 기간 중 금융약정 차질을 사유로 한 사업해지 배제 • 산업은행 특별융자를 받은 사업이 재무적투자자의 출자지연으로 인하여 최소 자기자본비율 유지가 어려운 경우 특별융자기간 동안 최소 자기자본비율 적용을 유예

자료: 민간투자지원센터(PICKO), 「2009년도 민간투자 사업기본계획」을 근거로 작성.

3. 민자유치사업의 실태

가. 민자유치사업의 현황

우리나라의 민간투자는 1968년부터 인프라시설에 대한 민간자본 참여가 시작되었다. 1994년 8월 사회간접자본시설에대한민간자본유치촉진법(현, 사회간접자본시설에 대한민간투자법: 민간투자법)이 제정되기 전까지 도로법, 항만법 등 개별법에 의해 총 93개 사업에서 민간자본 조달이 이루어졌으나, 건설부문에 국한되고 실제 운영되고 있는 시설은 역사·항만시설 등으로 그리 많지 않은 실정이었다.

제도적인 틀을 갖추고 민간자본 참여를 본격적으로 유도하기 시작한 것은 1994년 사회간접자본시설에대한민간자본유치촉진법이 제정된 이후부터이다. 즉, 1995년부터 2002년까지 민자유치기본계획을 통해 총140개, 민자유치 대상사업이 선정되었다.[4]

나. 민자유치사업의 문제점

민간투자사업의 제도적인 틀이 존재함에도 불구하고 지금까지 민자유치가 부진한 원인은 크게 여섯 가지로 정리할 수 있다.

1) 대상사업 선정의 부적절성

우선, 대상사업 선정의 부적절성을 들 수 있다. 그 동안 민간투자대상사업

4) 김동주, 상게서, p. 8.

이 재원조달능력, 금융시장 여건, 위험도 등을 충분히 고려하지 않고 대규모 사업 위주로 선정되어 왔다. 특히, 수익성이 높은 사업을 재정사업으로 시행함으로써 민간투자는 주로 수익성 낮은 사업이 선정될 수밖에 없었다. 그리고 민간투자 사업을 재정부담 축소 또는 재정방어적 개념으로만 받아들이고, 정치적 압력 등에 의해 대상사업이 선정되는 경우도 있었다. 다시 말해 정부예산으로 한다면 전혀 검토할 수 없는 사업이지만, 만약 민간자본이 시행하고자 한다면 한 번 해 볼 수 있는 사업을 민자유치의 대상사업으로 선정해 온 것이다. 그렇다보니 공약사업이나, 긴급하지는 않지만 필요성은 있는 사업, 정부예산으로 하기에는 너무 규모가 큰 사업 등이 주로 대상사업에 포함되어 온 것이다.

2) 비효율적인 사업추진체계

다음으로, 비효율적인 사업추진체계를 들 수 있다. 민자사업의 경우 사업추진절차가 복잡하여 장기간의 사업기간이 소요된다. 민간투자사업의 추진을 위해서는 대상사업 선정, 시설사업기본계획 수립, 사업응모 및 평가, 사업자 선정, 협상 등의 여러 단계로 구성되며, 각 단계별로 여러 부처(기관)가 직·간접적으로 관여하게 된다. 이에 따라 시설사업기본계획 고시후 사업자 지정까지만 통상 2~4년 이상 장기간의 시간이 소요된다. 그리고 자의적 해석이 가능한 규정, 투명하지 못한 규정들로 인해 정부정책, 평가 및 협약 체결내용 등에 대한 신뢰가 낮고 사업추진상 일관성 유지에 대한 확신이 부족하게 된다.

3) 적정한 투자수익 보장과 위험분담 미흡

셋째, 적정한 투자수익 보장과 위험분담 미흡하다는 점을 들 수 있다. 우리나라 민자 유치사업의 경우 투자수익률이 사업특성, 위험정도, 사업자의 사업수행 능력 등과 연계되지 못하고 일률적 기준에 따라 결정되는 구조를 갖고 있다. 또한 수익률을 명확히 드러낼 수 있는 지표와 기준이 없어 개별사업의 투자수익률이 투명하지 않게 결정되고 있다. 그리고 환위험의 회피수단이 충분치 않아 외국인 직접투자 또는 외화자금 차입에 애로가 있으며, 정부·민간·대주단의 적절한 리스크 관리 및 분담체계가 구축되어 있지 못한 실정이다.

4) 타당성 조사의 공정성·객관성 부족

넷째, 타당성 조사의 공정성·객관성이 부족하다는 점이다. 타당성 조사의 경우 지금까지는 형식적으로 타당성 조사를 시행하거나 기본설계가 미흡한 상태에서 사업을 추진하였다. 따라서 1994년 이후 타당성 조사가 실시된 사업 중에서 타당성이 없는 것으로 평가된 사업은 소수에 불과하였다. 또 타당성 조사가 사업대상의 수요를 부정확하게 예측함으로써 투자 효율성을 저해한 점을 들 수 있다. 청주공항의 경우 연간 250만 명 정도의 공항이용 수요예측을 하였으나, 실제 이용객은 연간 37만 명에 불과하였다. 그리고 조사기관마다 조사항목, 평가기준(할인율, 시간가치, 평가기간 등)이 상이하고, 사업기관이 타당성 조사를 직접 주관함에 따라 타당성 판단에 대한 신뢰성이 미흡했다는 점을 들 수 있다.

5) 민간의 창의성·효율성 유도 미흡

다섯째, 민간의 창의성·효율성을 유도하는 데 미흡했다는 점을 들 수 있다. 우리나라의 민자사업의 경우 대부분이 정부고시사업 위주로 추진되고 있으며, 이에 따라 실질적인 민간제안을 유도하지 못하고 있다. 그리고 공사비, 운영비 등 사업비 절감 등에 대한 인센티브 제공장치가 미비하며, 사업계획에 대한 평가와 분석을 제대로 하지 못함으로써 민간의 합리적인 사업 발굴을 유도하지 못하고 있는 실정이다.

6) 금융시장 등 재원조달 여건의 미비

여섯째, 금융시장 등 재원조달 여건이 미비하다는 점이다. 그것은 국내 상업금융기관들의 프로젝트 금융기법 개발이 낙후되어 있고 안정적인 장기자금 조달에 필요한 금융환경이 조성되어 있지 못하다. 그리고 외자도입 등을 위한 전문보증기관이 없고 계열기업군의 상호채무 보증제한 등으로 국내차입에 애로가 있는 상황이다.

4. 민자유치사업의 활성화 방안

민자유치사업을 활성화시키기 방안으로 사업선정 방법 개선, 입찰평가 방법의 개선, 명확한 위험분담 지침마련 등 4가지 방안을 제시하고자 한다.

가. 대상사업 선정방법의 개선

민자유치사업을 활성화시키기 위해서는 무엇보다도 대상사업의 선정방법을 개선해야 한다. 이를 위해서는 우선, 민간투자 대상사업 선정의 적정성을 제고할 필요가 있다. 정부가 검토하는 일체의 사회간접자본을 총체적으로 열거한 후 예산사정과 개별사업의 비용편익분석 및 재무분석을 종합적으로 활용하여 대상사업을 선정해야 할 것이다. 특히, 공공사업에 대한 체계적인 시행절차를 법령으로 규정하고, 이 과정에서 민자유치의 대상사업을 발굴하도록 하는 것이 바람직할 것이다.

다음으로, 대상사업 선정절차에 대한 의사결정 구조를 단순화시키고, 또 사업유형에 따라 재정지원 판단에 공정성을 제고해야 할 것이다. 민자유치제도의 효과를 극대화하기 위해서는 공공사업의 전체 집합에서 개별사업의 유형, 규모, 사업제안자를 구별하지 않고 대상사업과 재정지원 규모를 판단해야 할 것이다.

이 같은 측면에서 민자유치의 대상사업을 선정할 때 다음의 기준을 제시할 수 있을 것이다. 첫째, 공익성이 높아 사회적으로 대단히 긴요한 사업은 정부의 예산으로 직접 시행되는 것이 적절할 것이다. 둘째, 적절한 수익성이 보장될 수 있는 공공사업이 먼저 민자유치의 대상사업으로 선정되어야 한다. 셋째, 소규모의 사업들이 먼저 민자유치 대상사업으로 선정되어야 한다. 대규모 사업은 그만큼 비용증가의 위험이 크고 또 차후에 정부가 재정지원을 제공하지 않을 수 없는 상황에 직면하기 쉽다.[5)]

나. 입찰평가 방법의 개선

민자유치사업 시행자는 적격자를 중심으로 선정되어야 하며 또 민간의 창의성을 극대화할 수 있도록 경쟁을 최대한 많이 유도하여야 한다. 우리나라에서는 단 한번의 입찰평가가 수행되는 종합입찰제를 취하고 있다. 그러나 이와 같은 입찰평가는 사업수행능력이 있는 적격자를 선정하는 데에도 애로가 있고 또 경쟁의 여건도 제공하지 못한다.

따라서 우리나라도 영국의 PFI(private finance initiative)처럼 적격심사의 과

---

5) 옥동석 외, 「민간투자법 이후의 민자유치 개선과제」, 한국건설산업연구원, 2000, pp. 91~94 참조.

정을 거쳐 소수의 입찰대상자를 확정한 후 입찰제안서를 접수하고, 재무적 사항을 중심으로 우선협상대상자를 선정할 필요가 있다.

입찰평가를 거쳐 우선 협상대상자가 선정되면, 재무적 사항에 영향을 주는 여러 가지 변수들에 대해 협상이 진행된다. 이 과정에서 정부는 사업시행자와의 협상을 위한 내부자료로써 적정한 수익률을 판단하고 있어야 한다.[6]

다. 명시적인 재정 지원

우리나라 정부는 민자유치사업의 수익성을 보전하기 위하여 다양한 정부지원을 제공하고 있다. 그러나 이들 지원은 다음의 2가지 특징을 가지고 있다.

우선, 정부는 예산상의 명시적인 지원보다는 간접적이고도 숨겨진(명시되지 않은) 형태의 지원을 선호하고 있다. 다음으로, 정부는 민자유치사업의 비용과 수입을 사후적으로 확인하여 그 필요성이 인정되는 경우에 정부지원을 제공한다.

그런데 정부가 민자유치사업의 비용과 수입을 사후에 확인하고 이를 통행료와 무상사용기간에 반영하는 것은 사업의 위험을 통행차량 나아가 일반 국민들에게 전가하는 것이다. 또한 사후정산 방식은 사업시행자에 대한 인센티브 효과가 오히려 역으로 나타나 방만한 경영을 부채질할 수 있다. 사후정산식 재정지원 방식은 민자유치제도의 근본정신을 허무는 것이기 때문에 반드시 재검토되어야 할 것이다.

따라서 정부가 사전에 명시적인 재정지원을 예산에 편성하여 제공하고 또 그 내용은 실시 협약에 명시되어야 한다. 이는 민자유치제도의 효과를 극대화하는 방안이다. 그리고 민자유치사업에 명시적 예산지원을 안정적으로 제공하기 위해서는 계속비 제도를 활용할 수 있을 것이다.[7]

라. 위험분담 기준 마련

우리나라 민자유치사업의 실시협약에서는 예기치 않은 분쟁이나 문제가 생겼을 때 이를 해결하는 방법이 구체적으로 명시되지 않고 있다. 실시협약에서 비교적 소상하게 규정되어 있는 내용들은 주로 공사착공 후 준공까지의 과정에

6) 상게서, pp. 96~98 참조.
7) 옥동석 외, 상게서, pp. 94~96 참조.

한정되어 있다. 다시 말해 총사업비의 변경, 공사지연 등과 같은 사유에 대해서는 비교적 자세하게 문제해결 방식을 명시하고 있으나, 그 이후의 운영과정에서 발생할 수 있는 제반문제들에 대해서는 명확한 규정이 없다.

이러한 사정은 선진외국의 경우(영국의 PFI계약)와 대조를 이룬다. 영국에서는 가능한 많은 문제들을 미리 예측하여 이를 해결하는 방안들을 구체적으로 열거하고 있다. 예컨대 성과점검의 방법, 성과에 대한 인센티브의 구체적 내용, 소유권의 변경, 공공부문의 개입권, 자금제공자의 개입권, 각종의 변경제도, 법개정 시의 위험부담, 재산이전, 재산의 잔존가치 등에 대해 엄격히 규정하고 있다. 우리나라도 실시협약의 세부내용에 대해 충분한 지침이 마련되어야 한다.

제33장

외자유치

IMF 외환위기 이후 지방에서도 외자유치에 관심을 집중시키고 있다. 그것은 외자유치가 지역경제에 있어서도 고용창출, 기술이전, 주민소득증대 등의 효과를 가져온다고 믿기 때문이다. 그러나 무리한 외자유치활동은 지역기업에 대한 역차별과 산업기반 약화 등 다양한 부정적 효과도 초래할 수 있다는 것을 기억해야 한다. 여기서는 외자유치의 의의와 실태 그리고 지방의 외자유치 활성화 방안에 대하여 살펴보기로 한다.

1. 외자유치의 의의

가. 외자유치의 개념

외자유치란 외국인 투자를 국내에 유치하는 것을 말한다. 외국인 투자는 다시 투자목적, 경영참여, 투자기간 등에 따라 직접투자와 간접투자로 구분할 수 있다. 이때 직접투자는 국내에서 기업을 직접 경영하여 이윤을 추구할 목적으로 장기간 투자하는 행위를 말하고, 간접투자는 자본이득을 목적으로 주식매매 등과 같은 자산운용에 중점을 두는 투자행위를 말한다.

외자유치는 일반적으로 경영권을 전제로 한 외국인의 직접투자유치만을 의미한다. 경영권 취득 여부와는 관계없이 단지 외국으로부터 돈을 빌려오는 것을 외자도입으로 표현하기 때문이다.

따라서 여기서는 외자유치 활성화 방안을 모색하기 위해 외국인 직접투자

〈표 33-1〉 직접투자와 간접투자의 차이

구 분	직접투자(외자유치)	간접투자(외자도입)
목적	경영이윤 추구	자본이득 추구
주체	개인, 기업	기관투자가
경영	경영참여	경영참여 관심 없음
기간	원칙적으로 장기	주로 단기
대상	주로 비상장기업 신설, 기존기업 합병	성장기업

만을 대상으로 하고자 한다.[1)]

나. 외자유치의 유형

외국인 직접투자는 현지기업의 지분소유비율에 따라서 단독 및 합작투자로 구분되고, 투자의 목적물에 따라서 신규투자 및 인수합병(M&A)으로 구분된다.

먼저, 단독투자는 외국인 투자자가 100%지분을 소유하는 경우를 말하며, 투자대상을 투자가가 완전히 소유하고 통제하는 것을 의미한다.

다음으로, 합작투자는 서로 다른 국적을 가진 2개 이상의 사업주체의 공동사업을 말한다. 개발도상국 정부들이 외국기업에 의한 완전소유 · 완전통제보다는 자국인과의 합작투자가 자국의 이익 및 경제발전에 기여도가 높다는 인식이 확산되면서 관심을 갖게 된 방식이다.

또, 신규투자는 법인의 신설 및 신규 생산설비 투자, 신규고용창출 등을 동반하는 투자를 의미한다. 이에 반해 인수합병(M&A)은 기존기업의 주식을 매입하여 경영권에 영향을 미치는 투자행위를 의미하는데 우리나라의 경우 지난 '98년 5월부터 외국인의 국내기업에 대한 적대적 M&A도 전면 허용하고 있는 실정이다.

다. 외자유치의 경제적 효과

1) 긍정적 효과

외자유치는 국민경제에 있어 ① 고용창출효과 ② 기술이전효과 ③ 외환보유증대효과 ④ 후생효과 ⑤ 무역수지개선효과 등의 효과를 가져 온다. 아울러 지

1) 외국인투자촉진법(제 2 조)에서는 외국인 투자의 개념을 '외국인이 대한민국 법인 · 기업의 주식과 지분을 소유하는 경우와, 외국인 투자기업의 해외 모기업 및 이와 자본금출자관계가 있는 기업이 당해 외국인 투자기업에 대부하는 5년 이상의 장기차관'으로 규정하고 있다.

역경제에 있어서는 주민소득증대효과와 지방재정확충효과를 가져온다.

먼저, 고용창출효과는 외국인 투자유치의 가장 중요한 효과이다. 고용창출효과는 외국투자기업의 경영과 생산에서 나타나는 직접적인 고용창출과 제품의 유통·판매와 관련하여 나타나는 간접적인 고용창출 효과를 들 수 있다.[2)]

둘째, 외국인 직접투자는 기술 및 경영노하우와 같은 무형자산을 이전시킨다. 즉, 이는 자본뿐만 아니라 제품, 기술, 특허, 경영관리능력 등 각종 경영자원의 이동과 외국기업의 국내 네트워크의 확산을 가져오며, 국내산업의 글로벌화를 촉진하는 계기가 되는 것이다.

셋째, 외국인 투자는 유치국의 외환보유고를 증대시킨다. 외환보유증대는 대외 신인도를 제고할 뿐 아니라 특히 외환유동성이 부족한 국가에 있어서는 금융위기의 해소 수단으로 활용되고 있다.

넷째, 후생효과를 발생시킨다. 후생 효과는 외국인 투자가 다국적 기업들의 경쟁으로 가격을 하락시켜 생산제품의 종류를 다양화시키고 이는 소비자 효용 및 후생을 증대시키게 되는 것이다.

다섯째, 무역수지를 개선시킨다. 제3국에 대한 수출을 목적으로 하는 생산거점형 외국인 투자는 수출증대를 통해 무역수지를 개선시키고, 내수판매형 외국인 투자[3)]도 수입대체를 통해 무역수지를 개선시킨다. 그리고 장기적인 측면에서 외국인 투자는 첨단기술 및 선진 경영기법의 이전을 통해 전반적인 수출경쟁력을 제고시킴으로써 무역수지를 개선시킨다.

2) 부정적 효과

반면에 외국인 직접투자는 역내기업의 역차별 및 산업기반 약화 등의 부정적 효과를 초래할 수 있다. 뿐만 아니라 우세한 자금력과 기술력, 효율적인 경영시스템을 앞세워 국내시장을 급속히 점유함으로써 국내산업 기반을 잠식해

---

2) 산업연구원이 실증분석한 자료에 의하면 외국인직접투자(FDI) 1억 달러당 미국은 529명, 영국은 304명, 멕시코는 2,602명, 한국은 973명의 고용창출 효과가 나타나는 것으로 발표하고 있다.

3) 외국인 직접투자는 투자동기에 따라서 내수판매형(시장접근형)과 생산거점형으로 구분할 수 있다. 내수판매형(시장접근형)은 경쟁력에서 우위를 지니고 있는 외국기업이 한국의 내수시장을 확보하기 위해 진출하는 형태를 말하고, 생산거점형은 제3국에 수출할 목적으로 생산거점으로서 한국이 지니고 있는 입지적 우위(노동력 등)를 활용하기 위해 진출하는 형태를 말한다.

버릴 수도 있다.

한편, 주요 업종에서 외자재가 경쟁 우위를 차지하게 되어 독과점 횡포가 나타날 수도 있으며, 생산거점의 급격한 철수 등의 부작용이 발생할 수 있다. 이러한 경우 지역경제의 공백이 생길 수 있는 것이다. 뿐만 아니라 투자과실의 역외유출로 인해 의도했던 주민소득의 효과와 지방재정 확충효과가 나타나지 않을 수 있다.

2. 외자유치 관리 체제 및 지역별 실적

가. 외자유치 관리 체제

IK(Invest Korea)는 외국기업의 성공적인 한국진출과 경영활동을 지원하기 위해 2003년 12월 KOTRA(대한무역투자진흥공사) 내에 설립되었다. IK는 외국인 직접투자유치 확대를 위해 외국인 기업의 對韓 투자신고에서 한국 내에서의 사업개시, 기업 활동 및 생활관련 애로 해결에 이르기까지 포괄적인 서비스를 제공하고 있다.

이를 위해 주력산업유치팀, 서비스산업유치팀, 신산업유치팀 등 산업별 투자유치팀을 운영하며, 투자유치 수요가 있는 국내 중견기업의 수요충족을 위해 투자협력지원팀을 신설, 중소기업의 국제화 지원을 위해 노력하고 있다. 사전지원기능의 행정지원팀, 투자컨설팅팀이 각 부처에서 파견된 공무원과 분야별 전문가로 구성되어 업무를 수행하고 있으며 투자환경개선팀과 외국기업고충처리팀이 사후관리 서비스를 담당하고 있다. 또한 해외에는 40개의 투자유치 무역관을 운영하고 지자체의 투자담당관들을 이들 무역관에 파견하여 지자체에 맞춤형 투자유치 지원을 하고 있다.

2006년 11월 완공된 Invest Korea Plaza(IKP)는 외투기업 인큐베이팅 전용공간으로 외투기업의 조기정착에 필요한 국가 투자유치 인프라로서 역할을 수행하고 있다. IKP에는 총 26개사가 입주, 창업지원센터, 비즈니스센터, 외국인종합생활문화센터 등으로 이용되고 있다.

IK 출범과 함께 도입된 Project Manager(PM)는 우리나라의 법률, 제도, 문화 등 투자환경에 익숙하지 않은 외국인에게 우리나라의 외국인 투자환경에 익숙하고 경험이 있는 사람이 외국인의 입장에서 투자진출 활동을 지원하는 제도이다. 현재 지자체, 중앙정부, IK 등 총 28개 기관의 105명이 PM으로 지정되어 202건의 중요 프로젝트 투자유치 활동을 전개하고 있다.

또한, IK는 지자체, 중앙정부 등 투자유치 유관기관과의 협력 확대를 통해 국가 투자유치 체제를 강화하고 있다. 지자체의 투자유치 수요 파악을 위해 연찬회를 개최하고 상품화 투자유치단 파견, TFT 파견 등 공동 유치활동을 전개했다. 맞춤형 투자유치 지원을 위해 경북도 및 JDC에 종합 컨설팅을 제공했으며 유관기관 공동 PM 제도를 운영하고 유관기관과 공동으로 '프로젝트 투자유치 합동 관리팀'을 구성 운영하고 있다.

IK, 중앙정부, 15개 광역지자체 및 관련 협회 등이 공동으로 MOU를 체결하고 투자유치 전략수립, 인콰이어리 발굴, TFT 파견 및 해외투자유치 공동 IR 개최를 통해 지자체의 투자유치 애로 해결 및 조기 유치를 도모하고 있다.[4)]

나. 외자유치 지원 정책

1997년 외환위기 이후 외국인 투자유치정책은 급격한 변화를 거듭해 왔다. 즉, 과거에는 외자도입(차관도입)에 중점을 두었으나, 최근에는 선진기술 경영기법을 도입하는 것은 물론 안정적 외자확보를 위해 외국인 직접투자에 초점을 두고 있다. 그리고 관리체제도 규제와 관리 위주에서 현재는 촉진·지원 위주로 바뀌고 있다.

먼저, 외국인 투자기업에 대한 지원이다. 국가와 지자체는 외국인 투자기업에 대해 교육훈련보조금, 외국인투자지역개발, 토지매입비, 분양가차액 보조, 국공유재산임대료 감면, 각종부담금 감면 등을 지원한다.

다음으로, 지자체에 대한 지원을 들 수 있다. 지자체의 부지매입비나 분양가·임대료 감면 차액을 대상으로 지자체가 유치하려는 외국인 투자의 외국인 투자 비율이 1/3이상이거나 외국인이 제1대주주인 경우에 지원을 하게 되는데 지원원칙은 국고지원 비율이 수도권지역은 40%, 기타지역은 75%(나머지는 해당 지자체 부담)이다. 또한 기타지원으로 외국인투자기업의 교육훈련보조금, 외국인

---

4) 이화옥, 「Invest KOREA 중심의 투자유치체제 구축」, 『산업자원백서』, 지식경제부 투자유치과, pp. 695~696 참조.

투자지역 조성개발자금 등이 있다.

다. 지역별 외국인 투자유치 현황

지역별로 이루어지는 외국인 투자의 현황을 알아보면 먼저, 외국인투자가 수도권 지역에 편중되어 있음을 알 수 있다. KOTRA 조사에 따르면 '06년 12월 현재 신고기준으로 서울지역이 전국의 49.4%에 달하고 경기도 17.2%, 인천 1.3%가 투자되어, 이들 수도권 지역에 우리나라의 67.9%의 외국인투자가 집중되어 있음을 알 수 있다.[5)]

〈표 33-2〉 외국인 직접투자 현황 (단위: 건, 백만 달러, %)

연 도	신고기준			도착기준		
	건수	금액	증감률	건수	금액	증감률
1998	1,401	8,853	27	1,214	5,291	71.2
1999	2,103	15,531	75.4	1,619	10,849	105
2000	4,142	15,212	−2.1	3,392	10,231	−5.7
2001	3,344	11,286	−25.8	2,735	5,037	−50.8
2002	2,409	9,093	−19.4	1,962	3,800	−24.6
2003	2,564	6,469	−28.9	2,240	5,128	34.9
2004	3,073	12,786	97.7	2,729	9,258	80.5
2005	3,666	11,562	−9.6	3,299	9,643	4.1
2006	3,109	11,233	−2.9	2,683	9,046	−5.7

자료: KOTRA, 2007 외국인직접투자유치백서.

5) 각 지역 내에서 투자금액 면에서 상대적으로 외국인투자 비중이 높은 산업(괄호 안은 투자건수기준)은 서울은 기타 서비스업과 금융업(무역업, 기타서비스업), 경기는 전기전자와 식품(기계, 전기전자), 인천은 운송용 기기(기계, 전기전자), 부산은 숙박업과 운송용 기기(무역, 기계), 경남은 식품과 기계(기계, 전기전자), 울산은 화공과 요업(화공, 운송용기기), 대전은 도소매업(무역업), 충남은 석유, 화공(화공, 기계), 충북은 식품(화공, 기계), 대구는 기계(기계), 경북은 화공과 운송용 기기(전기전자, 화공), 광주에는 전기전자(기계, 금융), 전남은 화공과 제지목재(식품, 화공), 전북은 제지목재(섬유, 화공), 강원은 의약, 금속(기계), 제주는 기타 서비스, 금융업, 숙박업(숙박) 등으로 나타났다.

〈표 33-3〉 지역별 외국인 직접투자(신고기준) (단위: 건, 천 달러)

구 분	2001	2002	2003	2004	2005	2006
서울	3,166,248	2,229,892	3,857,521	5,430,118	7,204,859	5,553,664
부산	397,966	251,956	77,628	128,586	321,601	231,592
대구	17,065	70,055	13,305	81,876	104,912	17,649
인천	430,553	575,025	202,840	1,146,639	262,853	142,475
광주	14,909	9,217	34,619	9,704	38,818	16,349
대전	50,679	6,608	59,255	80,220	13,156	56,837
울산	39,737	60,678	87,739	15,772	37,690	276,808
경기	1,851,284	845,995	482,620	1,669,768	1,218,909	1,936,836
강원	196,917	1,407,692	31,874	1,855	74,285	40,117
충북	127,386	47,599	168,469	1,063,032	388,836	202,437
충남	585,246	623,007	692,763	1,206,439	934,487	1,406,518
전북	212,403	57,714	27,148	86,656	46,518	53,122
전남	187,219	79,442	63,804	397,718	329,102	72,262
경북	411,558	40,356	51,756	372,546	320,932	438,922
경남	246,169	80,420	90,787	69,821	112,898	441,259
제주	1,009,701	434,341	2,333	254	6,527	9,491
합계	11,286,297	9,094,617	6,470,545	12,792,006	11,563,488	11,240,395

자료: KOTRA, 2007 외국인직접투자유치백서.

3. 지자체 외자유치의 애로사항

가. 외국인 기업경영 환경상의 문제

지자체가 외자유치를 추진하는데 가장 큰 장애요인으로 다음과 같이 외국인의 기업경영·환경적인 문제를 들 수 있다.

첫째, 사회간접자본의 미흡을 들 수 있다. 지방의 도로 등 수송상의 애로는 기업의 물류비용과 경쟁력에 직접적인 영향을 미친다. 그러나 지역내총생산에서 물류비용이 차지하는 비중은 물론 물류비가 기업매출액에서 차지하는 비중도 경쟁국에 비해 매우 높은 실정이다.

둘째, 공장분양가 부담을 들 수 있다. 외국인 토지취득 전면 자유화 조치 및 부동산 경기 안정 등으로 향후 외국인 입지관련 부담은 줄어들 것으로 전망되나, 아직도 우리나라의 공장용지 가격은 선진국이나 주변경쟁국에 비해 매우 높은 수준이며, 사무실 임차료도 세계 주요도시 중 가장 비싼 것으로 나타나 금융보험 등 서비스업의 투자유치에 장애요인이 되고 있다.

셋째, 인건비 등 노동시장의 부담을 들 수 있다.[6] 특히, 노동시장의 경직성은 외국인 투자유치에 최대의 장애요인으로 대규모 노사분규는 대외신인도와 직결되어 있으며, 외국인투자가들은 한국에서의 노동시장의 경직성과 노사분규로 인한 비용손실을 부담스러워 하고 있는 실정이다.

넷째, 외국기업에 대한 국민적 인식과 생활환경의 미흡을 들 수 있다. 한국의 경우, 외국인과 외국인 투자기업에 대한 부정적 인식이 다른 나라들보다 심하다. 뿐만 아니라 외국인의 생활환경 면에서는 영어를 공통어로 사용하고 있는 경쟁국들과는 비교할 수 없을 정도이다.

나. 외자유치 관리체계상의 문제

다음으로 지자체가 외자유치를 하는데 큰 장애요인으로 다음과 같은 관리체계상의 문제를 들 수 있다.

첫째, 외자유치 추진조직간 연계체계의 미흡을 들 수 있다. 우리나라는 대외적으로는 KISC와 지방자치단체가 중심이 되는 투자유치체계를 천명하고 있으나 인·허가 및 인센티브 결정 등 실질적인 권한은 중앙정부가 보유하고 있다. 또한 『외국인투자촉진법』은 중앙정부차원에서 KISC 중심의 절차 및 체계정비에 중점을 두고 있기 때문에 지방자치단체가 접점이 되어 유치활동을 전개하는 데 어려움이 있다.

둘째, 외자유치 지원제도의 경직성을 들 수 있다. 외자유치는 사례별로 유연하게 대처해야 하는 속성이 있다. 그러나 우리나라의 제도 및 관행으로 볼 때 근거규정이 있어야만 유치협상을 진행시킬 수 있도록 되어 있어 비효율이 발생할 여지가 크다.

6) 2008년 1월 미국 노동통계국(BLS)의 「'06 시간당 임금의 국별 비교」(제조업 및 미 달러화 환산 기준)에 의하면 아시아 주요 국가들 중 일본은 16.60달러(세계 순위 18위), 싱가포르는 7.40달러(세계 순위 24위), 대만은 5.62달러(세계 순위 26위), 홍콩은 5.29달러(세계 순위 27위), 필리핀은 0.99달러(세계 순위 33위), 한국은 12.22달러(세계 순위 21위)로 조사되었다.

셋째, 지방자치단체 담당공무원의 전문성 부족을 들 수 있다. 지방에서 외자유치를 담당하는 공무원들은 외자유치에 대한 기본적 지식이 미흡한 상태에서 동 업무를 시작한다. 뿐만 아니라 외부로부터 전문계약직 공무원을 채용하더라도 정착할 수 있도록 주변 여건이 마련되어 있지 않은 실정이다.

넷째, 불완전한 원스톱서비스를 들 수 있다. 우리나라의 원스톱서비스 체계는 주로 인·허가 등 행정적 절차간소화에 중점을 두고 있어 투자촉진을 위한 체계로 작동하지 못하고 있는 실정이다. 뿐만 아니라, 현재 제공되고 있는 대표적인 원스톱서비스도 사업자 등록 등 경미한 민원만 해당되어 실질적인 직접처리 효과(절차단순화 및 기간단축)가 미흡한 실정이다.

다섯째, 외자유치 협상 및 인·허가 처리절차의 복잡성 및 비효율성을 들 수 있다. 외국인 투자유치 절차는 ① 투자유치협상단계, ② 인센티브 심의·결정단계, ③ 입지탐색 및 부지확보단계, ④ 인허가단계, ⑤ 투자실행 및 생산·영업단계 등으로 나누어져 있다. 각 단계를 주관하는 기관간의 역할분담 및 지원조직·체계가 원활하게 작동되어야 하나 그렇지 못한 실정이다.

여섯째, 인센티브 제공의 문제점을 들 수 있다. 우리나라의 인센티브는 그 종류가 부족할 뿐 아니라 협상력 제고를 위한 히든카드로 활용하기에 부적합한 실정이다. 인센티브는 투자자와 정부간의 협상을 통하여 결정되고 결과는 비공개가 원칙이다. 그러나 우리나라는 공개적이고 일률적인 기준을 명시하고 있다.

4. 지방의 외자유치 활성화 방안

가. 외자유치 정책방향

1) 외자유치의 목표 및 정책방향 설정

외자유치 정책목표에 있어서 금융위기 해소를 위한 것과, 지역산업발전 등 지역경제 활성화를 위한 것은 구분되어야 한다. 특히, 지역경제 활성화를 목표로 하는 외자유치는 해당 지방자치단체가 중심이 되어 장기적인 계획하에서 투자유치를 시행하는 것이 바람직할 것이다. 이러한 외국인 투자유치 정책은 목적에 따라 그 효과의 종류 및 규모가 상이하기 때문에 이를 기준으로 한 정책관리

체계 및 인센티브도 달라져야 한다.

2) 조직·기관간의 전략적 협력관계의 구축

투자를 유도·촉진하기 위해서는 관련 기관·주체간의 전략적 협력관계 구축이 필수적이다. 중앙정부와 지방자치단체 간의 수직적인 전략적 협력관계뿐만 아니라 지방자치단체, 비정부기관(NGO), 지역 언론 및 민간부문과의 수평적인 전략적 협력관계의 형성이 중요하다. 결국 외국인 투자유치체계는 관련 기관 및 조직의 공감대를 바탕으로 문제해결을 위한 효율적인 정책관리체(governance)의 형성을 통한 전략적 협력관계를 구축하는 것이 과제이다.

3) 외자유치 체계의 개선방안

현재의 외자유치 체계를 지역의 니즈(needs)에 기초한 분권화된 체계로 개선하는 것이 필요하다. 중앙부처의 인·허가 및 인센티브 부여권한을 대폭 이양하여 지역단위의 경쟁적인 투자유치체계를 형성하는 것이다. 지역의 경제여건 등이 상이하기 때문에 일률적인 기준을 제시하는 것은 비효율적이다. 따라서 중앙부처에서는 기본적인 틀만 제시하고 구체적인 사항은 지역단위에서 지역여건에 기초하여 자율적으로 운용토록 하는 것이다.

그리고 지역단위에서 주도적인 외자유치를 실시하기 위해서는 광역권을 범위로 하는 '지역개발기구(regional development agency)[7]'의 설치가 필요하다. 이 기구는 지역개발관련 특별행정기관의 통합 등과 외국인 투자유치의 홍보 및 인허가, 인센티브 권한을 부여하여 신속하고 유연한 대처가 가능토록 해야 한다. 그리고 토지매입 및 개발권 등 도시계획권한을 부여하여 일괄처리가 가능토록 해야 한다.

나. 효율적인 인센티브 제공

1) 인센티브 종류확대 및 제공절차 개선

외자유치의 종합적 파급효과가 크고 지역발전에 긴요한 경우 외자유치에 대한 보조금 및 재정지원 등의 인센티브를 확대해야 한다.

특히, 인센티브를 외자유치 초기에만 국한할 것이 아니라 투자완료 이후의

---

7) 영국 잉글랜드의 도시개발공사가 좋은 사례가 된다.

생산에 따른 생산보조금, 고정자산에 대한 세금감면(자본보조금), 마케팅 및 시장개척 보조금, 확장투자를 위한 보조금 등도 강구할 필요가 있다.

한편, 인센티브 제공, 심의 및 결정절차를 협상접점부서(IK 또는 지자체) 중심으로 하향조정하여 신속한 대응체계 구축이 필요하다.

2) 인센티브 지원방법의 개선

현행 제도상의 인센티브 제공의 실효성을 제고해야 한다. 중앙과 지방의 매칭방법으로는 재정력이 취약한 자치단체의 자기부담분 조달이 불가능하여 실현성이 적다.

매칭의 비율을 과감하게 자치단체의 재정 및 산업경제여건, 인프라 등 객관적 지표에 근거하여 차등적으로 규정해야 한다. 즉, 매칭의 비율을 지역단위와 효과단위로 구분하여 가중치를 합산하는 방식이 합리적일 것이다.

한편, 인센티브 지급방법에 있어서 자치단체의 재정부담을 줄일 수 있는 「레버리지(leverage)」 방안의 도입이 필요하다.[8] 이는 중앙에서 연간 가용 보조금의 총액(예, 외국인투자유치기금)을 정하고 자치단체별로 가중치에 따라 사용가능금액을 결정한 후 기준비율 이상의 외국인 투자를 유치할 경우 보조금을 지급하는 것이다.

3) 조세감면대상사업의 지정방법 개선

외국인 투자의 조세감면대상으로서 435개의 고도기술수반사업과 산업지원서비스업[9]을 규정하고 있다. 세수 감소, 국내기업에 대한 역차별, 국내 산업기반의 잠식 등 대규모의 조세감면의 부작용도 방지해야 하지만, 지역경제의 침체정도가 심각한 지방자치단체입장에서는 업종자체가 문제가 되는 것은 아니다. 첨단산업에 대한 단편적인 판단이 아니라 종합적이고 장기적인 투자의 파급 효과가 조세감면의 기준이 되어야 할 것이다.

---

8) 레버리지(leverage) 비율결정방법을 예시하면, 지역특성을 반영하는 가중치가 '2'이고, 지역경제 활성화를 반영하는 가중치가 '3'일 경우 → 종합가중치가 '5'가 되므로 자치단체가 보조금 '1단위'를 사용하기 위해서는 '5단위' 이상의 외국인 투자를 유치토록 하는 것이다. 즉, '5단위'의 투자유치를 위해서 '1단위'의 보조금 사용이 가능하다.

9) 산업지원 서비스업은 부가가치가 높고 제조업 지원 등 다른 산업의 발전을 지원하는 효과가 큰 서비스업으로서 인터넷 · 전자상거래 관련 기술, 엔지니어링 서비스업 등 98개 업종을 지칭한다.

다. 투자유치 마케팅 확대

1) 외국인 투자 에이전트의 역할 강화

외국인 투자촉진을 위해서는 에이전트(agent)의 역할을 더욱 강화할 필요가 있다. 시장조사, 입지선정, 부지매입, 인허가, 공장설립, 경영컨설팅 등 투자계획수립 및 실행 시 현지사정에 밝은 에이전트의 역할이 매우 중요하다. 국내에 이전트를 체계적으로 양성하고 외국에이전트와의 네트워크를 강화하며 중소규모 투자가의 에이전트에 대한 지원[10]을 확대해야 한다.

2) 지역단위 투자촉진 프로그램 개발

투자촉진과 투자의 파급 효과를 극대화할 수 있는 지역단위의 프로그램 개발이 필요하다. 투자유치 프로그램은 ① 외국인 투자 유치, ② 유치된 외국인 투자의 지역 내 파급 효과 극대화, ③ 사후관리를 통한 타 지역 이전방지 등으로 구분되어 단계별로 제시되어야 한다. 우리나라의 경우 현재 첫째 단계에만 주력하고 있으나 지속적인 생산활동 유지 및 급격한 철수로 인한 지역경제의 충격을 방지하기 위해서는 둘째 및 셋째 단계의 프로그램[11]에 더욱 주력해야 한다.

---

10) 에이전트는 타당성 조사(입지선정, 시장조사 등), 투자절차 등에 관한 컨설팅을 제공하여 투자를 성사시킨다. 투자가 성사되면 정부는 투자자금의 일정비율을 사례금(bounty)으로 지급하고 투자실행 단계에서도 생산액의 일부를 지급(royalties)하여 지속적인 생산활동을 가능케 한다.

11) 예를 들면 지역중소기업에 대한 기술이전프로그램, 원료공급 및 부품 자재조달 네트워크 구축 지원, 종업원 정착지원 프로그램 등을 들 수 있다.

제34장
통상진흥

뉴욕의 엠파이어스테이트 빌딩을 방문할 기회가 있었다. 그곳에서 매우 반가운 간판을 접할 수 있었다. 충청남도 뉴욕사무소였다. 먼 이국땅에서 만난 우리의 간판이 반갑기도 했지만, 한국의 지방자치단체가 세계최고의 도시·빌딩에 사무소를 내고 지역상품과 기업을 홍보하고 있는 모습은 여간 흐뭇한 일이 아닐 수 없었다.

급변하는 세계경제환경의 변화는 우리의 지역경제에도 지대한 영향을 미치고 있다. WTO 등 세계화에 따른 무한경쟁체제로 인하여 국경의 개념이 사라지고 지역만 남게 된 것이다. 더욱이 지식정보화 시대 정보통신기술의 발달로 시간적·공간적 거리가 단축됨에 따라 국제무대에서 지방의 잠재력을 발현시킬 수 있는 가능성이 더욱 증대되고 있는 것이다. 본격적인 '세계 속의 지방화'가 도래한 것이다. 여기서는 지방자치단체의 통상진흥업무 현황과 실태를 살펴보고 지방의 통상진흥시책의 발전방안을 제시하고자 한다.

1. 통상진흥의 의의

가. 통상의 개념과 목적

통상은 가장 넓은 의미의 무역을 의미한다. 즉, 일반적으로 통상은 상품의 수출과 수입을 지칭하는 무역보다 광의의 개념으로 파악되고 있다.[1] 기존에는

1) 김선기, 「지방자치단체의 국제화 방향과 과제－지방자치단체의 통상교류 과제와 추진방

통상의 범위를 주로 공산품만으로 한정하였다. 그러나 WTO 출범 이후 통상의 범위를 농산물을 포함한 모든 재화와 서비스까지로 확장하였다. 또 생산요소로 사용되는 자본과 기술 또한 자유로이 교역될 수 있도록 규정하고 있다. 따라서 통상진흥 활동이란 상품, 서비스, 자본, 기술, 지적재산권[2] 등의 국제적 이동을 보다 원활하게 하는 제반 지원활동을 의미한다.

통상활동의 주체는 지역 내 기업이며, 지방자치단체의 역할은 지방기업의 통상진흥을 직·간접적으로 지원하는 일이다. 이러한 지자체의 통상진흥 활동은 세계화와 지방화라는 두 가지 시대적 조류의 영역에 놓여 있는 지방자치단체의 독자적인 업무라 할 수 있다.

통상진흥활동의 목적은 국제 통상활동의 확대를 통해 지역경제의 성장발전과 지역산업구조의 개선 및 지역경제의 경쟁력 제고에 있다. 이와 아울러 통상활동을 통하여 지역경제는 직·간접적 파급 효과를 도모할 수 있다.

나. 지방자치단체 통상진흥활동의 필요성

'세계 속의 지방화 시대' 즉, 세방화(世方化)의 도래와 함께 지방자치단체는 지역경제를 활성화하는데 일차적인 책임을 지고 있다. 특히, 지방자치단체는 다음과 같은 맥락에서 적극적인 통상진흥 활동을 전개해 나가야 할 필요가 있다.

첫째, 세방화와 함께 지방기업의 통상활동에 대한 수요가 증대하고 있다. 국경이 더 이상 의미를 갖지 못하는 무한경쟁의 시대에 기업이 살아남기 위해서는 수출경쟁력을 가져야 한다. 이에 지역에 소재한 기업도 해외통상에 관심을 갖지 않을 수 없으며, 다양한 측면에서 지방자치단체의 지원을 요구하고 있다. 따라서 지방자치단체는 이의 수요를 충족시킬 수 있는 통상진흥 전략을 강구해야 하는 것이다.

둘째, 지역경제 활성화를 위해서 통상진흥 전략이 필요하다. 수출이 국가경제성장의 원동력으로 작용하는 것과 마찬가지로, 지역단위에서도 수출산업이 지역의 성장과 발전을 주도하게 된다.[3] 따라서 지방자치단체는 지역의 성장과

향」, 『'94연구과제보고서』, 한국지방자치단체국제교류재단, 1994, pp. 25~26 참조.

2) 지적재산권은 특허, 실용신안, 의장, 상표, 마크 등이 이에 속한다고 볼 수 있다.

3) 지역경제성장이론에서는 지역의 성장이 수출산업에 의해 유도된다고 하는 이른바 '수출기

발전을 위해서 특히 지역경제성장을 위해서는 지방차원의 통상진흥 전략을 강구하지 않을 수 없다.

셋째, 지역산업의 경쟁력 강화와 구조조정을 위해서 지방의 통상진흥이 필요하다. 지역산업의 경쟁력을 확보하기 위해서는 통상의 주체이자 지역산업의 근간을 이루고 있는 중소기업의 경쟁력 강화가 전제되어야 한다. 뿐만 아니라 지역산업의 구조조정은 지역의 낙후한 산업에서 탈피하여 세계 속에서 경쟁할 수 있는 수출산업을 목표로 이루어져야 할 것이다.

넷째, '세계 속의 지방화 시대'에 당해 지역의 독자적인 통상진흥시책을 개발하고 추진해야 할 의무를 가지고 있기 때문이다. 즉, IMF라는 외환유동성 위기를 경험한 우리로서는 지역기업에 근접해 있으면서 지역의 실정에 정통한 지방자치단체가 국제통상환경에 탄력적으로 대응해야 하는 것이다.

2. 지방의 통상진흥시책

지방자치단체가 추진하는 국제통상업무는 크게 수출진흥업무, 외국인투자유치업무, 국제교류업무로 대분할 수 있다. 먼저, 수출진흥업무는 지역기업의 무역활동의 원활화를 지원하기 위해 추진하는 시장개척단 파견, 박람회 참가 등의 업무이고 다음으로 외국인 투자유치업무는 지자체의 부족한 사업재원 확보 및 고용창출 등을 목적으로 외국으로부터 투자를 유치하는 업무이다. 그리고 국제교류업무는 외국 지방자치단체와의 자매결연을 시작으로 행정, 문화예술, 스포츠 교류활동 등을 의미한다. 단, 국제교류업무는 지역 경제적 특성이 미약하고, 외자유치업무는 별도의 장에서 다루고 있으므로 여기서는 가급적 논의의 범위를 수출진흥업무에 국한하기로 한다.

현재 각 지방자치단체가 추진하고 있는 수출진흥업무는 다시 크게 두 가지로 나눌 수 있다. 그것은 해외시장개척과 수출기반구축 지원시책이다(그림 및 표 34-1 참조).

지자체의 수출진흥업무 중 시장개척단 파견, 박람회 참가, 해외상품 전시장 설치 등은 이제 모든 지자체가 시행하는 고전적인 시책이 되었다. 최근에는 인

반이론'을 다루고 있다.

〈그림 34-1〉 수출진흥업무의 범위

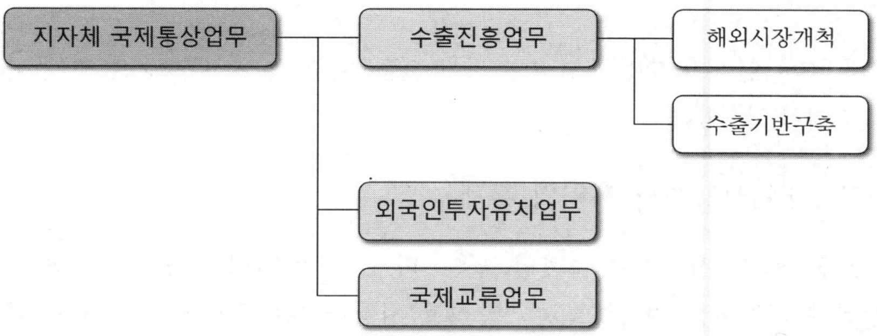

터넷 홍보, 상품선전 CD-ROM 제작, 패션쇼 개최, 전자상거래를 통한 바이어 발굴 지원 등과 같은 아이디어성 첨단 지원책도 등장하고 있는 실정이다.

〈표 34-1〉 수출진흥업무의 범위

대 분 류	중 분 류	소 분 류
수출진흥 업무영역	해외시장 개척	• 시장개척단 파견 • 박람회 전시회 참가 • 해외상설전시판매장 운영 • 해외구매자 초청 상담회 개최 • 인터넷 거래알선 • 해외시장 조사지원 • 지역상품 카다로그 제작지원 • 해외전문광고지 광고지원 • 자치단체장 판촉(TOP Sales)활동
	수출기반 구축	• 수출기업화 사업추진 • 무역실무교육 실시(대구 통상아카데미) • 수출보험료(보증보험) 지원 • 품질향상 지원(ISO9000 시리즈) • 자체상품 공동브랜드 제작 • 무역회사 설립(경북, 전남, 전북, 제주, 강원) • 해외무역사무소 운영(부산, 충남) • 협력체제 구축(무역협의회 구성) • 지역상품 인터넷 홈페이지 개설 운영 등

3. 지방 통상진흥시책의 문제점

지방자치단체가 추진하고 있는 수출진흥업무에 대한 문제점은 크게 다음과 같이 정리할 수 있다.

가. 해외시장개척 지원의 문제

첫째, 해외시장개척단 파견의 경우이다. 아직도 기업과 공공부문 공히 단기적 성과에 집착하는 경향이 있다. 그리고 시장개척단 파견 이후 사후관리가 제대로 이루어지지 않았다는 점을 들 수 있다. 또 시장개척활동에 참여하는 공무원이 전문적 식견을 갖추지 못한 상태에서 KOTRA 등 외부전문가의 인솔에만 의지함으로써 지속적인 개선작업이 이루어지지 못했다는 점도 들 수 있다.

둘째, 박람회 참가의 경우에는 종합박람회에 치우쳐 있어 전문박람회의 실질적 바이어를 등한시한 것은 물론, 바이어에 대한 사전 정보입수가 미흡했다는 점이다. 그리고 전시실 위치(부스)의 부적절성 문제, 설치방식의 수준미흡 문제 등과 함께 참가비용에 비하여 실적이 저조하다는 평도 듣고 있다. 해외상설전시장의 설치에 있어서는 설치지역이 대부분 KOTRA 해외무역관 등에 집중되어 있는 등 보다 적극적인 시장개척활동이 미진하다고 평가할 수 있다.

셋째, 시장개척 등 해외통상활동에 있어서 지역별 다양성을 추구하지 못하고 있다는 점이다. 지자체 해외통상활동의 대다수가 KOTRA 의존적으로 되어 있다. 그렇다보니 비효율적이고 획일적인 해외통상활동을 주도하더라도 다른 선택의 여지가 없어 KOTRA의 방법을 그대로 따를 수밖에 없는 실정이다.

나. 정보제공 및 해외홍보의 문제

첫째, 디지털 · 지식 시대에 맞는 정보수집 관리 및 지원기능이 미흡한 실정이다. 지방자치단체에서 무역관련 기관의 정보를 종합적으로 제공하는 기능을 가지지 못하고 있다. 또 이미 통상정보를 관리하는 지역에서는 공무원들의 해외시장 정보에 대한 인식 부족으로 정보수집과 활용에 어려움이 있는 실정이다.

둘째, 홍보에 대한 예산 및 인식부족으로 다양한 지역상품 자료의 구비 및 자료의 신속한 업데이트 등이 어려운 실정이다. 지방자치단체 명의로 제작되는 지역상품홍보자료는 세계시장에서 지역기업의 신뢰도를 높이는 역할을 한다. 그러나 예산과 인식부족으로 지자체의 지역상품홍보자료가 제작되지 못하거나 제때 업데이트를 못한다면 지역기업의 신뢰도에 부정적 영향을 미치는 것은 자명한 일이다.

셋째, 세계시장의 불특정다수를 대상으로 하지 않고, 특정 목표시장에 보다 근접한 홍보활동이 부족하다는 점을 들 수 있다. 해외시장을 구체적으로 파악하여 보다 실질적인 수요자에게 홍보 판촉활동을 전개하지 못하고 있는 실정이다.

넷째, 포장과 상품디자인의 수준 문제를 들 수 있다. 상품디자인 분야에서는 지역 내 유망수출상품의 디자인 및 포장개발을 위해 자금을 지원하고 있으나 일과성으로 끝나는 경향이 있어서 디자인 전문센터설치 등과 같은 종합적인 정책개발이 요구된다.

다. 통상지원 행정체계의 문제

첫째, 지역별로 다소 차이는 있으나 통상관련 전문가가 매우 부족하다는 점을 들 수 있다. 뿐만 아니라 전문직(계약직) 공무원에 대한 처우가 매우 미흡하여 지속적인 장기근속이 이루어지지 못하고, 일반직 공무원의 경우도 순환보직체계로 되어 있어 전문성 제고가 곤란한 실정이다.

둘째, 국제교류와 통상진흥 그리고 외자유치업무가 각각의 업무로만 구분되어 있다. 조직의 기구를 분리한 원래 목적은 업무의 전문성을 제고하고 이들 기구가 상호 시너지 효과를 발생시키는 것으로 되어 있으나, 사실상 업무의 이원화만 초래한 결과를 낳고 있는 것이다.

셋째, 지역 내에서 자치단체, 시도출연 무역회사, 통상지원유관기관의 업무가 서로 중첩되어 있어 상호간의 연계와 종합적인 조정이 미흡한 실정이다. 지방자치국제화재단과 KOTRA, 한국무역협회 등의 사이에도 인력과 행정협조의 미흡으로 업무의 효율적 추진이 어려운 실정이다.

넷째, 지방자치단체간 해외통상활동의 조정기능이 없어 한국 지자체끼리 외국에서 출혈 경쟁을 하는 경우도 발생한다. 이러한 경우 중앙행정기관에서의 효율적인 조정관리가 이루어져야 하나, 중앙부처에서는 인력부족 등을 이유로 조정기능의 업무는 기피하고 있는 실정이다.

4. 지방의 통상진흥시책 발전방안

가. 지역 통상진흥 비전 정립

일시적이고 모방적인 지역의 통상진흥시책에서 벗어나 체계적이고 지속적이며 창의적인 시책이 요구된다. 그러기 위해서는 지역기업의 현실을 바탕으로 지역기업의 육성방향을 정립하고 그곳에 필요한 기반요소를 제시하는 지역의 통상진흥 비전의 정립이 필요하다.[4)]

첫째, 지금까지의 수출중심에서 탈피하여 수입 병행적인 통상진흥 비전이 필요하다. 우리나라의 지역기업은 대부분 수출중심으로 경영을 하고 있고, 지방자치단체 또한 그러하다. 그러나 최근 들어 국제무역환경의 변화를 주시할 때 수출중심의 국제통상은 그 성과를 지속할 수 없을 것이다. 즉, 지방의 국제통상진흥시책 역시 국제경제의 분위기와 환경에 맞는 시책을 전개하는 것이 필요하다.

둘째, 대외 환경변화에 보다 신속하고 적극적으로 대응하는 통상산업 비전이 필요하다. 세계의 경제환경 변화에 부응하여 디지털 · 인터넷상의 통상지원시책을 확대할 필요가 있으며, 도시의 장기발전구상에 통상산업정책을 포함시켜 그것도 국제환경의 변화에 신속히 적응할 수 있도록 연동화할 필요가 있을 것이다.

셋째, 보다 다양하고 종합적인 통상진흥 비전이 요구된다. 지금까지 지방의 수출진흥업무는 시장개척단 파견, 박람회 · 전시회 참가 위주로 추진되어 왔고, 국제교류업무는 자매결연 위주로 추진되어 온 것이 사실이다. 그러나 앞으로 수출진흥업무는 수출기업경영지원, 품질향상, 지역기업의 신뢰성 확보 및 보증 지원 등으로 업무를 확대할 필요가 있고, 국제교류업무는 행정, 문화 예술, 스포츠교류의 한계를 벗어나 경제 통상교류 등으로 교류의 범위를 넓힘으로써 지자체 간 교역의 확대로 이어질 수 있도록 해야 한다.

넷째, 지역의 특화산업육성과 연계된 통상산업 비전을 정립하는 것이 필요하다. 이제 평범한 제품이 세계시장에서 인정받을 수 없다. 그리고 아무런 성과

4) 부산발전연구원, 「세계화 지방화시대의 지역통상진흥방안」, 1996.

를 거둘 수 없는 제품을 홍보하고 지원하는 데 행정력을 낭비할 수 없다. 세계시장에서 호응을 얻을 수 있는 제품을 개발하거나 특화된 산업을 육성하여 세계시장에 내놓을 수밖에 없는 일이다.

나. 지역의 통상 인프라 확충

효과적인 지방의 통상진흥을 위해서는 지방기업이 무역활동을 하는데 필요한 유무형의 인프라가 뒷받침되어야 한다.[5]

먼저, 수출촉진을 위해서는 지방기업의 신뢰성 제고가 요구된다. 해외 바이어의 경우 제품의 품질은 인정하나 지방에 소재하는 영세소기업을 믿을 수 없어 거래를 개시하지 못하는 경우가 많다. 이러한 경우 지방자치단체는 당해 지역 기업의 신뢰도를 높이는 데 최선을 다해야 한다. 즉, 지방자치단체가 보증하거나 또는 단체장이 직접 판촉을 하는 해외통상활동을 확대 추진하는 것이 필요하다 할 것이다. 이와 함께 제품의 품질향상을 위해서도 노력해야 한다. 특히 외국의 품질인증 획득을 위해서는 다양한 지원시책을 마련할 필요가 있다.

둘째, 권역별 '트레이드센터'를 건설하여야 한다. 여기에 지방자치단체와 지방기업 그리고 유관기관들이 모여 통상진흥 시책 등에 대해 협의토록 하며, 동 시설 내에 국제컨벤션센터, 국제상설전시장, 상담장, 해외정보센터, 비즈니스센터 등을 설치해 지방의 국제화 기반시설로 활용할 수 있을 것이다. '비즈니스센터'에서는 영세중소업체의 수출입업무를 종합적으로 지원하는 기능을 할 수 있다. 즉, 각종 수출입절차 등 무역실무 능력이 부족한 업체들의 업무지원에 역점을 두고 상담, 통역, 번역, 무역통신문 작성 등 무역관련 제반업무의 서비스를 제공하는 것이다.

셋째, 정보화지원과 물류·유통지원을 확대해야 한다. 무역자동화 시스템 지원과 함께 전자상거래의 본격화에 대비한 지원이 필요하다. 그리고 디지털 시대에 걸맞게 지자체에서도 인터넷을 통한 수출촉진활동을 확대시켜야 한다. 경기도에서 기추진 중인 인터넷 무역센터는 좋은 모델이 될 수 있을 것이다. 아울러 인터넷을 통한 해외시장정보 조사관리의 효율성 제고방안도 강구하여야 한다. 한편, 산업단지별로 공동창고, 물류센터 등의 시설을 건설함으로써 지방의

---

5) 임인규, 「지방자치단체의 통상진흥 전략」, 『여성간부양성과정 교재 2000-24』, 국가전문행정연수원, 2000.

수출입 물류유통의 원활화를 지원하여야 한다.

넷째, 지방자치단체가 수출진흥 시책을 자유롭게 추진할 수 있도록 중앙의 통상관련 권한이양을 강구할 필요가 있다. 그 중에서 특히 통상관련 예산의 지방배정을 들 수 있다. 수출입지원업무를 지방에서도 자유롭게 추진할 수 있도록 적절한 예산의 배정이 필요하다. 예를 들어 KOTRA에만 지원되는 시장개척자금 등을 지방자치단체에도 배정할 필요가 있으며, 그것이 불가할 경우 매칭펀드형식으로 지방의 수출입지원업무를 위한 예산을 책정할 필요가 있을 것이다.

다. 국제통상 전문인력 확충

세방화 시대에 지방자치단체가 국제통상환경의 변화에 대응하여 경쟁력을 확보할 수 있는 길은 무엇보다도 전문인력을 확보하는 것이다. 이러한 취지로 각 지방자치단체에서는 통상관련 전문직(계약직) 공무원을 약간 명씩 채용하고 있다. 그러나 그 수가 절대적으로 부족할 뿐 아니라 민간기업에 비해 보수수준이 매우 미흡하여 오랫동안 붙들어 둘 수 없는 실정이다. 따라서 지방의 통상진흥을 위하여 우선 해결해야 할 것이 통상관련 전문직 공무원에 대한 처우개선과 함께 인원을 대폭 확충하는 것이다.

첫째, 전문인력의 장기근속을 위해 국제통상 전문직 공무원에 대한 보수의 현실화가 필요하다. 지금까지는 전문직 공무원의 보수를 기존 행정직 공무원의 보수수준(△급 상당)과 비교해서 결정되고 있다. 그러나 이것은 전문직 즉, 계약직 공무원제도의 본래 취지와 맞지 않는 것이다. 지방조직 내에서의 특별한 기능과 역할을 위해서 그에 상응한 처우개선이 필요하다.

둘째, 전문인력에 대한 인식 제고가 필요하다. 일반적으로 행정조직 내에서는 행정직이 주가 되고 나머지 직렬들은 무시당하는 경향이 있다. 특히 계약의 형태인 전문직 공무원은 말할 나위가 없다. 그리고 전문직 공무원은 무조건 스탭기능만 해야 한다는 인식을 바꿀 필요가 있을 것이다. 즉, 전문직 공무원에 대해서도 관련부서의 인사관리권을 부여함으로써 보다 효율적인 인력조직 운영을 도모할 수 있을 것이다.

셋째, 지방자치단체에 국제통상직렬을 신설하는 것이다.[6] 통상담당 전문인

6) 경상북도, 「지방정부의 해외통상진흥 방안: 경북의 해외통상진흥 시책개발을 중심으로」, 1996, p. 58.

력의 안정적 수급과 통상행정의 전문화에 기여할 수 있는 충원제도로서 필요한 것이다. 즉, 지방자치단체의 행정조직상에 국제통상직을 신설하고 지속적으로 통상분야에 종사할 수 있도록 함으로써 통상담당 공무원의 전문성을 제고할 제도적 뒷받침을 마련해야 할 것이다.

라. 입체적 통상협력네트워크 구축

통상진흥시책의 추진 시 자치단체간, 유관기관간, 중앙정부간에 협력체제가 구축되어 있다면 공동프로젝트의 추진과 필요시설의 공동투자, 정보교환 등을 통해 위험분산과 함께 중복투자를 줄여나갈 수 있을 것이다. 이에 통상진흥 업무를 담당하는 유관기관을 입체적으로 묶어 협력체제를 구축할 필요가 있는 것이다.[7]

먼저, 자치단체간 협력체제를 구축할 필요가 있다. 이를 통해 한국의 지자체끼리 외국에서의 상호 출혈경쟁을 피할 수 있으며, 보다 전략적인 해외시장의 접근이 가능할 것이다. 자치단체간 협력체제의 구축을 위해서는 별도의 협의체를 구성하는 것보다 기존의 지방자치단체국제화재단을 활용하여 자치단체간 조정업무를 담당하도록 하는 것이 바람직할 것이다.

다음으로, 통상지원 민관협력체제가 필요하다. 통상진흥을 위해서는 자치단체, 지역기업, KOTRA, 무역협회, 지방상공회의소 등 통상지원 유관기관과의 협력체제가 활성화되어야 한다. 민관협력체제 구축방안으로는 지방자치단체, 유관기관 대표들로 구성되어 이는 시도별 지역경제협의회에 기업대표를 포함시켜 확대 운영할 수 있다. 또한 별도의 새로운 국제통상협의회를 설치하고 그 아래 실무협의회를 두어 정기적 모임을 가짐으로써 보다 실질적 협의체가 될 수 있도록 운영할 수 있을 것이다.

---

7) 상게서, p. 60.

제35장
경영수익

'시민들의 주차난도 해결하고 돈벌이도 할 수 없을까?' 그래서 ○○시는 지난해 30억 원을 들여 ○동에 6백여 대가 주차할 수 있는 유료주차장을 지어 개장했다. 그러나 주차장은 텅텅 비었다. 이용차량은 하루 평균 30여 대에 불과해 최근 무료 개방했음에도 하루 이용차량은 60대가 채 안 된다. 수요를 예측치 못했고 위치선정이 잘못 됐다는 지적이다.

민선자치 시대 출범 이후 각 지역들마다 다양한 아이디어 사업을 벌여 행정에 경영 마인드를 접목시키는데 노력을 기울였다. 그 중에는 성공적인 사례가 많이 있다. 그러나 돈을 벌어 시민들에게 필요한 사업을 한다는 의욕만으로 나섰다가 잇따라 낭패를 당하는 사례도 자주 나타나고 있다.

여기서는 지방경영수익사업의 의의와 실태를 살펴보고, 앞으로 경영수익사업의 효율화 방안을 제시하고자 한다.

1. 지방경영수익사업의 의의

가. 지방경영수익사업의 개념

지방경영수익사업이란 지방자치단체가 취약한 지방재정을 극복하기 위하여 추진하는 각종 사업을 의미한다. 지방자치단체의 경영수익사업은 학문상 또는 실정법상 유래된 것이 아니라 지방자치단체가 취약한 지방재정의 어려움을

타개하기 위한 사업을 추진하는 과정에서 형성된 것이라고 볼 수 있다.[1]

따라서 경영수익사업이라는 용어는 그 개념이 아직도 명확히 확립되어 있지 못한 실정이나, 일반적으로 두 가지 측면에서 종합해 볼 수 있다. 첫째, 이론적인 측면에서의 개념이다. 경영수익사업은 주민의 추가적인 조세 부담이나 중앙정부의 재정지원에 의존함이 없이 경영적인 취지에서 운영하는 지방자치단체의 공공활동이라 할 수 있다.[2] 둘째, 실무적인 차원에서의 개념이다. 즉, 경영수익사업이란 지방자치단체가 별도의 조직이나 인력 없이 민간경제를 침해하지 않는 범위에서 지역의 유휴부존자원을 생산적으로 활용하여 재정확충을 도모하는 사업이라 할 수 있다.[3]

나. 경영수익사업의 성격 및 특징

경영수익사업의 특징을 일반행정, 민간기업, 공기업 등을 기준으로 살펴보면 다음과 같다.

첫째, 경영수익사업은 비권력적 행정행위이다. 일반행정기관이 민간부분의 경영기법을 도입하여 운영하나, 공공서비스에 대한 대가를 조세가 아닌 상호계약적 방법에 의해 징수한다는 점에서 일반행정과는 다른 비권력적 행정행위이다. 즉, 경영수익사업은, 제공하는 재화와 용역을 필요로 하는 자에게 국한하여 비용이 부과된다. 따라서 사용자부담원칙 및 자유의사에 의해 점용료, 사용료, 이용료, 입장료 등의 형태로 그 수입이 결정된다.

둘째, 경영수익사업은 공익성과 수익성을 동시에 추구한다. 민간기업이 영리를 목적으로 하는 데 비해 경영수익사업은 공공서비스를 저렴하게 공급하는 동시에 서비스를 재생산할 수 있는 충분한 수익이 보장되어야 하는 것이다. 즉, 경영수익사업이 민간기업의 경영원리에 따라 최대의 수익을 추구하여야 하더라도 그 가격결정은 어디까지나 공익의 한도 내에서 이루어져야 한다.

셋째, 경영수익사업은 재원확보를 목적으로 한다. 지방공기업은 사업개시의 직접적인 동기가 주민복지의 향상에 있으나, 경영수익사업은 지방자치단체의 재원확보를 목적으로 한다. 즉, 전통적인 지방공기업은 별도의 인적조직과

1) 조창현 외, 「한국지방자치의 쟁점과 과제」, 문원, 1995, pp. 524.
2) 오연천, 『지방재정론』, 박영사, 1987, p. 287.
3) 충청북도, 「지방경영사업의 이해」, 1996, p. 33.

물적시설을 통하여 외부효과가 큰 공공서비스를 제공하는데 반해, 경영수익사업은 자원개발과 재원확보라는 목표를 달성하기 위해 지자체가 비권력적 주체로서 사기업과 동일한 입장에서 사업을 영위하는 것이다.

이밖에도 경영수익사업의 특징을 지방공기업 및 민간기업, 일반행정 그리고 국가공기업 등과 비교하면 〈표 35-1, 2〉와 같다. 즉, 경영수익사업은 지방정부가 직접 경영한다는 점과 일반회계나 기타특별회계의 세외수입형태로 처리된다는 점에서 지방직영기업이나 행정서비스에 가까운 면을 나타낸다. 반대로 사업규모나 사업효과 및 자금회수기간의 측면에서 본다면 거의 민간기업에 유사한 이중적인 면모를 보인다.

〈표 35-1〉 지방공기업 및 민간기업과의 차이

구 분	지방공기업		경영수익사업	민간기업
	직영기업	공단·공사		
사업주체	지자체(직영)	간접경영	지자체	개인, 법인
사업목적	공익성, 경제성	공익성, 경제성	경제성, 공익성	경제성
사업규모	대규모	중소규모	소규모	제한없음
별도조직	필요	필요	불필요	–
회 계	공기업특별회계	특별, 기업회계	일반, 특별회계	기업회계
사업효과	광범위	지역적	제한적	국부적
자금회수기간	장기	중기/단기	단기	단기

〈표 35-2〉 일반행정과 경영수익사업과의 차이

구 분	일반 행정	경영수익사업
주 체	지방자치단체	지방자치단체
근 거	권력적	비권력적
수혜대상	지역주민 전체	주민의 일부
재 원	조세 등 강제수입	상호계약적 대가
목 적	공공성	경제성, 공공성
경제원칙	한정적 적용	원칙적 적용

다. 경영수익사업의 필요성

1) 지방재정의 확충

지방자치시대의 도래와 함께 지방행정의 측면에서는, 나날이 증가하는 개발 수요를 어떻게 최대한으로 충족할 수 있느냐 하는 것이 가장 근원적 과제로 부각되었다.[4] 따라서 지자체별로 지역 내의 유휴부존자원을 창의적인 노력과 경영자적 자세로 적극 개발하여 지방재정운영의 어려움을 타개해야 한다. 이와 같이 지방재정의 취약성을 극복하는데 경영수익사업이 필요한 것이다.

2) 민간분야의 능력 보완 및 활력 제고

경영수익사업은 민간부문의 능력 보완 및 활력을 제고시키는 역할을 한다. 즉, 자금 부족 및 시장개척의 어려움 등으로 민간기업이 감당하기 어려운 분야를 경영수익사업으로 추진함으로써 민간부문의 한계를 극복할 수 있고 지역경제의 활력을 제고할 수 있다. 다시 말해, 이는 '시장실패'(market failure)에 대한 해결을 위해 지방자치단체가 경영수익사업을 시행하는 경우를 의미한다.

3) 공익보호의 필요성

최근에 와서 지방자치단체 경영수익사업은 자원의 효율적인 배분과 공공서비스 공급기회의 확대라는 측면에서 추진되고 있다. 즉, 민간부문에서 경영수익사업에 대한 사업시행 의사나 여건의 미성숙 등으로 시장기능이 존재하지 않거나 불충분한 경우에 이를 보완하기 위하여 공공부문에서의 개입이 요구된다는 논리이다. 공공부문 본래의 목적과 자원의 효율적인 배분이라는 공익의 달성을 위하여 국가나 지방자치단체가 사업을 직접 운영하고 있다.[5]

4) 행정서비스의 경제적인 운영

지금까지의 행정서비스는 대부분 공익성을 중시하여 무료 또는 저렴한 가격으로 제공되는 반면 이에 대한 원가분석은 실시되지 않고 있다.[6]

---

4) 남기헌, 이장희, 「우리나라 제3섹터 운영실태에 관한 연구」, 『지역개발연구(제5집)』, 충청전문대학 지역개발연구소, 1995, p. 58.

5) 충청북도, 「지방경영사업의 이해」, 1996, p. 35.

6) 충청북도, 상게서, p. 35.

행정이 주민을 위한 것이므로 국가 또는 지방자치단체 존립에 필요한 행정서비스는 무료 또는 저렴하게 제공되어야 하지만, 특정인이나 특정단체에 제공되는 행정서비스는 모두 경제적으로 운영하여 서비스의 질을 향상시킴과 동시에 지방자치단체의 재원확보에 기여할 수 있도록 해야 한다.[7]

라. 경영수익사업의 유형과 종류

경영수익사업의 개념이 다의적으로 사용되고 있는 관계로 사업영역이 계속 넓어지고 있다. 우리나라에서 추진되고 있는 경영수익사업을 사업대상 영역별

〈표 35-3〉 경영수익사업의 유형과 종류

구 분	사업목적	사업유형	수입형태
토지개발 이용	택지개발, 공장용지 농업용지의 안정적 공급	택지조성, 공업용지조성, 농경지조성, 공유수면매립, 하천부지개발, 저습지매립, 유휴지개발, 하천복개	토지판매수입, 토지임대수입
관광유원지 개발 운영	쾌적한 휴식공간의 공급, 여가선용 및 문화욕구 충족기회의 확대	공원, 해수욕장, 야영장, 심신단련장 등을 조성관리운영, 국악제, 사진전, 문인전, 조각전, 도자기전, 투우대회, 고인돌전 등 문화행사지역 1일 역사탐방코스 상품 등	입장표, 상품 및 서비스판매수입
지역부존 자원활용	건설자재의 품질향상 및 원활한 공급, 향토 지적재산 발굴	하천골재채취, 해사채취, 석산골재채취, 역청공장운영, 전통음식, 고유기술, 지역특산물, 관광상품 등	자재판매수입, 사용료 및 서비스, 판매수입
공유재산의 생산적 관리	공유재산을 용도에 맞게 서비스 확대	각종 회관, 체육시설 등의 생산적 활용, 노사주차장 운영, 공원묘지조성, 하천부지활용, 토지신탁 등	사용료수입, 서비스 판매수입
농수산 소득증대	지역특화사업개발육성	유실수식재, 양묘장, 종패생산, 농림수산직판장, 농수산물 집하장, 농수산물 저온창고 등 운영	사용료수입, 생산물판매수입
문화관광 서비스분야	여가선용 및 문화욕구 충족기회의 확대	국악제, 사진전, 문인전, 조각전, 도자기전, 투우대회, 고인돌전 등 문화행사	입장료, 상품 및 서비스판매 수입

자료: 김재갑(2001), 「지방자치단체의 경영수익사업추진현황과 발전방안」, 『2001년 지방 재정관리자과정 직무교과교재Ⅱ』, 지방행정연수원, pp. 466.

7) 한국행정연구원, 「지방자치단체의 경영수익사업에 관한 연구」, 『1997년도 연구과제』, 1998, p. 7.

로 분류하여 살펴보면, ① 토지개발 이용, ② 관광유원지개발 운영, ③ 지역부존자원의 활용, ④ 공유재산의 생산적 관리, ⑤ 농림수산 및 소득증대, ⑥ 문화관광서비스 분야 등 6개분야로 분류되고 있다. 한편, 1997년부터는 지역부존자원의 활용측면에서 향토지적재산권을 경영수익사업의 대상영역에 포함시키고 있다.

한편, 경영수익사업은 공공법인인 지방자치단체가 공공성을 전제로 수행하는 사업이므로 그 사업영역에는 다음과 같은 일정한 한계가 있다.

첫째, 원칙적으로 민간부문과 경합하는 사업은 경영수익사업 대상에서 제외된다. 즉, 사적재(private goods)의 공급을 내용으로 하는 사업은 특별한 사유가 없는 한 배제된다. 그리고 준공공재이지만 민간기업과 경합해야 하는 사업은 제한적으로 추진되어야 한다. 즉, 주차장 사업의 경우도 민간부문에서 이를 충분히 공급하고 있다면 경영수입사업에서 배제되어야 할 것이다.

둘째, 민간보유자원을 매수·개발하는 사업은 가급적 제한된다. 단, 사유지를 전면 매수·개발하여 백화점과 같은 수익성 위주의 사업추진은 불가능하지만 택지로 개발하여 주택을 저렴하게 공급하는 것은 가능하다.

셋째, 지역부존자원의 2~3차 가공에 의한 고부가가치 창출사업은 원칙적으로 제한된다. 지역부존자원을 2~3차 가공하면 대부분 민간경제활동을 위축 침해하게 되므로 경영수익사업의 대상에서 배제된다.

넷째, 주민친화성이 낮은 사업과 사치성이 있어 위화감을 조성하는 사업은 원칙적으로 제한된다.

다섯째, 공공자원을 과도하게 수익적으로 활용하는 사업은 제외된다. 공공자원을 이용하는 것이 경영수익사업의 원천적 방식이나, 이러한 경우도 공공자원의 일부는 후세에게 물려줘야 한다는 것을 염두에 두어야 하며, 또 환경을 파괴하거나 자원고갈을 초래할 과도한 방식은 배제되어야 한다.

2. 지방경영수익사업의 실태

가. 경영수익사업의 현황

1979년 강원도 양양군이 처음 시작한 지방자치단체의 경영수익사업은 1980년대에 다른 지방자치단체로 확산되어 전국적으로 300건 정도의 경영수익사업이 추진되었다. 1990년대 이후 지방화 시대의 도래와 함께 지방의 경영수익사업도 다각도로 활성화되어 다양한 경영수익사업이 전국적으로 실시되고 있다. 지방자치제가 실시된 1996년도 이후에는 수익률이 그 이전의 경우에 비해 월등히 향상되었으나 2004년부터 수익률이 조금씩 감소추세를 보이고 있다. 하지만 2001년부터 감소세를 보이던 사업건수는 2005년을 기점으로 조금씩 회복세를 보이고 있는 실정이다.

〈표 35-4〉 지방자치단체의 경영수익 사업 경영성과 추이 (단위: 건, 억 원)

연도	단체수	사업건수	총수익(A)	총비용(B)	순수익	수익률(A/B)
1996	244	778	12,928	9,292	3,636	139.1
1997	245	1,062	8,661	4,480	4,190	193.3
1998	248	1,101	6,010	2,478	3,532	242.5
1999	248	1,218	6,365	2,499	3,866	254.7
2000	248	1,561	5,868	1,985	3,833	295.6
2001	248	886	5,307	2,155	3,152	246.3
2002	239	773	4,534	1,674	2,860	270.8
2003	231	812	5,477	1,840	3,637	297.7
2004	213	827	5,523	2,334	3,189	236.6
2005	250	2,066	8,393	5,433	2,960	154.4

자료: 행정안전부(2007), 「제19회 경영행정혁신발표대회 특강자료」.

나. 경영수익사업에 대한 문제점

1) 사업추진의 계획성 미흡

경영수익사업은 지역개발계획 등 상위계획과 연계된 종합적이고 장기적인 계획하에 추진되어야 한다. 그러나 대다수의 경영수익사업은 지역에 대한 사회·경제적 파급효과는 물론 사업타당성 분석을 제대로 하지 않고 눈앞의 단기 수익이나 정치적 전시효과를 목적으로 추진하기 때문에 시행착오와 예산낭비가 발생하고 있다. 경영상의 애로를 겪고 있거나 이미 실패로 끝난 대부분의 사업이 충분한 사전검토작업 없이 추진된 것으로 나타났다.

2) 경영수익사업 대상사업 선정의 부적절성

경영수익사업을 추진함에 있어 공공성과 경제성을 동시에 충족시킬 수 있는 사업을 선정하기 쉽지 않다.[8] 따라서 골재채취 등처럼 사업추진이 수월한 특정 분야 위주로 선정되어 있고, 사업영역의 확대로 민간경제와의 마찰 등 부작용 발생이 자주 나타나고 있다.

00시의 경우 택지개발사업을 추진하여 많은 개발이익을 획득하여 지방재정에 크게 기여했다. 그러나 사업수지를 좌우하는 분양가격의 산정에 있어 조성원가대비 택지분양가를 너무 높게 책정하여 시민과 건설사업자의 불만을 초래한 사례가 있다.

3) 경영수익사업에 대한 전문인력 부족

경영수익사업은 민간기업에서와 같은 전문 경영능력을 필요로 하고 있다. 그러나 담당 공무원의 경영미숙, 경영을 개선할 수 있는 능력의 결여, 경영평가 및 경영기법의 부족 등으로 경영수익사업의 성공적인 추진에 장애요인이 되고 있다.

또한 경영수익사업에는 본질상 위험부담이 항상 존재하기 때문에 적극적으로 시도하지 않고 회피하려는 경향이 있다. 이로 인해 공무원의 근로의욕과 책임감이 결여되어 경영수익사업을 추진하는 데 문제점으로 지적되고 있다.

4) 경영수익사업 관련법규의 미비

경영수익사업에 대한 체계적인 법령은 없고 대부분 지방자치단체의 조례나 특별회계로 설치 운영되고 있다.

또한 경영수입사업상의 사용료 징수근거는 조례에 의하여 규정되고 있으며, 수수료의 경우는 대통령령, 부령, 조례에 의하여 규정되고 있다. 즉, 징수되

---

8) 이규환, 「지방경영수익사업의 과제와 발전방향」, 『2000경영행정연구발표사례집』, pp. 16~17 참조.

는 수입의 귀속이나 징수방법 등이 유형별로 다양하게 분산규정되어 있다. 따라서 법령 및 조례개정 등 관리상의 어려움이 발생하여 시설이용료 등이 장기간 조정되지 않음으로써 원가에 크게 미달되는 경우가 자주 발생한다. 이에 따라 서비스의 질과 수요가 점차로 떨어지는 것은 당연한 일인 것이다.

5) 경영수익사업에 대한 이해 및 인식부족

최근에 추진된 많은 사업들이 단체장 주도로 추진된 결과 지역주민의 이해가 부족한 경우가 많고, 시행 주체나 이용당사자 모두의 경영수익사업에 대한 진보된 인식이 부족한 실정이다.

00시에서는 경영수익사업을 위해 '00시경영수익사업투자기금'을 설치하였으나, 경영수익사업에 대한 인식 부족으로 대상사업조차 선정하지 못한 채 129억 원을 시금고에 적립하는 사례가 발생하고 있다.[9]

지방화 시대 민선단체장과 지방의원들은 지방재정확충을 위해 국세의 지방세 이양 등에 대한 노력도 중요하지만, 경영수익사업의 중요성을 인식하고 근본적인 자주재원을 확충하는 방안을 강구하는 것 또한 무엇보다 중요한 과제이다.

3. 경영수입사업의 효율적 운용방안

가. 경영수익사업 대상영역의 검토·확대

경영수익사업을 활성화시키기 위해서는 무엇보다 사업영역을 확대해야 한다. 현행 경영수익사업의 대상영역은 지방세외수입의 한 형태로, 지방공기업 대상사업을 제외한 나머지 사업에 국한되어 있어 대상영역의 확대검토가 과제로 대두되고 있다.

향후 경영수익사업은 기존의 사업 중에서 수익성·지방재정 그리고 지역경제에의 기여도가 미미한 사업은 과감히 폐지하거나 축소·전환하고, 보다 새로운 수요와 여건에 맞는 대상사업을 개발해야 할 것이다.

아래에서 제시하는 바와 같이 앞으로의 경영수익사업은 교통·통신, 유통, 도시개발, 경제·생산, 자원개발, 환경시설, 관광휴양, 문화, 주택건설, 사회복지

9) 「00시 수익투자기금 시 금고에서 낮잠」, 『경인일보』, 1998

〈그림 35-1〉 경영수익사업의 적용영역

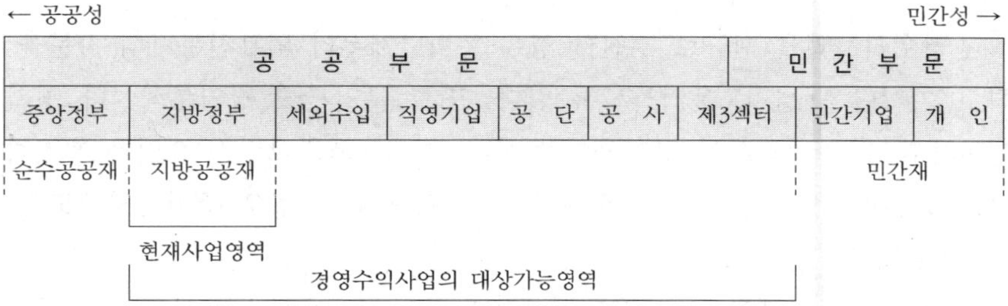

자료: 박진수, 「지방자치단체의 경영수익사업 개선방안에 관한 연구」, 1999, p. 66.

분야 등 지역여건에 따라 다양하게 전개되어야 한다.[10]

〈표 35-5〉 경영수익사업의 확대가능 분야

부 문	경영수익사업 대상
교통통신	지역교통－도로, 철도, 항공, LRT(Light Rail Transit) 도시교통－지하철, 전철, 지하도로, 모노레일 교통시설－교량, 터널, 항만, 공항, 도선, 파이프라인, 주차장, 터미널 등
유통업무	유통센터, 집하장, CTS
도시개발	신도시, 신시가지의 개발
경제생산	공업단지조성, 첨단과학, 연구산업단지, 창업보유단지(Incubation Center), 지역특화산업단지(민예품, 특산물)
자원개발	수산자원(생산, 공업, 농업용수), 에너지(가스, 열공급, 지역난방)자원 재활용, 쓰레기 소각장
환 경	쓰레기 매립(생활, 생산, 특수), 하수도 하수처리, 분뇨 및 오물처리 음식물찌꺼기를 이용한 가축용 사료 생산사업 또는 퇴비화사업
관광휴양	관광단지, 호텔, 주제공원, 유원지 스포츠시설, 공원
문화행사	과학관, 박물관, 전시공연시설 합관, 박람회(EXPO), 국제경기
주 택	임대주택 및 아파트 건설, 유원지 관리
사회복지	실버타운, 예식장, 묘지, 화장장, 심신 노약자 시설, 장애자 재활시설

자료: 최유성 외, 「지방자치단체의 경영수익사업에 관한 연구」, 한국행정연구원, 1998, p. 104 이용 재작성.

10) 박진주, 「지방자치단체의 경영수익사업 개선방안에 관한 연구」, 한양대학교 산업경영대학원, 1999, pp. 68~69 참조.

나. 객관적 평가분석체계 도입 및 책임감 고양

경영수익사업을 신규로 추진할 경우 준비단계부터 외부전문가의 자문을 의뢰하고 기획단을 설치·운영하도록 한다. 또 전문기관에 경영분석이나 평가를 사전·사후 및 주기적으로 실시하여야 한다. 이를 통해 낭비적 요인을 제거하고 효율적인 운영방안을 강구토록 유도해야 하며, 필요한 경우 주민감시제도의 도입도 검토할 수 있을 것이다.

한편 경영수익사업에 대한 책임경영체제를 확립하여야 한다. 즉, 부실사업의 구조조정을 통하여 생산성을 제고하고, 무분별한 수익사업의 확대로 부실사업을 운영하는 자치단체에 대해서는 역인센티브도 검토할 필요가 있을 것이다.

아울러, 경영수익사업에 대해 자율경영책임제 확립을 추진하고 경영성과가 우수한 기관과 직원에 대해서는 각종 인센티브를 부여하여야 한다. 그리고 공무원들에게는 경영수익과 관련된 교육을 지속적으로 실시함으로써 전문성을 제고하여야 한다.

다. 다양한 민간경영기법의 도입

경영수익사업은 공익성과 수익성을 적절히 고려해야 하는 사업이다. 따라서 사업의 효율적인 운용을 위해서나 적절한 때 민간기업에 이양할 경우를 위해서도 다양한 민간경영기법을 활용하는 것이 바람직하다.

도입대상 민간경영기법으로는 효율성을 제고시키고 복지수요에 부응하면서 혁신을 유도하는 긍정적인 기법인 BPR(Business Process Reengineering)기법의 도입이 필요하다. BPR기법은 경영수익사업의 새로운 경영목표를 정하고, 이 목표의 극적인 향상을 위해 원점의 상태(zero base)에서 조직 및 업무과정을 기본적으로 다시 생각하고 근본적으로 재설계하여 생산성을 향상시키는 경영기법이다.

아울러 지방자치단체가 비교적 손쉬운 방법으로 경영수익사업에 대한 경영전략을 세울 수 있는 방법 중에 하나가 벤치마킹(Bench Marking)이다. 이는 기업의 경영혁신기법 등 경영행정의 역량강화를 위한 경험과 노하우를 전수할 수 있는 방안이 될 뿐만 아니라, 기업의 고객만족기법은 지자체의 대민 서비스를 개선시킬 수 있는 좋은 본보기가 된다고 하겠다.

라. 관련제도의 탄력적인 운영

경영수익사업으로 발생되는 수입의 형태는 매각에 의한 수입과 사용료 및 수수료 수입이 대부분이다. 사용료는 대부분 관계법규와 조례에 구체적으로 규정되어 있어 서비스의 질과 수요의 변동에 따라 요금을 조정하기가 어렵다.

현행 수수료는 지방자치법에 일반적으로 근거가 명시되어 있으나 징수근거에서와 같이 대부분의 수수료를 부령에 규정하고 있어서 법령개정의 번잡성과 경직성 때문에 또, 수수료 수입이 자치단체에 귀속됨으로 중앙의 무관심 등에 방치되어 왔다.

이와 같은 문제점을 개선하기 위해서는 수수료 징수에 관한 규정을 제정하여 각 개별 법령에 규정된 수수료를 통합관리할 수 있도록 수수료 규정의 단일법제화 방안이 검토되어야 한다. 즉, 관련 법규와 조례에 정해져 있는 사용료 요율을 획일적으로 정할 것이 아니라 상·하한선을 정하여 서비스의 질, 계절별, 시간대별, 지역특성, 수요량 등과 연계해서 조정할 수 있는 방법을 모색해 나갈 수 있을 것이다.

마. 투자재원의 안정적 확보

경영수익사업의 관건은 사업에 필요한 초기 사업비의 확보와 투자자금의 안정적 운용이라고 해도 과언이 아니다.

먼저, 경영수익사업의 투자효과를 극대화할 수 있는 최선의 방법은 자체재원을 확충하는 것이다. 어떤 형태의 경영구조도 채무비율이 높으면, 수익률이 낮아지게 되고 경영의 안정성 확보는 어렵게 된다. 그러나 자립도가 낮은 지방재정의 상황하에서는 경영수익사업의 초기 투자재원확보가 쉬운 일이 아니다. 물론 처음부터 대규모의 자체재원으로 사업을 추진하는 것은 어렵지만 소규모의 경영수익사업을 통하여 얻은 투자과실을 재투자하는 방식으로 그 규모를 단계적으로 늘려나갈 수 있을 것이다.

다음으로, 지방채발행방식이다. 건전한 지방채의 발행을 위해서는 중앙단위의 적극적 지원이 필요하다. 즉, 지방채를 통하여 투자자금을 안정적으로 확보할 수 있도록 지방채인수전담기구를 설치하는 방안도 모색할 필요가 있을 것이다.

제36장

지방재정

지혜로운 경제주체라면 돈을 '얼마나 아낄 것인가'보다 '얼마나 더 효용 높은 곳에 쓸 것인가'를 생각할 것이다.

지금까지 우리나라의 지방재정은 지자체의 단순한 세입세출의 활동으로만 간주되어 왔다. 그래서 지침이나 규정에 적힌 대로 틀림없이 지출하는 것을 최고의 미덕으로 알고, 재정운용의 묘는 생각조차 할 수 없었던 것이 사실이다. 그러나 이제는 본격적인 지방자치 시대이다. 지방자치란 지방 스스로가 재정적 권한을 갖고 지방의 발전을 위해 노력해야 한다. 즉, 지방재정수단을 통해 지역경제발전을 추구해야 하는 것이다.

여기서는 지방재정과 지역경제와의 상관관계를 살펴보고 지역경제 활성화를 위한 지방재정 전략을 모색하고자 한다.

1. 지방재정의 경제적 의의

가. 지방재정의 개념

지방재정이라 함은 지방자치단체가 공적인 욕구를 달성하기 위하여 필요한 자금을 조달하고 관리하며 또 정책목적에 합치하도록 지출하는 경제활동을 말한다.[1]

1) 김철 · 신해룡 공저, 『지방재정학』, 세명서관, 1990, p. 27.

지방재정은 자원의 효율적 배분, 소득재분배, 경제의 성장과 안정 등 일반적인 재정목표 외에도, 지역주민에게 귀속되는 편익제공 등 지방재정의 고유한 목표를 가지고 운영된다. 지방자치단체가 지역의 행정수요를 자율적으로 처리함으로써 지역주민의 복지를 향상시키는 데 지방자치의 의의가 있는 만큼, 지방화시대에 지역경제 활성화를 위하여 효율적 예산집행 등 지방재정의 역할이 더욱 강조되고 있다 하겠다.

나. 지방재정의 기능

지방재정활동은 지방자치단체의 단순한 세출·세입활동뿐 아니라 민간시장경제로는 달성하기 어려운 경제목표를 달성할 수 있다. 지방재정의 기능과 역할을 구체적으로 살펴보면 다음과 같다.

첫째, 공공재의 공급기능이다. 오늘날 지방자치단체는 도로·공원·하수도라고 하는 지방공공시설과 사회복지시설을 건설하여 공급하고 있다. 이러한 공공서비스를 공급한다고 하는 일은 지방자치단체의 재정활동만이 할 수 있는 역할이다.

둘째, 민간재의 조정기능이다. 현실적으로 민간재는 여러 가지 이유에서 최적량의 확보가 곤란하다. 어떤 경우에는 생산과정에서 공해 등의 외부불경제를 발생시키기 때문에 그 생산과 소비를 억제시켜야 한다. 그리고 어떤 경우에는 생산과 소비를 장려해야 하는 일이 생길 수도 있다. 이때 그 억제 또는 장려수단으로서 조세부과나 보조금의 정책수단이 사용된다면 그것은 하나의 재정정책이 된다.

셋째, 소득과 부의 재분배기능이다. 부의 재분배는 사회체제의 안정을 꾀하고 보다 살기 좋은 사회건설을 위하여 필요하다. 재분배정책은 도저히 사람들의 논의에 의해 자발적으로 행해지기가 어렵다. 따라서 재분배정책은 어떻게든지 공권력을 가진 정부의 손에 의해 행해지지 않으면 안 된다. 오늘날 재분배정책은 누진과세와 사회복지적 재정지출을 통해 행해지는 것이 일반적이다. 이러한 의미에서 지방자치단체의 재정활동은 소득과 부의 재분배 기능을 가지고 있는 것이다.

넷째, 경기변동을 조정하여 경제안정을 유지시키는 일이다. 지역경제에 있어서도 경기가 침체되거나 물가상승이 심각한 경우가 발생한다. 이러한 현상의 주된 원인은 유효수요의 변동에서 찾아 볼 수 있지만, 이것을 안정화시킬 능력이 민간경제에는 없다. 그러나 지방재정활동을 통해서 유효수요를 안정시킬 수 있다.

다섯째, 지역경제성장을 촉진하는 기능이다. 경제성장은 그 자체가 바람직한 일이다. 그리하여 민간투자의 촉진, 산업활동에 관련된 공공시설 정비 등의 시책이 재정활동을 통하여 추진되고 있다. 즉, 성장의 중요한 전략산업부문에 대한 재정지출 확대는 해당 분야의 민간투자 확대를 수반하고 이는 곧 지역산업의 성장을 가져와 지역경제 전반의 발전으로 확산될 수 있기 때문이다.

다. 지방자치와 지방재정

지방자치는 지역주민이 지방적인 사무를 자체의 재원을 가지고 주민 스스로 처리해 나가는 것을 뜻한다. 따라서 바람직한 지방자치는 건실한 지방재정의 기반 없이는 결코 성립될 수 없는 것이다. 지방자치를 구성하는 3대 요건은 자치구역과 자치주민 그리고 자치권이며, 여기서 자치권은 사무처리권, 조직·인사권, 재정운영권을 포함하고 있어 지방재정의 지방자치에서의 절대적 가치를 알 수 있는 것이다.

지방자치에 있어 지방재정의 위치와 역할은 무엇보다 그것이 지방자치를 가능케 하는 필수요건이라는 사실이다. 지방자치단체는 자체적 수요를 충족시켜야 할 의무가 있으며 이 의무를 이행하는 데는 이에 필요한 재원이 있어야 한다. 자치사무는 자체재원으로 충당하고 위임사무는 국가재원으로 처리한다는 원칙에 따라 지방자치단체의 기능을 원활히 수행하기 위해서는 이에 상응한 재정적 확보가 선행되어야 하는 것이다. 즉, 지방자치가 어느 정도 활발하고 효과적으로 이루어지는가는 지방재정의 규모 및 구조적 건전도로부터 정해진다.

지방재정이 지방자치에 있어 이 같은 역할을 하는 반면에, 지방자치 역시 지방재정을 위해 중요한 역할을 하고 있다. 지방자치에 의해 자율과 책임을 가진 지방재정의 운용은 재원의 독자적 기반을 강화하고 지출의 투자성과 경제성을 제고하는 방향으로 전개될 것이다.

2. 지방재정과 지역경제와의 관계

〈그림 36-1〉 지역경제와 지방재정의 순환관계

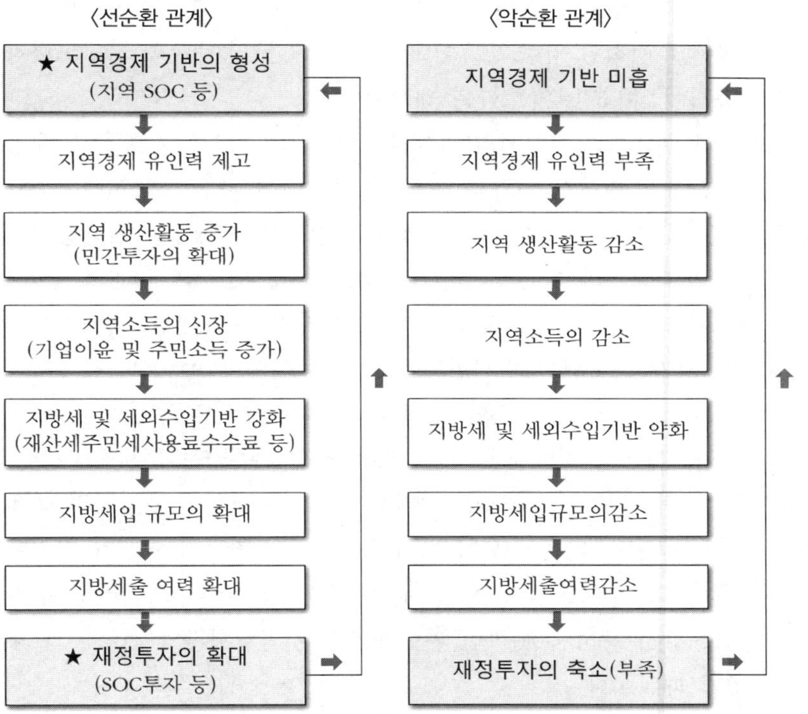

가. 지방재정과 지역경제와의 상호관계

일반적으로 지역경제와 지방재정간에는 선순환과 악순환의 연계고리가 형성된다.

전형적인 예로, 지역경제 기반의 형성(재정투자 확대 등으로 인한)은 해당 지역의 유인력을 제고하여 투자의 지역유입과 생산활동을 증가시킨다. 이는 지방세수기반을 강화하여 세입이 확대되고 지방재정능력이 강화됨으로써 또다시 지역경제 기반에 확대 투자하게 된다. 이러한 과정을 통해 지역경제가 더욱 성장하는 선순환의 과정을 되풀이하게 된다. 그러나 이와 반대로 지역경제의 침체(재정투자의 축소 등으로 인한)는 해당 지방자치단체의 세수기반을 약화시키고 기업과 개인의 체납을 증가시켜 궁극적으로 세수를 감소시킨다. 세수감소는 다시 세출의 압박으로 이어지고 이것은 투자사업의 축소·연기, 민간보조금 축소 등을 초래하면서 지역경제에 마이너스 효과를 야기하게 된다. 이러한 현상은 다시금 지방재정에 부정적인 영향으로 이어지고, 이때 만일 내부의 자구노력과 외부로부터의 충격이 없다면, 악순환은 계속된다.[2)]

이제 지방재정과 지역경제의 관계를 다시 살펴보기로 하자. 지방재정은 지역성장을 유도하고 지역간 격차를 해소하는 데 있어 가장 적극적이고 근본적인 치료책이라고 볼 수 있다. 한편, 지역경제의 활력은 지방세수 기반을 제고시켜 지방세입의 증가와 이에 따른 세출규모 확대 등 재정능력과 기반을 강화시키는 효과를 가져온다. 이러한 관점에서 볼 때 지방자치, 지방재정, 지역경제의 관계는 일방적인 관계가 아닌 쌍방적인 관계로 이해되어야 할 필요가 있다.[3)]

이렇듯 지역경제와 지방재정과의 관계는 닭과 계란의 논리로 맞물릴 수 있다. 여기서 지역경제와 지방재정 '어느 것이 우선이냐'하는 문제가 가끔 제기된다. 그러나 좀 더 자세히 살펴보면 지역경제와 지방재정은 우선권의 문제가 아니라 운용상의 문제가 더욱 중요하게 나타난다. 즉, 비교적 경제가 활력이 있는 지역의 경우 이로 인해 지방세수 및 세출여력이 강화된다 하더라도 주어진 재원을 효율적으로 활용하지 못하면 지방재정과 지역경제간의 선순환 관계는 지속될 수 없기 때문이다.

이러한 순환의 관계가 두 가지 통로로 동시에 추진된다면 두말할 나위 없이 좋을 것이다. 그러나 여기서는 지역경제를 목적함수로 놓고 지방재정을 지역경제 활성화의 수단으로 간주하여 접근하고자 한다.

나. 선행연구

지금까지 지역경제와 지방재정간의 상호관계를 실증적으로 검증한 연구는

2) 임성일, 「지방재정의 압박과 지역경제 활성화」, 『국토(2001년 3월호)』, 국토연구원, 2001, p. 15.

3) 김종순, 「지역경제와 지방재정력 강화」, 『지방자치연구(통권7호)』, 한국지방자치학회, 1992, pp. 183~185 참조.

간간히 추진되어 왔다.

대부분 지역경제 종합지표인 GRP 대수값을 설명변수로 하여 회귀분석을 하는 방법으로 지역경제력이 지방재정에 미치는 효과를 계량적으로 검증하고 있다. 박완규(1997)는 지방세입 가운데 지방세가 지역경제력과 0.686의 정의 상관계수를 가지고 있다고 밝혔다. 한편 모성은(1998)의 연구에서는 지역경제성장을 일으키는 요소로 지방재정, 지역노동, 지역금융, 지역사회간접자본 등의 요소를 들고 있다. 이 중 일반회계세출액, 세입액, 자주재원액, 산업경제비 등 지방재정적 요소를 통하여 지역별 성장요인을 분석하였다. 그 결과 일반회계 세출액이 서울을 제외한 전 지역에서 유의한 것으로 나타났고, 일반회계 세입액은 일부 지역에서만 유의한 것으로 나타났다. 더욱이 유의성 있는 회기계수의 부호를 살펴보면 대부분의 지역에서 통계적 신뢰성이 있는 것으로 나타났다. 단, 세입액의 부호가 '-'(負)를 기록한 것이 특이한 결과였다. 그러나 지방자치단체 세입액의 회기계수 부호가 '-'를 기록한 이유는 두 가지로 나누어 설명하고 있다. 즉, 지방자치단체의 세입증가는 의존재원의 확대로 인한 세입증가와 자주재원의 확대로 인한 세입증가를 생각할 수 있다. 먼저, 의존재원이 증가한다는 것은 곧 지역의 자주적인 세수가 감소했다는 것을 의미하고 지역의 자주적인 세수감소는 지역의 경제사정이 여의치 못했기 때문이라고 설명한다. 다음으로, 자주재원 수입의 증가는 시중의 가용재원을 줄임으로써 투자여력을 위축시켜 지역성장을 사후적으로 억제하였다는 것이다. 따라서 이러한 양면적인 차원에서 지방자치단체의 세입확대가 곧 지역성장에 부(負)의 관계를 기록한 것으로 분석하고 있다. 한편 지역경제성장과 지방재정과의 관계 이외에 지역격차와 지방재정과의 상관관계도 분석하고 있다(모성은, 1999).

3. 지역경제 활성화를 위한 지방재정 발전방안

가. 지방재정 역할에 대한 인식 제고와 지역 거시경제정책

지방화 시대에 지역경제 활성화를 위한 지방재정의 기여도에 대한 인식 제고가 필요하다. 지금까지 지방재정을 단순히 지방자치단체 예산집행기능으로만 여겨 왔다. 그러나 이제는 지방재정이 지역경제와 밀접한 연관이 있으며, 지방재정을 통해 지역경제를 활성화시킬 수 있다는 것을 지방재정 담당자부터 확신해야 한다. 제반 여건이 완전하지는 않지만 지방자치단체 차원에서도 거시경제정책을 수립하고 그 일환으로 재정금융정책을 실시해야 한다. 즉, 지방자치단체 예·결산 작업과정에 있어 지역경제적 요소를 충분히 감안하여야 한다. 예산을 수립할 경우 지역경제의 여건을 우선 분석하고, 예산을 집행할 경우도 그 우선순위에 따라 집행되어져야 한다. 또한 결산의 경우도 지역경제에 기여한 바를 평가할 필요가 있을 것이다. 그리고 지역경제상황과 경기동향을 예의주시하여 예산집행 등 지방재정정책에 적극 적용해야 할 것이다. 이를 위해서는 경제전문가를 특채하여 지역의 경제상황을 정기적으로 파악하고 이에 적합하고 시의 적절한 재정정책을 꾸려나가야 할 것이다.

나. 세출규모의 확대 및 투자재원의 확충

지역경제를 활성화시키기 위해서는 지방재정의 세출규모가 확대되어야 한다. 그것도 지방자치단체의 적극적인 재원확보가 뒷받침되는 세출규모의 신장이 필요하다 할 것이다. 작금의 대다수 지방자치단체는 재정규모 특히, 투자적 성격의 재원규모가 영세하여 지방재정활동이 지역경제에 미치는 영향을 기대하기 어려운 실정이다. 즉, 소규모의 세출활동을 통해서는 지역경제 진작효과를 누리기 어려운 것이 사실이다. 따라서 세출규모의 확대를 통해 지방재정의 지역경제 조정 기여도를 높일 수 있는 것이다.

한편 투자재원의 확충을 위해서는[4] 첫째, 부동산 과세구조의 개편이 필요하다. 우리나라의 부동산 과세는 지방자치단체의 운영에 필요한 재원확충이라는 본래의 목적보다는 부동산 투기억제라는 정책목표를 달성하기 위한 의도에서 추진되었다. 이에 양도소득세, 취득세, 등록세 등 다양한 이전거래과세의 비중이 높도록 되어 있는 반면 보유과세의 비중은 매우 낮다. 그러나 부동산세 수입의 3분의 2를 차지하고 있는 취득세 및 등록세의 세수신장률은 1988년 이후 지속적으로 하락하고 있다. 과거와 같이 부동산 가격폭등으로 인한 거래증가 현상이 재현되지 않는 한 취득세, 등록세의 신장률은 꾸준히 둔화될 것으로 보인다. 따라서 지방재정력 강화를 위하여 부동산 보유과세를 강화할 필요가 있을

4) 투자재원 확충을 위해 이명박 정부에서는 지방소비세를 도입하였다.

것이다.

둘째, 지방채 규모의 확대이다. 지방의 투자재원이 절대적으로 부족한 상황에서 지방채의 역할을 높여 지역경제의 활성화를 도모할 필요가 있다.[5] 지방채의 과도한 활용은 지방재정의 압박과 주민복지의 감소로 이어지지만, 지방채의 적절한 활용은 여러 가지 장점과 유용성이 있다. 일반적으로 적정범위 내의 지방채 발행은 지역의 투자재원과 총수요 증대를 통해 실물경제를 촉진하고 사업확대 및 고용창출을 유발하는 것으로 파악된다.

셋째, 민자유치의 확대가 필요하다. 지방재정 활동을 광의의 개념으로 파악할 경우 민자유치를 통한 재정사업도 포함된다. 민자유치는 재정투자의 대체재이다. 즉, 민간부문의 투자는 부족한 재정을 보전해 줄 뿐만 아니라 이자율 상승이나 가처분 소득의 감소를 유발시키지 않기 때문에 수요를 구축하지 않으면서 총수요를 진작시키고 고용을 창출하는 효과를 기대할 수 있다.

다. 지방세출구조 및 운용의 합리화

지역경제 활성화를 위해서는 세출규모의 확대만으로 이루어질 수 없다. 즉, 양적 규모의 확대 못지않게 중요한 것이 지방세출구조 및 운용의 합리화이다.

우선, 지역경제 여건이나 구조적 변화에 신축적으로 대응할 수 있는 지방세출구조의 구축이 필요하다. 즉, 지방세출구조를 불황 시 경기를 진작시킬 수 있는 구조조정적 메커니즘으로 바꾸어야 한다. 지역적 특성을 극대화시킬 수 있는 탄력적인 세출체제를 구축하기 위해 비탄력적인 경상적 경비를 축소하고, 탄력적인 투자적 경비 비중의 확대가 필요하다.

둘째, 지방세출 운용의 경제성 제고가 필요하다. 지역성장 잠재력 제고를 위한 SOC 투자를 확대하고 외부효과가 크거나 공공후생 수준의 향상에 기여할 수 있는 부문에 우선 배분해야 한다. 그리고 보다 장기적이고 계획적인 예산의 배정과 집행이 필요하다. 국가재정, 지방재정, 지역경제 부문과의 연계성을 강화하는 보다 개선된 중기재정계획을 꾸려나가야 한다.

셋째, 투자사업의 필요성과 타당성을 평가하는 재정투융자심사제도를 개선하여야 한다.[6] 현재의 심사기준은 객관성과 과학성이 의문시되고 있다. 그리고

5) 임성일, 전게서, pp. 21~24 참조.

6) 김종순, 「지역경제와 지방재정력 강화」, 『지방자치연구(통권7호)』, 한국지방자치학회,

평가항목이 세부적으로 편성되지 않아 투융자사업에 대한 심층분석이 부족하고, 자치단체의 사업부서에서 1차적으로 검토하는 기초심사와 투자심사위원에 의한 종합심사의 연계가 부족하여 심사가 형식적으로 이루어지고 있다. 이와 같은 형식적인 심사가 이루어지는 배경에는 현행 심사제도의 전문성 부족과 예산과의 연계성 미흡이 작용하고 있다.

넷째, 재정투자의 이익과 성장과실의 지역화 촉진 등 지역투자 효과의 적절한 환류체계 확보도 필요하다. 어렵게 지역에 투자된 자금이 역외로 유출되는 지역산업구조는 지역경제와 지방재정 사정을 더욱 어렵게 한다. 따라서 지역투자자금을 역내 환류시킬 수 있도록 다양한 재정적 방안을 고안해야 한다.

다섯째, 지방자치단체의 보다 적극적인 재정지원활동이 필요하다. 전통적이지만 기존의 것보다 강력한 재정정책 드라이브를 펴나가야 한다. 조세제도를 통한 투자 인센티브와 위기에 처한 회사에 대하여 지방세 유예 그리고 각종 지원보조금 등의 시책을 제로베이스에서 강력히 추진하는 방안도 고려할 필요가 있다. 한편 지방공공부문의 민영화를 적극적으로 추진하는 것과 국공유재산의 임대 지원하는 것 등은 민간부문의 진입과 경쟁을 촉진하여 지역경제에 큰 도움을 줄 수 있음을 인식해야 한다.

라. 중앙정부의 적극적인 협조

지역경제를 위한 지방재정 전략은 지방의 자체적 노력과 함께 중앙의 지원도 동시에 이루어져야 한다.

첫째, 중앙정부는 지방의 주요 투자재원에 해당하는 국고보조금과 지방양여금을 적기에 지원해 주어야 한다.[7] 특히, 그 동안 자금지원에 많은 차질을 보여 왔던 국고보조사업의 적기지원과 사업집중화를 도모해야 한다. 그리고 지역의 경제실정에 따라서 특히 경제가 어려운 지역에 대해서는 국고보조금과 지방양여금을 포함한 각종 이전재정을 조기지원해 주거나 지방비 부담을 한시적으로 유예시켜주는 방안을 적극적으로 모색할 필요가 있다.

둘째, 중앙정부와 지방간 투자재원의 배분방식을 변화시킬 필요성이 있다. 예를 들어 국가와 지역간에 특정자본 투자사업을 중심으로 3~5년 단위의 투자

1992, pp. 183~185 참조.

7) 임성일, 전게서, pp. 21~24 참조.

계약을 체결하는 방식이다. 이것은 지방의 입장에서 재원과 사업의 예측가능성과 안전성을 보장받을 수 있는 장점이 있을 뿐 아니라 지역의 관련 산업체에도 다양한 측면에서 계획성과 안정성을 주는 장점이 있다. 그리고 현행 예산제도를 개편하여 경상적 경비를 중심으로 하는 경상예산과 투자적 지출을 위한 자본예산으로 구분하는 실질적인 자본예산제도와 함께, 재정지출의 성과를 예산편성의 중요한 기준으로 제도화하는 성과주의 예산제도를 도입할 필요가 있다.[8)]

셋째, 지역간 재정격차를 완화시켜야 한다. 지방소재 자치단체들은 인건비를 포함한 경상적 경비의 충당에 급급한 나머지 투자성 경비의 확충이 어려운 실정이다. 그리고 투자의 효율성이 상대적으로 떨어지는 서울과 수도권 지역의 경우 공공지출능력이 강한 반면, 투자의 효율성이 높은 지방의 경우에는 재정력이 매우 취약하다. 따라서 단순히 형평성의 문제 이외에도 투자재원의 효율적 운영이라는 측면에서도 격심한 지역간 재정력 격차는 해소되어야 한다. 이를 위해 지역간 편차가 적은 세목을 위주로 세목을 재배분함과 동시에 현행 재정조정제도를 개편하여 수평적 재정균등화 기능을 강화할 필요가 있다.

넷째, 재정적 유인 제도의 개선이 필요하다. 지방기업의 자본형성과 투자촉진을 도모하기 위한 재정지원 범위를 확대해야 한다. 재정융자나 보조금 지급에 있어 지역별 격차를 제도화 또는 정형화할 필요가 있을 것이다. 즉, 지역여건을 고려하지 않은 지방세 감면 제도를 재조정하고, 입지여건이나 낙후도 및 지역의 산업구조적 특성 등을 감안한 지방세의 차등감면도 필요하다. 그리고 지방금융 활성화 및 지방자치단체 금고의 역할 증대도 필요할 것이다.

8) 김종순, 전게서, pp. 183~185 참조.

제37장

지역금융

우리 인체에 혈액순환이 잘 되지 않는다면 어떤 증상이 나타날까? 손발이 저려오고, 사지에 힘이 없고, 두통이 끊이질 않을 것이다. 그리고 온 몸이 성한 데 없이 아파 올 것이다.

혈액순환이 잘되어야 육체적으로 건강을 유지할 수 있듯이 경제에 있어 자금의 융통이 원활하게 이루어져야 실물부문도 성장할 수 있게 된다. 따라서 금융과 경제성장은 아주 밀접한 관계를 가지고 있음을 알 수 있다.[1]

1. 지역금융의 개념과 의의

시장에서 상품을 거래할 때 이들 실물과는 반대방향으로 화폐 또는 자금이

1) 그러나 금융과 경제성장 중 어느 부문이 먼저 발전해야 하는지에 대해서는 마치 '닭과 달걀의 논쟁'과 같이 의견의 일치를 보이지 못하고 있다. 즉, 경제발전을 위한 금융부문과 실물부문의 관계에 대해서는 공급선도(supply-leading)가설과 수요추종(demand-following)가설의 두 가지 견해가 있다. 수요추종가설이란 금융부문이 발전하기 위해서는 금융에 대한 수요가 선행되어야 하기 때문에 실물부문이 발전해야 금융부문이 발전한다는 가설이다. 한편, 공급선도가설이란 실물경제가 발전하기 위해서는 금융부문의 발전이 선행되어 자원을 효율적으로 배분해 줄 수 있어야 한다는 가설이다. 이것은 경제발전단계에 따라 실물부문과 금융부문의 관계가 서로 다르게 정립될 수 있다는 주장인데 일반적으로 개발초기에는 금융의 역할이 중요한 것으로 본다. 이러한 논리를 지역경제와 관련시켜서 생각해 보면 우리나라 지역경제는 실물부문과 금융부문 모두가 현재 매우 취약한 상태에 있지만 지방화시대를 맞아 본격적인 지역의 실물경제개발을 기하고 있는 지금 시점에 있어서는 우선적으로 지역금융을 활성화하는 것이 필요하다고 하겠다(강기춘, 「지역금융의 역할」, 『제주대 제주리뷰(제3권)』, 1997, pp. 36).

흘러간다. 이와 같이 실물의 흐름과 반대방향으로 흐르는 자금의 순환을 금융이라 한다. 그리고 자금의 유통이 이루어지는 장소를 금융시장이라 한다.[2)]

지역금융이란 지역의 주민, 지역기업 및 지방공공단체 등의 금융수요에 대응하여 금융서비스를 제공하는 행위를 말한다. 지역금융이 필요한 이유는[3)] 지역의 자금을 지역 내에서 환류시키고 유휴한 역외의 자금을 지역의 산업자금으로 유통·활용하며, 또 이를 통해 지역경제 성장에 지대한 영향을 주기 때문이다.

가. 지역경제 성장에의 기여

국가경제와 마찬가지로 지역경제에 있어서도 금융부문의 활성화가 경제성장을 위한 관건이 된다. 따라서 금융부문의 여건이 지역간에 차이가 크다면 지역경제 성장률이 차이가 나게 되고, 지역간 격차도 벌어지게 될 것이다. 다시 말하면 금융부문이 건전한 지역 즉, 효율적인 금융시스템으로 금리수준은 낮고 신용공급은 원활하며 차입자의 신용도도 높은 지역에서는 지역의 투자활동이 왕성하고 그 결과 지역경제 성장이 가속화 될 수 있을 것이다.[4)]

특히, 중소기업이나 가계의 경우 지역 내 금융부문에 의존하는 비율이 높기 때문에 이들에 있어서 지역금융부문의 효율성 여부는 매우 중요하다. 지역의 금융부문이 효율적이라는 것은 지역금융시장에 있어서 공급자인 금융기관이 효율적으로 작용한다[5)]는 의미와 수요자인 차입자의 신용도가 안정적으로 관리된다는 것을 의미한다.[6)]

이와 같이 금융이 경제성장에 미치는 영향은 이미 다양한 경험과 사례를 통해 입증되었다. 특히, 금융은 소액자금을 수집하여 대규모화하는 역할, 투자 프로젝트를 평가하여 유망한 프로젝트를 선별하는 역할, 저축을 기업에 이전하

---

2) 김병호, 『금융론』, 서울: 박영사, 1991, p. 3.

3) 지역금융이 존재하는 이유를 박원석(1997)(1998), 전창완(1999)은 네 가지로 정리하고 있다. 지역 내 차입자에 대한 신용정보의 비대칭성, 지역의 산업구조 및 거래구조의 차이, 지역별 경제주체의 성향 차이, 금융상품에 대한 정보의 차이 등으로 나타내고 있다.

4) Samolyk K. A., "Banking conditions and regional economic performance: Evidence of regional credit channel", *Journaln of Monetary Economics,* 1994, p. 34.

5) 금융기관의 효율적 작용은 금융기관이 지역 내 차입자의 신용정보를 효과적으로 수집, 평가하고 있어 적절한 차입자에게 충분한 양의 신용공급을 제공하며, 금융기관의 운영비용도 효율적으로 관리하여 금리수준도 최소한으로 낮추고 있는 것을 의미한다.

6) 박원석, 「지역금융의 활성화와 지역경제」, 『전환기의 지역경제정책』, 삼성경제연구소, 1998, pp. 78~79 참조.

여 유동성을 늘리는 역할, 자본을 효율적으로 배분하는 역할 등을 함으로써 경제성장에 지대한 영향을 미치고 있다.

나. 지역중소기업 지원 등 지역사회 발전에의 공헌

전국을 영업구역으로 하지 않는 지역금융기관들은 지역과 밀접한 관계를 갖고 있는 중소기업과 지역주민을 주고객으로 설정한다.

지방은행, 지방단자사, 상호신용금고 등 지역금융기관은 설립목적에 따라, 지방중소기업에 자금을 지원하고 영세가계에 자금을 지원하는 등 지역조성자금의 역내 환류에 주력해 왔다. 특히 1960년부터 설립된 지방은행의 여신사업은 중소기업에 높은 비중을 둠으로써 지역 내 중소기업 등 빈약한 지방산업구조의 개선을 위해 기여해 왔다고 평가된다.

지역금융기관은 지역사회와 상호의존적이고 밀접한 관계에 있으므로 지역사회 발전을 위해 선도적인 역할을 수행해 왔다. 따라서 지역금융기관들은 설립 이후 본래의 업무인 여수신 관련업무 외에도 지역사회의 공익기관으로서의 역할을 함으로써 지역경제발전에 기여한 바 컸다. 또한 대부분의 지역금융기관은 지방예술, 문화행사 및 체육발전에도 지원하고 있으며 지역 장학사업 및 연구활동도 지원하고 있다.

2. 금융환경의 변화

최근 전개되고 있는 국내 금융환경 변화는 세계 금융환경의 변화를 수용하는 추세로 이루어지고 있다. 그 주요 특징은 금융산업의 구조조정과 함께 금융의 개방화 · 디지털화 · 대형화 · 겸업화 등으로 요약된다.

가. 금융 구조조정의 가속화

IMF 관리체제 이후 금융 구조조정이 가속화되고 있다. 은행권의 경우 경영정상화 가능성 여부를 판단하여 5개 은행 퇴출[7]과 9개 은행의 합병[8] 및 제일은

---

7) 동아, 동남, 대동, 충청, 경기은행이 이에 해당된다.

8) 상업 · 한일, 조흥 · 충북 · 강원 · 현대종금, 보람 · 하나, 국민 · 주택은행이 이에 해당된다

행의 해외 매각이 이루어졌고, 특히 지방은행이 주 퇴출 대상으로 선정되었다.[9)] 따라서 2010년 현재 지방은행은 대구은행, 부산은행, 광주은행, 제주은행, 전북은행, 경남은행 등 6개 은행이 남아있다.

제 2 금융권의 경우 증권 · 보험 등 총 2,000여 개의 금융기관 중 500개 이상이 인 · 허가 취소 · 영업정지 등 구조조정의 대상이 되었는데, 지방종금사와 지방생보사는 거의 모두 부실금융기관으로 전락하여 피합병이나 퇴출 대상이 되었다.

나. 개방화와 디지털화

주식 및 채권시장은 개방이 완료되었고 외환자유화도 완전히 이루어질 예정이다. 외국인의 투자한도 철폐와 단기금융상품 시장의 개방은 이미 완료되었고, 국내금융기관의 외국인 경영권 인수나 지분 참여가 급증하고 있다.

한편, 정보통신기술의 발달로 인터넷 이용자 수는 기하급수적으로 증가하고, 인터넷을 이용한 전자상거래와 인터넷뱅킹, 온라인 주식거래 등 사이버 금융거래가 급속히 확산되고 있다. 1999년 7월부터 도입되기 시작한 인터넷뱅킹은 2000년 9월 말부터 국내 은행 전체가 서비스를 제공하고 있는데 한국은행은 '2010년 1/4분기 국내 인터넷뱅킹서비스 이용현황'에서 2010년 3월 중복계좌를 포함해 인터넷뱅킹 고객수는 6,163만 명으로 전년도 말(5,921만 명)에 비해 4.1%(243만 명)가 증가하였고 2010년 1/4분기 중 인터넷뱅킹 이용실적(일평균 기준)은 3,304만 건, 33조 6,308억 원으로 전분기 대비 각각 11% 및 3.9%가 증가하였다고 밝혔다. 이에 따라 향후 온라인 금융거래가 더욱 확산되면 금융기관의 점포 및 인력에 대한 구조조정이 불가피해질 것으로 전망된다.[10)]

다. 대형화 및 겸업화

사이버금융의 진전으로 금융기관에서 전산투자의 확대가 불가피하다. 따라서 대형 금융기관이 비용절감 측면에서 유리한 점이 있다. 이들은 중복 점포, 불필요한 인원 정리로 인한 비용절감 효과뿐만 아니라 전자금융을 위한 투자

(금감원 자료).

9) 김대식, 「지역금융의 현황과 발전 방안」, 『대은경제리뷰』, 2000.

10) 상게서.

효율화도 제고시킬 수 있다.

은행·증권·보험 등을 한데 묶는 종합금융화는 맨파워나 금융기법의 선진화 측면에서 아직 미흡한 실정이다. 그리고 우리나라 은행의 자산을 모두 합해도 세계 순위에 있는 금융기관의 자산규모에 미치지 못하는 실정이다. 따라서 '종합금융화에 필요한 맨파워'를 기르거나, '작지만 강한 은행'을 단기적 구조조정의 목표로 하되, 장기적으로는 자산규모의 확대에 목표를 두어야 할 것이다.

3. 지역금융의 현황과 실태

금융 구조조정 과정에서 지방금융시장의 위축이 가속화되고 있다. 지방은행, 지방종금사, 상호신용금고, 신협 등 지역금융기관의 상당수가 퇴출되거나 합병된 것이 그 원인으로 작용하였다.

가. 지역자금의 역외유출 심화 및 산업별 효율성

지역에서 조성된 자금이 지역발전을 위해 투자되지 못하고 타 지역으로 유출되는 현상은 지역경제의 성장을 위축케 하는 요인이 된다. 1990년대 이후 금융의 서울 집중도가 다소 진정되는 기미를 보였으나, 금융위기 이후 그 집중도가 다시 상승하는 추세를 보이고 있다. 이러한 지역자금의 역외유출[11]은 예대차액 및 예대율을 나타내는 지표를 통해 확인할 수 있다.[12]

한편, 지역자금의 산업별 효율성에 있어서도 매우 미흡한 것을 알 수 있다.

11) 지역자금이 역외로 유출되어 서울로 집중되는 원인은 다음과 같다. 첫째, 거의 모든 금융기관의 본점이 서울에 위치하고 있어 지방에서는 대출과 지방 공사채를 매입하는 것 이외에는 금융조작 기능 등 자금운용이 서울에서 이루어지기 때문이다. 둘째, 제도적으로 지방자금의 환류 유인책을 추진하고 있으나 엄격히 지켜지지 않기 때문이다. 셋째, 또한 지방기업의 재무구조가 취약하여 대출을 받기가 어렵고 또한 금융기관도 대출을 꺼리는 요인으로 작용하여 여신규모가 떨어지기 때문이다. 넷째, 서울에 행정, 금융, 정보 등이 집중되어 있어 지방소재 기업들도 금융거래는 서울사무소 등을 통해 수행하고 있기 때문이다. 다섯째, 대기업 및 중견기업의 실물경제행위가 지역경제권에서 이루어지지 않고 지역에서 판매된 물품대금이 매일 수도권 소재 본사로 송금되기 때문이다.

12) 그러나 마이너스 예대차액이나 100%미만의 예대율 전부가 역외로 유출된 것은 아니다. 왜냐하면 예대차액에 해당하는 자금의 운용대상처가 해당지역이 될 경우 그것은 유출이 아니기 때문이다. 예를 들어 예대차액만큼 금융기관이 해당지역 기업이 발행하는 채권을 인수했을 경우 그것은 유출이 아닌 것이다.

지역자금의 산업별 효율성은 금융기관의 산업별 대출금 비중과 지역내총생산의 산업별 비중의 비교를 통하여 알 수 있다.

나. 지역금융기관의 영향력 감소

시중의 자금이 대형·우량 금융기관으로 수신자금이 집중되어 지역 금융기관의 기능이 저하되고 있다.

지방은행은 원칙적으로 1도1은행주의에 입각하여 지방은행이 소재하고 있는 행정구역상의 도로 제한되고 있으나 1990년 2월 영업구역을 지역경제권 중심으로 광역화할 수 있도록 두 개의 지방은행이 서로 합의하는 경우 상호주의 원칙에 의해 인접시도에서도 지점을 설치할 수 있게 하였다. 또한 서울과 지방간의 원활한 금융거래를 뒷받침하기 위하여 서울지역에 지점을 설치할 수 있도록 허용하고 있다. 하지만 지방은행의 기능이 취약하여 그 역할을 다하지 못하고 있는 실정이다.

한편, 지역금융의 상대적 취약성을 발견할 수 있다. 서울과 지방금융의 격차현상은 금융기관 점포수, 예수금 및 여신규모 증가율, 어음부도율 등으로 평가할 수 있다. 그리고 금융기관 점포수 대신에 인구에 대한 점포수의 비율로 정의되는 '은행밀도'로도 분석할 수 있다. 은행밀도는 고객이 금융기관을 이용할 수 있는 정도를 나타낸다. 은행밀도가 높을수록 은행제도가 기능을 효과적으로 수행할 수 있다는 것은 당연한 이치이다.

다. 지역기업의 결제제도상 문제

지역기업이 경험하는 자금난의 상당 부분은 어음제도에서 비롯된다고 해도 과언이 아니다. 기업은 어음을 통해 자금을 절약할 수 있으며, 어음을 할인함으로써 유동성을 조기에 확보할 수 있다. 그러나 이러한 장점에도 불구하고 어음제도는 기업의 자금난을 야기하는 중요한 요소로 지적되고 있다.

지역 중소기업은 판매대금의 대부분을 어음으로 지급받으며 현금으로 지급받는 비율은 총판매대금의 1/3정도에 불과하다. 결국 이들 중소기업은 받은 어음을 준 어음으로 상쇄하지 못하는 실정이다. 뿐만 아니라 지역 내의 중소제조업이 받은 어음의 결제기간이 지나치게 장기이기 때문에 자금부담은 더욱 가중되고 있다.

라. 지역금융기관의 경영효율성 문제

지역금융기관의 낙후성은 금융기관 자체의 경영효율성이 낮기 때문인 것으로 지적되고 있다.

지방은행은 시중은행이나 특수은행에 비하여 규모가 영세하기 때문에 자금의 조달 및 운용면에서의 효율과 경영관리능력이 크게 뒤지고 있다. 더욱이 1980년대 이후 금융자율화 및 은행의 민영화조치에 의한 시중은행 및 특수은행, 비은행 금융기관의 증설 및 지방점포 진출확대, 우체국에서의 저축 및 보험업무의 취급 등으로 지역금융기관의 업무영역이 잠식되고 있는 실정이다.

기타 지역금융기관들은 선진국의 금융기관이나 전국형 시중은행과 비교할 때 자산 및 자본규모가 영세하고, 금융기법의 낙후와 신상품개발의 미흡 및 국제화에 따른 전문인력의 부족 등 여러 가지 문제들이 있다.

4. 지역금융의 활성화 방안

지역금융의 활성화를 위해서는 3가지의 기본방향을 축으로 추진되어야 한다. 첫째, 지역의 자금 가용성(credit availability) 증대를 통해 자금의 역내 환류를 촉진해야 한다. 즉, 금융의 공급 선도기능이 강화되어야 한다는 것이다. 그리고 필요한 금융자금을 많이 조성할 수 있는 제도적·환경적 여건을 만드는 것이다. 둘째, 금융기관에 대한 접근의 용이성(accessibility)이 제고되어야 한다. 수동적인 여신방식에서 적극적인 여신 창출원을 개발한다든지, 신용보완제도의 확충, 어음제도의 개선 등이다. 셋째, 지방은행 중심의 지역금융시스템의 효율성 제고이다. 금융서비스의 효율성을 제고시키기 위한 전문화·차별화가 추진되어야 한다.

가. 지역금융자금의 가용성 증대와 역내 환류

지역자금의 가용성을 증대시키고 역내에서 환류시키기 위해 다음과 같은 방안을 들 수 있다.

우선, 지역 내 금융기관 주도로 외국 금융기관 혹은 대형 금융기관과의 컨소시엄을 통하여 프로젝트 파이낸싱(Project financing)을 기획해 볼 수 있다. 다시 말해, 각 지역은 프로젝트 파이낸싱을 위한 투자유인을 만들어 가는 것이다. 이를 통해 지역경기의 부양과 지역경제의 경쟁력을 제고시킴으로써 지역 내에서 자금의 수요를 진작시키고, 프로젝트 파이낸싱으로 자금을 공급하고 다시 그 자금을 역 내에서 환류시킬 수 있을 것이다.

다음으로, 투자환경을 개선하여 국내 대기업과 외국자본을 적극 유치하는 것이다. 그리고 지역발전 전략에 부합하면서 전망있는 기업에 대해서는 파격적 인센티브를 제공해야 한다. 이렇게 유치된 외부자본 중에서 기업유치 등 직접적인 투자는 쉽게 유출되지 않는 특색이 있기 때문이다.

아울러, 회사채 인수기금을 조성할 수 있다. 지역기업은 자본시장에서 자금을 조달하고 싶어도 신용도가 낮기 때문에 자본시장에 거의 접근하지 못하고 있는 실정이다.[13]

따라서 보다 적극적인 방법으로 지역기업이 발행하는 사채를 인수할 기금의 설치가 필요한 것이다. 만약 회사채인수기금이 사채에 지급보증을 제공한다면 지역금융기관에게 많은 유인으로 작용할 것이다. 사채를 전액 보증할 필요는 없다. 발행기업의 신용이 어느 정도 확인될 수 있다면 부분보증으로도 가능할 것이다.[14]

한편, 지역에서 조성된 공공자금이 전국형 금융기관에 예치 · 운영됨으로써 지역기업 지원이나 지역개발 투자재원으로 활용되는 몫은 적은 실정이다. 예를 들면 신용관리기금, 국민연금, 의료보험 등의 연기금 자금들은 대부분 중앙의 본부에 예치되어 지역자금의 역외유출이 심각한 수준에 이르고 있다. 중앙으로 집중되고 있는 각종 연기금의 금고업무를 지방은행에 우선 배정토록 하는 제도적 개편이 필요하다.[15] 특히, 체신예금은 여신기능이 없어 지역 내에 환류되는

---

13) 기존에는 지역금융 활성화를 위해 지역 자본시장의 육성을 정책대안으로 제시하고 지역증권거래소설치, 지방채시장의 육성을 들고 있다. 그러나 이러한 조치는 벤처기업이나 중견기업들에게는 많은 도움이 될 수 있으나, 대다수 지역 영세기업들은 혜택을 받기 어렵다.

14) 최진배, 전게서, pp. 19~21 참조.

15) 기존 연구에서는 역외유출에 대한 해결책으로, 투신사의 경우 신탁재산 보유 회사채 총액의 일정비율을 지방기업사채로 보유하도록 되어 있지만, 자금의 역외 유출을 억제하는데 별다른 효과가 없어서 보유해야 할 지방기업사채를 영업지역소재 지방회사채로 한정하여야 한다는 주장도 있다. 생보사는 재산운용에 관한 준칙에 의거 총자산의 20%이상을 국

비율이 매우 낮다. 따라서 체신예금 중 일정비율을 지방은행에 예치하여 운용토록 하는 정책적 방안도 마련할 수 있다.

나. 지역금융자금의 효율적 운용

최근 제 2 금융권에 대한 불신, 은행의 중소기업대출 기피 및 대기업과 가계대출 중심의 자금운영 등이 지방 중소기업의 자금난을 심화시키고 있다. 이와 같은 신용경색은 금융시스템 붕괴에 의한 금융구조적 문제로서 근본적이고 거시적인 대책으로 해결가능한 사안이다.

첫째, 지방은행의 지역기업 신용조사 기능을 강화해야 한다. 최근에 일고 있는 금융기관의 대형화는 지역 중소기업의 금융환경을 악화시킬 가능성이 크다. 왜냐하면, 중소기업에 대한 신용평가는 거래기업과 긴밀한 유대관계를 통하여 파악할 수 있는데, 대형은행은 그것이 어려워진다. 따라서 지역밀착 금융기관의 역할이 필요하며 이들을 통해서 중소기업의 신용조사 기능을 강화할 필요가 있다.

둘째, 지역 전담 신용평가기관의 설립이 필요하다. 지역기업의 재무·비재무 정보를 데이터베이스화하여 금융기관들이 여신심사에 이용할 수 있도록 하고, 기업 신용정보수집 기능뿐만 아니라 지역 내 우량기업의 발굴 기능도 부여해야 한다. 과도기적으로는 지역 신용보증조합에 이러한 업무를 위임하여 운영하도록 하는 것도 고려될 수 있다.

셋째, 여신심사기준을 개선해야 한다. 현행 신용대출 취급기준은 각 은행별로 다르게 규정하고 있다. 취급기준이 은행별로 차이가 나는 것은 당연하지만 여신심사에 대한 객관적 기준이나 절차에 대해서는 보편성을 가져야 한다. 또한 사업의 특성을 고려한 평가시스템을 개발·운용하는 것이 필요하다. 예를 들면 첨단제조업, 도소매업, 식품가공업, 서비스업 등 업종별 특성을 감안하여 사업전망, 재무구조, 사업주의 경영능력 등에 대해 상이한 평점을 적용하는 Credit-Scoring System을 개발·운용하여야 한다.

공채를 포함한 채권으로 운용하지만 이 규정에 지방공채 우선 인수를 의무규정으로 삽입하는 것도 필요하며 농협의 각 단위조합은 전 월말 예수금의 10% 이상을 상환준비금으로 서울 중앙회에 예치하여야 하는데 지역별 단위조합 수신실적의 일정비율을 도지회 또는 지방은행에 예치하도록 하는 방안도 제시되었다.

넷째, 대기업의 중소기업에 대한 자금결제 관행을 고쳐야 한다. 중소기업은 납품대금의 2/3 이상을 어음으로 지급받고 있으며 지급기일도 대부분 3개월 이상으로, 중소기업 자금난의 주 요인이 어음제도의 오·남용에 기인하고 있다. 기업간 상거래시 어음사용을 줄이고 현금결제를 확대하도록 유도하기 위하여 구매기업(주로 대기업)이 거래은행으로부터 자금을 융자받아 납품업체(주로 중소기업)에 현금으로 결제하는 '기업 구매자금 대출제도'를 더욱 활성화시킴으로써 장기적·궁극적으로는 어음제도를 폐지하여야 한다.

다. 지역금융기관의 경쟁력 강화

지역금융의 활성화를 위해서는 지방은행을 중심으로 지역에 소재한 금융기관의 경쟁력을 강화해야 한다.

먼저, 지방은행의 기능을 강화하여 지역경제권의 금융중추기관으로 육성시켜 나가야 한다. 지방은행은 지역경제정보수집 측면에서 여타 금융기관에 비하여 절대적인 비교우위를 지니고 있다. 따라서 지방은행은 단순히 금융업무만을 취급하는 단순한 금융기관 개념이 아닌 지역금융 정보센터로 육성하여 지방금융활성화를 위한 중추적 기능을 수행하여야 한다. 즉, 지역중소기업에 대한 자금지원은 물론, 해당지역 및 국내외 경제금융에 대한 조사연구기능, 기업경영정보, 기술정보 등에 대한 수집 및 공급기능을 담당하는 종합적인 정보지원기관의 역할을 수행하도록 해야 한다. 아울러, 지방은행의 자금조달 능력을 강화시키기 위해서 지방자치단체금고 등 지방공공금고 업무를 지방은행이 전담하도록 하는 것도 하나의 방법이 될 것이다.

둘째, 규제완화를 통해 지방은행과 전국은행의 공정한 경쟁 여건을 조성해야 한다. 시중은행의 지방은행 인수에 따라 전국은행의 지방화가 가속화되면서 지역 금융권에서 시장확대 경쟁이 격화되고 있다. 그런데 지방은행은 전국은행에 비해서 더 많은 규제를 받고 있는 실정이다. 지방은행의 중소기업 의무대출비율제도가 그러하다. 물론 지방은행이 경영전략상 자발적으로 지역중소기업에 중점을 두는 것은 당연하지만, 지방은행 자산운영을 제도적으로 차별화하여 수익성기반을 제한하는 대신 그에 상응한 반대 급부적 지원책이 마련되어야 한다.

셋째, 합병·정리·제휴를 통해서 규모의 영세성을 극복하고 신인도를 제고시켜야 한다. 경쟁력이 없는 지역금융기관은 합병과 통폐합·조기 정리를 통하여 소수정예화로 나가야 한다. 지주회사를 매개로 지방은행과 상호신용금고(지역 내 통합으로 대형화)가 연합하는 형태도 가능하다. 예금보장한도가 축소됨에 따라 공공기관 및 법인예금의 상당 부분이 보호받지 못하게 되었으므로 이들 자금의 이탈을 방지하는 사전관리 강화와 대출과 연계한 금융상품을 개발·운용하여 예금비보호분을 최소화해야 한다.

넷째, 타 금융기관과의 전략적 제휴로 금융서비스의 다양화와 비용 절감 방안을 모색해 나가야 한다. 제휴대상으로는 지역 내 제 2 금융권이나 다른 지역의 지방은행을 들 수 있다. 예를 들면 보험·증권 등과 연계된 복합 서비스 기능상품 등을 보완한 단기 수신상품을 개발하여 고액 예금의 이탈을 방지해야 한다.

마지막으로, 지역금융기관들은 지역밀착기능을 강화하고 금융 서비스의 차별화를 통해 틈새시장을 확보해야 한다. 모든 은행이 대체로 동일한 영업전략을 펼치는 군집적 행태(herd behavior)를 탈피하여 철저한 책임경영체제를 확립해야 하고, 이를 위해 정부의 간섭을 최대한 줄이는 자율금융의 관행을 정착시켜야 한다. 지역의 소액 고객들의 거래를 확대해 나가되, 자동화 코너 및 사이버금융(Cyber Financing)과 같은 선진금융기법 도입을 통해 비용절감과 고객 편의도를 높여야 할 것이다. 아울러 지역중소기업과 주민에 맞춘 금융상품과 서비스를 개발하고, 이를 위해서 개별기업 및 고객의 모든 금융거래를 통합한 고객중심 데이터베이스를 마련해야 한다.

참고문헌

[국내문헌]

강기춘, 「지역금융의 역할」, 『제주대 제주리뷰(제3권)』, 1997

강순희, 「상반기 노동시장 평가와 하반기 전망」, 『분기별 노동동향 분석』, 한국노동연구원, 2000

경기도, 「2009 도자센서스 결과」, 2009

경기도 고용안정과, 『2004년 주요업무계획』, 2003

경남발전연구원, 「지역발전을 위한 지역특구제도의 운용실태와 정책과제」, 2008

경상북도, 「지방정부의 해외통상진흥 방안: 경북의 해외통상진흥 시책개발을 중심으로」, 1996

경인일보, 「00시 수익투자기금 시 금고에서 낮잠」, 1998

고성보, 「21세기를 대비한 지식기반산업의 구축방안」, 제주발전연구원, 1999

고충환, 「스포츠 스폰서쉽이 기업 브랜드 자산가치에 미치는 영향에 관한 연구」, 2003

광주전남발전연구원, 『향토산업 육성방안』, 2004

과학기술처(現 교육과학기술부), 『'97 지방과학기술연감』, 1997

국가균형발전위원회, 「세계적도자산업 클러스터를 꿈꾸며」,『이제는 지역이다』, 2004a

__________________, 『세계의 지역혁신체계』, 2004b

__________________, 『한국의 지역전략산업』, 2004c

국토연구원, 『국토정책(제51호)』, 2004

규제개혁위원회, 『2009 규제개혁백서』

관계부처 합동, 『일자리창출 종합대책』, 2004

권오혁, 「유연적 생산의 공간적 거점으로서 신산업지구」, 『국토계획』, 1995

______, 「지방자치단체의 벤처기업 육성방안」, 한국지방행정연구원, 1998

______, 「이탈리아의 디자인형 산업클러스터 카르피와 사수올로」, 『클러스터』, 2003

권오혁 외, 「산업경쟁력 강화를 위한 도시 간 협력체제 구축방안」, 한국지방행정연구원, 1998

김경묵 · 김연성 역, 『마이클 포터의 경쟁론』, 2001

김대식, 「지역금융의 현황과 발전 방안」, 『대은경제리뷰』, 2000

김도균, 『스포츠 비즈니스』, 서울: 오성출판사, 2000

김동주, 「사회간접자본시설에 대한 민간투자제도 및 투자 활성화 방안」, 『2000중견간부

양성과정 교재』, 지방행정연수원, 2000
김범식 외, 「광주 전남지역의특화산업 분석과 육성방안」, 삼성경제연구소, 1996
김병동, 「첨단산업의 현주소와 우리의 과제 - 바이오 녹색혁명에 적극적으로 참여해야」, 『전경련(2001년 3월호)』, 전국경제인연합회, 2001
김병식, 『스포츠 마케팅』, 서울: 대한미디어, 1995
김병철, 「강원도 지역축제의 활성화 방안 연구」, 『연구보고 98-R-03』, 강원개발연구원, 1998
김병호, 『금융론』, 서울: 박영사, 1991
김봉원, 「지역의 향토(문화)자산 발굴 및 육성」, 2009
김석진, 「선진국 사례로 본 일자리창출 포인트6」, 『LG주간경제』, 2004
김선기, 「지방자치단체의 국제화 방향과 과제 - 지방자치단체의 통상교류 과제와 추진 방향」, 『'94연구과제보고서』, 한국지방자치단체국제교류재단, 1994
______, 「지역일자리창출정책방향 - 선진국의 공동체 일자리 창출정책」, 한국지방행정연구원, 2010
김영준, 『스포츠마케팅의 이해』, 서울; 이벤트박스, 1998
김용만 외, 『스포츠마케팅』, 서울: 학현사, 2000
김인환, 「한국의 지방과학기술혁신체제와 정책망 형성에 관한 연구」, 단국대학교, 1997
김일태, 「NGO와 지방협치」, 『지방행정(2000. 11월호)』, 2000
김석진, 「선진국 사례로 본 일자리창출 포인트6」, 『LG 주간경제』, 2004
김재갑, 「지방자치단체의 경영수익사업추진현황과 발전방안」, 『2001년 지방 재정관리자 과정 직무교과교재Ⅱ』, 지방행정연수원, 2001
김 종, 「기업 이익 창출의 새로운 총아 스포츠 마케팅」, 스포츠비지니스, 2000
______, 「21세기 국내 스포츠산업 발전 전략 연구」, 한국체육학회, 2000
김종기, 「우리나라의 첨단산업의 실태와 지역적 발전여건」, 『도시문제』, 지방행정공제회, 1987
김종순, 「지역경제와 지방재정력 강화」, 『지방자치연구(통권7호)』, 한국지방자치학회, 1992
김철 · 신해룡 공저, 『지방재정학』, 세명서관, 1990
김치조, 『스포츠 마케팅』, 태근문화사, 1996
김현소, 「지방화시대, 시민단체의 필요성과 과제」, 『자치공론(1999.8월호)』, 한국자치개발연구원, 1999
김호상, 「문화 산업을 기반으로 한 21C 한국 경제의 비전과 전략」, 한동대학교 경영경제학부
김희진, 「유통산업의 개방화에 따른 대전지역 재래상권의 대응전략에 관한 연구」, 충남

대학교
김홍순, 「인천광역시 재래시장의 경쟁력강화를 위한 기본구상」, 인천발전연구원, 1999
남기헌, 이장희, 「우리나라 제3섹터 운영실태에 관한 연구」, 『지역개발연구(제5집)』, 충청전문대학 지역개발연구소, 1995
노대명, 「사회적일자리 창출의 쟁점과 과제」, 『국제노동브리프』, 2004
노동부, 「사회적 일자리 창출방안 연구」, 2003
노동부, 『사회적일자리 창출사업 2004년도 시행지침』, 2004
노동부 · 사회적기업연구원, 「사회적 기업 개요집」, 2009
노병수 · 곽종무, 「공생적 마케팅을 통한 지역 공동브랜드 활성화 방안」, 『정책연구보고서 99-07』, 1999
농림수산식품부(2009. 12.) 보도자료, 2009
도기만, 「공동브랜드 쉬메릭(CHIMERIC)의 활성화를 위한 마케팅 전략」, 경북대학교, 2001
류광렬, 「전승도예의 현재와 미래」, 『제4회 이천도자기 심포지엄 자료집』, 2002
모성은, 「실업종합대책과 실업이론」, 『지방행정연수』, 지방행정연수원, 1998
______, 『지역경제론』, 지방행정연수원, 1999
______, 「이젠 클러스터다」, 『중부일보』, 2003
______, 「경기도 전자정보통신(IT)산업의 혁신방안」, 『한국의 지역전략산업』, 국가균형위원회, 2004a
______, 「경기지역 산업클러스터에 관한 탐색적연구」, 『지역혁신세미나 및 경기지역사회연구회 창립총회』, 경기시민사회포럼, 2004b
______, 「지방의 일자리 창출방안 모색」, 지방행정지
문화체육관광부, 「문화산업비전21」〈요약〉, 2000
______, 『2008 문화산업백서』, 2009
미국 노동통계국(BLS), 「'06 시간당 임금의 국별비교」, 2008
민간투자지원센터(PICKO), 「2009년도 민간투자 사업기본계획」
박 경, 「세계화와 지역의 새로운 역할」, 목원대 사회과학연구소, 1998
박시철, 「인터넷과 스포츠 마케팅」, 스포츠비지니스, 2000
박영주, 「한국 스포츠마케팅 현황 및 활용방안에 관한 연구」, 연세대학교 언론홍보대학원, 2000
박원석, 「지역금융의 활성화와 지역경제」, 『전환기의 지역경제정책』, 삼성경제연구소, 1998
박은병, 「지자체 일자리 창출 지원」, 한남대학교, 2009
박정원 · 유응교, 「일반주거지역의 세대밀도 유도방안에 관한 연구」, 『전북대 공학연구

(제28권)』, 1997
박진수, 「지방자치단체의 경영수익사업 개선방안에 관한 연구」, 1999
박찬혁, 『스포츠마케팅의 세계』, 살림출판사, 2007
박철수, 「경기지역 벤처기업 육성을 위한 입지전략」, 『경기21세기(통권 제17호)』, 경기개발연구원
박태주, 「일자리창출을 위한 사회적 대화」, 산업연구원, 2004
방병선, 『순백으로 빚어낸 조선의 마음, 백자』, 돌베개, 2002
복득규 외, 『클러스터』, 삼성경제연구소, 2003
부산발전연구원, 「세계화 지방화시대의 지역통상진흥방안」, 1996
산업연구원, 「권역별 지역별 산업발전 비전과 특화산업 진흥전략」, 1999
산업연구원 첨단기술산업분과위원회, 「2000년대 첨단기술산업의 비전과 발전과제」, 1994
삼성경제연구소, 「일자리창출의 제약요인과 극복방향」, 『CEO Information』, 2004
__________, 「커뮤니티 비즈니스 도입 및 활용방안 연구」, 2009
__________, 「일자리 창출의 제약요인과 극복방향」
서태양, 『관광학원론』, 법문사, 1996
세계도자기엑스포 조직위, 「도자관련 주요 현황자료」, 2002
송기동, 「과학기술을 통한 지역혁신기반 구축」, 『나라경제(제111호)』, 한국개발연구원부설 경제정보센터, 2000
송병록, 「민간투자제도 및 사업추진실무」, 『2000지역개발정책과정 직무교과교재Ⅱ』, 지방행정연수원, 2000
송석록, 「강원도 스포츠마케팅 활성화」, 강원발전연구원, 2004
심상민, 「한국을 대표하는 도자기클러스터 이천」, 『클러스터』, 삼성경제연구소, 2003
시민의 신문, 「2003 한국민간단체총람」
안광호 외, 「전략적 브랜드 관리」, 학현사, 1999
여상일, 「지역특화산업 육성을 위한 지방자치단체의 역할」, 1996
오상봉 외 , 「지식기반산업의 발전전략」, 산업연구원, 1999
오연천, 『지방재정론』, 박영사, 1987
오정환, 『관광사업개론』, 도서출판 기문사, 1995
옥동석 외, 「민간투자법 이후의 민자유치 개선과제」, 한국건설산업연구원, 2000
유팔무,「비정부 사회운동단체(NGO)의 역사와 사회적 역할: 시민운동과 정부와의 관계를 중심으로」, 『동서연구(10권 2호)』, 동서문제연구원, 1998
윤병석, 「旣存産業의 IT化 推進方案: 인천광역시 제조업체를 중심으로」, 2001
윤충한, 「첨단산업의 현주소와 우리의 과제 - 정보통신산업 연구개발투자 증대와 효율

적 배분」, 『전경련(2001. 3월호)』, 전국경제인연합회, 2001

원 열, 「지역 특화발전 특구 제도의 바람직한 방향」, 『도시행정학보(17권 2호)』, 2004

이규환, 「지방경영수익사업의 과제와 발전방향」, 『2000경영행정연구발표사례집』

이동필, 「농촌지역 활성화를 위한 향토산업 육성방안」, 한국농촌경제연구원

이상직 외, 「관광산업의 발전방안」, 산업연구원, 2000

이상호 외, 「지역경제 특화 발전전략: 지역특구를 중심으로」, 2008

이상훈, 「경기벤처기업 자금지원전략」, 『경기21세기(통권 제17호)』, 경기개발연구원, 1998

이성근 외, 「국내외 산학협동의 성공사례와 대구 · 경북지역의 공동연구기반 구축」, 1997

이성우, 「지역 NGO의 자치단체 정책과정 참여에 관한 연구」, 『제20기 고급간부과정 연구논문집』, 지방행정연수원, 2000

이장우 외, 「벤처기업의 현황과 발전방향」, 『공업기반기술 개발사업 연구보고서』, 1997

이정학, 「국내 스포츠마케팅의 출현과 발전과제」, 한국생활환경학회, 2001

이재원, 「소기업네트워크의 경쟁력, 제3이탈리아」, 권오혁 엮음, 『신산업지구』, 도서출판 한울, 2000

이재훈, 「1만개 中小企業의 IT化 支援 對策: 推進背景과 內容」, 중소기업청, 2001

이종헌, 「스포츠 마케팅의 현황 및 발전방향에 관한 연구」, 인하대학교, 1996

이종화, 「지자체간 협력 · 제휴 유형과 정책적 과제」, 『도시문제(8월호)』, 대한지방행정공제회, 2001

이준화, 「21세기 지역관광산업의 활성화방안」, 『제19기 고급간부과정 연구논문(Ⅲ)』, 지방행정연수원, 1999

이춘근, 「지역 특화산업의 육성을 통한 지역경제 활성화 방안」, 대구경북개발연구원, 1999

이홍재 외, 「지식기반경제 발전을 위한 문화산업 활성화」, 『정책과제99-17』, 한국문화정책개발원, 1999

이화옥. 「Invest KOREA 중심의 투자유치체제 구축」, 『산업자원백서』, 지식경제부 투자유치과

인천광역시, 「인천지역의 지식기반산업 구축방안」, 1999

임인규, 「지방자치단체의 통상진흥 전략」, 『여성간부양성과정 교재 2000-24』, 국가전문행정연수원, 2000

임성일, 「지방재정의 압박과 지역경제 활성화」, 『국토(2001년 3월호)』, 국토연구원, 2001

임승빈, 「행정과 NGO간의 네트워크 구축에 관한 연구」, 한국행정연구원, 1999

재단법인 세계도자기엑스포, 『세계도자기엑스포 2001 경기도백서』, 2002

재정경제부(現 지식경제부)외 경제부처합동, 『2000년 종합실업대책』, 2000
전병유 · 김혜원, 「디지털경제와 일자리창출」, 한국노동연구원, 2003
전병유, 「디지털경제와 인적자원」, 한국노동연구원, 2001
정강환, 「지역활성화를 위한 이벤트와 지역축제 진흥방안」, 『지방행정연구(통권41호)』, 한국지방행정연구원, 1996
정보통신부(現지식경제부), 『2001 기업정보화수준평가 및 컨설팅 사업 추진계획(안)』, 2001
정윤철, 「첨단산업 현주소와 우리의 과제 - 환경산업 21세기 전략산업으로 중점 육성해야」, 『전경련(2001년 3월호)』, 전국경제인연합회, 2001
정진상, 「지역특화발전특구 제도와 지역발전 잠재력」, 『지방자치(통권203호)』, 2005
정형식 외, 「브랜드이미지와 점포이미지가 매장 내 감정 및 소비감정과 만족에 미치는 영향」, 2001
조창현 외, 「한국지방자치의 쟁점과 과제」, 문원, 1995
중소기업청, 『'08년 중소기업 인력실태조사 보고서』, 2008.
__________, 「2008년 벤처기업 정밀 실태조사 결과 보고서」, 2009
__________, 「2008년도 중소기업 정보화 수준평가」
__________, 「'09년 전통시장 활성화 지원계획」
__________, 『공동상표의 이해』참조
중소기업청 · 한국유통연구소, 「재래시장 재개발사업의 효율적 추진방안」, 1996
조석주 외, 「지역NGO의 지방자치단체 정책참여 방안」, 『연구보고서 2000-03(제330권), 한국지방행정연구원, 2000
조영삼, 「한국형 벤처기업의 육성전략」, 『경기21세기(통권 제17호)』, 경기개발연구원, 1998
지방행정연수원, 「지역스포츠이벤트 개최를 중심으로 한 지역경제 활성화 방안」, 『고위정책과정 제3분임, 고위정책과정 분임연구보고서』, 2009
지식경제부, 「지역특화산업으로 지역발전의 날개를 달다」, 2010
지역특화발전특구기획단, 「지역특화발전특구 지정 현황」, 2009
지태홍, 「경기도의 벤처기업 육성 정책방향」, 『경기21(통권 제17호)』, 경기개발연구원, 1998
충청북도, 「지방경영사업의 이해」, 1996
최광휴, 「근린생활권 일반소매시장의 환경개선에 관한 연구」, 서울대학교, 1993
최병선, 「국제화와 정부역할의 재조정: 정부패러다임의 전환을 중심으로」, 『행정논총(제33권 제 2 호)』, 1995
최병선, 『정부규제론』, 법문사, 1998

최유성 외, 「지방자치단체의 경영수익사업에 관한 연구」, 한국행정연구원, 1998
최주영, 「서울시 일반재래시장 재개발요소의 상대적 중요도 평가에 관한 연구」, 고려대학교, 1998
최진우, 「스포츠 산업활성화를 위한 과제」, 삼성경제연구소, 2001
최창호, 「재래시장의 현대화와 정책방향」, 1996
통계청, 「통계인력 및 예산조사 결과보고서」, 2008
통계청, 「경제활동인구조사」
한국경제, 「고급IT인력 품귀」, 2000
한국개발연구원, 「지식기반경제발전 종합계획」, 1999
한국공예문화진흥원, 「한국공예 해외마케팅 전략」, 2009
한국노동연구원, 「사회적 일자리 창출사업 중장기 발전방안」, 2004
한국은행, 『알기쉬운 경제지표해설』, 1995
한국행정연구원, 「지방자치단체의 경영수익사업에 관한 연구」, 『1997년도 연구과제』, 1998
한영환 외, 「과학기술혁신을 위한 지방정부의 역할」, 과학기술정책관리연구소, 1995
한재술, 「e-비즈니스 현황」, 재능대학인터넷창업보육센터 · 인천산업용품유통센터, 2000
한표환, 「첨단기술산업의 지방유치와 활성화」, 한국지방행정연구원, 1996
행정안전부, 「제19회 경영행정혁신발표대회 특강자료」, 2007
행정자치부(現 행정안전부)외 7개 부처 및 16개 시도, 「지방과학기술진흥종합계획」, 과학기술부(現 교육과학기술부), 1999
허재완 외, 『한국지역경제론』, 법문사, 1998
홍성도, 「벤처캐피털의 육성 및 경기도 벤처기업과의 연계방안」, 『경기21세기(통권 제17호)』, 경기개발연구원, 1998
KOTRA, 2007 외국인직접투자유치백서

[외국문헌]

Abowd, John M., "The Entry and Exit of Workers and The Growth of Employment: An Analysis of French Establishments", *The Review of Economics and Statics,* Vol. 81, No.2, 1999(May): 170
Allaart, Piet and Marian De Voogd-Hamelink, "Employer-Worker Separations, Internal Mobility of Workers, and Job Dynamics: Evidence for the Netherlands 1988-1998", *OSA-Workin Gpaper*, 2001(September)
Baldwin, John, "A Comparison of Job Creation and Job Destruction in Canada and The United States", *The Review of Economics and Statics,* Vol. 80, No. 3,

1998(August): 347

Barnes, Matthew and Jonathan Haskel, "Job Creation, job Destruction and small Firms: Evidence for the UK", 2001(June)

Garibaldi, Pietro, "The Asymmetric Effects of Monetary policy on Job Creation and Destruction", *International Monetary fund. Staff Papers-International Monetary Fund,* Vol. 44, No. 4, 1997(December): 557-584

Getz, Donald, *Festivals, Special Events and Tourism*, N.Y.: Van Nostrand Reinhold, 1991

Lal, Deepak, "Why Growth Rates Differ: The Political Economy of Social Capability in 21 Developing Countries", *UCLA Working Paper,* No. 642, 1991

OECD, *Boosting Innovation: The Cluster Approach*, Paris: OECD, 1999

Porter, M., "The Cluster of Innovation: Regional Foundation of U.S. Compititiveness", *National Clusters of Innovation Meeting*, Washington DC, 2001

Porter, M., *The Compititive Advantage of Nations*, NY: Free Press, 1990

Porter, M., "Clusters and the New Economies of Competition", *Harvard Business Review*, Vol. 76, No. 6, 1998(Nov.-Dec.)

Richard, Greg, *Cultural Tourism in Europe*, CAB Inernational, 1996

Samolyk, K. A., "Banking conditions and regional economic performance: Evidence of regional credit channel", *Journal of Monetary Economics*, 1994, p. 34

Winston, C., "Economic Deregulation: Days of Reckoning for Microeconomists", *Journal of Economic Literature,* 1993(Sep.)

찾아보기

ㄱ

가격 메커니즘 160
가격규제 32
가공통계 53
거래증가 현상 444
거점개발방식 9
경기적 실업 349
경북중소기업지원센터 339
경영 마인드 27
경쟁요인 121
경쟁의 논리 15
경제적 규제 32
경제적 리더십 17
경제활동인구(economically active population) 347
계절적 실업 349
고용 없는 성장 367
고용안정정보망 352
고용유지 353
공고화(consolidation)단계 12
공급선도(supply-leading)가설 448
공동브랜드 131, 190, 265
공동체 경영체제(협조적 경쟁관계) 13
공예위원회(Crafts Council) 336
공예포럼 웨일즈(Craft Forum Wales) 336
공예품 332
관광 인프라 324
관광기념품 331
관광기념품산업 330
관광산업 318
관광상품 327
관광특구 · 특산축제 282
관광특구제도 322
광고이서(Advertising Endorsement) 294
광역행정 90
광주전남문화관광상품디자인센터 337
구조개혁특구제도 138
구조적 실업 349
국가경제성장요인 121
국가문화위원회(Office of the National Culture Commission) 341
국가사무 23
국제교류업무 418
국제노동기구(international labor organization: ILO) 348
국제통상업무 418
국토종합개발계획 9
규모의 경제시대 10
규제개혁위원회 36
규제완화 34
금융 448
금융시장 449
기관위임사무 23

기술적 실업 349
기업간 연합형 공동브랜드 267
기업간협력 229
기업이미지(C.I.: corporate identity) 전략 255
기타축제 282

ㄴ

Nareda(나르다) 278
내생적(endogenous) 개발정책 201
NEA(The National Endowment for the Arts) 335
네트워크 87
네트워크 효과 309

ㄷ

다품종 소량생산체제(Post Fordism) 5
단위정보화 229
WTO 20, 170
동적문화 307
DDA 20, 170
디지털 혁명 73

ㄹ

레버리지(leverage) 414
로컬 거버넌스(local governance) 14

ㅁ

마이크로 일렉트로닉스 213
마찌즈구리기금 105
마찰적 실업 349
마케팅 전략 287
매칭펀드 207
메카트로닉스 113, 194, 213
무형자산 64
문화산업(Kuitur Industrie) 307
문화예술축제 282
문화축제이벤트 312
미스매치 369
민간주도의 특구계획제안제도 143
민관합작형 공동브랜드 267
민예품 332
민자유치(民資誘致) 393

ㅂ

범위의 경제시대 10
벤처기업 237
벤처캐피털 211, 247
벤치마킹(Bench Marking) 436
변이할당분석 121
보고통계 53
분업 네트워크 174
브랜드(brand) 264
VO 97
B2B(business to business) 228
B2C(business to customer) 228
BI(Brand Image: 브랜드이미지 통합) 274
BLT 396
BOO(Build-Own-Operate) 방식 396
BOT(Build-Own-Transfer) 방식 396
BPR 81
BPR(Business Process Reengineering)기법 436
BTO(Build-Transfer-Operate) 방식 395
비영리조직(NPO) 383
비자발적 실업 349
비전제시자(Vision Provider: VP) 175
비즈니스링크제 247

ㅅ

사이소 339
사적재(private goods) 431
사회간접자본(SOC) 6, 393
사회적 규제 33
사회적 일자리 378
산업구조요인 121
산업클러스터 이론 171
생명공학기술(BT) 217
생산네트워크(전문기업지구) 248
생산량규제 33
생산적인 기업환경 69
생활안정 지원 352
선도기업개발형 공동브랜드 267
선조세공(Filigree) 341
성장유발계수(승수) 121
세계 속의 지방화 시대 417
세계관광기구(UNWTO) 330
세계관광협의회(WTTC) 330
세계무역기구(WTO) 4
세계문화유산 323
세계화 4
소비자기본법 44, 48
소비자보호규제 33
소비자시대 42
소비자행정 43
소셜 비즈니스 383
수요추종(demand-following) 448
수직적 경영체제(대립적 경쟁관계) 13
수출진흥업무 418
수확체증의 효과 193
스카이블루 70
스태그플레이션 350
스포츠 비즈니스 294
스포츠마케팅 293
스포츠이벤트 292
시너지 효과 85, 173
시민사회 96
시스템통합자(System Organization: SO) 175
시장 160
시장 메커니즘 39
시장경제의 논리 15
시장실패(market failure) 98, 429
실업 347
실업자(person unemployed) 348
CDC 97
CDMA 115
CSO 97

ㅇ

IMT-2000 114
IP(Information Provider)산업 83
IT산업 216
아이덴티티(identity) 255
안전 및 보건규제 33
RIC 128
RIS 128
ROO 396
ROT 396
업무지원서비스(ASP: Application Service Provider) 234
ACC(American Craft Council) 335
FTA(자유무역협정) 4
HIA (Handmade in America) 335
FTA 170
NGO 97
NPO 97
MLS(Mass Layoff Statistics) 프로그램 362

역경제 활성화 12
영업권 허가방식 394
오야마정 NPC운동 153
OEM(주문자상표부착) 방식 264
외국인투자유치업무 418
외생적(exogenous) 수단 200
외자유치 404
외주용역(Out-sourcing) 81
요소공급자(Specialized Supplier: SS) 175
원산지표시보호제도(PDO) 158
위임통계조사 54
유네스코 323
Euro 280
유연적 네트워크 생산체제 87
유한회사 243
e-business 115, 226, 350, 386
ERP(enterprise resources planning: 사내정보자원 통합관리시스템) 228
인터넷 데이터센터(IDC: Internet Date Center) 233
일괄구매(one-stop shopping) 161
일물일가의 원칙 165
일반시장 161
일자리 미스매치 369
일자리 창출 351, 359
일자리 창출 능력 365
1지역1명품사업 129
임금피크제 373
입지상(locational quotient: LQ) 127

ㅈ

자기증식(self-re-inforcing) 효과 193
자발적 실업 349
자체통계조사 54
장소마케팅(place marketing) 전략 255
재래산업(low-tech-industry) 212
재래시장 161
재정투융자심사제도 445
전략적 계획 기법 386
전략적혁신 229
전자무역(e-Trade) 234
전통민속축제 282
전통적공예품산업진흥협 336
전후방 연관효과 121
정기시장 161
정보기술(IT: information technology) 225
정보청구권 104
정보화도입 229
정부의 실패 98
정적문화 307
제3섹터 28, 97
제품이서(Product Endorsement) 294
조사통계 53
주거지 분화(residential segregation) 161
중소기업육성자금 29
지대(rent) 309
지리적표시보호제(PGI) 158
지리적표시제등록 153
지방경영수익사업 426
지방과학기술정책 200
지방과학기술진흥종합계획 203
지방사무 23
지방소비자보호업무 44
지방소비자행정 45
지방자치 22, 440
지방자치단체조합 90

지방자치제도의 정착 22
지방재정 438
지방재정조정제도 24
지방협치체제 14
지식 메커니즘 63, 69
지식기반1차 산업(knowledged-based primary industries) 194
지식기반경제 4, 191
지식기반산업 191, 309
지식기반서비스산업(knowledged-based service industries) 194
지식기반제조업(knowledged-based manufacturing industries) 194
지식산업 191
지식정보화사회 325
지식지향적 관광산업 320
지역 네트워크 86
지역 전략산업 117
지역개발기구(regional development agency) 413
지역개발기금 29
지역경제 7, 9
지역경제 진작 효과 444
지역경제의 구조화 10
지역경제행정업무 23
지역경제행정의 기능 제고 17
지역공동기금 105
지역공동브랜드 158
지역관광산업 312
지역금융 449
지역기술혁신거점 육성사업 205
지역내총생산 56
지역사회 147
지역산업연관분석표 121
지역산업연관표 56
지역연구개발거점 210
지역의 성장요인 121
지역이미지(C.I.: community identity) 전략 255
지역정보 인프라 65
지역정보센터 77
지역정보화 71, 74
지역정보화시스템 79
지역축제 279
지역테크노폴(technopole) 203
지역통계 53
지역특화경제 124
지역특화발전특구제도 135
지역특화산업 123
지역특화산업육성계획 129
지역혁신 하부구조(inovation infra-structure) 201
지역혁신협의회의 117
지연산업(地緣産業) 124
지장산업(地場産業) 124
지적재산권 70, 417
직업훈련 352
진입규제 32
집적의 외부경제 효과 197
집적이익(agglomeration advantages) 216

ㅊ

차세대 성장동력 110
착근성(Embeddendness) 381
창구 효과 314
첨단기술산업(high-tech-industry) 212
총공급증대정책 350
총수요관리정책 350

총요소생산성 126
축제 279
취업알선 내실화 352
취업자(person employed) 348

ㅋ

Cash Cow(캐시카우) 111
커뮤니티 비즈니스 381
커뮤니티(community) 센터 162
커뮤니티기금 105
코쿤(cocoon) 188
크라프트웍스(Craftworks) 336
클러스터(cluster) 170

ㅌ

테크노폴리스건설정책 207
텔레메틱스 114
통계 53
통계연감 58
통상 416
통상진흥 활동 417
통합정보화 229
트레이드센터 423
특산품 332
특성 있는 향토자원 147

ㅍ

파트너십(partnership) 14
패러다임(paradigm) 3
포스트포디즘(Post Fordism) 8
품질규제 33
Project Manager(PM) 407
프로젝트 파이낸싱(Project financing) 395, 455

ㅎ

행정규제 31, 32, 38
행정규제기본법 36, 38
행정협의회 90
향토산업 146
향토산업육성사업 150
Heritage Fellowships 335
협동조합형 공동브랜드 267
호모모빌리쿠스 4
홍보 전략 288
환경규제 33
후생 효과 406

저자 소개

모성은 교수는 내무부에서 공직을 시작한 이래 '98년부터 행정안전부 지방행정연수원 교수로서 지역경제 및 지역개발 분야 강의를 담당하고 있다. 그는 지역경제학회, 지역개발학회, 지방자치학회에서 활동을 하면서, 대통령소속 지역발전위원회 전문위원과 대통령소속 지방분권촉진위원회 실무위원을 맡고 있다. 더욱이 국무조정실과 행정안전부, 농림수산식품부, 문화체육관광부는 물론 경기도, 경상북도, 수원시, 의왕시, 안양시 등 각급 지방자치단체의 지역경제 자문교수를 맡고 있다. 현재는 한국지역경제연구원 원장을 맡고 있다.

모 교수는 대학에서 지역개발을 공부하였고, 대학원에서 지방재정(석사)과 지역경제(박사)를 전공하였다. 이 같은 학문적 바탕 위에 지역경제의 본산이라 할 수 있는 내무부에서 지방행정 실무경험을 접목시킨 것이 모 교수의 가장 큰 특징으로 평가된다.

그는 또 중앙대 행정대학원과 단국대, 성결대, 아주대 등에서 지역경제를 강의하였고, 서울시, 경기도, 강원도 등 시도공무원교육원과 KID국민경제연구소, 한국소비자보호원 등에서 강의하였다. 그리고 CA-TV와 외국공무원을 대상으로도 지역경제를 강의한 바 있다.

출간 · 연구실적으로는 『지역개발행정론』, 『한국의 지역전략산업』, 『지역경제론』, 『21세기 지식정보화시대 국가비전과 전략』, 『장바구니물가 나라살림물가』, 『경제용어해설』 등의 책을 발간했으며, 이 밖에도 지역경제분야의 많은 논문을 내놓았다.

수상경력으로는 대한민국 정부포장과 대통령표창을 비롯하여 국무총리 표창, 부총리겸경제기획원장관 표창, 내무부장관 등의 표창을 받은 바 있다. 그리고 운동을 좋아해서 다양한 종목의 스포츠를 즐기고 있으며, 미술을 전공한 아내 이영숙과 은혜, 영준 두 자녀와 함께 수원에서 살고 있다.

지역경제정책론(전정판)

2002년 9월 5일 초판발행
2004년 2월 20일 중판발행
2010년 8월 10일 전정판발행
2014년 2월 10일 중판발행

저자와 협의하여 인지첩부를 생략함

저 자 모 성 은
발행인 안 종 만
발행처 (주) 박영사
서울특별시 종로구 평동 13-31번지
전화 (733) 6771 FAX (736) 4818
등록 1959. 3. 11. 제300-1959-1호(倫)

www.pybook.co.kr e-mail: pys@pybook.co.kr

파본은 바꿔 드립니다. 본서의 무단복제행위를 금합니다.

정 가 28,000원 ISBN 978-89-6454-052-7